"고난을 인내로 이겨내어 복으로 맞이하실

_____님께 드립니다."

한 기 돈 _____

이 책에 표현된 모든 견해와 의견은 저자의 개인적인 입장으로,
출판사의 공식적인 견해를 대변하지 않습니다.

지금, 모든 장소의 예배자(NEWper)

Now & Everywhere Worshipper

코로나를 지나며 생각해 본 신앙생활

지금, 모든 장소의 예배자(NEWper)

Now & Everywhere Worshipper

코로나를 지나며 생각해 본 신앙생활

한기돈 지음

사랑하는 아내

김보경에게

이 책을 헌정합니다.

빌 1:29 그리스도를 위하여 너희에게 은혜를 주신 것은

다만 그를 믿을 뿐 아니라

또한 그를 위하여 고난도 받게 하려 하심이라

목
차

추천사   12

서 문 Introduction   24

1. 변화하고 있는 예배 형식 Changing orms of worship   30

2. 포스트 코로나 예배 Post-corona worship   43

3. Now & Everywhere Worshipper NEWper   64

4. 고난을 통한 깨달음 Enlightenment through hardship   72

5. 스데반의 순교 Martyrdom of Stephen   84

6. 바울의 등장 the Advent of Paul   94

7. 박해로 흩어지는 예루살렘 성도들
   Jerusalem Saints Dissolved in Persecution   104

8. 보혜사 성령 the Counselor, the Holy Spirit   116

9. 약속으로 오신 성령 the Promised Holy Spirit   128

10. 에발 산과 그리심 산 Mount Ebal and Mount Gerizim   139

11. 사마리아인 Samaritan   154

12. 사마리아 여인 1 Samaritan woman 1   171

13. 사마리아 여인 2 Samaritan woman 2   183

14. 하나님의 성전 1 the Temple of God 1   198

15. 하나님의 성전 2 the Temple of God 2   220

16. 광야로 인도하시는 하나님 God leading into the desert   238

17. 함께하시는 하나님 God with you   257

18. 하나님의 거룩한 성전 1 the Holy temple of God 1   276

19. 하나님의 거룩한 성전 2 the Holy temple of God 2   290

20. 하나님의 성전과 우상 1 God's Temple and Idols 1   311

21. 하나님의 성전과 우상 2 God's Temple and Idols 2   328

22. 하나님의 백성 1 God's people 1   349

23. 하나님의 백성 2 God's people 2   362

24. 예수 그리스도의 유언 기도 1 the Will of Jesus Christ 1   374

25. 예수 그리스도의 유언 기도 2 the Will of Jesus Christ 2   393

26. 예수 그리스도의 유언 기도 3 the Will of Jesus Christ 3   413

27. 새 포도주는 새 부대에 Put new wine into new bottles   427

28. 고난의 예언자 예레미야 Jeremiah, the prophet of suffering   449

29. 죽음의 고난을 이기는 부활 1
    Resurrection overcoming the suffering of death 1   468

30. 죽음의 고난을 이기는 부활 2
    Resurrection overcoming the suffering of death 2   487

31. 신앙의 육상경기 Athletics of faith   509

추
천
사

김경원 목사 (서현교회 원로목사)

　우리는 지난 몇 년간 이전에 경험하지 못했던 코로나19라는 전염병을 겪었다. 이것이 미친 영향은 전 세계적이며 삶 전반에 큰 변화를 가져왔다. 특히 신앙생활에 엄청난 충격과 변화를 가져왔다.
　이 변화를 겪고 난 이후 과연 이 사건을 어떻게 보고 어떻게 변화에 적응해 가야 하는가 하는 과제가 주어졌다. 필자는 전문 의사로서 그리고 신앙인으로서 이 코로나19 사건을 해석하고 새로운 질서에 부응하는 신앙생활을 본서를 통해서 제시한다.
　가장 중요하게 다룬 것이 예배이다. 사실 예배는 우리 신앙생활에 가장 중심적이다. 그런데 코로나 사태가 우리의 전통적인 예배를 드리지 못하게 했다.

그래서 우리는 소위 on-line 예배라는 것을 경험하게 되었다. '이래도 되는가? 아니면 어떻게 예배할 수 있나?' 하는 의문이 뒤따랐다.

여기에서 어떤 예배를 어떻게 드려야 하는가 하는 과제에 직면하고 요 4:24에서 그 해답을 찾는다. 사마리아 여인과 예수님의 대화에서 어디서 예배보다는 어떤 예배를 중심으로, 곧 영과 진리의 예배를 어느 곳에서라도 드려야 한다고 했다.

롬 12:1 그러므로 형제들아 내가 하나님의 모든 자비하심으로 너희를 권하노니 너희 몸을 하나님이 기뻐하시는 거룩한 산 제물로 드리라 이는 너희가 드릴 영적 예배니라

본서에서는 지금 모든 장소에서의 예배자(Now & Everywhere Worshipper, NEWper)라는 용어를 만들었다.

지금, 어디서든지 또한 예배당에 갇힌 예배를 넘어 삶으로서 세상에서 영적 예배를 드려야 할 것을 제시한다. 동시에 중요한 다른 한 가지, 곧 코로나에 대해 해석하고 있는데 곧 종말 현상으로 이 사건을 해석한다. 이런 재난들(칼과 기근과 질병)은 종말의 한 현상이므로 그냥 단순한 전염병이 아닌 예수 그리스도의 재림 사건을 생각하고 종말론적으로 준비하며 살 것을 말한다. 그것은 성도답게 믿음과 특별히 세상 속에서 사랑 실천을 강조한다.

끝으로 본서는 하나의 이론만이 아닌 훈련 목표, 기도문, NEWper

훈련, 자기 평가와 결심까지 제시하여 실제적 바른 생활을 이끌 수 있게 한다.

코로나 사태는 단순한 의학적 전염병만의 문제가 아니라며 하나님의 역사 섭리 속에서 우리 신앙생활의 변화와 특히 종말론적 바른 삶을 제시하는 귀중한 책이다. 오늘 우리 신앙생활에 큰 유익을 주는 책으로 생각되어 기쁘게 추천한다.

박현식 목사 (GMS. 명예 선교사, 코린 신학교 이사장, YMBB 대표)

암울한 팬데믹 기간 중에 전문 의료인으로서의 책무를 감당하기도 벅찰 터인데 어둠 속에서 빛을 찾듯이 신앙인으로서 가장 중요하지만 현대에서 경시되기 쉬운 진정한 예배자로 거듭나기를 갈망하여 성경적으로 역사적으로 그리고 일반 상식의 암반을 저자의 처절한 열망과 탐구의 곡괭이로 금광을 캐듯이 각고 면려 한 보물을 얻은 것이 신기할 따름입니다.

목회자라면 예배의 결론이 뻔할 터인데 저자는 오히려 더 신선하고 진지한 예배의 지경을 넓히고 새로운 비전을 던졌기에 찬사를 드립니다. "미래의 큰 환난 때에 제도적인 교회가 무너진다고 하더라도 일상의 삶에서 지금 모든 장소에서의 예배자로 신앙이 흔들리지 않을 것이다." 선교역사학적으로 울림이 있는 성찰입니다.

이상화 목사 (서현교회 담임목사)

  항상 하나님께서 허락하신 생명의 말씀인 성경을 기준으로 일상을 돌아보고, 깨달은 바를 일상에 적용하며 삶을 살아내는 것은 그리스도인이 늘 가져야 할 기초 중의 기초적인 진리입니다. 그런데 이 진리를 끊임없이 자신의 일상에 적용하는 그리스도인을 만나기는 정말 어려운 것이 현실입니다. 그러나 본서의 저자인 의사 한기돈 장로님은 실제로 그 모범을 보여 주는 대표적인 균형 잡힌 그리스도인입니다. 의술과 기술이 비약적인 발전을 보인 세상이지만 코로나19 팬데믹은 온 세상을 뒤집어 놓았습니다. 전대미문의 상황 속에서 하나님의 말씀을 기준으로 삼아야 할 교회와 그리스도인들 역시 방향성을 제시하지 못하고 우왕좌왕했던 것이 사실입니다.

  이런 상황 속에서 깊이 있는 말씀 묵상에 바탕을 두고 늘 일상을 살아왔던 저자는 오히려 팬데믹 기간 속에 하나님의 뜻을 발견하고 세우는 창조적인 시간을 보냈습니다. 본서는 성경적 역사관을 가지고 있다면 위기의 때에 그리스도인은 어떻게 다시 오실 주님을 대망하며 살아가야 할 것인가를 말씀에 기초하여 풀어낸 저자의 신앙 고백입니다. 주님의 재림을 대망하는 진짜 그리스도인은 일정한 장소와 시간에 가두어진 예배자가 아니라 항상 일상 예배자로 살아가야 한다는 본서의 둔중한 메시지가 이 땅의 모든 그리스도인들에게 적용되기를 소망하며 본서를 추천합니다.

이우제 목사 (백석대학교 실천대학원 원장)

전대미문의 코로나 상황을 지나면서 많은 분야에서 패러다임 전환(paradigm shift)이 불가피해졌다. 그중에 하나가 바로 예배의 영역일 것이다. 기존의 건물 중심의 off-line 예배에 대한 새로운 변화의 요구에 직면하게 되었다. 그리하여 교회마다 on-line 예배의 활성화에 주목하게 되었고, 코로나 이후의 시대를 맞이하면서 all-line 예배로의 인식 전환이 확산되고 있는 실정이다.

한 걸음 더 나아가 이러한 변화하는 시대 속에서 저자가 주장하는 것은 "지금, 모든 장소의 예배"(Now & Everywhere Worship, NEWper)이다. 즉 어느 때이든, 어느 곳이든 하나님께 우리 자신을 온전히 산 제물로 드리는 예배를 의미한다. 하나님이 우리에게 찾으시는 것은 일주일에 한 번 오프라인 혹은 온라인으로 드려지는 예배만이 아니라, 삶의 전체와 전부를 드리는 일상의 예배일 것이라고 확신한다. 포스트 코로나 시대에 과연 어떤 예배를 드려야 하는지에 대한 진지한 고민이 있는 독자들에게 일독을 권하고 싶다.

장동진 목사 (온두라스 선교사)

한기돈 장로님의 "지금, 모든 장소의 예배자"란 제목의 책을 읽고 참으로 지금의 상황에서 다루기 어려운 주제를 용감하게 다루었다는 생각이 가장 먼저 들었다. 왜냐하면 아마도 현재의 대부분의 교회가 이 책에 대하여 거세게 반발할 것이고 이 책을 읽지 말라고 할 것 같기 때문이다. 모든 성도들에게 반드시 교회에 나와서 예배해야 한다고 저들은 주장하기 때문이다. 물론 이 책의 저자는 무교회주의자가 아니다. 교회가 하는 일은 너무나 크다. 전도, 선교, 구제, 교육, 성도의 교제 등등 실로 많다.

하지만 성경을 보면 말세에는 교회에 모이는 것은 불가능하고 개인적으로도 남이 보이지 않게 신앙을 지키기가 결코 쉽지 않은 때가 온다고 하였다. 지금의 북한에서 남에게 들키지 않게 밤에 불 끄고 몰래 예배드리는 것보다 더 힘든 시기가 온다고 성경은 말하고 있기 때문이다.

나는 팬데믹 기간 동안 온두라스, 미국, 한국 3개국에 거주하였던 경험이 있다. 한데 놀라운 것은 이 세 나라의 모든 교회들이 정부가 하라는 대로 한마디 저항도 없이 너무나 순순히 순종하는 것이었다. 오늘부터 교회의 문을 닫으라고 하면 문을 닫고, 큰 교회건 작은 교회건 30명 이하로 모이라면 만 명이 모이는 교회도 그대로 하는 것을 보았다. 어찌 그리 말을 잘 듣고 고분고분 순종하는지 알다가도 모를 일이다. 하나님 말씀인 성경말씀을 정부의 말을 듣는 것처럼 그렇게 순종하면 좋으련만…

우리들은 말세에 짐승의 정부가 나타나면 바다에서 올라온 짐승의 우상에게 경배하고 절하지 아니하면 생명을 유지하기 어려운 시기가 온다는 것을 잘 알고 있고 그러한 가운데 믿음을 지키기가 거의 불가능할 정도로 많은 시련과 어려움이 성도들에게 닥친다는 것도 잘 알고 있다. 그때에 지금 우리들이 그토록 끔찍하게 여기고 사랑한다고 하는 교회라는 것이 하루아침에 일제히 다 문을 닫고 세상에 한 교회도 남아 있지 않을 것이다.

누가복음 18:8에서 "그러나 인자가 올 때에 세상에서 믿음을 보겠느냐 하시니라"는 말씀은 주님이 다시 세상에 오실 때 이 땅에서 믿음을 온전히 지키고 있는 사람이 너무나 적어서 찾아보기 어렵다고 하시는 말씀이다. 그만큼 우리들의 믿음을 유지하기가 심히 어려운 시기가 온다는 것이다. 그러니 현재 교회만 의지하여 신앙을 유지하는 사람들에게 말세에 교회들이 다 문을 닫게 되면 저들은 어찌 신앙을 유지하겠는가? 지금부터 어디서나 어느 때든지 예배할 수 있도록 준비하고 훈련하는 것이 중요하다고 저자는 강조하고 있다.

이런 상황을 대비해서 이 책은 우리들의 신앙에 아주 좋은 지침서임에 틀림이 없다. 지금부터라도 이런 때를 위하여 준비하고 훈련하고 다듬어서 말세에 우리 주님이 다시 오셔서 믿음을 지키는 예배자를 찾으실 때 '제가 여기 있습니다' 하는 신실한 성도들이 되시기를 바란다.

주승중 목사 (주안교회 위임목사, 주안대학원 대학교 법인이사장)

  2019년에 발생한 코로나19로 인하여 지난 3년간 전 세계의 확신자는 6억 8000만 명이었고, 685만 명이 사망했다고 한다. 20세기 초에 발병했던 스페인 독감 다음으로 엄청난 사망자가 발행한 큰 재난이었다. 이로 인한 피해와 사회적 변화는 엄청났다. 그중에 한국교회도 커다란 피해를 입었고, 많은 이들이 코로나 3년 동안 신앙을 잃어버리기까지 하였다. 때로는 성도들이 예배당에 모여서 예배드리는 것조차도 법적으로 제약을 받았기 때문이다. 이제 엔데믹이 선언되었고, 한국교회는 다시 코로나 이전으로 돌아가기를 꿈꾸며 함께 모여 예배드리고, 본격적인 신앙생활을 회복하고 있다. 그러나 지난 3년간의 코로나로 인한 여파는 만만치 않다. 그리고 우리는 결코 코로나 이전으로 완전히 되돌아갈 수가 없다. 코로나 이전과 이후의 사회적인 환경과 우리의 일상이 너무나 많이 변하였기 때문이다. 그러므로 코로나 이후의 한국교회는 코로나 이전에 하였던 제도와 프로그램을 열심히 다시 강조하는 것만으로는 안 된다. 이제 교회는 새로운 포도주를 담을 새 부대를 만들어야 한다.

  그런 면에서 이번에 한기돈 장로께서 출판한 "지금, 모든 장소의 예배자"(부제: 코로나를 지나며 생각해 본 신앙생활)는 하나님께서 한국교회에 주신 너무나도 소중한 선물과도 같다. 왜냐하면 코로나로 인하여 엄청난 타격을 받은 한국교회가 그 충격으로 인하여 엔데믹 시대가 되었음에도 불구하고 여전히 우왕좌왕하고 있기 때문이다. 그러나 저자는 이 책에서 코로나를 지내면서 신앙인들이 가져야 할 그리고 회복해야 할 신앙의 본질에 대해서 하나님의 말씀을 통해서 제시하고 있고, 더 나아가 한국교회가 코로나 이후에 담아야 할 새로운 부대를 제시하고 있기 때문이다.

저자가 사용하고 있는 본서의 영어 제목인 "Now & Everywhere Worshipper(NEWper)"는 코로나 이후의 한국교회와 성도들의 나아가야 할 신앙의 자세를 가장 대표적으로 보여주는 표현이라고 하겠다. 한국교회는 코로나로 인하여 예배당에 모일 수 없고, On-Off line으로 예배를 드리게 되면서 예배는 근본적으로 장소(place)의 문제가 아니라 어떻게(How)의 문제라는 사실을 깨닫게 되었다. 그러므로 저자는 "성도들은 하나님께서 함께하시는 지금(now)이라는 시간에 성도가 있는 모든 장소(everywhere)에서 하나님을 경배하는 사람이어야 한다"고 지적한다. 즉 포스트 코로나 예배는 All-line 예배에서 더 나아가 "지금, 모든 장소에서 드리는 예배자"(Now & Everywhere Worshipper, NEWper)가 되어야 한다는 것이다. 성도들이 주일 예배와 더불어 모든 삶의 영역과 시간 안에서 하나님을 경배해야 하고, 생각과 마음만이 아니라, 실제적인 일상의 삶이 희생 제물이 되어 하나님께 드려져야 한다는 것이다. 진실로 그렇다. 예배는 예배당 안에서의 예배로만 멈추어서는 안 되고, 모든 예배는 성도들의 일상적인 삶으로 이어져야 한다. 이것을 예배학에서는 "Liturgy after

Liturgy"(예배 이후의 예배)라고 표현한다. 사도 바울은 이것을 "그러므로 형제들아 내가 하나님의 모든 자비하심으로 너희를 권하노니 너희 몸을 하나님이 기뻐하시는 거룩한 산 제물로 드리라 이는 너희가 드릴 영적(합당한) 예배니라"(롬 12:1)고 말씀한 것이다.

저자는 이 책에서 이렇게 코로나 이후의 우리의 신앙생활에 있어서 가장 중요한 참된 예배에 대한 방향을 제시하고, 나아가 고난에 대해서, 보혜사 성령님, 복과 저주, 타문화권과 이주민들(사마리아인)에 대한 우리의 태도, 진정한 성전의 의미, 광야에서의 훈련, 시련 가운데 함께하시는 하나님, 우리의 거룩한 성전 됨의 의미, 각종 우상들, 하나님의 백성에 합당한 삶, 예수님의 유언 기도와 우리의 하나 됨에 대해서 성경 말씀을 통한 묵상과 훈련을 할 수 있도록 잘 정리하고 있다. 이 모든 것들은 저자가 코로나를 지나면서 생각해 본 우리의 신앙생활의 핵심적인 내용들을 정리한 것이다.

그리고 저자는 '새 포도주는 새 부대에'라는 마지막 장에서 하나님께서 코로나를 통하여 성도들이 앞으로 받게 될 환난을 준비할 기회를 주신 것으로 받아들이고, 주님의 재림과 심판을 준비할 수 있어야 한다고 권면한다. 즉 코로나 팬데믹은 하나님께서 미래를 준비하는 기회로 기독교에 주신 새 포도주이며, 교회는 새 포도주를 넣을 새 부대를 준비해야 할 책임이 있다는 것이다.

본 추천인은 "코로나는 그냥 전염병이 아니라, 말세에 고난을 받게 될 성도들을 준비할 수 있게 하신 하나님의 사랑이다. 교회는 말씀이 육신에 새겨진 성육신의 삶으로 세상에서 살아가며, 우리 각자가 하나님의 성전이 되어 지금 모든 장소에서 영과 진리로 예배드리는 자로 살아가게 훈련시켜야 한다"는 저자의 말에 전적으로 동의하면서, 이 책을 코로나 이후에 한국교회의 나아갈 방향에 대해서 고민하고 기도하고 있는 한국교회의 모든 지도자들(목회자들과 장로님들)과 성도들에게 정독할 것을 강력하게 추천하는 바이다.

주후 2023년 7월 14일

인천 송도에서 열리는 「한국교회 영적대각성을 위한 기도회의 날」에

최형근 목사 (서울신학대학교 선교학 교수, 한국로잔위원회 총무)

3년이 넘는 긴 코로나 팬데믹은 우리에게 "모이는 교회와 예배"에서 "흩어지는 교회와 예배"로의 패러다임 전환에 관해 깊이 성찰하는 계기를 부여했다. 오늘날 끊임없이 변화하는 일상의 영역에서 교회로 살아가기 위해 제시되는 새로운 형태의 교회 됨은 우리에게 예배에 관한 새로운 접근을 요구한다. 그것은 어떤 특정 공간과 시간에 제한되지 않고 모든 공간과 장소와 시간으로 보냄 받은 하나님 백성의 삶의 자리에서 드리는 예배를 의미한다. 이러한 예배는 가정과 일터라는 일상에서 드려지기에 그리스도인의 거룩함과 헌신 그리고 단순하고 검소한 삶의 방식을 드러내야 하며, 세속사회를 지배하는 우상과의 영적 전쟁을 요구하는 대항문화적 세계관을 담아내야 한다.

따라서 코로나 팬데믹으로 인해 깨어지고 분열된 세상 한복판에서 드리는 그리스도인의 예배는 열방을 향한 선교적 차원을 담지한다. 이 점에서, 본서는 오늘날 성경적 예배에 관한 탐구를 통해 교회와 그리스도인의 정체성을 명쾌하게 규명한다. 일상의 삶, 모든 곳에서 예배하는 공동체를 꿈꾸며 구현하기 원하는 이들에게 본서를 적극적으로 추천한다.님의 역사 섭리 속에서 우리 신앙생활의 변화와 특히 종말론적 바른 삶을 제시하는 귀중한 책이다. 오늘 우리 신앙생활에 큰 유익을 주는 책으로 생각되어 기쁘게 추천한다.

서
문
Introduction

2020년 구정 기간 동안에 괌에서 연휴 기간을 보냈다. 인터넷 검색을 하던 중, 저명한 의학저널 란셋(Lancet, Jan, 2020)에 online으로 실린 논문에는 매우 긴급한 내용이 담겨 있었다. 중국 우한에서 발생한 폐렴 환자에 대하여 역학적, 임상적 검사, 영상의학적인 특성과 함께 치료 성적을 보고하였다. 환자들에게서 코로나 바이러스(2019-nCov)의 감염을 확인했으며, 발열(98%), 기침(76%), 근육통과 피로감(44%), 객담(28%), 등의 증상이 있었다. 40명 환자 중 22명(55%)에서는 호흡곤란이 발생했으며, 63% 환자에게서는 림프구 감소가 있었다. 모든 환자에서 폐렴이 발생하였으며, 29%에서는 급성호흡곤란증후군의 후유증이 일어났고, 6명(15%)이 사망했다. 이것이 코로나 팬데믹의 시작이었다.

우한에서 발생한 폐렴은 매우 긴급한 사안으로 온라인으로 즉시 보고되었다. 일주일간의 잠복기 동안에도 전염될 수 있었기 때문에, 이 코로나 감염은 전 세계적으로 확산될 것을 직감했다.

초기에는 중국, 특히 우한에서 한국으로 입국한 여행객 중 열이 나는 사람들을 코로나 감염 위험군으로 판단하여 입국을 제한하기도 했다. 그러나 이러한 방역 조치만으로는 코로나 전파를 효과적으로 줄일 수 없었고, 결국 확산을 막기 위해 정부는 많은 사람이 모이는 것을 금지했다. 그 결과, 대부분의 교회는 문을 닫고 온라인 예배로 전환하게 되었다.

코로나 전염병은 자연적으로 발생한 것인가? 아니면 사람의 실수로 일어난 것이었을까? 2015년 Nature medicine(vol 21, number 12, Dec 2015) 저널에서는 중증급성호흡기증후군 코로나 바이러스(SARS-CoV)와 중동호흡기증후군 코로나바이러스(MERS-CoV)가 이종간(異種間) 전염을 일으킬 가능성을 대비하기 위해, 박쥐와 쥐에 있는 코로나 바이러스를 결합한 바이러스(chimeric virus)를 만들어서 치료에 관한 연구한 사례가 있다. 그러나 이 코로나 바이러스에 대한 면역치료와 예방치료는 실패했다. 이 이 실험에 참여했던 연구자 중 일부는 우한 바이러스 연구소 교수도 있었다. 박쥐를 숙주로 사용해 코로나 바이러스를 연구한 이들은 실험 후 박쥐를 반드시 폐기해야 했으나, 만약 우한에서 이 실험이 이루어졌다면, 실험에 사용되었던 박쥐를 죽이지 않고 야생 동물 시장에 유통했을 가능성도 있다. 보도 매체들은 우한 시장에서 코로나 바이러스가 검출되었다고 보도했다. 그래서 일부 사람들은 코로나 감염병이 인재(人災)라고 주장하기도 한다.

과거 전 세계적으로 큰 영향을 미친 팬데믹 질환은 1918년에 발생한 스페인 독감으로, 약 26개월 동안 지속되었으며, 그 동안 2,500만 명 이상의 사망자를 낳았다. 100년 후인 2019년에는 코로나 팬데믹이 발생했으며, 이 기간 동안 자연재해는 급격히 증가했다. 예수께서는 이러한 전염병과 자연재해가 마지막 때의 징조라고 말씀하셨다.

코로나 팬데믹은 인간 사회에 큰 영향과 변화를 가져왔다. 특히 4차 산업혁명이 급속도로 발전할 것으로 예상된다. 4차 산업혁명은 급속도로 발전할 것으로 전망했고, 현재 AI(인공지능)는 새로운 대세로 자리잡고 있으며 전문가들은 코로나 이후 모든 분야에서 큰 변화가 일어날 것이라고 예측하고 있다. 따라서 우리는 코로나 이전으로 돌아가려 하기보다는, 시대의 변화에 따라 새로운 방식을 개발하고 적응하도록 준비해야 한다. AI의 급속한 발전으로 AI에게 자가 결정권을 줄 경우 인류에게 악영향을 미칠 수 있다고 우려하고 있다.

코로나가 발생한 지 1년이 지난 2021년 봄, 교회가 코로나 이후 어떻게 변화해야 할지 고민하게 되었다. 그래서 코로나와 기독교에 관련된 책을 찾아서 읽어보았고, 또 목회자와 함께 의논도 했다. 현재의 교회 제도를 생각해 보면서, 성경에서 제시하는 방향과 현실적인 교회의 상황 사이에서 차이를 인식하게 되었고, 그에 따른 성경적인 새로운 방향을 모색해보았다. 기독교의 기존 교리와 제도에 머물지 않고, 성경을 통해 교회의 현 상황을 되짚으며 그동안 간과해왔던 점들을 탐구했다.

팬데믹 전염병이 예수께서 말씀하신 마지막 때의 징조라면, 교회는 코로나 이후에 일어나게 될 마지막 때를 준비하도록 변화해야 한다. 공교롭게도 2022년에 '마지막 날을 준비하는 그리스도인'(한기돈, 호산나 출판사) 책을 출간하면서 성경에 근거하여 종말의 때에 대한 성도의 준비를 소개하였다. 등불을 준비하는 열 명의 여인 중 다섯 명은 기름을 준비했는데, 과연 이것은 무엇을 의미하는 것인지에 대한 질문을 받고, 약 여덟 달 동안 기도하며 성경을 찾아 자료를 만들었다. 이렇게 미리 고민했던 경험으로 인해 코로나 이후의 신앙에 대해 좀 더 쉽게 접근할 수 있었던 것 같다.

이번에 소개하는 책은 성경을 토대로 코로나 이후 일어날 일들과 성경적인 신앙의 본질을 살펴보고, 이를 확인하며 새로운 신앙의 길을 제시하려고 한다. 코로나 전염병을 통해 교회가 성경적인 신앙의 길을 찾게 된다면, 이번 팬데믹은 기독교가 하나님의 말씀을 재조명하고 변화하는 계기가 될 것이다. 코로나 팬데믹은 기독교에 새 포도주를 준 것이며, 이제 교회는 이를 담을 새 부대를 만들어야 한다. 이 새 부대는 과거의 헌 부대를 버리고, 새롭게 변화할 제도와 시스템을 의미한다.

코로나 이후에 교회는, 마지막 때 주님의 날을 기다리며, 그에 맞춰 일어날 사건들을 확인하고, 이를 이겨낼 수 있는 그리스도인으로 양육해야 한다. 그렇지만 주님의 날을 기다리지 않는 자들은 마지막 때의 징조를 보더라도 무심히 넘기고, 재림과 심판을 준비하지 못할 것이다.

교회는 이전에 익숙했던 교리와 관습을 내려놓을 각오도 해야 한다. 성경을 통해 마지막 때를 맞이하며 나아가야 할 새로운 방향을 깨닫고, 변화하면서 종말에 필요한 진리를 지켜 나가야 한다. 새로운 변화는 처음에는 불편할 수 있지만, 이것이 성경에서 알려 주고 있는 진리의 말씀이라면 사람의 생각과 방식을 버리는 것이 당연하다.

코로나 이후 교회에 새로운 변화가 필요하다고 외치는 소리가 많지만, 대부분은 과거의 제도와 프로그램을 더 열심히 하자고 강조하는 듯해 안타깝다. 이 책이 코로나 팬데믹 이후 새 길을 찾는 교회와 성도들에게 작은 도움이 되기를 바란다.

2024년 12월

인천 송도에서 한 기 돈

01
변화하고 있는 예배 형식
Changing forms of worship

구약 시대의 이스라엘 백성은 성막이나 성전에 가서 하나님께 제사를 드렸지만, 신약 시대의 기독교인은 제사에 해당되는 예배를 교회 건물에서 드린다. 코로나 팬데믹이 없었을 때는 함께 모여 예배를 드리는 것이 원칙이었으나, 코로나 팬데믹 초기에는 전염의 위험 때문에 모여서 드리는 off-line 예배가 한동안 금지되었다. 그 결과, 인터넷을 통해 각자의 장소에서 on-line 예배를 드리게 되었고, on-line 예배를 정식 예배로 인정하게 되면서 예배에 대한 인식의 변화가 필요해졌다.

코로나 이전에는 교회가 아닌 집이나 다른 장소에서 인터넷을 통한 on-line 영상 예배를 정식 예배로 인정하는 것은 쉽지 않았다. 과거에 이런 방식을 주장하는 사람은 무교회주의자나 교회 조직을 무너뜨리려는 시도로 여겨졌을지도 모른다. 그러나 코로나 팬데믹은 전통적인 예배 방식에 대한 의문을 제기하게 했다. 비록 on-line 예배를 드릴 수밖에 없는 상황이었으나, 여전히 많은 교회는 다시 '모여서 드리는 off-line 예배'로 돌아가야 한다고 생각했다. 하지만 이미 많은 변화가 자리 잡고 있었다. (이 글은 2021년, 코로나가 창궐하던 시기에 쓰여졌다.)

포스트 코로나에는 기존에 있었던 off-line 예배만이 아니라, 새로운 형태의 on-line 예배를 결합한 all-line 예배가 확산될 것이라고 많은 신학자들이 예측한다. 4차 산업 혁명의 가속화로 인공지능(AI)이 교회에서도 활용될 것이며, 모바일 기술과 온라인의 장점을 결합한 새로운 형태의 교회가 등장할 것이다.

코로나 전염병은 인류에게 재앙이었지만, 도리어 이러한 상황을 성경적으로 해석하여 기독교의 본질을 탐구하여 적용한다면, 기독교는 새로운 전환점이 될 수 있다. 세상을 주관하시는 하나님께서 아무 이유 없이 코로나 전염병을 허락하지는 않으셨을 것이다. 코로나를 통한 숨겨진 하나님의 계획과 뜻은 무엇일까? 전능하신 하나님께서 전염병을 통해 자신의 뜻을 이루어 가시기 위함이라고 생각할 필요가 있다. 교회와 그 구성원인 성도는 코로나 팬데믹을 통해 깨닫고, 이후에 있을 일들에 대비해야 한다.

전염병으로 인해 어쩔 수 없이 교회 문을 닫았지만, 이것이 처음은 아니었다. 초대 교회에서도 심한 박해로 신자들이 여러 곳으로 흩어진 사건이 있었다. 과거에 예루살렘 교회에 있었던 핍박을 살펴보고, 그것을 거울삼아 현재 코로나 팬데믹 상황과 비교하면서, 코로나 이후에 교회와 성도는 자성과 쇄신, 변화를 고민해야 한다.

오순절 성령 강림으로 인해 복음이 급속도로 전파되었고, 복음을 들은 사람들은 세례를 받아 신도의 수가 급증하였다(행 2:41, 6:7). 사도들을 통해 많은 기사와 표적이 나타났고, 믿는 사람들이 함께 지내며, 모든 것을 공동으로 소유했다. 재산과 소유물을 팔아서, 모든 사람에게 필요한 대로 나누어 주었다. 성전에 모이기를 힘썼고, 성도의 교제와 하나님을 찬양하였으며, 신앙 공동체는 모든 사람에게 호감을 샀다. 이로 인해 주님께서는 구원받는 사람을 날마다 더하여 주셨다(행 2:43-47). 이것이 초대 교회의 모습이었다.

예루살렘 교회에 있었던 하나님의 역사와 성장은 분명히 하나님의 영광을 드러내는 것이었다. 그러나 스데반 집사의 순교로 인해, 박해를 받은 예루살렘 교회는 어려움을 겪게 되었다. 스데반 집사는 은혜와 권능이 충만하여 큰 기사와 표적을 백성들 가운데서 행하였고, 지혜와 성령으로 말하므로 대적하는 사람들이 그를 이기지 못했다. 매수된 사람들의 모함으로 공회에 선 스데반은 이스라엘의 조상 아브라함부터 솔로몬에 이르는 하나님의 행하심을 전했다. 그것은 사람들의 마음을 찌르는 놀라운 설교였다(행 7:1-53).

"우리 조상들이 광야에서 살 때에, 그들에게 증거의 장막이 있었습니다. 그것은 하나님께서 모세에게 지시하신 것이고, 모세는 그 지시대로 증거의 장막을 만들었습니다. 우리 조상들은 이 장막을 물려받아서, 하나님께서 우리 조상들 앞에서 쫓아내신 이방 민족들의 땅을 차지할 때에, 여호수아와 함께 그것을 그 땅에 가지고 들어왔고, 다윗 시대까지 물려주었습니다. 다윗은 하나님의 은총을 입은 사람이므로, 야곱의 집안을 위하여(다른 사본에, 하나님을 위하여) 하나님의 거처를 마련하게 해 달라고 간구하였습니다. 그러나 야곱의 집안을 위하여 집을 지은 사람은 솔로몬이었습니다." (새번역, 행 7:44-47)

"그런데 지극히 높으신 분께서는 사람의 손으로 지은 건물 안에 거하지 않으십니다. 그것은 예언자(이사야)가 말하기를 '주님께서 말씀하신다. 하늘은 나의 보좌요, 땅은 나의 발판이다. 너희가 나를 위해서 어떤 집을 지어 주겠으며 내가 쉴 만한 곳이 어디냐? 이 모든 것이 다 내 손으로 만든 것이 아니냐?' 한 것과 같습니다. 목이 곧고 마음과 귀에 할례를 받지 못한 사람들이여, 당신들은 언제나 성령을 거역하고 있습니다. 당신네 조상들이 한 그대로 당신들도 하고 있습니다. 당신들의 조상들이 박해하지 않은 예언자가 한 사람이라도 있었습니까? 그들은 의인이 올 것을 예언한 사람들을 죽였고, 이제 당신들은 그 의인을 배반하고 죽였습니다. 당신들은 천사들이 전하여 준 율법을 받기만 하고, 지키지는 않았습니다." (새번역, 행 7:48-51)

스데반은 사람의 손으로 지은 건물 안에 하나님께서 계시지 않는다고 말하면서, 이스라엘이 성령을 거역하고, 선지자들이 예언했던 의인을 배반하고 죽였으며, 율법을 가졌을 뿐 지키지 않는다고 설교했다. 성전에서 이루어지는 일이 신앙의 절대적 위치를 차지하는 유대인의 입장에서는 스데반의 설교를 받아들일 수 없었고, 결국 그에 대해 분노했다. 유대인들은 스데반이 신성모독죄를 범했다고 생각했다. 그의 설교를 다시 한번 되짚어 보자.

광야에서 만든 증거의 장막은 하나님의 명령에 따라 하늘에 있는 모형을 본떠, 하나님의 계획에 의해 만들어졌다. 법궤가 장막 안에 있는 것을 본 다윗은 전능자의 성막을 성전으로 만들어 경배하기를 하나님께 간구했다(시 132:2-8). 하나님께서는 하나님께서는 다윗에게는 성전 건축을 허락하지 않으셨고, 그의 아들 솔로몬에게 허락하셨다. 처음부터 성전 건축은 하나님께서 원하신 것이 아니었다. 하나님께서 다윗을 통해 설계도를 주셨지만(대상 28:16), 그 성전은 사람의 손으로 만든 것이었다.

하늘과 하늘들의 하늘이라도 피조물이므로 모든 세상을 창조하신 하나님을 모시기에는 부족하다. 그렇기에 솔로몬은 제한된 공간인 성전에 하나님을 모실 수 없다는 것을 알고 있었다(왕상 8:27). 천지를 창조하시고 주관하시는 하나님을 사람이 만든 공간에 가두는 것은 하나님의 위엄을 축소시키는 것이 되기 때문이다. 하나님의 권능 안에 우주 만물이 존재하는데, 성전을 하나님께서 계시는 유일한 공간으로 여기는 것은 모순이다.

스데반은 이사야 66:1을 인용하면서, 하늘이 하나님의 보좌이며, 땅이 하나님의 발판인데, 하나님을 위해 집을 짓는다고 하는 것은 옳지 않다고 주장했다. 사도 바울도 아테네의 아레오바고에서 "우주와 그 안에 있는 모든 것을 창조하신 하나님께서는 하늘과 땅의 주님이시므로, 사람의 손으로 지은 신전에 거하지 않으신다"고 하면서, 하나님의 광대하심을 다시 상기시켰다(행 17:24).

스데반이 예루살렘 성전에 대하여 비판적인 말을 하자, 하나님께서 성전에 계신다고 굳게 믿었던 유대인들은 그의 설교를 받아들일 수 없었다. 만일 우리가 그 자리에 있었던 유대인이었다면, 스데반의 설교를 듣고 자신이 믿고 있던 신앙 방식을 포기하겠는가? 아니면 지금까지 소중하게 여겼던 하나님의 성전을 무시한 스데반을 죽이는 일에 가담하겠는가? 그 당시 하나님을 경외하고 있었던 많은 유대인들은 스데반이 신성모독죄를 범했다고 생각하며 그를 죽어야 할 사람으로 여겼다. 그 자리에 있었던 사울(바울)도 스데반의 사형을 옳다고 여겼다(행 8:1).

대제사장과 유대인들은 스데반의 말을 듣고 격분하여 이를 갈았다(행 7:54). 그때 스데반이 성령에 충만하여 하늘을 쳐다보며 하나님의 영광을 보고, 예수께서 하나님의 오른쪽에 서 계신 것이 보였다(행 7:55). 스데반은 그들에게 소리쳤다. "보십시오, 하늘이 열려 있고, 하나님의 오른쪽에 인자가 서 계신 것이 보입니다"(행 7:56) 사람들은 귀를 막고 큰 소리를 지르며, 일제히 스데반에게 달려들어, 그를 성 바깥으로 끌어내어 돌로 쳤다(행 7:57,58). 사람들이 스데반을 돌로 칠 때에, 스데반은 "주 예수님, 내 영혼을 받아 주십시오. 주님, 이 죄를 저 사람들에게 돌리지 마십시오." 하고 부르짖었다(행 7:59-60).

하나님을 사랑하는 사람이라면 하나님의 성전을 소중히 여기는 것이 당연하다. 그러나 성전 건물 안에만 하나님이 계신다고 생각하는 것은 잘못된 생각이다. 그 당시 유대인들은 하나님을 경배하는 성전에 하나님이 계시지 않는다고 설교한 스데반이 신성모독죄로 확신하고 그를 고발했다. 만일 누가 성전을 허물어 버리라고 말한다면, 그는 하나님께 무례한 자라고 여길 것이다. 놀랍게도 성전을 허물라고 하신 분은 다름 아닌 하나님의 아들 예수 그리스도이셨다(요 2:13-22).

예수께서 예루살렘에 가셨을 때, 성전 안에서 소와 양과 비둘기 파는 사람들과 돈 바꾸는 사람들이 앉아 있는 것을 보시고, 노끈으로 채찍을 만들어 양과 소와 함께 그들을 모두 성전에서 내쫓으시고, 돈 바꾸는 사람들의 돈을 쏟아 버리고, 상들을 둘러 엎으셨다. 비둘기 파는 사람들에게는 "이것을 걷어치워라. 내 아버지의 집을 장사하는 집으로 만들지 말아라" 하고 말씀하셨다(요 2:13-16). 예수께서는 성전을 더럽히는 행위를 용납할 수 없으셨다. 그러자 제자들은 '주님의 집을 생각하는 열정이 나를 삼킬 것이다' 하고 기록된 성경 말씀을 기억하였다(시 69:9, 요 2:17).

유대 사람들이 예수께 물었다. "당신이 이런 일을 하다니, 무슨 표징을 우리에게 보여 주겠소?" 예수께서 그들에게 말씀하셨다. "이 성전을 허물어라. 그러면 내가 사흘 만에 다시 세우겠다." 그러자 유대 사람들이 말하였다. "이 성전을 짓는 데에 마흔여섯 해나 걸렸는데, 이것을 사흘 만에 세우겠다고요?" 그러나 예수께서 말씀하신 성전은 자신의 몸을 두고 하신 말씀이었다. 제자들은 예수께서 죽은 사람들 가운데서 살아나신 후에 그가 말씀하신 것을 기억하고, 성경 말씀과 예수께서 하신 말씀을 믿게 되었다(새번역, 요 2: 18-22).

사람의 손으로 만든 성전은 진정한 의미의 성전이 아니다. 예수께서는 성전을 허물라고 하셨는데, 이는 자신의 육체를 가리켜 말씀하신 것이다(요 2:21). 또한 신약 시대에는 주님을 따르는 성도가 참된 '성전'이다(고전 3:16, 고후 6:16). 사람이 건축한 교회 건물은 예배를 위해 모이는 장소일 뿐, 하나님은 제한된 공간에만 계시는 것이 아니라 온 우주에 임재하신다. 특히 주님의 이름으로 성도들이 모인 곳에 주님께서 계시므로, 그곳이 거룩한 장소가 되는 것이다(마 18:20).

예수를 신성모독죄로 고소할 때, 증인들은 예수가 "내가 사람의 손으로 지은 이 성전을 허물고, 손으로 짓지 않은 다른 성전을 사흘 만에 세우겠다"고 말했다고 증언했다(막 14:58). 그들은 예수께서 말씀하신 내용이 부활을 의미하며, 이후에 이루어질 신약의 교회(성도들의 모임)라는 것을 나중에 이해할 수 있었다.

하나님께서는 이사야 선지자를 통하여 말씀하셨다(사 66:1-4).

사 66:1 여호와께서 이와 같이 말씀하시되 하늘은 나의 보좌요 땅은 나의 발판이니 너희가 나를 위하여 무슨 집을 지으랴 내가 안식할 처소가 어디랴
2 나 여호와가 말하노라 내 손이 이 모든 것을 지었으므로 그들이 생겼느니라 무릇 마음이 가난하고 심령에 통회하며 내 말을 듣고 떠는

자 그 사람은 내가 돌보려니와

3 소를 잡아 드리는 것은 살인함과 다름이 없이 하고 어린 양으로 제사드리는 것은 개의 목을 꺾음과 다름이 없이 하며 드리는 예물은 돼지의 피와 다름이 없이 하고 분향하는 것은 우상을 찬송함과 다름이 없이 행하는 그들은 자기의 길을 택하며 그들의 마음은 가증한 것을 기뻐한즉

4 나 또한 유혹을 그들에게 택하여 주며 그들이 무서워하는 것을 그들에게 임하게 하리니 이는 내가 불러도 대답하는 자가 없으며 내가 말하여도 그들이 듣지 않고 오직 나의 목전에서 악을 행하며 내가 기뻐하지 아니하는 것을 택하였음이라 하시니라

하나님께서는 '하늘은 나의 보좌이며, 땅은 나의 발판'이라고 하셨으며, 우주 만물을 지으신 분이 사람이 손으로 지은 건물 안에만 계실 이유가 없다. 하나님께서 세상 모든 것을 지으셨으므로 그분 자신을 위한 안식처가 필요하지 않으셨다. 하나님은 겸손하고, 회개하며, 하나님을 경외하고 복종하는 사람을 좋아하신다. <u>거룩한 삶이 없는 자가 하나님께 제물을 드리는 것은 마치 우상을 숭배하는 것과 같다고 하셨다.</u> 그리스도인은 하나님을 위한 거룩한 장소를 건축하는 것이 아니라, 하나님께 거룩한 백성(성민, a people holy to the Lord your God, 신 7:6, 14:2,21, 26:19)이 되는 것이 더 중요하다. 그리스도인 자신이 하나님의 성전이므로, 성전을 거룩하게 하는 것은 필수적이기

때문이다.

스데반은 공회에서 했던 설교로 인하여 결국 순교를 당했고(행 7:59,60), 이와 함께 교회는 큰 박해를 받아 사도들 이외에는 유대와 사마리아 지방으로 흩어졌다(행 8:1). 하지만 스데반의 순교와 예루살렘 교회에 대한 박해는 하나님의 뜻을 무너뜨리기보다는 오히려 이루는 계기가 되었다.

예수께서 부활하신 후에 하나님 나라의 일을 말씀하셨고, 예루살렘을 떠나지 말고 하나님 아버지께서 약속하신 성령 세례를 기다려서 받으라고 하셨다(행 1:3-5). '그리고 성령이 제자들에게 내리시면, 능력을 받고, 예루살렘과 온 유대와 사마리아에서, 그리고 마침내 땅끝에까지 이르러서 예수의 증인이 될 것이다'고 당부하셨다(행 1:8).

예루살렘 교회가 세워져서 든든하게 성장하는 것은 필요했다. 다만 성령 세례를 받기까지는 예루살렘에서 떠나지 말아야 했고, 성령 세례를 받은 성도들은 예루살렘에 머물러 있지 말고, 예수의 증인으로서 땅끝을 향해 나아가야 했다. 그러나 성령이 임한 후에도 성도들은 예루살렘을 떠나지 않고 계속 머물러서 신자 수가 많아지는 것으로 기뻐하고 있었지만, 사실은 주님의 명령에 순종하지 않은 것이었다. 스데반의 순교와 예루살렘 교회에 대한 박해를 통해 성도들은 강제적으로 흩어지게 되었고, 이를 통해 주님의 말씀은 이루어졌다. 이 시기가 예루살렘 교회에서는 고난의 시간이었지만, 하나님께서는 이러한 고난을 통해 자신의 뜻을 이루어 가셨다.

 마찬가지로, 코로나로 인해 교회가 일시적으로 문을 닫게 된 것은 어떤 뜻일까? 우리는 나름대로 잘하고 있다고 생각했지만, 혹시 하나님의 뜻을 깨닫지 못하고 있는 것은 아닐까? 코로나 전염병을 통해 우리는 익숙하고 잘 알고 있던 것들을 내려놓고, 겸손하게 하나님 말씀으로 나아가야 한다. 이를 우리 자신을 돌아보는 계기로 삼아야 한다. 하나님께서 코로나 팬데믹을 교회에 주신 새 포도주라고 하신다면, 교회는 코로나 이후에 새 부대를 준비해야 한다.

02
포스트 코로나 예배
Post-corona worship

코로나 때문에 모바일 폰이나 태블릿과 PC를 통해 어디서나 인터넷 영상 예배를 드리는 것이 일상이 되었다. 결국 대면과 비대면 예배의 병행이 이루어졌다. 포스트 코로나 시대의 예배는 off-line뿐만 아니라 on-line 예배를 결합한 all-line 예배로 변했다. 코로나 전염병(COVID-19)은 우연히 발생한 것이 아니라, 하나님의 뜻 안에서 이 질병을 통해 성도들에게 특별한 것을 알려 주고 깨우치려는 것이다. 코로나 팬데믹을 통해 기독교가 받을 경고나 축복을 연구해야 한다. 코로나는 기독교에 어떤 전환점을 줄 것인가? 기존 예배 방식에 어떤 변화가 필요할까?

여기에서 말하는 off-line, on-line, all-line은 예배를 드리는 장소를 구분하는 용어이다. 이 예배는 기도, 찬송, 설교, 헌금 등과 같은 의식을 갖춘 것을 말하며, 우리가 일반적으로 모여서 드리는 예배를 의미한다. 코로나 이전에는 주일 1시간 예배만으로 성도의 의무를 다했다고 여겼던 경향이 있다. 주일 예배만으로는 부족하다고 여겨, 수요일과 금요일 예배, 부흥회 등의 모임을 통해 예배의 범위를 확장하려 했던 경향이 있다. 그렇다면 하나님께서 원하시고 기뻐하시는 예배는 무엇일까?

예수의 이름으로 모이는 공동체가 교회이다. 그러나 시간이 지나면서 교회를 공동체보다는 모이는 장소로 이해한 경향이 있다. 예수를 주인으로 모시는 자들의 모임이 교회의 본질이지만, 교회 건물 자체가 거룩한 것은 아니다. 교회 건물은 단지 예배를 드리는 장소일 뿐이다. 하나님은 사람이 지은 건물 안에 계시는 것이 아니라, 주의 이름으로 모인 성도, 곧 예수 안에서 거룩해진 성도들과 함께 계신다 (마 18:20).

구약 시대에는 성막과 성전을 건축하였고, 그곳에서 제사를 드리며 하나님을 만났다. 그렇다면 하나님은 성막과 성전에만 계시는 것일까? 솔로몬은 여호와의 성전을 건축한 후에 주를 위해 성전을 건축했다고 하였다(왕상 8:12). 솔로몬은 하나님 여호와께 기도하며 말했다. "하나님, 하나님께서 땅 위에 계시기를, 우리가 어찌 바라겠습니까? 저 하늘, 저 하늘 위의 하늘이라도 주님을 모시기에 부족할 터인데, 제가 지은 이 성전이야 더 말하여 무엇 하겠습니까?"(왕상 8:27) 비록 솔로몬이 여호와를 위하여 성전을 만들었지만, 하나님을 어떤 장소에도 묶어 둘 수는 없다. 성막과 성전은 하나님을 만나기 위한 장소였을 뿐, 하나님은 성막과 성전에만 계시는 분이 아니시다.

신약에서는 그리스도인 자신이 하나님의 성전이라고 알려 준다(고전 3:16,17, 고후 6:16). 하나님의 영인 성령께서 그들 안에 계시기 때문이다. 이로 인해 그리스도인의 몸은 '성령의 전'이다(고전 6:19). 하나님의 성전이 거룩한 것처럼, 하나님의 성전인 그리스도인도 거룩해야 한다(고전 3:17). 교회 건물이 거룩한 것이 아니라, 하나님의 성령께서 계시는 그리스도인 공동체가 하나님의 거룩한 성전의 모습이어야 한다. 그러므로 그리스도인이 있는 그 자리는 하나님의 임재로 인하여 거룩한 장소이며, 그리스도인은 그들이 있는 시간과 장소에서 하나님을 경배해야 한다.

예수께서는 예배를 드리는 장소에 대하여 이렇게 말씀하셨다(요 4장). 예수께서 유대를 떠나 다시 갈릴리로 가실 때, 사마리아를 통과하면서 수가라 하는 동네의 야곱의 우물에서 물을 긷고 있던 사마리아 여인을 만났다. 물을 달라고 하시는 예수님의 요청에 그 여인은 사마리아 사람을 무시하는 유대인이 자신에게 말을 건네는 것을 보고 놀랐다. 그 여인이 더 놀랐던 것은 예수께서 자신의 사생활을 모두 알고 계셨다는 것이었다. 그래서 여인은 예수를 선지자로 생각하게 되었고, 평소에 궁금했던 것을 물어보았다.

요 4:20 우리 조상들은 이 산에서 예배하였는데 당신들의 말은 예배할 곳이 예루살렘에 있다 하더이다
21 예수께서 이르시되 여자여 내 말을 믿으라 이 산에서도 말고 예루살렘에서도 말고 너희가 아버지께 예배할 때가 이르리라
22 너희는 알지 못하는 것을 예배하고 우리는 아는 것을 예배하노니 이는 구원이 유대인에게서 남이라
23 아버지께 참되게 예배하는 자들은 영과 진리로 예배할 때가 오나니 곧 이 때라 아버지께서는 자기에게 이렇게 예배하는 자들을 찾으시느니라 (NIV Yet a time is coming and has now come when the true worshipers will worship the Father **in spirit and in truth**, for they are the kind of worshipers the Father seeks.)
24 하나님은 영이시니 예배하는 자가 영과 진리로 예배할지니라 (NIV God is spirit, and his worshipers must worship **in spirit and in truth**.")

그 당시 사마리아 사람들은 전통적으로 야곱의 우물과 마주 보고 있는 그리심 산에서 예배를 드렸다. 그러나 유대인들은 율법에 따라 예루살렘 성전에서 예배를 드려야 한다고 했다. 하나님께 향한 열망

이 있었던 그 여인은 어디에서 예배를 드려야 하는지를 물어보았다. 예수께서는 이제는 이 산에서나 예루살렘에서 예배를 드리는 것이 아니라, 하나님 아버지께 영(spirit)과 진리(truth)로 예배를 드릴 때가 올 것이라고 말씀하셨다.

예수님의 말씀을 통해 볼 때, 예배는 장소의 문제가 아니라, '현재'라는 시간에 예배자들의 진정성이 더 중요하다는 것이다. 하나님 아버지께 참되게 예배를 드리는 사람들이 영과 진리로 예배를 드릴 때가 오는데, 주님이 함께하시는 지금(now)이 바로 그때이다. 하나님 아버지께서는 이와 같이 참되게 예배하는 자들을 찾으신다. 이는 하나님이 영이시기 때문에, 영과 진리로 예배를 드려야 하기 때문이다.

예배는 장소(place)의 문제가 아니라, 어떻게 예배를 드리느냐(how)의 문제다. 영과 진리로 예배를 드려야 하며, 예배를 드려야 할 때는 지금(now)이다. 하나님은 시간과 공간을 초월하시는 분이므로, 그리스도인들의 예배도 시간과 공간을 초월해야 한다. 주님께서 함께하시는 지금(now)이라는 시간에, 현재 있는 장소(place)에서 하나님께 영과 진리(how)로 예배를 드리는 것이 하나님께서 원하시는 것이며, 이럴 때 시간과 공간을 초월하는 예배가 되는 것이다.

주일에 교회에서 드리는 예배는 한정된 시간과 장소에서 드리는 것이므로, 시간과 공간을 초월하시는 하나님께 경배의 의무를 다한 것이 아니다. 성도는 하나님께서 함께하시는 지금(now)이라는 시간에, 성도가 있는 모든 장소(everywhere)에서 하나님을 경배하는 사람이어야 한다. 포스트 코로나 예배는 all-line 예배가 될 것이라고 생각되지만, 여기에 멈추지 말고 더 나아가 '<u>지금, 모든 장소에서 드리는 예배자</u>'(Now & Everywhere Worshipper, NEWper)가 되어야 할 것이다.

만일 주일 예배, 곧 주일 성수가 신앙의 전부라고 한다면, 이는 삶의 일부분을 주일에만 하나님께 드리면 된다고 주장하는 것과 같다. 주일 예배에만 멈추지 말고, 모든 삶의 영역과 시간에서 하나님을 경배해야 한다. 생각과 마음으로만이 아니라, 일상의 실제적인 삶 자체가 희생 제물이 되어 하나님께 드려져야 한다는 의미이다.

보통 기독교에서 예배라고 하면, 예배 형식에 따라 드리는 예전을 갖춘 예배를 의미한다. 구약 시대에는 제사를 드리는 구체적인 방법을 제시하였다. 구약의 제사를 신약의 예배와 동일하게 생각할 수 있을까? 신약 시대에도 예배의 예식에 중점을 두어야 할까? 하나님께 드리는 제사(예배)가 신앙 생활에 있어 중요한 것은 분명하다. 그렇다면 하나님께서 기뻐하시는 제사는 무엇일까?

Off-line 예배 ① 교회 건물

↓ 코로나 감염

On-line 예배 ② 인터넷(교회 건물 이외의 장소) ⎫ 주일 예배
　　　　　　　　　　　　　　　　　　　　　　　⎬ (예배 장소의 확장)
All-line 예배 ① + ② 교회 건물 + 인터넷 예배 ⎭

요한복음 4장 : 예수께서 사마리아의 수가에서 여인을 만남

예배의 장소 : 산(그리심)? 예루살렘?(요 4:20)
→ 고정된 장소가 아님(요 4:21)

예배를 드리는 장소(place), 예배의 방법(how), 시간(time)?
→ 하나님께서 계시는 거룩한 장소(holy place)?
　하나님께서 원하시는 예배(how)? 예배를 드리는 때(time)?

백신 ?
마지막 때의
큰 환난
마 24:21,
계 7:14,
눅 18:8

영(성령)과 진리(말씀)으로 드리는 예배
→ 예배의 시간 : '이 때'(now)
→ 하나님께서 이렇게 예배하는 자들을 찾으심(요 4:23)

그리스도인 자신 : **하나님의 성전, 성령의 전**
　　　　　　　　　　　　　　　(고전 3:16,17, 고후 6:16,19)

영이신 하나님(요 4:24)은 시공을 초월하시므로,
시공을 초월한 예배를 드려야 함

↓

Now & Everywhere Worship(NEW)　삶 전체를 드리는 예배(주일+평일),
　　　　　　　　　　　　　　　　　　예배 개념의 확장

롬 12:1 그러므로 형제들아 내가 하나님의 모든 자비하심으로 너희를 권하노니 **너희 몸을 하나님이 기뻐하시는 거룩한 산 제물로 드리라** 이는 너희가 드릴 **영적 예배**니라

히 13:16 오직 선을 행함과 서로 나누어 주기를 잊지 말라
하나님은 이같은 제사를 기뻐하시느니라(선을 행하지 않은 가인의 제사 : 창 4:7)

성경에서 처음으로 하나님께 제사를 드린 사람은 가인과 아벨이다. 이들은 제사를 통해 하나님을 경배하였으며, 그 제사는 현재의 예배에 해당한다. 그렇다면 이들이 드린 제사를 통해 하나님께서 기쁘게 받으시는 예배가 무엇인지 살펴보자.

창 4:1 아담이 그의 아내 하와와 동침하매 하와가 임신하여 가인을 낳고 이르되 내가 여호와로 말미암아 득남하였다 하니라
2 그가 또 가인의 아우 아벨을 낳았는데 아벨은 양 치는 자였고 가인은 농사하는 자였더라
3 세월이 지난 후에 가인은 땅의 소산으로 제물을 삼아 여호와께 드렸고
4 아벨은 자기도 양의 첫 새끼와 그 기름으로 드렸더니 여호와께서 아벨과 그의 제물은 받으셨으나
5 가인과 그의 제물은 받지 아니하신지라 가인이 몹시 분하여 안색이 변하니
6 여호와께서 가인에게 이르시되 네가 분하여 함은 어찌 됨이며 안색이 변함은 어찌 됨이냐
7 네가 선을 행하면 어찌 낯을 들지 못하겠느냐 선을 행하지 아니하면 죄가 문에 엎드려 있느니라 죄가 너를 원하나 너는 죄를 다스릴지니라

가인과 아벨이 드린 제사에는 두 가지 요소가 있음을 확인할 수 있다. 첫째는 제사를 드리는 사람이며, 둘째는 제사를 위해 드려지는

제물이다. 하나님께서는 아벨과 그의 제물(Abel and his offering)은 받으셨지만, 가인과 그의 제물(Cain and his offering)은 받지 않으셨다. 가인의 제사를 하나님께서 받지 않으신 까닭은 무엇이었을까?

첫째로, '세월이 지난 후에'라는 표현으로 추측해 보면, 아담과 하와는 가인과 아벨에게 이미 하나님께 드리는 제사에 대해 가르쳤지만, 가인은 그 가르침을 따르지 않은 것 같다. 그러나 이런 이론은 성경에 기록되지 않은 가설일 뿐이다.

둘째로, 아벨과 가인이 바친 제물은 그들의 주된 활동 영역에 따라 달랐다. 이 해석에 따르면, 하나님께서는 아벨이 드린 제물이 합당하다고 여기셔서 받으셨고, 가인의 제물은 합당하지 않았다고 볼 수 있다. 일반적인 해석은 피의 제사를 드려야 하지만, 가인은 이런 제사를 드리지 않았으므로 하나님께서 받지 않으셨다는 것이다. 그러나 피의 제사는 후세에 모세 시대에 만들어진 것이므로 이와 같은 이론은 설득력이 없다. 실제로 제사 제도가 정립되었을 때, 제물을 높이 쳐들어 위와 아래, 좌우로 흔들어서 바치는 요제(搖祭, wave offering)가 있었으며, 여기에 사용되는 제물로는 곡물의 첫 이삭 한 단이 포함되어 있다(레 23:9-14). 따라서 곡물을 제물로 바쳤기 때문에 하나님께서 받지 않으신 것이라고 볼 수는 없다.

셋째로, 하나님께서는 제물보다 제사를 드리는 사람의 삶을 보신다는 해석이 있다. 가인은 자신의 제사를 하나님께서 받지 않으시자 얼굴빛이 변했다. 이에 하나님께서는 가인의 모습을 보고 꾸짖으셨다(창 4:7). 여러 성경 번역본에서 창세기 4:7의 내용을 확인해 보자.

개역개정 창 4:7 네가 선을 행하면 어찌 낯을 들지 못하겠느냐 선을 행하지 아니하면 죄가 문에 엎드려 있느니라 죄가 너를 원하나 너는 죄를 다스릴지니라

새번역 창 4:7 네가 올바른 일을 하였다면, 어찌하여 얼굴빛이 달라지느냐? 네가 올바르지 못한 일을 하였으니, 죄가 너의 문에 도사리고 앉아서, 너를 지배하려고 한다. 너는 그 죄를 잘 다스려야 한다.

NIV Gn 4:7 If you do what is right, will you not be accepted? But if you do not do what is right, sin is crouching at your door;

KJV Gn 4:7 If thou doest well, shalt thou not be accepted? and if thou doest not well, sin lieth at the door.

흠정역 창 4:7 네가 잘 행하면 너를 받지 아니하겠느냐? 그러나 네가 잘 행하지 아니하면 죄가 문에 엎드려 있느니라.

개역개정 성경에는 '선을 행하면 어찌 낯을 들지 못하겠느냐'라고 번역되어 있다. 새번역에는 '네가 올바른 일을 하였다면, 어찌하여 얼굴빛이 달라지느냐?'로 되어 있다. 그러나 다른 번역본인 NIV,

KJV, 흠정역에서는 '네가 선을 행하면(올바른 일을 하였다면) 어찌 너를 받지 않겠느냐?'로 번역되어 있다.

결국 하나님께서 가인의 제사를 받지 않으신 이유는 가인이 드린 제물에 문제가 있었던 것이 아니라, 그가 선을 행하지 않으면서 제사를 드렸기 때문이었다. 하나님께서는 가인이 선을 행하지 않는 삶을 살았으므로 제사를 받지 않으셨다. 하나님께 드려지는 것을 제물이라고 한다면, 제사를 드리는 사람도 일종의 하나님께 드리는 제물(offering)이라고 보아야 한다. 따라서 하나님께 제사(예배)를 드리는 사람은 먼저 자신이 흠 없는 제물이 되도록 선을 행하고 경건한 삶을 살아야 한다. 사도 바울은 예배에 대하여, 영적인 예배 행위에 대하여 말했다(롬 12:1).

> 롬 12:1 그러므로 형제들아 내가 하나님의 모든 자비하심으로 너희를 권하노니 너희 몸을 하나님이 기뻐하시는 거룩한 산 제물로 드리라 이는 너희가 드릴 영적 예배니라
>
> NIV Ro 12:1 Therefore, I urge you, brothers, in view of God's mercy, to offer your bodies as living sacrifices, holy and pleasing to God-this is your **spiritual act of worship**.

제물로 드리는 것이 양, 소, 또는 곡식일 수 있지만, 신약 시대에 하

나님께서 원하시는 제사(예배)는 거룩한 산 제물로 하나님께 드리는 성도들이다. 고대에 이방신에게 자녀를 불태워 제물로 바쳤던 것을 본받으라는 것이 아니다. 하나님께 예배를 드리는 성도는 자신의 몸을 하나님께 제물로 드리듯이 거룩하고 정결하게 흠 없는 제물이 되어야 한다. 이를 위해 성도는 일상의 삶에서 자신의 욕망을 죽이고, 오직 하나님께 거룩함으로 하나님께서 기뻐하시도록, 자신을 하나님께 산 제물(living sacrifices)로 드려야 한다. 이렇게 하는 것이 영적인 예배 행위(spiritual act of worship, NIV)이며, 합당한 섬김(reasonable service, KJV)이다.

인류 최초의 제사를 살펴보면, 하나님께 드리는 제사에서 가장 중요한 것은 제사를 드리는 사람이 먼저 선한 일을 행하는 것이다. 예배자가 산 제물로 하나님께 드리는 것이 영적 제사이며, 이는 종교적인 의식이 아닌 삶에서 드려지는 예배이다. 이런 예배를 하나님께서 받으신다. 주일에 교회 건물에 모여서 거룩한 예배를 드린다고 하더라도, 예배자가 흠 없는 제물이 되지 못했다면, 하나님께서는 그의 예배를 받지 않으신다. 평일에 선을 행하지 않고, 주일에 교회에서 잘못된 삶을 회개하는 기도를 드리는 것은 경건한 행위가 아니라, 하나님께서 받지 않으시는 예배를 드리는 것이라고 할 수 있다.

참된 예배를 드리기 위해 우리는 하나님 앞에서 거룩하게 살고 있는지 돌아보아야 한다. 또한 우리의 모든 삶이 하나님께 기쁨이 되는지 확인해야 한다. 그러므로 우리는 자신을 다스려 악에 속한 것을 잘라 내고, 잘못된 행위는 고치며, 하나님의 명령에 따라 살도록 자신을 쳐서 복종시켜야 한다. 예수께서 주신 새 계명을 실천하고 있는지도 살펴봐야 한다.

우리는 하나님을 경배하기 위해 모여서 함께 드리는 예배를 가장 중요하다고 생각한다. 그러나 하나님께서는 종교적인 제사(예배)보다 더 기뻐하시고 원하시는 것이 있다. 그렇다고 해서 함께 드리는 예배를 없애야 한다는 뜻은 아니다. 오히려 모여서 드리는 예배를 중요하게 여기면서도, 동시에 삶으로 드리는 예배자가 되어야 한다는 점을 강조하려는 것이다. 그렇다면 하나님께서는 제사(예배)보다 어떤 것을 더 원하실까?

호 6:6 나는 인애(mercy)를 원하고 제사를 원하지 아니하며 번제보다 하나님을 아는 것을 원하노라
마 9:13 너희는 가서 내가 긍휼(mercy)을 원하고 제사를 원하지 아니하노라 하신 뜻이 무엇인지 배우라 나는 의인을 부르러 온 것이 아니요 죄인을 부르러 왔노라 하시니라
마 12:7 나는 자비(mercy)를 원하고 제사를 원하지 아니하노라 하신 뜻을 너희가 알았더라면 무죄한 자를 정죄하지 아니하였으리라

하나님께서는 자비(긍휼, 인애, mercy)를 원하시며, 제사(예배)를 그보다 덜 중요하게 여기신다. 우리는 지금까지 제사(예배)를 가장 중요한 경배의 수단으로 생각해 왔지만, 하나님의 생각은 우리의 생각과 다르다. 하나님께서는 우리가 선을 행하고 서로 나누며 살아가는 삶을 원하시며, 이러한 제사(예배)를 기뻐하신다.

히 13:16 오직 선을 행함과 서로 나누어 주기를 잊지 말라 하나님은 이같은 제사를 기뻐하시느니라 (And do not forget to do good and to share with others, for with such sacrifices God is pleased.)

선을 행한다는 것은 무엇일까? 단순히 착하게 사는 것이 선을 행하는 것일까? 선을 행하는 것은 사람의 기준에 따라 결정되는 것이 아니다. 하나님께서 알려 주신 선을 행하는 것이 진정으로 옳다.

미 6:6 내가 무엇을 가지고 여호와 앞에 나아가며 높으신 하나님께 경배할까 내가 번제물로 일 년 된 송아지를 가지고 그 앞에 나아갈까
7 여호와께서 천천의 숫양이나 만만의 강물 같은 기름을 기뻐하실까 내 허물을 위하여 내 맏아들을, 내 영혼의 죄로 말미암아 내 몸의 열매를 드릴까
8 사람아 주께서 선한 것이 무엇임을 네게 보이셨나니 여호와께서 네게 구하시는 것은 오직 정의를 행하며 인자(mercy)를 사랑하며 겸

손하게 네 하나님과 함께 행하는 것이 아니냐 (And what does the Lord require of you? To act justly and to love mercy and to walk humbly with your God.)

하나님께서는 종교적인 제사를 통해 많은 제물을 바치는 것을 기뻐하지 않으신다. 또한 자신의 죄를 용서받기 위해 행한 외적인 행위를 원하지도 않으신다. 하나님께서 우리에게 알려주신 선은 공의를 실천하고, 인자(mercy)를 사랑하며, 겸손히 하나님과 함께 행하는 것이다. 신앙 생활은 믿음과 같은 관념적이고 추상적인 것에 그치는 것이 아니라, 실제 삶에서 공의와 사랑을 실천하고 하나님과 겸손히 동행하는 삶이어야 한다. 따라서 자신의 몸으로 자비와 사랑의 삶을 살아갈 때, 그 사람은 하나님께서 기뻐하시고 거룩하게 여기시는 산 제물이 된다.

종교적인 형식에 얽매이지 않더라도, 하나님께서는 선을 행하고 서로 나누어 주는 사랑의 행위를 기뻐하신다. 이는 자비를 베푸는 삶을 기쁘게 받으시는 제사(sacrifices), 곧 예배라고 인정하신다. 만일 거액의 헌금을 하는 사람이 경건하지 못한 삶을 살고 있다면, 하나님께서는 그 헌금을 받지 않으신다. 아무리 큰 금액일지라도 하나님께 드리는 올바른 제물이 되지 않기 때문이다.

신 23:18 창기가 번 돈과 개 같은 자의 소득은 어떤 서원하는 일로든지 네 하나님 여호와의 전에 가져오지 말라 이 둘은 다 네 하나님 여호와께 가증한 것임이니라

새번역 신 23:18 창녀가 번 돈이나 남창이 번 돈은, 주 당신들의 하나님의 성전에 서원을 갚는 헌금으로 드릴 수 없습니다. 이 두 가지가 다 주 당신들의 하나님이 미워하시는 것입니다.

불의한 사람이 거액의 헌금을 한다고 해도, 하나님께서는 그 재물을 중히 여기지 않으신다. 오히려 소액의 헌금을 드린다고 하더라도 선을 행하고 자비를 베푸는 사람의 예배를 하나님께서 받으신다. 교회는 헌금을 많이 하는 사람보다 하나님의 공의와 자비를 실천하는 사람을 더 소중하게 여겨야 한다. 목회자는 거짓되고 불의하며 탐욕에 가득한 신자에게 하나님의 꾸지람을 전달해야 한다. 이것이 성도를 진정으로 사랑하는 참된 목회의 모습이라 생각한다. 목사는 신자들이 내는 헌금의 액수보다 그들의 삶에 더 관심을 가져야 한다. 올바르지 못하게 사는 신자에게는 때로는 하나님의 사랑으로 꾸짖어야 하며, 고단한 인생길을 걷는 신자에게는 공감하고 위로하는 태도를 보여야 한다. 교회는 돈을 벌기 위한 기업이 아니라, 하나님의 사랑 공동체이기 때문이다.

분명히 우리는 하나님의 은혜로 죄에서 구원을 얻는다. 이러한 구

원은 사람에 의한 것이 아니라 하나님의 선물이다. 행위로 구원을 얻는 것이 아니므로 아무도 자랑할 수 없다. 하나님께서 사람을 창조하신 목적은 그리스도 예수 안에서 선한 일을 하게 하려는 것이었다. 하나님께서는 우리가 그리스도 안에서 선한 일을 하며 살아가기를 원하신다(엡 2:8-10). 기독교는 믿음을 통해 구원을 받을 길을 제시하지만, 믿음에만 머무르며 선을 행하지 않는 것은 하나님께서 사람을 창조하신 목적을 잃어버리는 것이다. 선행은 그리스도인이 반드시 드려야 할 삶의 예배이다.

그리스도인이 해야 할 선행은 예수께서 주신 '서로 사랑하라'는 새 계명을 실천하는 것이다. 성령이 없이는 그리스도인은 아무것도 할 수 없으며, 주님의 진리의 말씀에 순종할 수도 없다(흠정역(KJV) 벧전 1:22). 성령의 인도하심을 받을 때에야 비로소 진리의 말씀에 순종할 수 있으며, 이로 인해 성도들의 혼(souls)이 깨끗하게 되어 거짓 없이 형제를 사랑할 수 있다. 이처럼 순수한 마음으로 서로 사랑하는 것이 영과 진리로 예배를 드리는 것이다. 주의 이름으로 모여 드리는 주일 예배만 아니라, 삶의 현장에서 형제를 순수하고 뜨겁게 사랑하는 예배를 드려야 한다.

> 벧전 1:22 너희가 진리를 순종함으로 너희 영혼을 깨끗하게 하여 거짓이 없이 형제를 사랑하기에 이르렀으니 마음으로 뜨겁게 서로 사랑하라

(흠정역) 벧전 1:22. 너희가 [성령을 통해] 진리에 순종함으로 너희 혼 (souls)을 깨끗하게 하여 거짓 없이 형제들을 사랑하기에 이르렀으니 순수한 마음으로 뜨겁게 서로 사랑하라.

Seeing ye have purified your souls in obeying the truth through the Spirit unto unfeigned love of the brethren, [see that ye] love one another with a pure heart fervently:

코로나 팬데믹에 대한 과학적인 대응 전략은 백신(예방주사)이었다. 그렇다면 하나님께서 코로나를 통해 그리스도인들에게 주시는 영적 예방주사는 무엇일까? 코로나 팬데믹은 기독교로 하여금 새로운 예배 방식에 눈을 뜨게 할 것이다. 마지막 때에는 예수의 이름으로 인해 그리스도인들이 큰 환란을 겪게 될 것이다(마 24:21, 계

7:14). 그때에는 믿음을 지키기 어렵고, 신앙 생활을 유지하는 것이 힘들어질 것이다(눅 18:8). 그러나 코로나 팬데믹을 통해 각 성도가 '지금, 모든 장소에서' 하나님께 예배드리는 성도로 변화된다면, 미래의 큰 환난 때에도 제도적인 교회가 무너진다고 하더라도, 일상에서 '지금, 모든 장소에서의 예배자'(NEWper)로서 흔들리지 않는 신앙을 유지할 수 있을 것이다.

코로나 팬데믹은 우리가 가지고 있는 선입관을 버리게 만들고, 새로운 세계관의 필요성을 깨우쳐 준다. 기존의 방식에서 벗어나 성경적인 신앙으로 돌아가게 된다면(Back to the Bible), 우리는 하나님의 선하시고 기뻐하시며 온전하신 뜻을 깨닫게 될 것이다(롬 12:2). 성도는 항상 주님을 앞에 모시고 살아가야 하며(시 16:8), 이렇게 하는 것이 항상 주님과 함께하는 것이다(시 73:23). 만일 우리가 하나님을 찾으면 하나님을 만나게 될 것이며, 만일 그분을 버리면 우리도 버림을 받게 될 것이다(대상 28:9, 대하 15:2). 영적 예배는 교회 건물이라는 제한된 공간에서만 드려지는 것이 아니라, 일상의 삶 속에서도 주님을 뵙고 선행과 서로 나누는 사랑의 섬김을 통해 예배를 드리는 것이다.

예수의 피로 의롭게 된 자들은 참된 마음으로 하나님께 나아가야 한다. 우리는 예수의 피를 마음에 뿌려 죄에서 벗어나고, 맑은 물로 몸을 깨끗이 씻었다. 신실하신 주님께서 약속하셨으므로, 우리는 흔들리지 말고 소망을 굳게 지켜야 한다. 주 안에서 성도들은 서로 돌아보아 사랑과 선행을 격려해야 한다. 어떤 사람들은 모이는 것을 멀리하지만, 우리는 그날이 가까이 오는 것을 알고 있으므로 더욱 열심히 모여야 한다(히 10:19-25).

열심히 모이고, 열심히 사랑하며, 우리의 몸을 하나님께서 기쁘게 받으시는 거룩한 산 제물로 바치자. 예배는 장소의 문제가 아니다. 지금 이 시간(now), 영과 진리로 예배를 드려야 하며, 하나님께서는 이러한 예배자들을 찾으신다. 포스트 코로나 시대에는 '지금, 모든 장소의 예배자'(Now & Everywhere Worshipper, NEWper)로 나아가게 되기를 간절히 바란다.

03
Now & Everywhere Worshipper
NEWper

영어 공부를 많이 하면 영어에 대한 지식은 많아진다. 그러나 영어 공부를 많이 한다고 해서 영어를 능숙하게 말하고 듣는 능력이 바로 생기는 것은 아니다. 영어권 나라에서 태어나거나 어릴 때부터 그곳에서 살면 영어를 따로 공부하지 않더라도 자연스레 사용할 수 있으므로 영어 원어민이라고 부른다. 이들은 영어를 문법과 암기로 공부한 것이 아니라, 영어를 사용하는 환경에서 자라면서 자연스럽게 영어를 많이 듣고 연습했기 때문에 누구나 쉽게 말하고 사용할 수 있는 것이다.

NEWper(지금, 모든 장소의 예배자)에 대한 지식을 가지는 것으로 NEWper가 되는 것은 아니다. 기도에 관한 책을 많이 쓰거나 읽더라도, 실제로 기도하지 않으면 그것만으로는 기도 생활을 잘할 수 없다. 오직 진실한 기도 생활을 할 때에만 성숙하고 성령 충만한 기도를 지속할 수 있다.

성경 공부를 많이 한다고 해서 신앙이 깊어지거나 훌륭한 신앙을 갖춘 거룩한 하나님의 백성이 되는 것은 아니다. 아는 것이 있어야 더 깊이 이해할 수 있는 것은 사실이지만, 지금과 같이 단답형으로 진행되는 성경 공부만으로는 하나님의 말씀을 피상적으로 아는 데 그칠 수 있으며, 일상의 삶에서 말씀을 실천하지 못할 위험도 있다.

예수의 제자들은 3년간 성경 공부만을 한 것이 아니었다. 그들은 삶의 현장에서 예수 그리스도의 말씀을 듣고, 그분의 행하신 일을 보고, 예수의 명령을 실제로 실행하는 훈련(discipline)을 받았다. 스승의 언행을 보고, 스승으로부터 가르침을 받고, 그에 따라 순종하면서 실제적인 훈련을 할 때 비로소 진정한 스승과 제자(master and disciple)의 관계가 이루어진다.

제자(disciple)와 훈련(discipline), 사도(apostle), 사명(mission), 선교사(missionary)에 대한 어원을 통해 그 뜻을 생각해 보자.

Disciple 어원(800-900) Latin discipulus "pupil"
Discipulus 어원 discō(배우다, 익히다, 연습하다)

Discipline 어원(1200-1300) Old French descepline, from Latin disciplina "teaching, learning", from discipulus; → DISCIPLE

Apostle 어원(900-1000) Late Latin apostolus, from Greek, "bringer of messages, apostle", from apostellein "to send away", from apo- (→ APOCALYPSE) + stellein "to send"

Mission 어원 (1500-1600) Latin missio "act of sending", from mittere "to send, throw"

예수의 제자(disciple)는 배우고 훈련(discipline)을 받은 사람을 의미하며, 예수의 사도(apostle)는 복음(message)을 전하기 위해 멀리 보내지는 사람이다. 사명(mission)은 '보내는 것'에서 나온 말이며, 보냄을 받은 자(the one who is sent)가 보낸 이(the sender)의 뜻을 행하는 것을 의미한다. 선교사(missionary)는 보내신 하나님의 뜻을 이루기 위해 보냄을 받은 사람이다.

제자가 된다는 것은 단순히 예수를 영접함으로 이루어지는 것이 아니다. 제자가 된다는 것은 세례를 받고, 예수의 명령을 배우며 그 명령을 순종하는 사람을 의미한다. 글과 말로만 공부한다고 제자가 되는 것이 아니라, 주님의 명령을 순종하고 실제로 삶에 옮길 때 비로소 제자라고 할 수 있다. 예수께서는 부활하여 승천하신 후에도 성령을 통해 제자들과 함께하셨다.

마 28:19 그러므로 너희는 가서 모든 민족을 제자로 삼아 아버지와 아들과 성령의 이름으로 세례를 베풀고

NIV; Therefore go and make disciples of all nations, baptizing them in the name of the Father and of the Son and of the Holy Spirit,

마 28:20 내가 너희에게 분부한 모든 것을 가르쳐 지키게 하라 볼지어다 내가 세상 끝날까지 너희와 항상 함께 있으리라 하시니라

NIV; and teaching them to <u>obey everything I have commanded you</u>. And surely I am with you always, to the very end of the age."

주님의 명령에 대한 이해와 순종이 없는 훈련은 진정한 제자 훈련이라고 할 수 없다. 주님의 명령을 순종할 때 비로소 진정한 제자가 된다. 따라서 제자 훈련을 평가할 때는 주님의 명령을 지키고 있는지 확인해야 한다. 제자 훈련의 궁극적인 목표는 주님의 명령에 순종하는 것이다.

NEWper가 되기 위해 필요한 것으로 세 가지를 생각해 본다. 첫째는 좋은 스승(good teacher), 둘째는 성실함과 헌신(devotion), 셋째는 꾸준함(persistence)이다.

요 4:23 아버지께 참되게 예배하는 자들은 영과 진리로 예배할 때가 오나니 곧 이 때라 아버지께서는 자기에게 이렇게 예배하는 자들을 찾으시느니라

새번역 요 4:23 참되게 예배를 드리는 사람들이 영과 진리로 아버지께 예배를 드릴 때가 온다. 지금이 바로 그 때이다. 아버지께서는 이렇게 예배를 드리는 사람들을 찾으신다.

NIV Jn 4:23 Yet a time is coming and has now come when the true worshipers will worship the Father in spirit and in truth, for they are the kind of worshipers the Father seeks.

KJV Jn 4:23 But the hour cometh, and now is, when the true worshippers shall worship the Father in spirit and in truth: for the Father seeketh such to worship him.

하나님 아버지께 참되게 예배하는 자들(the true worshippers)은 영(spirit)과 진리(truth)로 예배를 드려야 한다. 여기서 영은 인간의 내면성을 의미하는 것이 아니라 하나님의 성령을 가리킨다. 또한 진리는 하나님의 말씀이며 성육신하신 예수님을 의미한다. 따라서 참된 예배자가 되기 위해서는 성령과 하나님의 말씀이 필수적이다.

요 14:26 보혜사 곧 아버지께서 내 이름으로 보내실 성령 그가 너희에게 모든 것을 가르치고 내가 너희에게 말한 모든 것을 생각나게 하리라

첫째로 NEWper가 되기 위해 필요한 스승은 성령이시다. 하나님께서는 예수의 이름으로 우리를 변호하며 도와주실 성령을 보내셨고, 성령께서는 모든 것을 가르치며 예수의 말씀을 기억나게 하신다. 성령으로 인해 진리의 말씀에 순종할 수 있으며, 결국 형제를 사랑할 수 있게 된다(벧전 1:22, KJV). NEWper 훈련을 이끄실 분은 성령이시다. 성령께 물어보고, 성령의 인도하심을 따르며, 성령으로 인해 우리의 성품이 변화된다. 성령께서는 우리로 하여금 NEWper가 되도록 가르치시며, 궁극적으로 우리의 인격 전체를 바꾸어 놓으신다. 성령을 스승으로 모시는 모든 개인은 성령의 세미한 음성과 인도하심에 집중해야 한다.

둘째로 필요한 원칙은 성실이다. 하나님의 말씀을 성실하게 실천하는 것이 하나님을 경외하는 것이다. 하나님의 명령을 따르지 않는 자는 하나님을 경멸하고 멸시하는 것이다. 아담은 하나님의 명령을 지키지 않았으므로 그에게 주어졌던 영생은 취소되었다. 그러나 둘째 아담으로 오신 예수 그리스도는 죽기까지 하나님의 명령에 복종하여 십자가에서 죽으셨다(빌 2:8). 말씀에 대한 순종은 하나님을 경외하는 가장 중요한 증거이다.

셋째로, NEWper로 변화되기 위해 필요한 것은 꾸준함이다. NEWper는 단순히 지식을 배우는 것을 목표로 하지 않는다. 삶으로 예배를 드리기 위해서는 실제 삶에서의 훈련이 필요하다. 어떤 분야에서 전문가가 되기 위해서는 적어도 10,000시간이 필요하다고 한다. 예수의 제자들은 3년간의 훈련을 받았으며, 안식일과 잠자는 시간을 제외하면 대략 14,000시간의 훈련을 받은 셈이다.

제자가 되는 것은 일종의 숙련공이 되는 것과 같다. 몸을 훈련해 기술을 익히는 과정은 부단한 노력과 시간을 들여야만 달인의 경지에 도달할 수 있다. NEWper가 되기 위해서도 꾸준한 훈련을 통해 삶에 새겨져 그 사람의 삶의 방식이 되는 것이다. 다시 말해, 꾸준히 말씀에 순종하여 말씀이 육신이 되는 것이며, 일종의 '말씀의 달인(숙련자)'이 되는 것이다. 성육신으로 세상에 오신 예수님을 따르기 위해서는 육신에 말씀을 각인할 각오가 필요하다. 이를 위해 자신을 부인하고, 자신의 십자가를 지고 예수를 따라야 한다(마 16:24). 이는 어떤 상황에서도, 또는 사람과의 관계에서도 말씀에 따라 사는 것을 의미한다.

NEWper 훈련 과정을 속성으로 끝내려고 하지 말고, 과정을 통해 진정한 NEWper가 되기를 추구해야 한다. 각 과정의 훈련을 위해 드리는 '기도문'이 있으며, 각 훈련의 마지막에는 '자기 평가 및 결심'이 준비되어 있다. 성령의 도우심으로 진정한 NEWper로 변화되기를 바란다.

04
고난을 통한 깨달음
Enlightenment through hardship

훈련 목표

고난을 편하게 받아들이기는 쉽지 않다. 그러나 그리스도인이 만나는 고난은 우연이 아니라, 하나님의 주권에 의한 것이다. 고난 속에서 하나님을 부정하는 대신, 하나님의 주관 아래 고난이 있음을 고백해야 한다. 하나님께서 어려운 환경을 허락하신 이유에 대하여 생각해보자. 2000년 전의 예루살렘 교회의 고난을 통해, 우리는 고난을 통해 하나님의 뜻을 깨닫고 올바른 길로 나아갈 기회를 얻게 될 것이다.

훈련을 위한 기도

고난이 유익이 되게 하여 주시는 하나님의 은혜에 감사드립니다.

하나님! 모든 사람은 고난 없이 만사 형통하길 바랍니다. 하지만 고난 없이 성장하는 사람은 고난에 대한 포용과 공감을 배울 수 없습니다. 2,000년 전 예루살렘 교회의 고난을 통해, 코로나로 인한 고난의 시기를 겪은 교회와 개인에게 어떠한 은혜를 주실지 생각해 보고자 합니다. 성령님! 깨닫는 은혜를 주옵소서. 아멘.

NEWper 훈련

고통 가운데 있을 때, 하나님의 존재를 의심하게 된다. 왜 나를 이 고통 가운데 두셨을까? 하나님은 고통에 빠진 나의 처지를 알고 계실까? 모든 것을 주관하시는 하나님이라면 이 고난을 피하게 하실 수는 없었을까? 이유를 알 수 없는 어려움에 실망하게 된다. 그러나 이러한 혼란 속에서도 하나님께서 우리에게 고통을 허락하신 이유가 있다.

애 3:33 주께서 인생으로 고생하게 하시며 근심하게 하심은 본심이 아니시로다

코로나 팬데믹으로 인한 고통이 있을 때, 우리는 어떤 마음과 태도를 가지게 되는가? 우리는 모든 것을 주관하시는 하나님보다 고통에

더 초점을 맞추고 있지는 않은가? 고통이 아무리 크게 보일지라도, 고난을 다스리시는 하나님을 바라보아야 한다.

　욥은 아무 죄가 없는 의인이었지만 고난을 받았다. 그러나 이 고난은 욥의 죄에 대한 징벌이 아니라, 하나님의 뜻을 이루기 위한 것이었다. 욥의 세 친구는 그가 지은 죄로 인해 고난을 받았다고 주장했지만, 그들의 말은 근거 없는 틀린 주장이었다. 한편 욥은 자신이 의인이라고 하면서 전능한 하나님을 꾸짖고 비난했다(욥 40:2). 욥은 자신을 비난하던 세 친구에 대하여는 결백을 주장했으나, 하나님의 말씀을 들은 후에 회개하였다. 욥은 전능하신 하나님께서 하지 못할 일이 없으며, 주님의 계획은 어김없이 이루어진다는 것을 고백하며 자신의 잘못을 뉘우쳤다(욥 42:2). 하나님의 권능 앞에서 욥은 자신의 무지와 우둔함을 인정했다(욥 42:3). 욥의 고난에는 인간이 알지 못하는 하나님의 뜻이 있었다.

　고난 중에 있는 사람을 잘 알지도 못하면서 선입관으로 비난하거나, 잘못된 주장으로 고통 중에 있는 사람을 더 괴롭게 만드는 것은 하나님 앞에서 죄를 범하는 것이다. 자신의 지식과 경험에 의존해 조언할 때, 고난 중에 있는 사람은 그로 인해 더 비참해질 수도 있다. 잘못된 충고를 하는 사람은 자신을 마치 하나님의 자리에 앉혀서 고난을 받고 있는 사람을 심판할 수도 있다. 고난 중에 있는 사람은 심판이 아닌 사랑의 대상이며, 우리는 그를 하나님의 사랑으로 돌보아야 한다.

고난을 마음 중심에 두고 있을 때, 하나님의 존재는 사라지고 오직 탄식과 근심과 절망이 있을 뿐이다. 예수를 믿으면 즐거움과 평화만이 있어야 한다고 생각하는가? 예수를 믿어도 괴로움과 고통이 있다면, 믿음이 온전하지 않다는 의미인가? 우리 모두에게는 고난을 건너뛰고자 하는 욕망이 있다. 그러나 인생의 광야는 결코 만만치 않다는 것을 알고 있기에, 우리 그리스도인은 고난이 우리의 마음을 전부 차지하게 놔두지 말아야 한다. 오히려 모든 것을 주관하시는 주님께 그 고난을 맡겨야 한다.

이스라엘이 홍해를 건넜을 때, 가나안 땅에 들어간 것이 아니라 아무것도 없는 광야를 만났다. 이스라엘이 회개나 기도가 부족해서 광야를 만난 것일까? 그리스도인이 된 후 영원한 하나님의 나라(천국)에 가기 전에 거쳐야 하는 장소는 고난의 광야이다. 자신의 죄로 인해 고난을 받는 것은 징벌이지만, 그리스도인이라는 이름으로 고난을 받는 것은 영광이다. 그리스도인은 반드시 주님의 이름으로 고난을 받게 될 것이다(마 24:9). 마지막 때의 그리스도인은 더 이상 죄를 짓지 말고, 다시 오시는 재림의 주님을 기다려야 한다(히 9:28). 주님께서 우리의 고난을 해결하시고 회복시켜 주신다.

하나님께서는 애굽을 탈출한 이스라엘 백성에게 광야를 준비하셨다. 광야가 필요한 이유는 무엇이었을까? 이스라엘 백성은 비록 노예에서 벗어났지만, 하나님의 거룩한 백성이 되기 위한 과정이 필요했다. <u>믿음으로 구원을 받은 그리스도인은 하나님 나라에 들어가기에 합당한 사람이 되어야 하며, 이를 위해 거쳐야 할 것이 고난이다.</u> 하나님께서는 그리스도인을 괴롭게 하는 자들에게는 환난으로 갚으시고, 환난을 받는 그리스도인에게는 안식으로 갚아 주시는데, 이것이 하나님의 공의이다. 주 예수께서 자신의 천사들과 함께 하늘로부터 나타나셔서, 하나님을 알지 못하는 자들과 우리 주 예수의 복음에 복종하지 않는 자들을 처벌하실 때 영원한 멸망의 형벌을 받게 된다(살후 1:4-9).

고난을 통해 하나님의 백성이 되는 것은 영광스러운 비밀이므로, 고난을 피하지 말고 그것을 과정으로 받아들여야 한다. 하나님께서 의로운 자로 인정받은 사람들은 더 이상 죄를 짓지 말고, 의인으로서 하나님의 백성이 되기 위해 기쁘게 고난을 받아야 한다. 죄와 상관없이 받는 고난에는 어떤 비밀이 숨어 있는 것일까?

> 신 8:2 네 하나님 여호와께서 이 사십 년 동안에 네게 광야 길을 걷게 하신 것을 기억하라 이는 너를 낮추시며 너를 시험하사 네 마음이 어떠한지 그 명령을 지키는지 지키지 않는지 알려 하심이라

이스라엘에게 40년간의 광야 길이 필요한 이유는 단순히 고통을 주기 위한 것이 아니었다. 오히려 이스라엘 자손을 겸손하게 단련하고 시험하여, 하나님의 계명을 지키는지 지키지 않는지 알아보려는 것이었다. 과거에 이집트의 노예로 살았을 때에는 자신의 유익을 위해 살았으므로, 하나님의 명령에 따를 생각을 하지 못했다. 종으로 살았던 민족을 하나님의 백성으로 만들기 위해 고난의 광야는 반드시 필요한 여정이었다.

고난에 초점을 맞추지 말고, 고난을 허락하신 하나님의 뜻에 집중하자. 고난에 마음을 빼앗기지 않으려면, 그 어려움을 주신 하나님께 감사하라. 고난을 인간의 생각과 눈으로 바라보지 말고, 하나님 편에 서서 바라보며, 고난 속에서 하나님의 뜻을 찾아보라. 하나님께서 예수의 죽으심을 통해 우리에게 생명을 주셨음을 기억하라. 예수께서 고난을 받으셨다고 해서, 예수를 믿는 그리스도인에게 더 이상 고난이 없어야 하며 엄청난 복을 받아야 한다고 오해하지 말아야 한다. 오히려 그리스도인으로서 그리스도의 고난에 참여하는 것을 즐거워해야 한다(벧전 4:13).

나에게 가장 고통스러웠던 일은 어떤 것이었을까? 사람들에게 오해를 받거나, 경제적인 어려움을 겪었거나, 가족을 잃는 슬픔을 경험했던 때가 있었을까? 나는 그 시간에서 하나님을 만났는가? 다시 고난을 만나게 된다면, 이번에는 하나님께 초점을 맞추자.

　코로나 바이러스의 전염 가능성으로 인해 정부는 교회에서 모여서 드리는 예배를 금지했다. 기존 교회에서는 함께 모여서 드리는 예배를 진정한 예배로 여겼기에, 이러한 상황을 받아들이기가 어려웠다. 일부에서는 이를 교회에 대한 탄압으로 확대 해석하기도 했다. 이러한 상황에서 초대 예루살렘 교회가 겪었던 고난을 돌아보고, 그 고난 속에 숨겨진 하나님의 뜻도 함께 생각해 보자.

　예수께서 십자가에서 죽으시고 부활하신 후 제자들에게 당부하셨다. 아버지께서 약속하신 것을 받을 때까지 예루살렘에 머물러 있어야 하며(행 1:4), 성령이 임하시면 권능을 받아 예루살렘과 온 유대와 사마리아와 땅 끝까지 이르러 예수의 증인이 되라고 하셨다(행 1:8).

　예수께서 부활하신 지 50일 후 성령이 강림하였고, 사람들은 성령의 충만함을 받아 다른 언어들로 말하기 시작했다(행 2:1-4). 사람들이 새 술에 취했다고 조롱하자, 베드로는 요엘 선지자의 말을 통해 성령 부음을 받은 것임을 알려 주었고, 주의 이름을 부르는 자는 구원을 받게 될 것을 알려 주었다(행 2:5-21). 베드로는 예수 그리스도를 증거하였고, 마음에 찔림을 받은 자들에게 예수 그리스도의 이름으로 세례를 받고, 죄 사함을 받으면, 성령을 선물로 받게 된다고 알려 주었다. 그날 베드로의 설교를 들은 많은 사람이 세례를 받았으며, 사도의 가르침을 받아 서로 교제하고 떡을 떼며 기도에 힘썼다(행 2:22-42). 이로써 시작된 초대 교회가 예루살렘 교회였다.

성령 강림 이후 사도들을 통하여 성령에 의한 표적과 기사가 나타났고, 예수 그리스도의 진리가 사람들에게 퍼지게 되었다. 대제사장과 그의 동료들은 예수 그리스도에 대한 전파를 막으려 했고, 심지어 사람들을 매수하여 예루살렘 교회의 스데반 집사를 고소하게 하였다. 스데반에 대한 고소 내용은 거룩한 곳(성전)과 율법을 거슬려 말하는 신성모독죄였다(행 6:11-14).

스데반은 대제사장 앞에서 자신이 고소를 당한 죄에 대한 반론을 말하였다(행 7:1-53). 그러나 스데반의 말을 들은 사람들은 그에게 달려들어 성 바깥으로 끌어내 돌로 쳐 죽였고(행 7:58), 성령 충만한 스데반은 그들의 죄를 용서해 달라는 말을 남기고 숨을 거두었다(행 7:60). 그 당시 사울은 스데반이 죽게 된 것을 마땅하게 여겼다. 그날 예루살렘 교회에 큰 박해가 일어났고, 사도들 외에는 모두 유대 지방과 사마리아 지방으로 흩어졌다(행 8:1). 예수께서 명령하신 사도행전 1:8의 내용은 스데반의 순교로 인해 예루살렘 교회에 박해가 일어난 후 사도행전 8:1에서 이루어진 것을 확인할 수 있다. 이로 보건대 고난을 통해 주님의 뜻이 이루어진 것이다.

예루살렘 교회에 있었던 고난을 살펴보자. 첫째, <u>성령 충만한 스데반 집사의 순교가 있었다</u>. 성령 충만한 스데반의 죽음은 예루살렘 교회에 큰 손실이었다. 둘째, 사울의 등장으로 인해 교회는 더 큰 핍박을 맞이하게 되었다. 셋째, <u>예루살렘 교회에 박해가 일어나서 사도들 이외의 성도들은 흩어지게 되었다</u>. 만일 우리가 그 당시 예루살렘 교회의 성도였다면, 그 고난을 어떻게 받아들였을까?

그 당시 심한 박해로 인해 교회가 문을 닫고, 성도들이 흩어진 것처럼, 2020년부터 퍼진 코로나 팬데믹으로 인해 교회는 일정 기간 문을 닫아야 했다. 비록 이런 어려움을 겪는다 해도, 그리스도인은 하나님의 인도하심을 바라야 한다.

생명을 위협하는 고난은 두려워할 현실이다. 그러나 하나님께서는 그 고난도 다스리고 계신다. 고난을 허락하신 하나님의 뜻을 이해하려고 하는 것이 신앙이다 고난에 숨겨진 하나님의 비밀은 무엇일까? 우리는 고난에 굴복하고 있는가? 아니면 고난을 통해 하나님께 더 가까이 나아가고 있는가? 고난으로 좌절하고 실망하지 말고, 하나님의 뜻으로 고난이 왔음을 인정하자. 그리고 그 고난을 통해 하나님의 뜻이 이루어질 때를 인내로 기다리며, 고난을 감사함으로 받아들이자.

자기 평가 및 결심

1. 고통에 대하여 감사하는가? 원치 않은 고난, 예상치 못한 질병, 잘못한 것이 없는데도 받게 되는 고통과 죽음, 호감이 가지 않는 사람을 만나게 될 때, 모든 것을 주관하시는 하나님의 뜻을 생각하며 감사로 그 고난을 받아들이자. 고난을 감사로 바꾸어 주실 하나님을 찬양하는가?

> *하나님, 고통은 불평의 조건이 아니라 감사의 제목이었음을 알았습니다. 마음에 맞지 않는 사람을 만나더라도, 그를 하나님의 사랑 안에서 포용하기를 원합니다. 고난을 하나님의 시각에서 바라봅니다. 고난에 억눌리지 않고, 고난도 다스리시는 하나님의 은혜를 소망합니다. 죽음이 온다 하더라도, 우리를 사랑하시는 하나님의 사랑은 영원하실 줄 믿습니다.

2. 자신에게 기쁘고 유익했던 일이 있을 때 누구나 하나님께 감사할 수 있다. 그러나 진정한 그리스도인은 괴로웠던 시간과 고난의 사건들에도 감사할 수 있는 사람들이다. 고난을 감사할 수 있는 이유는, 하나님께서 그 고난에 함께하시고 다스리시기 때문이다.

> *괴로웠던 시간들이 있었지만, 그때 하나님께서 함께 계셨음을 알았습니다. 그때는 쓰러졌지만, 고통의 시간이 다시 올 때에는 주님과 함께 승리하게 되기를 원합니다. 고난의 시간에

우리를 홀로 내버려두지 않으시는 하나님의 사랑을 믿습니다. 한결같은 하나님의 사랑에 의지하여 고통을 견뎌내게 하옵소서.

3. 고통의 시간에 하나님의 뜻을 묵상하며, 그것이 하나님의 계획임을 믿으며 인내하는가?

*고통의 시간에 고통에 초점을 맞추지 않고 하나님의 뜻을 묵상합니다. 고난이 필요하기에 이것을 허락하셨음을 알고 있습니다. 고난은 저주가 아니라 하나님께서 주신 기회이자 복임을 깨닫는 지혜를 간구합니다. 고난을 통해 겸손함을 배우게 하시고, 그로 인해 하나님께로 더 가까이 나아가는 계기가 되게 하옵소서.

05
스데반의 순교
Martyrdom of Stephen

훈련 목표

스데반의 순교를 통해 예루살렘 교회에 닥친 고난을 생각해 보자. 유대인들은 스데반의 설교에 격분하여 그를 죽였고, 예루살렘 교회를 박해하였다. 그렇다면 진정한 하나님의 성전은 어디에 있는지 확인해 보자.

훈련을 위한 기도

우리의 연약함과 부족함을 알고 계신 하나님, 감사합니다. 지금도 우리를 돕기 원하시는 하나님! 감사합니다. 그러나 하나님의 손길을 외면하며 사는 갈대와 같은 저희를 긍휼히 여겨 주시고, 오늘도 진리를 깨닫고 알도록 도와 주옵소서. 신앙적으로 잘못된 고정 관념이 있다면 성령님께서 깨닫게 하셔서, 새롭게 재정비하는 기회가 되도록 인도하옵소서. 아멘.

NEWper 훈련

예루살렘 교회에 있었던 첫 번째 고난은 스데반의 순교 사건이었다. 스데반의 설교에 마음이 찔려 분노한 유대인들은 돌을 들어 스데반을 죽였고, 그 이후 예루살렘 교회에 대한 박해가 시작되었다. 설교의 어떤 내용으로 인해 유대인은 분노하였을까? 스데반이 돌에 맞아 죽던 장소에 있었던 사울(바울)도 그가 마땅히 죽어야 할 사람이라고 생각했다.

성령의 사람 스데반은 은혜와 권능이 충만하여 백성 가운데서 놀라운 일과 큰 기적을 행했다(행 6:8). 종으로 있다가 자유인이 되어 돌아온 디아스포라 유대인들은 회당에서 스데반과 논쟁을 벌였으나(행 6:9), 지혜와 성령으로 말하는 스데반을 당해낼 수 없었다(행 6:10). 그러자 사람들을 매수하여 스데반이 모세와 하나님을 모독하는 말을 했다고 증언하게 했다(행 6:11). 그리고 백성과 장로, 서기관들을 부추겨 스데반을 붙잡아 공회로 끌고 와서(행 6:12), 거짓 증인들을 세워 이렇게 말하게 했다: "이 사람은 쉴 새 없이 이 거룩한 곳(성전)과 율법을 거슬러 말합니다. 이 사람이 나사렛 예수가 이곳을 헐고, 또 모세가 우리에게 전해 준 규례를 뜯어고칠 것이라고 말하는 것을 우리가 들었습니다"(행 6:13-14).

스데반은 공회에서 이스라엘의 역사와 하나님을 거역했던 선조들에 대해 말했다. 광야 생활 중에, 하나님께서 보여주신 양식대로 모세는 증거의 장막을 만들었다(행 7:44). 그 후에 다윗은 야곱의 집을 위해 하나님의 처소를 준비하길 원했다(행 7:46). 하지만 다윗은 그 집을 건축하지 못했고, 대신 솔로몬이 하나님을 위해 집을 지었다(행 7:47). 그러나 지극히 높으신 분은 사람의 손으로 지은 곳에 계시지 않는다(행 7:48). 주님께서 말씀하시길, "하늘은 나의 보좌요, 땅은 나의 발판이다. 너희가 나를 위해 어떤 집을 지어 주겠으며 내가 쉴 만한 곳이 어디냐? 이 모든 것이 다 내 손으로 만든 것이 아니냐?"(사 66:1-2, 행 7:49,50)라고 하셨다.

스데반은 이어 말했다. "목이 곧고 마음과 귀에 할례를 받지 못한 사람들이여, 너희 조상들처럼 항상 성령을 거역하고 있다. 너희 조상들은 선지자들을 박해했으며, 의인이 올 것을 예언한 자들을 죽였다. 이제 당신들은 그 의인을 배반하고 죽였다. 너희는 천사들이 전해준 율법을 받기만 하고, 지키지는 않았다."(행 7:51-53)

스데반은 하나님께서는 사람이 지은 건물에 계시지 않는다고 이사야 선지자의 말을 통해 증언했다. 그러나 하나님께서 성전에 계신다고 확신하던 유대인들은 스데반의 말을 전혀 받아들일 수 없었다. 더구나 그는 유대인들이 성령을 거역하고, 선지자들을 박해했으며, 의인이 오신다는 예언을 한 선지자들을 죽였고, 심지어 그 의인마저도 살해했다고 지적했다. 또한 그들이 율법을 받았지만 지키지 않았다고 말한 스데반의 증언은 유대인들을 극도로 분노하게 만들었다. 그렇다면 오늘날 기독교는 스데반의 설교를 어떻게 받아들여야 할 것인가?

만일 교회에서 부흥회를 인도하는 목사가 스데반의 설교를 그대로 인용해 '이 교회 건물에는 하나님이 계시지 않는다'고 설교한다면 어떻게 될까? 아마도 그는 당장 교회에서 쫓겨나거나 큰 반발을 마주하게 될 것이다. 스데반은 하나님의 말씀을 그대로 전했지만, 당시 관습적으로 지켜온 전통을 따르던 유대인들은 그의 설교를 받아들이지 않고 거부했다.

만일 코로나 팬데믹(COVID-19)이 발생하기 전에 주일에 교회 건물 밖에서 인터넷으로 예배를 드려도 된다고 말했다면, 아마도 교회에서 모여 드리는 예배를 무시하고 무너뜨리려고 하는 사람이라고 해서 쫓겨났을 것이다. 그러나 현재 우리는 코로나로 인해 이러한 변화를 당연한 것으로 받아들이고 있다. 교회 건물은 단지 예배를 드리는 장소일 뿐, 하나님께서 함께하시는 성전이 아니다. 개인의 신앙관으로 전통과 관습을 지키려는 사람들은 코로나 팬데믹 이후에도 자신의 방식으로 신앙 생활을 지키려고 할 것이다. 이제는 팬데믹을 통해 우리에게 알려 주시는 하나님의 지혜에 귀를 기울여야 한다.

스데반이 공회에서 말한 내용을 생각해 보며, 현재의 기독교에 적용해 보자. 사울(바울)은 유대인의 입장에서 스데반을 당연히 죽어 마땅한 사람이라고 여겼다. 만일 우리가 그 시대의 유대인으로 그 자리에 있었다면, 우리도 군중 속에서 스데반에게 돌을 던졌을지도 모른다. 혹시 스데반이 지적했던 것처럼, 우리도 그들처럼 성령을 거역하고, 받은 율법을 지키지 않는 것은 아닐까? 성전을 교회 건물로만 여기며, 교회 건물 안에서 드리는 예배만이 진정한 예배라고 생각하고 있지는 않은가? 그렇다면 하나님이 계시는 진정한 성전은 어디인가?

성전을 건축한 솔로몬의 기도와 이사야 선지자가 전한 하나님의 말씀을 통해 성전의 참된 의미를 살펴보자.

솔로몬은 하나님께서 거하실 성전을 건축한 후에 이렇게 기도했다. "하나님께서 땅 위에 계시기를, 우리가 어찌 바라겠습니까? 하늘과 하늘들의 하늘이라도 주님을 모시기에 부족할 터인데, 제가 지은 이 성전이야 더 말해 무엇 하겠습니까? 그러나 주 나의 하나님, 주님의 종이 드리는 기도와 간구에 귀를 기울여 주십시오."(왕상 8:27,28) 결국, 솔로몬은 자신이 건축한 성전에 천지 만물을 창조하신 하나님을 가둘 수 없음을 알고 있었다.

사 66:1 여호와께서 이와 같이 말씀하시되 하늘은 나의 보좌요 땅은 나의 발판이니 너희가 나를 위하여 무슨 집을 지으랴 내가 안식할 처소가 어디랴
2 나 여호와가 말하노라 내 손이 이 모든 것을 지었으므로 그들이 생겼느니라 무릇 마음이 가난하고 심령에 통회하며 내 말을 듣고 떠는 자 그 사람은 내가 돌보려니와

실제로 하나님은 사람의 손으로 지은 건물에 계시지 않는다. 하나님께서 모든 것을 만드셨으므로, 사람이 하나님을 위한 처소를 지을 수는 없다. 그러므로 지금의 교회 건물을 하나님이 계시는 성전이라고 말하는 것은 성경적이지 않다. 따라서 교회 건물을 지으면서 이를 성전 건축이라고 부르는 것은 잘못된 관행이다. 교회 건물은 예배를 드리는 장소일 뿐이다. 예수께서 하신 말씀을 살펴보면, 이를 더 잘 이해할 수 있다.

마 18:20 두세 사람이 내 이름으로 모인 곳에는 나도 그들 중에 있느니라

예수께서는 예수의 이름으로 모인 장소에서 성도들 가운데 계신다고 하셨다. 다시 말하면, 성전은 교회 건물이 아니라, 예수 그리스도를 영접한 성도들 중에 주님께서 계시므로 성도들이 성전이다. 구약 시대에는 성막이나 성전에 가서 예배를 드렸다면, 신약 시대에는 하나님의 성전인 그리스도인이 있는 곳이 곧 예배의 장소이다.

고전 3:16 너희는 너희가 하나님의 성전인 것과 하나님의 성령이 너희 안에 계시는 것을 알지 못하느냐
17 누구든지 하나님의 성전을 더럽히면 하나님이 그 사람을 멸하시리라 하나님의 성전은 거룩하니 너희도 그러하니라

그리스도인들은 하나님의 성전이며, 그들 안에 하나님의 성령이 계신다. 이것을 받아들인다면, 하나님께 드리는 예배는 사람이 지은 교회 건물에서만 드리는 것이 아니라, 하나님의 임재 안에서 어디서나 드려야 한다. 이러므로 하나님의 성전인 그리스도인 성도들이 살아가는 삶의 현장은 예배의 장소가 되어야 함을 알 수 있다. 세상 속에서 우리는 하나님의 성전답게 살고 있는지 스스로에게 물어보라.

자기 평가 및 결심

스데반의 설교에서 다음 세 가지를 생각해 보고, 동의하는지 확인해 보라. 외적인 행동이 드러나기 전에 먼저 내면의 모습이 올바르고 건전하게 변화되어야 한다.

1. 하나님의 성전은 교회 건물이 아닌 성도들임을 다시 되새긴다. 하나님의 성전은 예수를 영접한 성도들이며, 하나님의 성령은 그들 가운데 함께하신다.

    *교회 건물을 하나님의 성전으로 잘못 알고 있었습니다. 주님 안에서 택함을 받은 우리가 하나님의 성전임을 마음에 깊이 새기길 원합니다. 주의 성령께서 내 안에 계시기에, 항상 주님과 교제하며 동행하게 하옵소서.

2. 나는 하나님의 말씀을 단지 가지고 있는 것에 그치지 않고, 그 명령을 순종하려고 애쓰고 있는가?

    *유대인들은 하나님의 말씀을 가지고 있다는 자부심이 있었지만, 그리스도인들은 그보다 더 나아가 그 말씀을 순종하며 삶에서 실천해야 합니다. 성령을 거역하고, 말씀을 가지고만 있으면서 지키지 않았던 유대인의 모습을 통해 내 자신을 돌아보길 원합니다.

3. 스데반은 자신을 죽이는 자들에게 죄를 돌리지 말아 달라고 하나님께 간구했다(행 7:60). 우리를 괴롭히는 사람을 용서할 마음이 있는가? 주기도문의 내용(마 6:12 "우리가 우리에게 죄 지은 자를 사하여 준 것 같이 우리 죄를 사하여 주시옵고")이 우리 삶에 이루어지기를 진심으로 바라는가? 스데반의 본을 따라서, 또한 주기도문을 순종하여 우리에게 죄 지은 자들을 용서하기를 원하는가?

*주님께서 가르쳐 주신 기도가 이루어지기 위해서는 나에게 죄를 지은 자를 용서해야 합니다. 그러나 이러한 용서는 하나님의 사랑 없이는 불가능합니다. 성령의 능력으로 나를 인도하시고, 주님의 사랑과 권능으로 나에게 죄 지은 자를 진심으로 용서할 수 있는 용기를 허락하옵소서.

06
바울의 등장
the Advent of Paul

훈련 목표

스데반의 순교를 옆에서 지켜보았던 사울은 예수를 믿는 자들을 광적으로 박해했던 사람이었다. 사울로 인해 교회는 큰 위기를 경험했다. 스데반의 순교를 종교적 열심으로 당연하게 여기며 교회를 핍박했던 사울을 하나님께서는 위대한 선교사, 이방의 사도 바울이 되게 하셨다. 주님께서는 나에게 어떤 전환점을 준비하고 계실까?

훈련을 위한 기도

지금까지 하나님의 자녀로 살아갈 수 있는 기회를 주셔서 감사합니다. 이 시간, 잘못된 신앙관으로 인해 타인을 힘들게 하거나 하나님의 영광을 가린 적은 없었는지 되돌아보길 원합니다. 또한 우리가 가진 가치관과 신앙관에 오류가 있다면, 성경에 비추어 깨닫고 바른 방향으로 나아갈 수 있도록 성령님 도와주옵소서.

NEWper 훈련

예루살렘 교회에 있었던 두 번째 고난은 박해자 사울의 등장이었다. 사울은 스데반의 순교 현장에 있었고, 그의 죽음을 당연하게 여겼다(행 8:1). 사울은 예수와 그를 따르는 자들에 대한 적대감으로 가득 차 있었고, 하나님의 교회를 박해하는 데 앞장을 섰다. 그러나 주님께서는 사울을 회심시키셨고, 그 후 그는 기독교의 새로운 지평을 여는 중요한 인물이 되었다. 바울의 전환이 우리에게 주는 교훈은 무엇일까?

사울은 어릴 때부터 두 개의 이름을 가진 로마 시민이었다(행 13:9). 사울(Saul)은 유대인으로 태어나면서(행 21:39) 받은 이름으로 '구하여진' 혹은 '요청하여진'(asked)의 뜻을 가진 히브리 이름이다. 바울(Paul)은 '작은 자'라는 뜻을 가진 로마 이름이다. 사울(바울)은 당시 세계를 움직이던 세 가지 요소, 즉 그리스 문화, 로마 시민권, 히브리 종교를 모두 갖추고 있었다(성경 백과사전).

바울은 1세기 초 무렵 지중해 북동쪽의 로마 문화의 도시 다소에서 태어났다(행 9:11, 21:39, 22:3). 바울은 이스라엘 백성 중 베냐민 지파 출신으로, 태어난 지 8일 만에 할례를 받았고, 히브리 사람 가운데서도 혈통을 가진 히브리 사람이었고, 율법으로 말하면 엄격한 바리새인의 생활을 했다(빌 3:5, 행 26:5). 또한 가말리엘의 문하에서 공부를 마쳤다(행 22:3).

바울은 스데반의 설교를 받아들일 수 없었다. 그가 믿고 있던 거룩한 성전은 사람의 손으로 지은 건물이었고, 스데반이 말한 "하나님을 성전 건물에 가둘 수 없고, 하나님께서 그곳에 계시지 않는다"는 주장은 바울에게 도저히 받아들일 수 없는 것이었다. 더구나 "성령을 거역하고, 선지자를 박해했으며, 올 것이라고 예언된 의인을 살해했고, 율법을 받았으나 지키지 않는다"는 스데반의 말은 바울만 아니라 대부분의 유대인들에게 반감을 샀다(행 7:44-53). 스데반에 대해 거짓 증언을 한 증인들은 옷을 벗어 사울이라고 하는 청년(a young man)의 발 앞에 두었다(행 7:58). 여기에 사울의 이름이 처음으로 등장했고, 그 당시 그는 청년으로 최소한 30세 정도였을 것이다.

바울은 동년배들 중 누구보다 유대교를 신봉하며, 조상들의 전통을 지키는 일에 열정적이었다. 그래서 유대교에 열심이었던 그는 하나님의 교회를 심하게 박해하며 완전히 없애 버리려 했다(갈

1:13,14). 바울은 온갖 힘을 다해서 나사렛 예수를 대항해야 한다고 생각하여, 대제사장에게서 권한을 받아서 많은 성도를 옥에 가두고, 그들을 처형하도록 선동했다(행 22:4, 26:9,10). 심지어 바울은 회당마다 찾아가 그들에게 형벌을 주어 강제로 기독교 신앙을 포기하도록 했다(행 26:11). 그는 대제사장들에게서 권한과 위임을 받아서, 다메섹 성도들을 결박하여 예루살렘으로 끌고 가서, 처벌을 받게 하려고 했다(행 9:1,2, 22:4,5, 26:12).

바울은 유대교에 대한 종교적 열심이 있었기에, 그가 행한 박해는 그의 입장에서 정당하다고 볼 수 있다. 만약 내가 유대교를 신봉하는 바울의 입장에서 기독교를 본다면, 스데반의 설교를 듣고 그의 말에 동의했을까? 예수가 자칭 하나님의 아들이라고 주장했고, 그를 구세주로 따르는 기독교를 쉽게 받아들일 수 있었을까? 예수가 자칭 하나님의 아들이라고 주장하며, 그를 구세주로 따르는 기독교를 쉽게 받아들일 수 있었을까?

그리스도를 몰랐던 바울은 하나님의 일을 방해하는 사람이었고, 기독교인을 박해하며 학대하던 사람이었다(딤전 1:13). 바울은 기독교를 이단으로 여겼고, 여호와 하나님을 경외하는 유대교적 신앙의 관점에서 기독교는 근절되어야 할 종교였다.

바울은 하나님의 교회를 없애려고 다메섹으로 가던 중, 초자연적인 존재를 만났다. 그분은 바로 바울이 핍박하던 예수였고(행 9:5), 이를 알게 된 바울은 자신의 잘못을 깨닫고 예수께 완전히 굴복했다. 바울이 이방의 사도가 된 것은 그의 노력이나 의지로 이루어진 것이 아니라, 오로지 하나님의 긍휼과 능력에 의한 것이었다(고전 9:16,17, 15:8-10, 갈 1:15,16, 엡 3:7-10, 딤전 1:12-16, 성경 백과사전).

고전 15:10 그러나 내가 나 된 것은 하나님의 은혜로 된 것이니(But by the grace of God I am what I am) 내게 주신 그의 은혜가 헛되지 아니하여 내가 모든 사도보다 더 많이 수고하였으나 내가 한 것이 아니요 오직 나와 함께 하신 하나님의 은혜로라

예수를 믿고 전파하게 된 바울은 다메섹의 유대인 회당에서 '예수는 하나님의 아들이며 그리스도'이심을 선포했다(행 9:20-22). 회심한 바울은 사도를 만나기 위해 예루살렘에 가지 않고, 아라비아에 갔다가 다시 다메섹으로 돌아왔다(갈 1:15-17). 다메섹으로 돌아온 바울은 더욱 예수를 증언하였고, 유대인들의 분노로 인해 도망할 수밖에 없었다(행 9:23-25, 고후 11:32,33).

바울은 예수를 박해했으나, 하나님의 은혜로 이방인들에게 예수를 전하는 사도가 되었다(갈 1:15,16). 그는 기독교를 박해하던 유대

교에 대한 열심에서 예수의 사도로 바뀌었다. 비록 잘못된 종교적인 확신으로 하나님을 섬긴 것이 도리어 하나님을 대항한 것이었으나, 하나님의 은혜로 바울은 이방의 사도로 변화되었다. 하나님의 사역자가 되기 위해 가장 먼저 해야 할 일은 자신이 확신하는 지식, 경험, 그리고 신앙관을 돌아보고, 성경적이지 않은 것을 내려놓는 것이다. 열정적으로 하나님을 섬기고 있는 사람에게 신앙의 갈등이 생긴다면, 먼저 자신의 생각과 신념을 깊이 돌아보고, 성경으로 돌아가 신앙을 재정립하기를 권한다.

스데반의 순교의 피로 인해 위대한 전도자 바울이 탄생하였다. 예루살렘 교회는 성령 충만한 스데반을 잃었으나, 대신 바울 사도를 얻게 되었다. 고난은 새로운 시작으로 나아가게 하는 하나님의 전환점이 되어, 다른 길로 인도한다. 만약 고난의 자리에만 머물러 있으면 고난만이 보인다. 그러나 고난 이후에 하나님께서 예비하신 영광의 길이 있음을 아는 사람은 고난을 감사로 받아들일 수 있다.

바울은 하나님의 말씀을 알고 있었으나, 정작 하나님의 뜻은 알지 못했다. 하나님의 말씀을 지식으로만 알고 있는 사람은 종교적 열심으로 자기중심적인 신앙 생활을 할 위험이 있다. 예루살렘에서 박해자였던 사울은 하나님의 은혜로 위대한 이방의 사도 바울이 되었다. 성경에 능통하였던 바울은 최초의 기독교 신학자로서, 기독교에 대한 올바른 기반을 마련했다. 한 순교자의 죽음을 당연하게 여겼던 바울은 그리스도의 복음을 위하여 '날마다 죽는 죽음의 위험'을 감수해야 했다(고전 15:31, 고후 11:23-27). 그럼에도 불구하고 바울을 가장 괴롭게 한 것은 모든 교회를 위한 염려였다(고후 11:28). 그가 자랑할 것이 있다면, 그는 자신의 약점들을 자랑하겠다고 하였다(고후 11:30).

바울은 자신에게 유익하던 것들을 그리스도를 따르는 데 장애물로 여겼다. 주 예수 그리스도를 아는 지식이 가장 고귀하므로, 그 외의 모든 것을 해로운 것으로 여겼다. 그는 그리스도를 위해 모든 것을 잃었고, 그것들을 모두 쓰레기로 여겼다. 그는 그리스도를 얻고, 그리스도 안에 있는 사람으로 인정받기를 원했다. 율법을 지켜 얻는 자기 의가 아니라, 그리스도를 믿는 믿음으로 말미암아 오는 의(義), 곧 믿음에 근거하여 하나님에게서 오는 의(義)를 얻으려 했다. 바울이 바랐던 것은 그리스도를 알고, 그분의 고난에 동참하며 그분의 죽으심을 본받는 것이었다(빌 3:8-10).

회심한 바울은 모든 것을 희생하더라도, 그리스도를 따르는 삶이 가장 고귀하다는 것을 깨달았다. 당신도 바울을 본받기를 원하는가? 어떤 희생이라도 감수할 준비가 되었는가? 모든 삶을 주님께 드리기를 원하는가? 바울이 예수 그리스도를 위해 모든 것을 배설물로 여겼듯이, 당신이 가지고 있던 모든 경험, 지식, 그리고 필요하다면 신봉하던 교리조차도 주님을 위해 버려야 한다. 새 포도주는 새 부대에 담아야 함을 잊지 말자.

자기 평가 및 결심

1. 바울은 열정적인 사람이었다. 바울의 열심은 장점이자 단점이기도 했다. 바울의 열정에서 장점과 단점을 찾아보라. 바울을 스승으로 삼아 무엇을 배우려 하는가?

 *사울은 자신의 열정과 지식으로 하나님을 대적했습니다. 그리스도인을 처단하는 것이 하나님을 위한 것이라 잘못 알고 있었습니다. 그러나 그는 핍박하던 예수를 만난 후, 자신의 지식과 지혜가 잘못되었음을 깨닫고 버렸습니다. 저희도 잘못된 길을 가고 있다면 깨닫게 하여 주옵소서. 그리고 이제부터는 죽음이 오더라도 오직 나를 위해 죽으신 예수 그리스도를 따르게 하옵소서. 잘못된 열정의 동기가 아닌, 성령의 충만함으로 그리스도를 위한 고난도 피하지 않고 선택하길 원합니다.

2. 내가 버려야 할 습관과 단점은 무엇이 있는지 살펴보라. 내가 버

려야 할 잘못된 열정과 잃어버리지 않고 지속적으로 유지해야 할 장점을 확인하라.

*올바르지 않은 것을 열정적으로 따를 때 하나님의 영광을 가릴 수 있음을 알게 되었습니다. 우리 각자가 버려야 할 것들을 성령께서 깨닫게 하옵소서. 주님과 동행하며 주님의 거룩한 성품을 닮아가고, 주께서 주시는 명령을 따르게 하옵소서.

3. 하나님께서 나를 택하신 이유와 나에게 맡기신 사명은 무엇인가? 하나님께서 나를 통해 이루실 하나님의 뜻을 기도로 묻고 응답을 구한다.

*하나님 아버지, 저를 세상에서 부르시고 택하신 이유가 무엇입니까? 하나님의 영광을 위해 저에게 맡기신 사명을 알게 하여 주시고, 확신을 가지고 헌신하게 하옵소서.

07
박해로 흩어지는 예루살렘 성도들
Jerusalem Saints Dissolved in Persecution

훈련 목표

스데반의 순교와 함께 예루살렘 교회에 대한 심한 박해가 일어나 성도들은 유대와 사마리아로 흩어졌다. 사울을 비롯한 유대인의 박해로 흩어진 그리스도인들은 곳곳을 다니며 복음을 전했다(행 8:3). 환난을 통해 교회는 주님의 뜻에 순종하며 새롭게 변화되었다.

기도문

지금도 부족한 저희를 푸른 초장과 쉴 만한 물가로 인도하시는 하나님, 감사합니다. 참새 한 마리가 팔리는 일조차 하나님의 허락 없이 이루어지지 않듯이, 코로나 팬데믹 또한 하나님의 계획 안에서 벌어지고 있음을 말씀을 통해 깨닫게 하옵소서. 이 고난이 유익이 되도록 우리가 어떻게 해야 할지를 알게 하시고, 이 시간을 성령님께서 복되게 인도해 주옵소서.

NEWper 훈련

예루살렘 교회에 닥친 세 번째 고난은 스데반의 순교 이후 교회에 대한 심한 박해였다. 이로 인해 사도들을 제외한 모든 성도들이 유대와 사마리아 전역으로 흩어지게 되었다(행 8:1). 이러한 환난을 어떻게 받아들이고 이해해야 할까?

오순절 성령 강림 이후 사도들은 목숨을 아랑곳하지 않고 복음을 전했고, 많은 기사와 표적이 나타나, 예루살렘 교회에는 믿는 자의 수가 급증하였다. 초대 교회 성도들은 모든 물건을 서로 함께 나누었고, 재산과 소유를 팔아서 사람의 필요에 따라 나누었다. 날마다 한마음으로 성전에 모이기를 힘썼으며, 기쁨과 순전한 마음으로 음식을 함께하고, 하나님을 찬양하면서 온 백성에게 칭송을 받았다. 이로 인해 주님께서 구원을 받는 사람을 날마다 더하게 하셨다(행 2:41-47). 현재에도 대부분의 교회는 초대 예루살렘 교회의 모습을 본받으려 애쓰고 있다.

그러나 예루살렘 교회의 고난에는 불편한 진실이 숨어 있었다. 사람들은 겉으로 보이는 성공에 만족하며 그곳에 안주하고자 했지만, 주님께서는 자신의 뜻을 이루기 위해 성도들이 원하지 않았던 고난을 허락하셨다.

예수께서 십자가에서 고난을 받으신 후 부활하시어 40일 동안 제자들에게 나타나 하나님 나라에 관한 일들을 말씀하셨다. 예수께서 사도들과 함께 식사하시며 "너희는 예루살렘을 떠나지 말고, 나에게서 들은 아버지의 약속을 기다려라(눅 24:49). 요한은 물로 세례를 주었으나, 너희는 여러 날이 지나지 않아 성령으로 세례를 받을 것이다."(행 1:3-5)라고 분부하셨다.

하나님 아버지께서 약속하신 것은 성령이었다. 제자들은 위로부터 오는 능력을 입을 때까지 예루살렘에 머물러 있어야 했으며, 수일 후 성령의 세례를 받았다. 성령께서 함께하지 않고는 하나님의 일을 할 수 없으므로, 성령 세례는 기독교 신앙에서 필수적이고 중요한 전제 조건이다.

제자들은 주님께서 약속하신 성령을 받기 위해, 주님께서 명령하신 예루살렘에 머물러 있어야 한다. 주님께서 머물러 있으라고 하신 그곳에 남아 있는 것이 순종이다. 이렇게 순종하는 사람이 되어야 주님의 약속을 받을 자격이 생긴다. 또한 주님께서 떠나라고 명령하실 때 떠나는 것이 순종이다.

사도들이 한자리에 모였을 때 예수께 여쭈었다. "주님, 주님께서 이스라엘에게 나라를 되찾아 주실 때가 지금입니까?" 예수께서 그들에게 말씀하셨다. "때나 시기는 아버지께서 그분의 권한으로 정하신 것이니, 너희가 알 바가 아니다. 그러나 성령이 너희에게 내리시면, 너희는 능력을 받고, 예루살렘과 온 유대와 사마리아, 그리고 마침내 땅 끝에까지 이르러 내 증인이 될 것이다."(행 1:6-8)

제자들은 이스라엘 나라의 회복이 중요하다고 여겼으나, 예수께서는 그 문제에 집중하지 말고, 성령이 오신 후, 능력을 받아 예루살렘과 온 유대와 사마리아와 땅 끝까지 가서 예수의 증인이 되라고 하셨다. 오순절 성령 강림으로 제자들은 능력을 받았고, 예루살렘 교회는 성장하기 시작했다. 예루살렘 교회에 신자들이 많아지자 이들은 이를 하나님의 뜻과 은혜로 여기고 예루살렘 교회를 든든히 세우려고 최선을 다했다.

성령이 강림하셨음에도 예루살렘 교회 성도들은 예루살렘을 떠나지 않았다. 하나님의 복음은 유대인뿐만 아니라 이방인에게도 전해지는 것이 주님의 뜻이었다. 성도들은 교회의 성장이 주님의 뜻을 이루는 것이라 여겼지만, 더 넓은 관점에서 보면 교회의 성장에 초점을 맞추었기에 주님의 명령에 온전히 순종하지 않은 것이었다.

　사람들에게 인정받고 교회가 크게 성장하는 것을 하나님의 뜻이 이루어지고 있는 것이라고 오해했다. 사람의 눈에는 하나님의 나라가 세워져 나가는 것처럼 보였지만, 주님의 뜻은 온전히 이루어지지 않았다. 그러자 주님께서는 박해라는 고난을 통해 성도들을 온 유대와 사마리아까지 흩어지게 하셨고, 결국 땅끝까지 가서 증인이 되라는 주님의 명령이 이루어지게 되었다.

　성공하고 있는 것처럼 보일 때, 우리는 주님께서 어떻게 보실지에 초점을 맞춰야 한다. 제자들이 추구했던 것과 예수께서 원하셨던 것은 너무나 달랐다. 나는 나의 뜻을 하나님의 뜻보다 더 소중히 여기고 있지는 않은가? 우리의 성공에 기뻐하기 전에, 주님의 뜻을 따르려 하지 않는 자신을 돌아보아야 한다. 우리 모두는 완전하지 못한 존재다. 그러므로 사람의 생각과 뜻을 내려놓고, 주님의 명령과 뜻을 따르려 애쓰며 힘쓰는 성도가 되어야 한다. 주님께서는 이러한 성도들을 기뻐하신다.

　성도는 그리스도 예수의 마음을 품어야 한다. 예수께서는 하나님의 본성을 지니셨지만, 하나님과 동등함을 당연하게 여기지 않으시고, 오히려 자기를 비워 종의 모습을 취하여 사람과 같이 되셨다. 또 자기를 낮추시고, 죽기까지 순종하셨으며, 그 순종은 곧 십자가에 이르기까지였다(빌 2:5-8). 주님을 멸시하고 무시하는 자가 되려면 단지 주님의 명령에 순종하지 않으면 된다. 고난을 통해서라도 순종하게 된다면, 그 고난에 감사해야 하며, 불순종으로 고난이 오면 이러한 징계를 통해 하나님의 사랑을 깨달아야 한다. 주님께서는 사랑하시는 사람을 징계하시고, 아들로 여기시는 자에게 매를 드시기 때문이다(히 12:6).

예루살렘 교회는 성장에 초점을 맞추었다. 그러다 보니 결국 예수께서 주신 명령을 잊고, 예루살렘 교회의 성장 자체가 주님의 뜻이라고 오해하였다. 한 목사는 하나님께서 가장 원하시는 것이 교회 성장이라고 믿으며 평생을 헌신하였지만, 은퇴 후에 돌아보니 그것이 주님의 뜻이 아니었음을 깨닫고 후회했다. 주님께서는 교회 성장의 지표인 교인의 수에 관심이 있으신 것이 아니라, 참되게 예배하는 자(the true worshippers)를 찾으신다(요 4:23). 그러므로 많은 신자가 모이는 교회를 이루는 것에 집중하기보다는, 참된 예배자들이 모이는 교회를 이루는 데 애써야 한다. 이것이 주님을 기쁘시게 하는 일이다.

예수께서는 하나님 아버지를 사랑하는 것과 아버지께서 명하신 대로 행하는 것을 세상에 알리기를 원하셨다(요 14:31). 하나님 아버지를 사랑한다는 증거는 아버지의 명령에 순종하는 것을 의미한다. 예수께서는 "누구든지 나를 사랑하는 사람은 내 말을 지킬 것이다. 그리하면 내 아버지께서 그 사람을 사랑하실 것이요, 내 아버지와 나는 그 사람에게 가서 그 사람과 함께 살 것이다. 나를 사랑하지 않는 사람은 내 말을 지키지 아니한다. 너희가 듣고 있는 이 말은, 내 말이 아니라, 나를 보내신 아버지의 말씀이다"(요 14:23,24, 새번역)라고 말씀하셨다.

고난이 닥쳤을 때, 성도는 자신을 돌아보며 하나님 아버지의 명령을 순종하신 예수를 본받아야 한다. 순종이 제사(예배)보다 더 낫고, 하나님의 명령을 따르는 것이 제단에 드려지는 기름보다 더 귀하다(삼상15:22). 순종하지 않는 자는 하나님의 자녀가 아니라, 사탄의 자녀다(엡 2:2). 주일에 교회에 열심히 참석하여 경건한 모습으로 예배를 드리지만, 삶 속에서 하나님의 말씀을 지키지 않는 자는 하나님을 섬기는 것이 아니라 오히려 능멸하는 것이다. 입술로만 신앙을 고백하는 것이 아니라, 말씀이 삶에서 드러나는 진정한 성육신 그리스도인이 되어야 한다.

하나님의 이름으로 성공을 이루기 위해 우리가 혹시 주님을 배반하고 있지는 않는지 돌아보아야 한다. 하나님의 일이 하나님보다 더 소중할 수는 없다. 만일 하나님의 명령을 저버리고, 인간적인 기준으로 하나님의 일을 성공적으로 하고 있다면, 이는 오히려 하나님께 대한 불순종일 수 있다. 우리는 주님께서 명령하신 것을 따르고 있는지 스스로 깊이 돌아보아야 한다.

현재 많은 교회는 교회 성장에 중요하게 집중하며, 성장 세미나에 열정을 기울이고 있다. 신자 수가 많아져서 대형교회를 이루면 더 큰 하나님의 일을 할 수 있다는 생각을 갖고 있다. 하나님께서 신자 수가 많아지는 교회 성장을 기뻐하시고 바라신다고 볼 수 있을까? 부흥(revival)이란 본래 회복, 즉 원래 계획된 방향으로 돌아가 본질을 회복하는 것이다. 그렇기에 신자 수가 많아지는 것이 곧 부흥이 아니다.

교회에서 부흥회를 해야 하는 목적은 하나님 말씀을 통해 자신을 돌아보며 말씀에 따라 회복되기 위함이다. 많은 교회가 예루살렘 교회의 신자 수 증가를 보고 초대 교회의 부흥을 이루고자 하나, 여기에는 초대 교회의 성장을 부흥으로 오해할 함정이 있다. 교회는 그리스도인의 모임이므로, 제도적 교회는 성도들을 진정한 예배자로 만드는 것에 최선을 다해야 한다. 하나님의 뜻에 순종하는 성도로 성장시키는 것이 참된 교회를 세우는 길이다.

롬 5:19 한 사람이 순종하지 아니함으로 많은 사람이 죄인 된 것 같이 한 사람이 순종하심으로 많은 사람이 의인이 되리라

첫 사람 아담은 인류의 조상으로 중요한 본보기를 남겼다. 아담이 하나님의 명령에 불순종하여 모든 사람에게 죄를 전하고 사망을 유산으로 남기게 되었다(롬 5:12,14,17,19). 반면, 마지막 아담이신 예수께서는 순종을 통해 믿는 자들에게 생명을 주셨다(롬 5:19,21). 첫 사람은 하나님의 생기를 받아 살아 있는 혼(a living soul, KJV)이 되었으나, 마지막 아담이신 예수께서는 생명을 주는 영(a life-giving spirit, NIV)이 되셨다(고전 15:45).

흙으로 지어진 사람이 하나님의 생기를 받아 살아 있는 혼이 되었으나, 하나님의 명령을 어겼기에 영생을 잃게 되었다. 그러나 예수께서는 순종의 본을 보여주시고, 자신을 믿고 따르는 자에게 영생을 주시는 생명의 영이 되셨다. 나는 첫 사람 아담의 후손으로서 그의 길을 따르려 하는가? 아니면 생명을 주시는 예수의 명령을 순종하여 영생과 천국을 바라보려 하는가?

그리스도인은 하나님의 안식에 약속을 받은 자들이다. 복음의 말씀을 들었으나, 믿지 않는 사람에게는 그 말씀이 유익이 없다(히 4:1,2). 믿음으로 하나님의 안식에 들어가게 되겠지만, 하나님께서는

자신에게 맹세하시며, 순종하지 않는 자는 하나님의 안식에 들어오지 못한다고 하셨다(히 3:18, 4:3). 따라서 단지 믿음으로 하나님의 안식에 들어간 것이 아님을 명심해야 한다. 예수를 영접한 자는 하나님의 안식에 들어가기를 힘써야 하며, 옛 이스라엘 사람들이 순종하지 않아 실패했던 본보기를 잊지 말아야 한다(히 4:11).

예루살렘 교회가 박해로 인해 흩어졌으나, 이를 통해 주님의 뜻이 이루어졌다. 고난을 통해 하나님의 뜻을 깨닫는 것은 참된 복이다. 그리스도인은 하나님의 약속의 말씀을 믿음으로 받아들이고, 영원한 안식을 바라보며 주님의 명령에 순종해야 함을 마음에 새기자.

자기 평가 및 결심

1. 예루살렘 교회의 박해로 성도들이 흩어진 것을 보면서, 성령의 인도하심을 구하고, 하나님의 말씀에서 진리를 확인해 보라.

   *저의 생각과 지식이 올바르지 않을 수 있습니다. 제가 만든 왜곡된 신앙이 아닌, 하나님 말씀에 뿌리를 내리는 신앙이 되길 원합니다. 하나님 말씀 앞에서 하나님 말씀 앞에서 저 자신의 생각과 선입관을 내려놓을 용기를 주옵소서.

2. 내가 원하는 답을 말씀에서 찾으려 하지 않고, 성령께서 말씀을 통해 알려 주시는 인도하심을 따르길 원하는가?

*사람이 원하는 것을 성경에서 찾으려고 하면, 하나님의 뜻이 아닌 자신의 바람을 찾게 될 것입니다. 성경을 통하여 우리에게 주시는 하나님의 뜻에 초점을 맞추게 하옵소서. 겸손하게 주님 앞에 서는 훈련을 통해, 삶의 모든 순간에서도 하나님의 말씀을 따라 순종하기를 원합니다.

3. 예수께서 보여주신 순종을 본받아, 말씀에 순종하기로 다짐하자.

*순종한다는 것은 자신을 버리는 것임을 깨달았습니다. 예수 그리스도께서는 죽기까지 순종하신 본을 보여주셨습니다. 말씀을 따를 때 비로소 하나님의 자녀가 될 수 있음을 믿습니다. 외형적으로 보이는 것에 집중하지 않고, 주님께서 지시하신 내용을 온전히 깨닫고 순종하게 하옵소서.

08

보혜사 성령

the Counselor, the Holy Spirit

훈련 목표

예수께서 십자가 사건을 통해 죽으시고 부활하신 후 승천하셨을 때, 보혜사 성령께서 오실 것을 알려주셨다. 성령께서는 성도들을 도와주고, 위로하고, 상담해 주시고, 진리를 깨닫게 해주시는 스승이 되시며, 성도들과 영원히 함께하신다. 성령은 단순한 보이지 않는 힘이 아니라, 살아 계신 하나님의 영이시다. 성령님을 우리의 스승으로 모시고 살아가는 훈련이 필요하다.

기도문

살아 계신 하나님의 은혜로 복된 인생 길 걷게 하여 주심에 감사를 드립니다. 또한 예수님의 영이신 성령님과 함께 하나님의 계획과 뜻을 알아가면서, 선한 영향력을 펼칠 기회를 주심에 감사합니다. 이 기회를 복되게 하여 주시고, 깨닫는 은혜로 충만케 하옵소서.

NEWper 훈련

예수께서는 훗날 성도들을 박해하는 자들이 '하나님을 섬기는 일'이라 여기며 고통을 줄 것이라고 말씀하셨다. 그들은 하나님 아버지와 예수를 알지 못하기 때문이다. 예수께서 이 말씀을 하신 이유는 때가 되면 주님께서 하신 말씀을 기억하고 흔들리지 않도록 하기 위함이었다(요 16:1-4). 주님의 말씀은 앞으로 있을 스데반의 순교를 미리 예고하는 것처럼 보인다. 그리고 예수께서 이후에 하신 말씀으로 인해 제자들은 혼란에 빠진다.

"그러나 나는 지금 나를 보내신 분에게 간다. 그런데 너희는 아무도 나에게 어디로 가는지 묻지 않고, 오히려 내가 한 말로 인해 너희 마음에는 슬픔이 가득 찼다. 그러나, 내가 너희에게 진실을 말하는데, 내가 떠나가는 것이 너희에게 유익하다. 내가 떠나가지 않으면 보혜사(保惠師, counselor, comforter)가 너희에게 오시지 않을 것이다. 그러나 내가 가면, 보혜사를 너희에게 보내주겠다."(새번역, 요 16:5-7)

보혜사(保惠師)의 의미는 보호하고, 은혜를 주며, 가르쳐 주는 분을 뜻한다. 헬라어로 '파라클레토스'($παράκλητος, ου, ὁ$ 3875 [paraklētŏs])이며, '도움을 주기 위해 곁에 부름받은 자'를 의미한다. 대개 변호사나 조력자(helper), 중재자 또는 조정자를 가리킨다. 루터 시대에는 '위로자'(comforter)라는 단어로 모든 의미를 포함시켰다. 상담자(counselor)로 불려지는 이 분은 하나님의 영, 곧 '성령'(Holy Spirit)을 가리킨다(요 16:5-7).

그때 제자들은 예수께서 떠나신다는 것을 이해하지 못했다. 이전에 예수께서 "이 성전을 허물어라"라고 말씀하셨을 때에도 그들은 그 의미를 깨닫지 못했다. 예수께서 부활하신 후에야, 제자들은 그 말씀이 성전인 자신의 육체를 가리킨 것임을 기억하고, 성경과 예수께서 하신 말씀을 믿게 되었다(요 2:16-22).

예수께서 제자들에게 말씀하셨다. "너희가 나를 사랑하면 내 계명을 지켜라. 내가 아버지께 구할 것이다. 그러면 아버지께서 또 다른 보혜사를 너희에게 보내셔서, 영원히 너희와 함께 계시게 하실 것이다. 그는 진리의 영이시다. 세상은 그를 보지도 못하고 알지도 못하므로, 그를 받아들일 수 없다. 그러나 너희는 그를 안다. 이는 그가 너희와 함께 계시고 또 너희 안에 계실 것이기 때문이다." (요 14:15-17)

육신으로 오신 예수께서 영원히 우리와 함께하실 수 없지만, 주님께서는 '내가 세상 끝까지 항상 너희와 함께 있을 것이다'라고 하셨다(마 28:20). 이 말씀은 예수께서 육체로 우리와 영원히 함께하는 것이 아니라, 성령께서 오셔서 영원히 우리와 함께하신다는 의미이다. 그러므로 우리는 '성령을 소멸하지 말라'(살전 5:19), '하나님의 성령을 근심하게 하지 말라'(엡 4:30)는 말씀을 기억하며, 함께하시는 성령을 의식하면서 살아야 한다. 어떤 사람들은 성령을 추상적이거나 가상적인 존재로 여기기도 한다. 그러나 성령은 '하나님의 영'이며, 실제로 존재하는 영이다.

하나님의 영은 처음부터 사람에게 있었을까? 하나님의 영은 사람에게서 떠난 적이 있었는가? 하나님의 영이 없으면 어떻게 될까? 성령이 왜 우리에게 꼭 필요한지 생각해 보자.

창 2:7 여호와 하나님이 땅의 흙으로 사람을 지으시고 생기를 그 코에 불어넣으시니 사람이 생령이 되니라
흠정역 창 2:7 주 하나님께서 땅의 흙으로 사람을 지으시고 생명의 숨을 그의 콧구멍에 불어넣으시니 사람이 살아 있는 혼이 되니라.
KJV Gn 2:7 And the LORD God formed man of the dust of the ground and breathed into his nostrils the breath of life; and man became a living soul.

하나님께서 말씀으로 모든 만물을 창조하셨고, 사람의 육체는 땅의 흙으로 만드셨다. 생기(生氣)는 생명의 호흡(바람)을 뜻한다. 바람(wind)은 히브리어로 '르하흐'(ruwach), 헬라어로는 '프뉴마'(pneuma)로서 영과 바람의 의미를 동시에 지니며 '하나님의 영'을 가리킨다. 욥은 '나의 호흡이 아직 내 속에 완전히 있고 하나님의 숨결이 아직도 내 코에 있느니라'(욥 27:3)'라고 하였고, 이 숨결은 KJV에서는 'the spirit(7307) of God'이며 '르하흐'를 말한다. 흙으로 만들어진 육체에 하나님의 영이 들어가니, 비로소 그 육체는 '살아 있는 혼(soul, 히브리어 네페쉬)'이 되었다. 한글 성경 번역본에는 '생령'이라고 했으나 이는 부정확한 번역이다. 흠정역 성경에서는 '살아 있는 혼'으로 표기하고 있다. KJV 성경에서는 많은 곳에서 사람을 '혼'(soul)으로 표시하고 있으며, 하나님의 영이 사람에게 들어갈 때, 비로소 사람은 살아 있는 혼이 되는 것이다.

그렇다면 하나님의 영이 떠난 사람은 죽은 혼(사람)이라고 말할 수 있을까? 예수를 따르던 제자 중 한 사람은 먼저 가서 아버지의 장례를 치르게 예수께 청했다. 그러자 예수께서 그에게, "너는 나를 따라오너라. 죽은 사람의 장례는 죽은 사람들이 치르게 두어라."고 말씀하셨다(마 8:21,22). 비록 육체는 살아 있으나 하나님의 영이 없는 사람은 죽은 사람(혼)이다. 좀비는 영화에만 존재하는 것이 아니라, 지금 이 시대에 활개치고 있다. 마른 뼈가 가득한 이 세상에는 하나님의 영에 의해 회복되어야 할 죽은 혼들로 가득하다(겔 37:1-6).

　스데반은 성경 말씀을 선포하였으나, 유대인들은 전통적인 교리와 맞지 않는다고 하여서 하나님의 이름으로 그를 죽였다. 하나님의 말씀은 진리이므로 우리는 목숨을 희생하더라도 하나님의 말씀을 선포하고 지켜야 한다. 하나님의 진리의 말씀을 선포하려고 할 때, 교리와 충돌이 되는 내용을 발견할 수 있다. 이럴 때, 목사는 자신이 속한 교단에서 쫓겨날 각오를 무릅쓰고 교리가 아닌 진리의 말씀을 전할 것인가, 아니면 현실에 맞추어 말씀을 교리로 해석하고 있을까? 성령 충만한 스데반은 자신의 생명을 바쳐서 하나님의 말씀을 전했다.

　선지자는 죽임을 당할지라도 하나님의 말씀을 그대로 권세자들에게 전해야 했다. 때로는 옥에 갇히거나 사람들에게 따돌림을 당하기도 했다. 그럼에도 불구하고 선지자는 하나님의 말씀을 변함없이 선포했다. 현재의 우리도 목숨을 걸고 하나님의 말씀을 전했던 선지자들의 모습을 통해 자신을 돌아보아야 한다. 가르치는 사람이 교단과 교리에 맞는 말씀만 전하고 있는가? 아니면 교단과 교리에 벗어나는 성경 말씀을 신학적인 지식으로 왜곡하거나 무시하고 있는가? 어떤 경우에도 목사는 말씀을 성령으로 깨달아야 하며, 이 하나님 말씀을 그대로 선포해야 한다. 혹시 말씀을 전할 때 제재(制裁,

restriction)를 받더라도, 성령께서 깨닫게 하신 하나님의 말씀을 그대로 전해야 한다.

스데반은 믿음과 성령이 충만한 사람이었다(행 6:5). 그가 순교할 때, 그는 성령이 충만하여 하늘을 쳐다보았다(행 7:55). 성령 충만한 사람은 죽음과 고난을 넘어, 하나님의 뜻을 위해 자신의 생명도 포기할 수 있는 사람이다. 주님을 위해 죽음을 선택하는 것이 자신의 이익과 생명을 위해 말씀을 버리는 것보다 더 지혜롭다. 그리스도인이 복음을 올바르게 전하다가 죽게 된다면, 그는 예수 안에서 잠자는 것이며, 마지막 때에 예수께서 세상에 오실 때 잠자는 자들도 함께 데리고 오신다(살전 4:14). 그러므로 그리스도인의 죽음은 과정일 뿐 결말이 아니다.

성령을 알기 위해서는 먼저 영과 혼을 살펴보아야 한다. 인간의 구성 요소를 세 가지로 구분한 대표적인 성경 구절은 데살로니가전서 5:23이다.

살전 5:23 평강의 하나님이 친히 너희를 온전히 거룩하게 하시고 또 너희의 온 영과 혼과 몸이 우리 주 예수 그리스도께서 강림하실 때에 흠 없게 보전되기를 원하노라
KJV 1 Th 5:23 And the very God of peace sanctify you wholly;

and I pray God your whole spirit and soul and body be preserved blameless unto the coming of our Lord Jesus Christ.

성경에서는 사람이 영, 혼, 몸의 세 가지로 구성되어 있다고 한다. 그러나 한글 성경(개역개정)에서는 영과 혼을 따로 구분하지 않고 '영혼'이라고 번역하고 있다. 이러한 이유는 아마도 한문 성경을 그대로 받아들여서 번역했기 때문일 것이다. 개역개정에는 영혼이 포함된 구절이 194회 나오는데, KJV 성경과 비교해 볼 때, 그중 7개 구절만이 spirit(영)으로 번역되며, 여기에 해당되는 구절은 욥 7:11, 잠 20:27, 마 27:50(ghost), 눅 23:46, 요 19:30(ghost), 행 7:59, 약 2:26 이다. 나머지 구절에서는 soul(혼)을 '영혼'으로 표기하고 있다.

한글 성경에서 '영혼'이라고 번역했다고 해서 반드시 2분법을 따라야 하는 것은 아니다. 한글 성경에서 '영혼'이라는 표현을 '영'과 '혼'으로 구분하여 고치거나, '영혼'이라는 단어를 만날 때마다 그것이 '영'인지 '혼'인지를 설명할 필요가 있다. 과연 '영혼'은 한글 성경에 표기된 대로 분리될 수 없는 것일까?

히 4:12 하나님의 말씀은 살아 있고 활력이 있어 좌우에 날선 어떤 검보다도 예리하여 혼과 영과 및 관절과 골수를 찔러 쪼개기까지 하며 또 마음의 생각과 뜻을 판단하나니

KJV He 4:12 For the word of God is quick, and powerful, and sharper than any twoedged sword, piercing even to the <u>dividing asunder of soul and spirit</u>, and of the joints and marrow, and is a discerner of the thoughts and intents of the heart.

살아 있고 능력이 있는 하나님의 말씀은 혼과 영을 쪼개어 나눈다. 성경 외의 다른 곳에서 '영혼'이라고 부르더라도, 하나님의 말씀을 볼 때는 혼과 영을 반드시 분리해서 이해해야 한다. 이처럼 성경에서 영과 혼을 분리하여 기록하고 있지만, 만일 '영'과 '혼'으로 분리하지 않고 '영혼'으로 합쳐서 말하면 성경의 능력을 부인하고, 영과 혼의 의미를 왜곡시킬 수 있다. 한국 문화의 특성상, 한문의 영향을 받은 한글 성경에서는 이해를 쉽게 하기 위해 '영혼'이라고 번역했지만, 이제라도 영과 혼을 분리해 번역해야 한다. 원어에 근거해 번역한 KJV 성경에서는 spirit(영)과 soul(혼)을 명확하게 구분해 사용하고 있다. 지금이라도 성경 번역의 오류는 바로잡아야 한다.

기독교 신앙은 성경에 기초하고 있다. 성경을 따르지 않는 신학은 더 이상 기독교와 상관이 없다. 그리스도인은 교리가 아닌 성경으로 돌아가야 한다. 성경을 따르려는 결심에는 큰 결단이 필요하다. 때로는 인간의 관습과 교리를 따라 '하나님을 섬기는 일'이라고 주장하는 사람들로부터 고난을 받을 수도 있을 것이다. 'Back to the Bible' 신앙으로 하나님을 기쁘시게 해 드리자.

자기 평가 및 결심

1. 성령은 하나님의 영이시다. 아침에 일어나 성령께 인사를 드리며 하루를 시작해 보자.
   *성령님, 굿모닝. 오늘 눈을 뜨면서 성령님을 찾습니다. 오늘 하루의 일상과 모든 순간에 함께 하시는 성령님을 잊지 않기 원합니다. 오늘이라는 시간 동안 성령님과 대화를 시작하려고 합니다. 성경 말씀을 깨닫게 하시고, 하나님의 눈으로 세상을 보게 하옵소서. 호흡하는 매 순간마다 성령님과 함께하기를 원합니다.

2. 성령의 도우심으로 진리의 말씀을 깨닫게 해 주시기를 기도하자.
   *하나님의 말씀은 진리이지만, 우둔한 사람의 생각으로는 깨달을 수 없습니다. 성령께서 지혜를 주셔서, 하나님의 마음을 알게 하여 주옵소서. 하나님의 말씀을 통해 나에게 주시는 명령을 구체적으로 깨닫게 하옵소서. 순종하겠습니다.

3. 성령께 질문한 후 마음에 들려주시는 응답의 말씀을 기다린다.

이것이 듣는 기도이다. 말하고 듣는 대화를 통해 성령의 도우심으로 성숙한 신앙에 이르도록 하자.

> *오늘 성령께 묻습니다. 온 마음으로 성령의 음성에 집중하려고 합니다. 세미한 음성에 민감한 영성을 주셔서, 성령님과 깊이 교제하게 하옵소서.

09
약속으로 오신 성령
the Promised Holy Spirit

훈련 목표

하나님의 영은 사람에게 임하지만, 우리가 순종하지 않을 때 떠나가신다. 하나님의 나라에 들어가기 위해서는 반드시 물과 성령으로 거듭나야 한다. 성령은 생명을 주시고 하나님의 약속을 확인시켜 주신다. 예수를 주님으로 맞이한 자는 주님의 명령에 순종하는 훈련을 해야 한다.

기도문

살아 계신 하나님! 이 시간 성경을 따라 하나님을 올바르게 알아가는 기회를 주셔서 감사합니다. 성령께서 영안을 열어 주셔서 부족한

부분을 깨닫고 채워 가게 하옵소서. 그로 인해 하나님의 뜻대로 말하고 행동하는 성도로 살아가기를 원합니다.

NEWper 훈련

하나님께서 흙으로 인간의 몸을 만드시고 코에 생명의 기운을 불어넣자, 사람은 살아 있는 혼(a living soul)이 되었다. 하나님의 영은 인간을 창조하실 때부터 이미 함께하셨다. 사람의 수가 땅 위에 늘어나기 시작하며 그들에게서 딸들이 태어났다. 하나님의 아들들이 사람의 딸들의 아름다움을 보고, 마음에 드는 여자를 아내로 삼았다(창 6:1,2).

하나님의 아들들(벤 엘로힘)과 사람의 딸들(바트 아담)은 누구를 의미하는 것일까? '하나님의 아들들'은 육신을 가진 '아들들'이 아니라, 하늘에 있는 신적 존재를 말한다(욥 1:6, 2:1). 이들은 하나님께서 창조하신 천사들이었으며, 사람의 눈으로 볼 때 신적 존재로 인식되었다. 천사들은 자기 지위를 지키지 않고, 자기 처소를 떠났으며(유 1:6), 이로 인하여 하나님께 범죄하였다(벧후 2:4). 그때 하나님의 아들들과 사람의 딸들 사이에서 태어난 자녀들은 인간과 다른 '네피림'(Nephilim)으로서, 거인 족속이었다(창 6:4).

인간은 하나님을 버리고 신적 존재를 따랐다. 이에 하나님께서는 "내 영이 사람 속에 영원히 머물지 않을 것이다"라고 하셨다. 또한, 사람은 살과 피를 지닌 육체이므로, 수명이 120년을 넘지 못하게 되었다(창 6:3). 하나님의 영은 하나님을 배반하는 자들과 함께하지 않으신다.

이러한 예는 사울 왕에게서 찾아볼 수 있다. 하나님의 영이 사울에게 임하자 그는 예언을 하였다(삼상 10:10). 하나님께서는 사울을 이스라엘 왕으로 세우셨으나(삼상 10:17-24), 그는 왕이 된 후 하나님의 명령에 순종하지 않았다(삼상 13:8-15, 15:1-9). 그러자 하나님의 영은 사울에게서 떠났고, 도리어 악령이 사울에게 들어와 그를 괴롭혔다(삼상 16:14).

하나님의 영이 내린 사람은 하나님의 사람으로 살아가며, 하나님의 뜻을 이루어 간다. 그러나 하나님의 명령에 순종하지 않으면 하나님의 영은 떠나고, 그 대신 악한 영이 들어와서 그 사람을 다스린다. 누구에게든 자신을 종으로 내맡겨 복종하게 하면, 복종하는 그 사람의 종이 된다(롬 6:16). 과거에 우리는 예수를 믿기 전에 허물과 죄로 죽었던 사람이었다. 그때 우리는 허물과 죄 가운데 이 세상의 풍조를 따라 살았고, 공중의 권세를 잡은 자를 따랐다. 그 악한 영은 지금도 하나님을 거역하는 자들을 조정하고 있다(엡 2:1,2). 이러므로 하나님을 따르지 않는 사람은 악한 영을 따르고 있는 것이다.

구약 시대에는 하나님의 영이 임한 특별한 사람들이 하나님의 뜻을 이루는 선지자와 사역자가 되었다. 그러나 하나님의 영이 내린 자가 하나님의 명령에 순종하지 않으면, 하나님의 영은 떠나신다.

하나님의 영은 육체에 생명을 주어 살아 있는 혼(a living soul)이 되어, 생각하고 즐거워하고 괴로워하는 마음(soul, KJV, 욥 7:11)이 있게 되었다. 첫 아담은 살아 있는 혼이 되었으며, 마지막 아담이신 예수는 생명을 주시는 영이 되셨다(고전 15:45). 처음에는 영적인 것이 아닌 육체적인 것이었고, 그다음에는 영적인 것이었다(고전 15:46). 첫 사람은 흙으로 만들어진 땅의 존재였지만, 둘째 사람은 하늘에서 왔다(고전 15:47). 흙으로 된 사람들은 흙으로 빚은 그 사람과 같고, 하늘에 속한 사람들은 하늘에 속한 그분과 같다(고전 15:48). 우리가 흙으로 빚은 그 사람의 형상을 입은 것과 같이, 우리는 또한 하늘에 속한 그분의 형상을 입을 것이다(고전 15:49).

아담의 후손은 흙에 속한 사람의 형상을 가졌다. 그러나 하늘에 속한 자가 되어 하나님의 나라에 들어가기 위해서는 물과 성령으로 거듭나야 한다(요 3:5). 물로 거듭난다는 것은 회개하고 예수 그리스도의 이름으로 세례를 받아 죄 용서를 받는 것이며, 성령으로 거듭나는 것은 예수를 믿은 후 성령을 받아 새롭게 되는 것을 말한다(행 2:38, 엡 5:26, 딛 3:5). 물 세례를 받는 것만으로 성령 세례가 온 것으로 간주해서는 안 된다. 물과 성령으로 거듭난다는 것은 물 세례와 성령의 세례가 함께 있어야 한다는 것을 의미한다.

성령은 어떻게 임하시는가? 어떻게 해야 성령을 받을 수 있을까? 베드로는 성령을 선물로 받기 위해서는 먼저 회개하고 예수의 이름으로 세례를 받아 죄사함을 받아야 한다고 말했다.

> 행 2:38 베드로가 이르되 너희가 회개하여 각각 예수 그리스도의 이름으로 세례를 받고 죄 사함을 받으라 그리하면 성령의 선물을 받으리니

성령은 하나님께서 주시는 선물이다. 베드로와 요한이 사마리아에 가서 안수할 때 성령이 임했다. 이를 본 시몬은 돈을 건네며 자신이 안수하는 사람이 성령을 받게 해 달라고 요청했다. '하나님의 선물을 돈 주고 살 줄로 생각했으니 네 은과 함께 망할 것'이라고 베드로는 시몬에게 말했다(행 8:14-24). 성령은 사람의 방법과 계획으로 임하는 것이 아니다. 성령은 하나님의 영이시기 때문이다.

나는 물 세례와 성령 세례를 받았는가? 예수를 믿음으로 영접하여 죄 용서를 받은 자들에게 반드시 있어야 할 것은 성령 세례이다. 하

나님의 선물인 성령을 간절히 원하는가?

 하나님께서 약속하신 성령을 보내실 터인데(눅 24:49), 주님께서는 성령을 받기까지 예루살렘을 떠나지 말고 기다리라고 하셨다(행 1:4). 제자들은 주님의 명령에 따라 성령이 임할 때까지 예루살렘에 머물렀고, 마침내 성령이 임했다. 그리스도인은 진리의 말씀, 곧 구원의 복음을 듣고 믿어 하나님의 백성이 되었으며, 약속하신 성령으로 하나님의 백성으로 인치심을 받은 것이다(엡 1:13).

 오순절 날 많은 사람이 함께 모여 마음을 같이하여 기도에 힘쓸 때, 성령이 임하셨다(행 2:1-4, 4:23-31). 또한, 구원의 말씀을 전할 때 성령께서 임하셨다(행 10:44, 11:14,15). 베드로와 요한이 사마리아로 가서 안수를 할 때 성령이 임했고(행 8:17), 아나니아가 안수할 때 사울은 성령으로 충만해졌으며(행 9:17), 바울이 에베소에서 안수할 때 성령이 사람들에게 임했다(행19:6). 이처럼 성령은 다양한 방법으로 임하셨다.

 물과 성령으로 거듭나야 하나님의 나라에 들어갈 수 있다(요 3:5). 예수께서는 물과 피로 임하셨고, 성령께서 이를 증언하신다(요일 5:6-8). 물과 성령의 세례는 다르지만 반드시 함께 있어야 한다. 이러한 예를 성경에서 찾아보자.

첫 번째, 빌립이 사마리아에 가서 그리스도를 백성에게 전파하고 표적을 행하였고, 많은 사람들이 그의 말을 따르고 예수를 믿어 세례를 받았다(행 8:4-13). 사마리아 사람들이 하나님의 말씀을 받아들였다는 소식을 예루살렘에 있는 사도들이 듣고서, 베드로와 요한을 그들에게 보냈다. 사마리아 사람들은 주 예수의 이름으로 세례만 받았을 뿐이요, 그들 가운데 아무에게도 아직 성령이 내리지 않았다. 두 사도는 사마리아에 내려가 그들이 성령을 받을 수 있도록 그들을 위해 기도했다. 두 사도가 그들에게 손을 얹자, 그들도 성령을 받게 되었다(행 8:14-17). 이는 예수의 이름으로 세례를 받은 후 성령 세례가 있었던 예이다.

두 번째, 베드로는 성령의 인도를 따라 이탈리야 군대 백부장인 고넬료의 집에 갔다. 고넬료는 이방인이었지만, 경건하여 하나님을 경외하며, 백성에게 많은 구제를 하며, 항상 하나님께 기도했다. 베드로는 이방인에게 가는 것을 꺼렸지만, 하나님께서는 자신을 경외하고 의를 행하는 사람을 다 받으신다는 것을 알게 하시며 예수의 복음을 전하였다. 이후 성령께서 말씀을 듣는 모든 사람에게 내려오셨다. 베드로는 이들이 성령을 받은 것을 보고 지체하지 않고 물로 세례를 주었다(행 10:1-48). 이때는 성령이 먼저 임하였고, 나중에 물 세례를 주었다.

세 번째, 아볼로라는 유대인은 말을 잘하고 성경에 능통한 사람이었다. 그는 에베소에 가서 예수가 그리스도라는 것을 가르쳤고, 그래서 들은 요한의 세례만 알고 있었다(행 18:24-28). 그러자 바울이 에베소에 와서 그들에게 물었다. "여러분은 믿을 때에, 성령을 받았습니까?" 그들은 "우리는 성령이 있다는 말을 들어본 적도 없습니다"라고 대답했다. 요한은 예수를 믿고 회개의 세례를 받으라고 했음을 알려 주었고, 바울은 에베소 교인들이 예수의 이름으로 세례를 받게 하였다. 그리고 바울이 안수할 때 그들에게 성령이 임하였다(행 19:1-7). 예수의 이름으로 주는 세례와 함께 안수할 때 성령이 임하였다.

이처럼 물 세례 때 성령 세례가 항상 동시에 나타나는 것은 아니며, 하나님께서 원하시는 때에 성령이 임하신다. 그러나 물과 성령 세례는 반드시 함께 있어야 한다. 나는 물과 성령으로 거듭나기를 원하는가? 또한 나는 성령의 힘을 입어 예수를 증언하고 있는가?

예수를 모른다고 부인했던 베드로는 성령이 임하자 담대하게 예수를 증언했다. 그는 요엘 선지자의 예언(욜 2:28-32)을 인용하여 성삼위 하나님 중 한 분인 성령을 증언하였다. "하나님께서 말씀하신다. 마지막 날에 나는 내 영을 모든 사람에게 부어 주겠다. 너희의 아들들과 너희의 딸들은 예언을 하고, 너희의 젊은이들은 환상을 보고, 너희의 늙은이들은 꿈을 꿀 것이다. 그 날에 나는 내 영을 내 남종들과 내 여종들에게도 부어 주겠으니, 그들도 예언을 할 것이다. 또 나는 위로 하늘에 놀라운 일을 나타내고, 아래로 땅에 징조를 나타낼 것이니, 곧 피와 불과 자욱한 연기이다. 주님의 크고 영화로운 날이 오기 전에, 해는 변해서 어두움이 되고, 달은 변해서 피가 될 것이다. 그러나 주님의 이름을 부르는 사람은 구원을 얻을 것이다'라고 하셨다"(행 2:16-18).

성령강림 이후는 성령의 시대이며, 마지막 때이다. 하나님의 약속은 이루어지고, 약속의 성령께서 하나님의 계획을 성취하실 것이다. 성령과 함께 살아가는 자들은 하나님의 약속에 참여하게 될 것이다. 나는 하나님의 약속 안에 있는 사람인가? 그리고 하나님의 약속이 이루어지는 것을 보고 증언하기를 원하는가? 그렇다면 약속으로 오시는 성령을 맞이하라.

자기 평가 및 결심

1. 예수를 믿는 자에게 주시기로 약속된 성령을 기다리고 있는가? 하나님께서 약속하신 성령 세례를 받기를 간절히 소망하며 기도하라.

*하나님께서 보내시기로 약속하신 성령님을 간구합니다. 성

령의 인도하심을 받고 순종하기를 원합니다. 성령께서 함께 하셔서 저희를 인도하시고, 말씀을 깨우쳐 하나님의 뜻을 알게 하여 주옵소서.

2. 성령님과 대화를 시작하라.
*성령님, 오늘 하루를 시작합니다. 가장 사소한 일에도 성령님과 함께하길 원합니다. 내 생각대로 먼저 행동하지 않고, 성령의 인도하심을 받기 원합니다. 성령님께 여쭈어 보고, 말씀에 귀를 기울이겠습니다. 성령님은 영향력이나 감정이 아닙니다. 저희의 영을 감화시켜 주셔서, 하나님의 백성으로서 하나님의 뜻을 깨닫기를 원합니다.

3. '예수는 나의 주님이시다'는 진정한 고백을 하라. 이 고백은 '나는 죽음이 찾아와도 반드시 주님의 명령을 지킬 것이다'라는 다짐이다.
*예수께서 나의 주인이십니다. 주님의 명령에 순종하겠습니다. 하나님 말씀 전체를 다 지킬 수는 없지만, 오늘 저에게 주시는 명령을 순종하는 것은 결코 어려운 일이 아님을 믿습니다(신 30:11). 오늘이라는 시간 동안 주님을 모시고 살아가는 주의 백성이 되길 원합니다.

10
에발 산과 그리심 산
Mount Ebal and Mount Gerizim

훈련 목표

예수께서 사마리아에 있는 '수가'(세겜)라는 동네에서 한 여인을 만난다. '세겜'이라는 장소에 대해 알아보고, 에발 산과 그리심 산의 영적인 의미를 살펴보자.

기도문

살아 계신 하나님의 은혜로 모든 것에 부족함이 없이 이끌어 주심에 감사합니다. 그러나 우리의 부족함을 채워 주는 하나님으로만 인식하고 있지는 않은지 되돌아보게 됩니다. 저희가 민감한 마음을 가지고 성령님과 함께 저희 부족함을 채워가도록 도와 주옵소서. 이 시간 과거를 돌아보아 무엇을 수정하고 무엇을 되새겨야 할지를 알게 하셔서 늘 주님을 기쁘게 해드리는 자녀가 되게 하옵소서.

NEWper 훈련

'예수가 요한보다 더 많은 사람을 제자로 삼고 세례를 준다'라는 소문이 바리새인들의 귀에 들어가자, 예수께서는 제자들과 함께 유대를 떠나셨다. 이들은 갈릴리로 가던 중 사마리아 지역의 수가라는 동네로 갔고, 그곳에서 한 여인을 만났다. 수가라는 곳은 야곱이 그의 아들 요셉에게 준 땅인 '세겜'에서 가까운 곳에 있으며, '야곱의 우물'에서 동북쪽으로 약 1km 떨어진 곳에 위치해 있다(요 4:1-5). '세겜'이라는 곳은 어떤 곳일까?

하나님께서 아브라함에게 말씀하셨다. "너는 네가 살고 있는 땅과 네가 태어난 곳과, 네 아버지의 집을 떠나, 내가 보여주는 땅으로 가거라." 아브라함은 가야 할 곳을 알지는 못했지만, 갈대아 우르를 떠나 가족을 이끌고 하나님께서 말씀하신 대로 길을 떠나, 마침내 가나안 땅 '세겜'에 이르렀다. 하나님께서 아브라함에게 나타나셔서 말씀하셨다. "내가 너의 자손에게 이 땅을 주겠다." 아브라함은 세겜에서 자신에게 나타나신 주님께 제단을 쌓아 바쳤다(창 12:1-7).

야곱은 삼촌 라반에게서 가족을 이끌고 나와 형 에서를 만난 이후, 가나안 땅 '세겜'으로 갔다. 그곳에서 장막을 친 밭을 하몰의 아들들에게서 백 크시타(화폐 단위)에 사서 제단을 쌓고 '엘엘로헤이스라엘'(하나님, 이스라엘의 하나님)이라고 불렀다(창 33:18-20, 수 24:32).

야곱의 아들 요셉은 하나님의 인도하심으로 이집트로 갔으며, 훗날 가뭄으로 인해 야곱의 가족도 이집트로 이주하게 되었다. 야곱은 이집트에서 죽기 전에 아들들을 축복하며, 하나님께서 자손들과 함께하시고 그들을 조상의 땅으로 인도하실 것이라고 말했다. 또한, 요셉에게는 형제들보다 자신이 아모리 사람들에게서 빼앗은 세겜 땅을 더 주겠다고 했다(창 48:21,22).

세겜의 북쪽에는 해발 925m의 에발 산이, 남쪽에는 해발 867m의 그리심 산이 있다. 하나님께서는 모세에게, 이스라엘 자손이 약속의 땅으로 들어간 후에, 그리심 산에서 축복을 선포하고 에발 산에서 저주를 선포하라고 명령하셨다. 만일 오늘 오늘 하나님 여호와의 명령을 들으면 복이 될 것이지만, 만일 오늘 하나님의 명령을 듣지 않고 그 길을 떠나 다른 신을 따르는 사람은 저주를 받게 될 것이라 당부하였다. 이스라엘 자손은 요단 강을 건너가서 하나님께서 그들에게 주시는 땅으로 들어가서 그 땅을 차지할 것이다. 그들이 그들이 그 땅을 차지하고 자리를 잡거든, 그들에게 준 모든 규례와 법규를 성심 껏 지키라고 하셨다(신 11:26-32).

여호수아는 마침내 약속의 땅에 들어가 하나님의 명령에 따라 여리고 성을 점령하였다. 유다 지파의 아간이 주님께 바쳐야 할 물건을 몰래 가져갔기에, 하나님께서 이스라엘 자손들에게 진노하셨다. 아이 성과의 전쟁에서 패한 후에, 하나님께서는 아간의 범죄를 드러내셨고, 이스라엘 백성은 그를 돌로 쳐 죽인 후 훔친 물건을 불살랐다. 이후에 비로소 여호수아는 아이 성을 점령할 수 있었다. 이스라엘은 여리고 성과 아이 성의 전투를 통해 순종과 불순종의 결과를 경험했다. 여호수아는 여리고와 아이를 점령한 후에 세겜으로 갔다.

신 27:1 모세와 이스라엘 장로들이 백성에게 명령하여 이르되 내가 오늘 너희에게 명령하는 이 명령을 너희는 다 지킬지니라
2 너희가 요단을 건너 네 하나님 여호와께서 네게 주시는 땅에 들어가는 날에 큰 돌들을 세우고 석회를 바르라
3 요단을 건넌 후에 이 율법의 모든 말씀을 그 위에 기록하라 그리하면 네 하나님 여호와께서 네게 주시는 땅 곧 젖과 꿀이 흐르는 땅에 네가 들어가기를 네 조상들의 하나님 여호와께서 네게 말씀하신 대로 하리라
4 너희가 요단을 건너거든 내가 오늘 너희에게 명령하는 이 돌들을 에

발 산에 세우고 그 위에 석회를 바를 것이며

5 또 거기서 네 하나님 여호와를 위하여 제단 곧 돌단을 쌓되 그것에 쇠 연장을 대지 말지니라

6 너는 다듬지 않은 돌로 네 하나님 여호와의 제단을 쌓고 그 위에 네 하나님 여호와께 번제를 드릴 것이며

7 또 화목제를 드리고 거기에서 먹으며 네 하나님 여호와 앞에서 즐거워하라

8 너는 이 율법의 모든 말씀을 그 돌들 위에 분명하고 정확하게 기록할지니라

여호수아는 하나님 여호와를 위해 에발 산에 제단을 쌓았다(수 8:30). 에발 산은 저주의 산이며, 그리심 산은 축복의 산이다. 왜 하나님께서는 축복의 산이 아닌 저주의 산으로 불리는 에발 산에 제단을 쌓으라고 하셨을까? 하나님께서 이스라엘에게 복을 주길 원하신다면 축복의 산인 그리심 산에 제단이 있어야 하지 않겠는가? 그러나 여호수아가 에발 산에 제단을 쌓은 것은 자신의 뜻이 아닌 하나님의 명령을 따르는 순종이었다(신 27:4-8).

여호수아는 모세의 명령에 따라 백성을 둘로 나누어, 시므온, 레위, 유다, 잇사갈, 요셉, 베냐민 지파는 그리심 산에 서서 축복을 선포하게 하고, 르우벤, 갓, 아셀, 스불론, 단, 납달리 지파는 에발 산에 서

서 저주를 선포하게 했다(신 11:26-32, 27:12,13). 그리심 산에 서게 한 지파가 복을 받은 지파이며, 에발 산에 선 지파가 저주를 받은 지파라고 단순하게 생각해서는 안 된다. 축복의 산인 그리심 산에 서게 될 지파들 중에는 시므온과 레위가 야곱의 축복을 받지 못했고(창 49:5-7), 저주의 산인 에발 산에 서게 된 지파 중에는 단과 아셀, 납달리가 야곱의 축복을 받았다(창 49:20,21). 여기서 이스라엘 자손은 복과 저주에 대하여 생생한 시청각 교육을 받았다.

하나님의 관점에서 볼 때, 무엇이 복이며 무엇이 저주라고 여기는가? 인간적인 생각으로는 무엇이 복이고 무엇이 저주라고 생각하는가? 사람은 복과 저주 중에서 어떤 것에 더 마음을 두어야 할까?

바벨론 포로에서 귀환한 유다 사람들이 예루살렘에 성전을 지을 즈음, 앗수르의 혼혈 정책으로 인해 선민의 순수성을 잃어버린 사마리아인들은 그리심 산에 자신들의 성전을 세워 신앙의 본거지로 삼았다. 그들은 자신들의 경전인 '사마리아 오경'에 따라 성전을 세웠고, 아브라함이 이삭을 번제로 드리려고 했던 산을 그리심 산이라고 주장했다. 또한, 여호수아가 세운 '여호와의 성소'도 그리심 산에 있었다고 주장했다(수 24:25-26). 이러한 전통에 따라 사마리아 사람들은 그리심 산에 있는 자신들의 성전에서 매년 절기를 지켰으며, 오늘날까지도 이곳에서 3대 절기(유월절, 오순절, 초막절)가 지켜져 많은 관광객들의 관심을 끌고 있다. 예수님의 공생애 당시, 사마리아 수가의 여인도 역시 그들의 예배처로 그리심 산을 언급했다(요 4:20-21). [네이버 지식백과] 그리심 산 [Mt. Gerizim] (라이프성경사전, 가스펠서브)

> 신 11:26 내가 오늘 우리 저주를 너희 앞에 두나니
> 27 너희가 만일 내가 오늘 너희에게 명하는 너희의 하나님 여호와의 명령을 들으면 복이 될 것이요
> 28 너희가 만일 내가 오늘 너희에게 명령하는 도에서 돌이켜 떠나 너희의 하나님 여호와의 명령을 듣지 아니하고 본래 알지 못하던 다른 신들을 따르면 저주를 받으리라
> 29 네 하나님 여호와께서 네가 가서 차지할 땅으로 너를 인도하여 들이실 때에 너는 그리심 산에서 축복을 선포하고 에발 산에서 저주를 선포하라

오늘 우리 앞에는 생명과 복, 사망과 화가 놓여 있다(신 11:26, 30:15). 복과 저주는 하나님 여호와의 명령에 대한 순종 여부에 따른 결과이다. 하나님 여호와를 사랑하고 그의 길을 따르며, 그의 명령과 규례와 법도를 지키면 잘되고 번성하게 될 것이다(신 11:27, 30:15,16). 그러나 마음이 변하여 순종하지 않고, 다른 신들에게 절하고 섬기면, 반드시 망하게 될 것이다(신 11:28, 30:17-18). 모세는 이스

라엘 자손들에게 하나님 여호와를 사랑하고, 그의 말씀을 듣고, 그에게만 충성을 다하라고 권면한다. 그렇게 하면 그들은 야곱에게 주겠다고 맹세하신 그 땅에서 잘 살게 될 것이라고 하였다(신 30:19,20).

그리스도인은 하나님의 명령에 순종하는 사람들이다. 순종하지 않고 복만 받기를 바라는 것은 저주를 불러오는 결과를 초래한다. 지금 당장 손해와 희생이 따르더라도, 하나님께 순종하는 것이 복이다. 이스라엘 자손은 에발 산과 그리심 산에 나뉘어 복과 저주를 선포했다. 하나님께서는 사람에게 순종 여부에 대한 선택권을 주셨고, 그에 따른 복과 저주를 약속하셨다.

여호수아는 하나님의 명령에 순종하여 에발 산(저주의 산)에 제단을 쌓았다. 그러나 사마리아 사람들은 그리심 산(축복의 산)에 성전을 세우고 복을 받기를 원했다. 하나님의 사람은 하나님의 명령을 지켜야 한다. 하나님의 명령을 따르지 않았을 때 받을 저주를 마음에 새기고, 하나님을 경외하는 신앙을 가져야 한다. 단순히 복을 위해 그리심 산에 제단을 쌓는다면, 그것은 하나님께 대한 순종을 생각하지 않고 오직 복을 구하는 기복 신앙(祈福 信仰, faith for blessing)이다.

기복 신앙의 결과에 따라 움직이다 보면 건전한 신앙에서 멀어질 수 있다. 복을 받는 것에만 초점을 맞춘다면, 순종을 통해 그리심 산의 복을 받으라고 잘못된 설교를 할 위험이 있다. "우리 앞에는 순종과 불순종, 축복과 저주의 길이 있다. 가나안 땅에 들어갔어도 불순종하는 자에게는 에발 산의 저주가 임할 것이다. 하나님의 명령에 순종하고 회개에 합당한 열매를 맺는 자들은 그리심 산의 축복을 얻게 될 것이다." 또한, 믿는 것 자체를 하나님의 명령에 대한 순종이라고 생각하며, 믿음 외의 행위를 율법적인 것으로 여길 수도 있다. 그러나 우리를 향하신 하나님의 뜻은 믿음과 함께 이웃에 대한 사랑을 포함하며, 이것이 하나님의 계명이다(요일 3:23).

기독교는 역설적인 신앙이다. 순종하기 위해 저주의 산에 제단을 쌓으면 그것이 복이 되며, 복을 받기 위해 축복의 산에 제단을 쌓는 것은 오히려 불순종이 되어 저주를 받는다. 상식적으로 누가 저주의 산에 순종의 제단을 쌓을 수 있겠는가? 그러나 이러한 순종의 제사를 드린 분은 예수님이셨다.

> 빌 2:8 사람의 모양으로 나타나사 자기를 낮추시고 죽기까지 복종하셨으니 곧 십자가에 죽으심이라

예수께서는 인간의 죄를 대속하기 위해 저주라고 여겨지는 십자가에서 죽으셨고, 이는 하나님의 뜻에 대한 복종이었다. 결국 예수께

서는 저주의 산인 에발 산에 제단을 쌓은 셈이 되었고, 하나님께서는 예수를 지극히 높이셔서 모든 이름 위에 뛰어난 이름을 주셨다. 그리하여 하늘과 땅 위와 땅 아래에 있는 모든 것이 예수의 이름 앞에 무릎을 꿇고, 모두가 예수 그리스도는 주님이시라고 고백하며 하나님 아버지께 영광을 돌리게 하셨다(빌 2: 9-11).

그리스도인은 예수를 따르고 본받는 삶을 살기로 결단한 사람들이다. 예수께서 우리를 위해 생명까지도 버리며, 하나님의 뜻을 이루기 위해 저주처럼 보이는 십자가에서 죽음으로 나아가는 순종의 본을 보이셨다. 그러므로 그리스도인은 죽음을 마다하지 않고 순종의 본을 보여주신 예수님을 본받아 고난을 두려워하지 말고 순종해야 한다.

히 13:12 그러므로 예수도 자기 피로써 백성을 거룩하게 하려고 성문 밖에서 고난을 받으셨느니라
13 그런즉 우리도 그의 치욕을 짊어지고 영문 밖으로 그에게 나아가자
벧전 4:13 오히려 너희가 그리스도의 고난에 참여하는 것으로 즐거워하라 이는 그의 영광을 나타내실 때에 너희로 즐거워하고 기뻐하게 하려 함이라
14 너희가 그리스도의 이름으로 치욕을 당하면 복 있는 자로다 영광의 영 곧 하나님의 영이 너희 위에 계심이라

예수께서 보여주신 본을 따르는 자가 그리스도인이다. 따라서 우리는 예수처럼 치욕을 짊어지고, 고난과 고통의 길이라도 그 길로 나아가야 한다. 죽음과 저주의 길이 예비되어 있을지라도, 하나님께서 우리에게 명령하신 것이라면 우리는 순종해야 한다. 이것이 에발 산에 제단을 쌓는 모습이다. 복을 얻기 위해 우리의 마음을 그리심 산으로 향하지 말아야 한다. 하나님의 말씀에 순종하는 것이 곧 생명과 복이다.

한편 다른 각도로 에발 산과 그리심 산을 살펴보자. 에발 산에 서 있는 이스라엘의 6지파는 그리심 산을 향해 저주를 선포한 것이라고 볼 수 있다. 반대로 그리심 산에서 선포한 축복은 건너편의 황량한 에발 산을 향해 선포한 것이다. 이렇게 본다면 풍요롭고 아름답게 보이는 그리심 산은 기복 신앙을 가지고 하나님의 명령에 순종하지 않은 저주의 대상이 되며, 비록 메마르고 나무도 없이 돌로 된 에발 산은 죽음도 마다하지 않고 순종하는 자에게 축복이 임할 것임을 선포한 것이다.

사람들은 성공하고 재물이 많은 자를 보며 축복받았다고 말한다. 그러나 이러한 부귀영화를 누리더라도 주님께 순종하지 않는 자는 저주를 맞이할 것이다. 사람이 보기에는 보잘것없고 나약해 보이는 사람일지라도, 주님께 순종하는 자에게는 축복이 선포될 것이다. 만일 그리스도 안에서 우리가 바라는 것이 이 세상에서만 해당되는 것이라면, 그리스도인은 모든 사람 가운데서 가장 불쌍한 사람일 것이다(고전 15:19). 그리스도인은 세상에서의 성공을 복으로 여기는 사람이 아니다. 영원한 생명과 하나님의 나라를 바라보면서, 현세에서 그리스도를 위해 고난을 받는 것을 기쁘게 여기는 사람이다(히 11:26). 죽음이 끝이 아니라, 부활 이후에 생명과 정죄가 결정되기 때문에 그리스도인은 반드시 악이 아닌 선을 행해야 한다(요 5:29). 고난 중에도 선을 행하는 것이 영원한 복을 바라보는 신앙이다.

저주와 복은 불순종과 순종의 결과로 나타난다. 세상에서의 복을 원하면 세상의 방법과 이치대로 노력하면 얻을 수 있을 것이다. 그러나 그것은 하나님 나라와는 무관하다. 그리스도 안에서 누릴 복은 순종과 깊이 연관되어 있다는 것을 명심하자.

자기 평가 및 결심

1. 나는 하나님의 약속을 바라보며 하나님을 섬기는가? 아니면 잘되고 번성하기를 원해서 하나님을 섬기는가? 에발 산에서 하나님을 경배하라. 순종하지 않을 때 발생할 결과를 생각해 보자.
  *저주를 두려워하여 불순종을 선택하면 결국 저주를 맞이하

게 됨을 알았습니다. 비록 저주가 눈앞에 있더라도 순종의 길로 나아가길 원합니다. 고난을 받는 한이 있더라도, 그것이 하나님께서 기뻐하시는 일입니다. 복을 받기 위해 사는 자가 아니라, 저주가 있더라도 순종하게 하옵소서.

2. 내 마음이 그리심 산에 빼앗긴 것은 아닌지 확인하라. 복보다는, 하나님 명령을 순종하고 있는지를 살펴보라. 오늘 나는 하나님의 어떤 명령을 순종하였는가?

*사람들은 저주보다는 복을 받기를 원하며, 이 복에 대한 우리의 욕망을 하나님께서 이루어 주실 것이라는 잘못된 환상을 가지고 있습니다. 복이 하나님의 말씀과 명령보다 더 귀한 것으로 여겨지지 않게 하소서. 복에 대한 소망보다 하나님의 명령을 지키려는 열정으로 살아가게 하옵소서.

3. 오늘 내가 있는 이 자리에는 생명과 사망이 공존하고 있다. 생명과 사망의 길로 나아가는 순종과 불순종은 내가 선택해야 한다. 나는 복과 저주의 길 중에 어떤 것을 선택했는가? 묵상해 보라.

*하나님, 오늘 제 앞에 생명과 사망이 놓여 있습니다. 저주가 선포된 에발 산에 제단을 쌓으라고 명령하셨다면, 그 명령을 따르는 것이 순종입니다. 그러나 복을 받기 원하여 그리심 산에 제단을 쌓는 것은 불순종입니다. 오직 하나님의 뜻과 명령

을 이루기 위해 살아가는 하나님의 자녀가 되길 원합니다.

11
사마리아인
Samaritan

훈련 목표

사마리아 사람들은 민족이 혼합되어 정통성을 잃고, 다신교로 빠졌기 때문에 유대인들은 그들을 멸시하여 서로 상종하지 않았다. 하나님의 말씀을 왜곡한 사마리아 오경을 믿는 그들은 그리심 산에 성전을 세웠다. 그러나 예수께서는 사마리아로 가셔서 이들을 품으셨다.

기도문

영적 사마리아인으로 살았던 저희를 구원하여 주신 은혜에 감사합니다. 구원받은 자녀답게, 주신 계명을 지켜 행할 수 있도록 이후의 삶을 성령님께서 인도해 주옵소서. NEWper 훈련을 통해 성경으로 돌아가는 계기가 되게 하옵시고, 하나님의 진정한 뜻을 알도록 지혜를 부어 주옵소서.

NEWper 훈련

예수께서는 유대를 떠나 갈릴리로 가실 때 사마리아를 거쳐 가셨다. 그 길을 가시던 중 사마리아에 있는 수가(Sychar)라는 동네에 들어가셨는데, 그곳은 세겜(Shechem)에서(창 33:19, 48:22, 수 24:32) 가까운 곳이었으며, 야곱의 우물이 그곳에 있었다.

예수께서 길을 가시다가 피곤하여 우물가에 앉으셨으며, 때는 한낮인 여섯 시였다. 사마리아 여자가 물을 길러 나오자, 예수께서는 그 여자에게 마실 물을 좀 달라고 말씀하셨다. 제자들은 먹을 것을 사러 동네에 들어갔기에, 그 자리에 없었다.

사마리아 여자가 예수께 말했다. "선생님은 유대 사람인데, 어떻게 사마리아 여자인 저에게 물을 달라고 하십니까?" 그녀가 이렇게 말한 이유는 유대 사람들은 사마리아 사람과 상종하지 않기 때문이었다. 무엇이 있었기에 유대 사람들은 사마리아 사람들을 멸시했을까? 열왕기하 17장에는 북 이스라엘의 멸망과 앗시리아(앗수르)가 사마리아에서 시행한 정책과 사건들이 자세하게 기록되어 있다.

유다 왕 아하스 제12년에 엘라의 아들 호세아가 사마리아에서 왕이 되어 북이스라엘을 9년간 다스렸다. 그는 주님께서 보시기에 악을 행했지만, 이전의 이스라엘 왕들만큼 악하지는 않았다. 앗시리아의 살만에셀 왕이 그를 공격하자, 호세아는 그에게 항복하고 조공을 바쳤다. 이후 호세아 왕은 이집트의 소 왕에게 사절을 보내며 앗시리아에 반역을 꾀했고, 조공을 내지 않았다. 그러자 앗시리아 왕은 호세아를 잡아 감옥에 가두었다(새번역, 왕하 17:1-4).

그 후 앗시리아 왕이 이스라엘 전역으로 밀고 들어와 사마리아로 올라가 3년 동안 도성을 포위하였다. 마침내 호세아 제9년(기원전 722년), 앗시리아 왕 사르곤 2세는 사마리아를 점령하고, 이스라엘 사람들을 앗시리아로 끌고 가 할라와 고산 강가에 있는 하볼과 메대의 여러 성읍에 이주시켰다(새번역, 왕하 17:5,6).

이렇게 된 것은 이스라엘 자손이 그들을 이집트 땅에서 이끌어 내어 이집트 왕 바로의 손아귀로부터 구원해 주신 주 하나님을 거역하고 죄를 지어 다른 신들을 섬겼기 때문이다. 또 주님께서 이스라엘 자손 앞에서 내쫓으신 이방 나라들의 관습과 이스라엘의 역대 왕들이 저지른 잘못을 그들이 그대로 따랐기 때문이다(새번역, 왕하 17:7,8).

이스라엘 자손은 또한 주 하나님을 거역하여 옳지 못한 일을 저질렀다. 망대로부터 요새화된 성읍에 이르기까지, 온 성읍 안에 산당을 스스로 세웠으며, 또 높은 언덕과 푸른 나무 아래에는 어디에나 돌기둥과 아세라 목상들을 세웠다. 주님께서 그들 앞에서 내쫓으신 이방 나라들처럼, 모든 산당에서 분향을 하여 주님의 진노를 일으키는 악한 일을 했으며, 이와 함께 주님께서 그들에게 하지 말라고 하신 우상 숭배를 행했다(새번역, 왕하 17:9-12).

그럼에도 주님께서는 이스라엘과 유다에 여러 예언자(선지자)와 선견자를 보내어 충고하셨다. "너희는 그 악한 길에서부터 돌아서서, 내가 너희 조상에게 명하고, 또 나의 종 예언자(선지자)들을 시켜 내가 너희에게 준 그 모든 율법에 따라, 나의 명령과 나의 율례를 지켜라." 그러나 그들은 끝내 듣지 않았고, 주 하나님께 신실하지 않았던 그들의 조상들처럼 완고하였다. 그리고 주님의 율례와, 주님께서 그들의 조상과 세우신 언약과, 그들에게 주신 경고의 말씀을 거절하고, 헛된 것을 따라가 그 헛된 것에 미혹되었으며, 주님께서 본받지 말라고 명하신 이웃 나라들을 본받았다(새번역, 왕하 17:13-15).

또한 그들은 주 하나님께서 주신 모든 명령을 내버리고, 쇠를 녹여 두 송아지 형상을 만들었으며, 아세라 목상을 만들어 세우고, 하늘의 별들에게 절하며, 바알을 섬겼다. 그들은 자기들의 자녀들을 불살라 제물로 바치는 일도 하였다. 복술을 행하며 주문을 외우는 등, 주님께서 보시기에 악한 일을 함으로써 주님의 진노를 샀다. 이에 주님께서는 이스라엘에게 크게 진노하시고, 그들을 그 앞에서 내쫓으시니 남은 것은 오직 유다 지파뿐이었다(새번역, 왕하 17:16-18).

그러나 유다 또한 그들의 주님이신 하나님의 명령을 잘 지키지 아니하고, 이스라엘 사람들이 만든 관습을 그대로 따랐다. 이에 주님께서는 이스라엘의 모든 자손을 내쫓으시고, 그들을 징계하여 침략자들의 손에 넘겨주셨으며, 마침내 주님의 면전에서 내쫓기까지 하셨다(새번역, 왕하 17:19,20).

그래서 이스라엘은 다윗의 집에서 갈라져 나왔고, 느밧의 아들 여로보암을 왕으로 세웠다. 여로보암은 이스라엘이 주님을 버리고 떠나 큰 죄를 짓게 만들었다. 이렇게 하여 이스라엘 자손은, 여로보암이 지은 그 모든 죄를 본받아 그대로 따라갔고, 그 죄에서 돌이키려 하지 않았다. 마침내 주님께서는 그 종 예언자들을 보내어 경고하신 대로, 이스라엘을 그 면전에서 내쫓으셨다. 그리하여 오늘날까지 이스라엘은 자기들의 땅에서 앗시리아로 사로잡혀 가 있게 된 것이다(새번역, 왕하 17:21-23).

이스라엘 자손을 사마리아에서 쫓아낸 앗시리아 왕은 바빌론, 구다, 아와, 하맛, 스발와임에서 사람들을 데려와 이스라엘 자손을 대신하여 사마리아 성읍에 살게 했다. 그러자 그들은 사마리아를 자신들의 소유로 삼고, 이스라엘 성읍들 안에 정착하여 살았다. <u>그들은 그곳에 정착하면서 처음에는 주님을 경외하지 않았다. 이에 주님께서는 사나운 사자들을 그들 가운데 보내어, 그들을 물어 죽이게 하셨다</u>(새번역, 왕하 17:24,25).

그러므로 그들이 앗시리아 왕에게 이 사실을 알리며 말했다. "임금님께서 우리를 사마리아로 이주시켜 이 성읍에서 살게 하셨습니다. 그러나 이주해 온 민족들은 이 지역 신에 대한 관습을 모릅니다. 그래서 그 신이 우리 가운데 사자를 보내어 계속 우리를 물어 죽이게 했습니다. 이는 우리가 이 땅 신에 대한 관습을 모르기 때문인 듯합니다."(새번역, 왕하 17:26)

그러자 앗시리아 왕은 부하들에게 지시했다. "그곳에서 사로잡아 온 제사장 한 명을 다시 그곳으로 보내라. 그가 그곳에 살면서, 그 지역 신에 대한 관습을 새 이주민들에게 가르치게 하여라." 그래서 사마리아에서 사로잡혀 온 제사장 중 가운데 한 사람이 돌아가 베델에 살면서, 주님을 경외하는 방법을 그들에게 가르쳤다(새번역, 왕하 17:27,28).

그러나 각 민족은 제각기 자기들의 신들을 만들어 섬겼다. 각 민족은 자신들이 살고 있는 성읍에서 만든 신들을 사마리아 사람들이 만든 산당에 가져다 놓았다. 바빌론 사람들은 숙곳브놋을 만들고, 구다 사람들은 네르갈을 만들며, 하맛 사람들은 아시마를 만들었다. 아와 사람들은 닙하스와 다르닥을 만들었고, 스발와임 사람들은 자기들의 신인 아드람멜렉과 아남멜렉에게 자녀를 불살라 바쳤다(새번역, 왕하 17:29-31).

사마리아에 강제 이주된 외국인들은 고통을 겪었지만, 오히려 하나님을 섬길 기회를 얻었다. 그러나 이들은 하나님을 섬기지 않고 자기들의 신을 선택했다. 그들에게 닥친 고난은 저주가 아닌 복이 될 수도 있었다. 사마리아 사람들은 외국인과 섞이며 정통성을 잃었다. 사실, 사마리아 사람들은 올바르게 하나님을 섬기지 않았기 때문에 그 고난을 겪은 것이다. 그들은 자신을 돌아보고, 하나님께서 주신 환경을 통해 회개와 각성의 기회로 삼아야 했다. 그러나 이들은 자신의 욕망을 채우기 위해 섬기던 우상과 다른 신들을 받아들였다.

그들은 우상을 섬기면서도 주님을 공경하였다. 그들은 그들 가운데서 산당 제사장을 뽑아 세워, 산당에서 제사를 드리게 했다. 이처럼 그들은 주님을 경외하면서도, 한편으로는 그들이 잡혀오기 전에 살던 지역의 관습을 따라 자신이 섬기던 신들도 함께 섬겼다(새번역,

왕하 17:32,33).

사마리아에 들어온 외국인들은 그곳에 남아 있던 이스라엘 사람들과 결혼하여 혼혈 자녀를 낳았다. 이들은 여호와를 경외하면서도 한편으로는 자기 민족의 풍속에 따라 각자의 신들도 섬겼다. 이로 인해 사마리아인의 신앙은 하나님만을 따르는 일신교(一神敎)가 아닌 다신교(多神敎)가 되었다. 다신교를 믿는 사람들은 하나님을 부담 없이 또 다른 신으로 받아들일 수 있었다. 이주해 온 민족들은 여호와를 경외하면서도, 다른 한편으로는 그들이 부어 만든 우상들을 섬겼다(왕하 17:41). 이러한 신앙은 사마리아인의 자손 대대로 이어져 내려오게 되었다. 사마리아의 전통 종교는 현재 요르단에 남아 있으며, 그리심 산에 있던 사마리아 신전에서 유월절을 기념하고 있다(바이블 키워드).

고대 사마리아인들에게는 바알 신앙을 포함한 가나안 지방의 토속신앙과 여호와 신앙이 공존했다. 기원전 400년 이후에는 다른 신들에 대한 신앙은 사라지고, 사마리아 토라를 중심으로 한 여호와 신앙을 갖게 되었다. 이들은 사마리아 토라가 불변하고 진실한 경전이라고 여겼고, 유대교를 인정하지 않았다(나무위키). 사마리아인의 신앙의 특징으로, 첫 째, 여호와 하나님만이 유일한 신이시며, 둘째 하나님께서 단 한 명의 예언자를 보내주셨는데 그가 모세라는 것이다. 셋째, 거룩하고 참된 하나님의 말씀은 오로지 모세오경(사마리아 오경)뿐이며, 이것을 사마리아 사람들이 가지고 있다. 넷째, 하나님께서 선택하신 예배의 성소는 그리심 산이라는 것이다. (사마리아 사람들, 드림투게더)

유대인의 하스몬 왕조는 그리심 산 성소를 파괴하였고, 유대인들은 사마리아인들을 계속해서 탄압했다. 앗시리아에 의해 사마리아인은 혼혈화되었고, 다신교를 받아들였으므로 유대인들과는 혈통적, 종교적으로 이질화되었다는 이유에서였다(나무위키). 이러한 이유로 유대 사람들은 사마리아 사람을 멸시하며 상대하지 않았다.

여러 가지 다양한 형태의 신앙을 가진 사람들이 교회에 출석하고 있다. 사마리아의 영적인 상황을 현재에 적용해 보자. 바람직한 신앙을 가진 사람은 하나님만을 섬기며, 외형적인 기독교인이 아니라, 하나님의 명령에 순종하고 세상에서 빛과 소금이 되는 삶을 보여준다. 하나님 앞에서 자신을 돌아보고, 하나님의 눈으로 세상을 바라보며, 그분의 뜻을 이루기 위해 어떤 희생도 감수한다.

이와 대조적인 기독교 신자가 있다. 겉으로는 기독교인이지만, 하나님을 섬긴다고 하면서도 다른 신들도 함께 섬기는 자들이다. 대표적으로 탐욕의 신인 돈(맘몬)을 신으로 섬기며 하나님을 이용하는 이들이다. 이들은 돈을 하나님보다 더 사랑하기 때문에 돈을 쫓다가 결국 믿음에서 떠나 많은 고통을 겪게 될 것이다(딤전 6:10). 하나님의 이름을 이용하고, 얻은 물질의 복을 사람들에게 보여주며 세상적인 성공이 신실한 신앙의 결과라고 거짓 증언한다.

대형 교회를 이루는 것이 하나님의 눈으로 볼 때 과연 성공이라고 할 수 없다. 그러나 많은 교회는 교회 성장을 하나님의 뜻으로 생각하여 여러 가지 성장 프로그램을 도입한다. 하나님의 뜻을 추구하고, 자신을 돌아보며 올바르게 가고 있는지 고민하는 모습은 부차적이다. 하나님께서는 대형 교회를 기뻐하시는 걸까? 작은 개척교회는 하나님의 뜻을 이루지 못한 것일까? 교인 수가 많아 안정된 것이 하나님의 뜻을 이룬 것이 아니다. 그리스도의 편지가 되고 사랑의 손길이 되어 헌신하는 성도는 자신의 삶에서 하나님의 영광을 위해 일하는 사역자이다. 하나님께서는 이러한 성도들의 교회를 기뻐하시리라 믿는다.

사람들이 보기에 성공이라고 여기는 것을 추구하며, 지위와 재물 등 겉으로 드러나는 것을 자랑하고 싶어 한다면, 이는 사람들의 눈을 의식한 '보여주는 신앙'(showing faith)이다. 살아 계신 하나님을 의식하며, 하나님의 말씀에 따라 순종하려고 애쓸 때, 그는 하나님께 신앙의 기초를 둔 사람이다.

현재 우리는 하나님만을 유일신으로 섬기고 있다고 확신할 수 있는가? 혹시 주일에만 잠시 하나님을 섬기고, 평일에는 다른 신을 따르고 있는 것은 아닐까? 주일 예배만 중요하게 여기고, 평일에는 하나님을 잊어버리고, 성령의 인도함을 거부하는가? 일상에서 가장 중요하게 여기는 것은 무엇인가? 하나님만이 나의 전부라고 생각하고 있는가?

사마리아인들은 이방 신들과 우상을 제거했지만, 왜곡되고 변질된 하나님의 말씀을 받아들였다. 모세오경을 사마리아 오경으로 바꾸어 모리아 산을 그리심 산이라고 여겼다. 그들은 그리심 산에 성전을 세워 유월절을 기념한다. 하나님을 섬긴다고 하는 사마리아 사람들이 진리에서 벗어난 변개된 하나님의 말씀을 따르고 있는 것이다.

사마리아인들은 하나님을 섬긴다고 하면서도, 복을 얻기 위해 그리심 산에 성전을 지었으며, 이것이 불순종이다. 이들의 신앙은 하나님을 섬기는 것이 아니라 복을 얻는 것에 초점을 맞춘 인본주의에 근거한 기복 신앙이다. 이들은 하늘에서 내려오는 복보다 현세에서 얻게 될 복을 바라기 때문이다.

우리도 하나님의 말씀을 변질시키지는 않았는지 돌아보아야 한다. 코로나 시대로 인해 외적인 성장이 멈춘 것은 내적인 성찰을 위한 기회이다. 하나님께서는 에발 산에서 다듬지 않은 돌로 제단을 쌓으라고 명령하셨다. 이는 진실된 모습으로 순수하게 하나님을 경배하는 것을 의미한다. 하나님의 말씀도 같은 구절을 여러 방면으로 10번 묵상해 보면, 10개의 전혀 다른 가르침을 받을 수 있다. 이렇게 씨름할 때 살아 계신 성령의 도우심으로 하나님의 말씀을 깨닫게 된다.

기독교의 이론과 교리는 신학적으로 다듬어진 것들이다. 신학이라는 학문으로 성경을 보는 것이 아니라, 하나님의 말씀을 그대로 보려는 노력이 필요하다. 필요하다면 여러가지 번역본을 참고하고, 잘못 번역된 성경을 바로잡고, 성령의 도우심으로 말씀을 연구해야 한다. 성경 말씀을 신학과 교리로만 해석한다면, 그 말씀은 더 이상 살아 있는 하나님의 말씀이 아니다. 시대와 상황에 따라 특별히 주시는 하나님의 말씀은 변화무쌍하다. 신학과 교리를 참조하되, 진리인 하나님의 말씀으로 돌아가자.

Back to the Bible.

아직 감추어진 하나님의 말씀이 있다면, 성령께서 새롭게 조명해 주실 것이다. 신학적인 틀로 성경을 해석하려는 것은 신학이라는 학문으로 성경을 판단하는 오류를 범할 수 있다. 성령의 도우심으로 하나님의 말씀을 새롭게 보길 원하는가? 먼저 신학과 교리에 물든 성경

해석을 내려놓아야 한다. 하나님의 말씀 앞에 서 보라. 그리고 내 생각이 아닌 성령의 세미한 음성을 들어 보라. 성령께서 하나님의 말씀을 깨닫게 해 주실 것이다.

타락한 사마리아는 저주의 장소로 영원히 남아 있어야 하는 것일까? 기독교 신앙의 모든 기준은 예수께 두어야 한다. 예수께서는 수가의 여인에게 물을 달라고 요청하시며 그녀에게 말을 건네셨다. 예수께서 사마리아에 가신 이유는 그 여인을 만나시려는 것이었다. 사마리아를 향한 예수님의 마음은 사랑과 회복이었다.

예수께서는 저주의 장소인 사마리아로 직접 가셨다. 사마리아는 더 이상 저주가 아닌 회복과 희망이 살아 있는 곳으로 바뀌었다. 스데반 집사의 순교로 인해 예루살렘 교회는 큰 박해를 받았고, 결국 성도들은 유대와 사마리아 지방으로 흩어졌다(행 8:1). 빌립 집사도 사마리아 성에 가서 백성에게 그리스도를 전파하였다(행 8:5).

선교는 타문화권으로 나아가는 것이다. 교회 밖은 비기독교 문화권이다. 같은 언어를 사용한다고 해도, 예수 그리스도를 모르는 사람들이 가지고 있는 문화는 기독교와는 전혀 다르다. 더구나 한국에는 외국에서 온 근로자들도 있으며, 그들은 자기들의 풍습에 따라 자신들의 신을 섬기고 있지 않은가? <u>사마리아는 같은 언어를 사용하는</u>

타문화권이라고 할 수 있다. 세대 차이로 인한 문화도 다르기 때문에 사마리아와 같은 관점의 선교적 전략이 필요하다. 교회 주위의 지역사회를 전도와 선교의 대상으로 여겨야 한다. 지역사회 주민을 교회로 인도하는 것이 전도이며, 성도를 세상으로 보내는 것이 선교이다.

나에게 사마리아는 어떤 의미가 있었는가? 이제는 사마리아를 어떻게 받아들이기를 원하는가? 하나님께서 나를 소외된 지역사회에 보내셔서 그곳에 있는 사람들을 돌보라고 하신다. 각자가 속해 있는 직장, 학교, 사회에서는 주님께서 사랑하시는 자들이 구원을 기다리고 있다. 사랑과 회복을 보여주신 예수님을 본받아, 예수를 모르는 자들을 비난하고 멸시할 것이 아니라, 그들에게 사랑과 회복의 복음을 전파해야 한다.

자기 평가 및 결심

1. 하나님만을 섬기고 있다고 하지만, 복을 얻기 위해 다른 신들(맘몬, 권세, 음욕, 쾌락, 명예)을 같이 섬기고 있지는 않는가? 솔직하게 자신을 돌아보며 살펴보라.

   *하나님만을 섬깁니다. 하나님보다 더 귀하게 여기는 것은 우상입니다. 우리 안에 이러한 우상들이 있는지 돌아봅니다. 하

나님보다 하나님의 일을 더 소중하게 여긴다면 이것도 우상이 될 수 있습니다. 혹시 자녀의 성공을 위해 하나님의 능력을 간구하고 있다면, 자녀가 우상이 될 수 있습니다. 오직 나와 내 가정은 하나님만을 섬기고자 합니다. 주님께서 깨우쳐 주셔서, 순전한 마음으로 하나님께 나아가길 원합니다. 도와주옵소서.

2. 기존의 교리와 지식으로 말씀을 보려고 하며, 항상 그 기초에 머물고 있는가? 살아 있는 하나님의 말씀이라면 오늘 살펴보는 구절은, 어제 읽은 내용이 아니며, 이미 알고 있는 내용이 아닌 전혀 새로운 것이므로 성령의 도우심이 있어야 한다. 성령의 도우심을 바라며 겸손하게 말씀을 마주하라.

*오늘 하나님 말씀 앞에 모든 것을 내려놓고 겸손하게 서 있습니다. 성령께서 알려 주옵소서. 신학을 통해 하나님을 알아 갈 수 있습니다. 그러나 신학과 교리로 하나님의 말씀을 평가하고 있다면, 그것은 도리어 하나님을 능멸하는 것입니다. 살아 있는 하나님의 말씀을 갈망합니다. 오늘 주시는 하나님의 말씀으로 우리가 다시 살아나길 간구합니다. 저희들의 스승이신 성령이여, 가르치고 인도하여 주옵소서.

3. 현재의 사마리아는 어디라고 생각하는가? 하나님께서 나를 그곳

으로 보내셨다. 하나님께서 나를 그곳으로 보내신 이유는 무엇인가?

*하나님의 관심을 받고 있다면 사마리아는 더 이상 저주의 땅이 아닙니다. 이제 저희는 이 시대의 사마리아에 가서 삶으로 예수 그리스도를 전파하겠습니다. 주님의 눈으로 삶의 현장을 보며, 주님만을 섬기겠습니다. 저희 각자가 서 있는 곳이 복음을 전하는 장소이며, 그곳이 땅끝임을 알고 있습니다. 지역사회와 일터에서 하나님의 영광이 나타나기를 원합니다. 우리 각자에게 하나님의 뜻을 알게 하시어, 신실하게 주님의 명령을 우리가 따르도록 하옵소서.

12
사마리아 여인 1
Samaritan woman 1

훈련 목표

예수께서는 수가 여인을 만나기 위해 그곳에 가셨다. 예수 그리스도와 수가 여인과의 대화를 통해 배워야 할 것들을 찾아보자. 예수께서는 수가 여인을 찾아오셨다. 내가 붙잡고 있는 것을 내려놓고 주님의 말씀에 귀를 기울여 보자. 주님께서 나에게 주시려는 것에 초점을 맞추라.

기도문

우리의 일거수일투족을 보고 계신 살아 계신 하나님! 하나님 아버지의 자녀로 삼아 주신 은혜에 감사드립니다. 그러나 자녀다운 삶을 살지 못하고 있다는 불편한 진실을 고백합니다. 성령 하나님! 아버지의 뜻을 밝히 알도록 도와 주옵소서. 그리하여 마지막 심판을 준비하는 지혜로 충만하게 하옵소서.

NEWper 훈련

 예수께서 유대를 떠나 갈릴리로 가시면서 사마리아의 '수가'(세겜)에 가셨던 목적이 따로 있었을까? 유대인은 사마리아 사람을 멸시하고 서로 엮이지 않으려 했다. 그러나 주님께서는 특별히 그 여인을 만나려고 하셨다. 예수님과 그 여인의 대화를 보면, 주님께서 그 여인을 만난 이유를 알 수 있다. 요한복음 4장 본문은 새번역 성경에서 인용하였다.

 예수께서 길을 가시다가 피곤하여 야곱의 우물가에 앉으셨고, 그때는 여섯 시쯤 되었다. 한 사마리아 여자가 물을 길러 나왔고, 예수께서는 그녀에게 마실 물을 달라고 하셨다.

 예수께서 사마리아 여자와 만나는 사건은 결코 우연이 아니었다. 오히려 주님께서는 그 여인을 만나기 위해 '수가'(Sychar)라는 동네에 가셔서 그녀를 기다리셨고, 그녀를 만났으며, 그녀에게 마실 물을 요청하셨다. 제자들은 먹을 것을 사러 그 자리를 비웠고, 그곳에는 오직 주님과 그녀 두 사람만이 있었다. 당시 유대인은 사마리아 사람과 상종하지 않았다. 따라서 사마리아 여자는 유대인이 자신에게 물을 달라며 말을 거는 것을 이상하게 여겼다.

사마리아 여자가 예수께 말했다. "선생님은 유대 사람인데, 어떻게 사마리아 여자인 나에게 물을 달라고 하십니까?" 예수께서 그 여자에게 대답하셨다. "네가 하나님의 선물을 알고, 또 너에게 물을 달라는 사람이 누구인지를 알았더라면, 오히려 네가 그에게 청하였을 것이고, 그는 너에게 생수를 주었을 것이다." (요 4:9,10)

유대인들에게 무시를 당하며 살아왔던 사마리아 여자는 자신에게 말을 건네는 유대인을 곱지 않은 시선으로 바라보았다. 물을 달라는 유대인의 말에 멸시나 조롱이 섞이지 않은 순수함이 담긴 것을 알았지만, 자신도 모르게 유대인에 대한 푸념을 내뱉었다.

수가 여인은 전혀 눈치채지 못했지만, 예수께서는 이미 수가 여인과 영적인 대화를 시작하셨다. 만일 그녀가 '하나님의 선물'과 '물을 달라고 하는 사람이 누구인지'를 알았더라면, 오히려 그녀는 그에게 물을 달라고 요청하였을 것이며, 예수께서 그녀에게 생수를 주었을 것이다. 수가 여인에게는 육적인 어려움과 함께 영적인 갈증이 있었다.

그렇다면 하나님의 선물은 무엇일까? 전도서 3:13에서는 '사람마다 먹고 마시는 것과 수고함으로 낙을 누리는 그것이 하나님의 선물'이라고 하였다. 매일 우리의 수고로 인해 누리고 있는 것들은 자신의 노력으로 얻는 당연한 결과가 아니라 하나님께서 주신 선물이다(전 5:19).

사마리아의 마술사 시몬은 빌립을 통해 나타나는 표적과 큰 능력을 보고 놀랐으며, 베드로와 요한 사도가 안수할 때 성령을 받는 것을 보았다. 시몬은 두 사도들에게 돈을 주며 이 권능을 자신에게도 달라고 하였다. 그러나 하나님의 선물은 돈으로 살 수 있는 것이 아니며(행 8:20), 예수 그리스도를 믿을 때 받는 성령은 하나님의 선물이다(행 11:17). 또한 행위가 아니라 믿음을 통해, 예수 그리스도의 은혜로 얻게 되는 구원도 하나님의 선물이다(롬 5:15, 엡 2:8). 하나님께서 우리에게 주신 가장 큰 선물은 자신의 독생자 예수를 세상에 보내신 것이며, 그를 통해 죄로부터의 구원을 얻게 하시고 영생을 얻게 하신 것이다(요 3:16).

그녀는 '하나님의 선물'이라는 말을 들으며, 물을 달라는 분에 대한 궁금증이 생기기 시작했다. 저분에게 요청하면 생수(living water)를 얻을 수 있는가? 그렇다면 저분은 과연 누구일까? 힘든 삶에 지치고 아무 소망이 없는 사람이라도 생수를 마시면 정말 살아날 수 있을까?

그녀의 마음에는 소망이 싹트고 있었다.

성경 본문은 일상의 삶에서 주님을 만나는 것을 암시하고 있다. 나에게 물 한 잔을 달라고 하는 평범한 사람이 주님일 수 있음을 기억해야 한다(마 25:35-40).

여자가 말했다. "선생님, 선생님에게는 두레박도 없고, 이 우물은 깊은데, 선생님은 어디에서 생수를 구하신다는 말입니까? 선생님이 우리 조상 야곱보다 더 위대하신 분이라는 말입니까? 그는 우리에게 이 우물을 주었고, 그와 그 자녀들, 그 가축까지 다 이 우물의 물을 마셨습니다." (요 4:11,12)

그녀는 자기 앞에 있는 사람이 누구인지 알지 못했고, 그래서 자신의 경험과 지식으로 상대방을 평가하려고 하였다. 외지인에게는 물을 길을 두레박이 없었으므로, 우물에서 물을 길을 수 없는데, 어떻게 생수를 줄 수 있다는 말인가? 그녀의 조상 야곱은 후손에게 우물을 물려주었고, 그 물로 후손들과 가축까지 생명을 이어갔다. 사마리아 사람들은 조상 야곱 덕에 그의 은혜를 입고 살아가고 있었다. 그런데 유대인 남자는 어떻게 생수를 줄 수 있다는 것인가? 그는 조상 야곱보다 더 위대한 사람이란 말인가? 그녀는 주저하지 않고 그 유대인 남자에게 질문을 던졌다.

대부분 우리는 자신의 지식과 경험으로 신앙을 가꾸어 간다. 하나님의 말씀도 자신의 선입관과 신앙관에 따라 읽고 해석하려고 한다. 이미 이미 알고 있는 신학적인 교리와 지식에 맞춰 성경을 읽고 적용하려고 한다.

그녀는 다른 사마리아인처럼 이 우물을 남겨준 조상 야곱을 가장 중요한 인물로 여겼다. 그래서 예수를 야곱과 비교했던 것이다. 하나님의 나라는 눈에 보이는 것으로 평가할 수 없다. 예수께서는 사마리아 여자를 소중한 사람으로 생각하셨기에 그녀를 만나러 오신 것이다.

나는 내가 알고 있는 기준으로 다른 사람을 평가하고 있지는 않는가? 내 생각을 내려놓는 것은 마치 자신을 매일 죽이는 것과 같은 노력이 필요하다(고전 15:31). 자신의 기준으로 하루를 살아가는 것이 아니라, 성령의 인도하심을 따라 생각하고 행동하려는 결단이 필요하다.

예수께서 말씀하셨다. "이 물을 마시는 사람은 다시 목마를 것이다. 그러나 내가 주는 물을 마시는 사람은, 영원히 목마르지 않을 것이다. 내가 주는 물은, 그 사람 속에서 영생에 이르게 하는 샘물이 될 것이다." 그 여자가 말했다. "선생님, 그 물을 제게 주셔서, 제가 목마

르지 않고, 또 물을 길으러 여기까지 나오지도 않게 해 주십시오." (요 4:13-15)

육체의 필요를 채워 주는 물은 일시적으로 갈증을 해소할 뿐이다. 그러나 예수께서 주시는 물은 영적인 것이므로, 근본적인 갈증이 해결될 때 참된 만족을 얻는다. 주님께서 주시는 생수를 마시는 사람은 영생에 이르게 되며, 이 물은 계속 솟아나오는 샘물이 되어 영원에 대한 소망을 간직하게 될 것이다. 영적인 갈증이 해결되면, 모든 일에 만족할 수 있다.

그러나 세상적인 것은 가지면 가질수록 더 큰 욕망이 생긴다. 육체의 욕심을 채우며 사는 사람은 영적인 것에 관심이 없고, 음행과 더러운 것, 투기와 술 취함 등에 빠져 욕망의 노예로 살아가게 된다. 그러나 그리스도 예수께 속한 사람은 정욕과 욕망과 함께 자기 육체를 십자가에 못 박아야 한다(갈 5:16-24).

예수께서 그 여자에게 말씀하셨다. "가서 네 남편을 불러오너라." 여자가 대답했다. "나에게는 남편이 없습니다." 예수께서 여자에게 말씀하셨다. "남편이 없다고 한 말이 옳다. 너에게는 남편이 다섯이나 있었고, 지금 같이 살고 있는 남자도 네 남편이 아니니, 너의 말이 맞다." (요 4:16-18)

예수께서는 갑자기 그녀의 결혼 생활에 대해 말씀하시며 남편을 불러오라고 하셨다. 그녀는 남편이 여럿 있는 것을 숨기고 싶었다. 남편이 없다고 말하면, 과거의 괴로운 결혼 생활을 덮어 버릴 수 있었기 때문이었을까? 그러나 예수께서는 그녀의 상황과 마음을 이미 알고 계셨다. 그녀는 숨기고 싶은 과거와 현실을 정확히 말씀하시는 예수께 대하여 놀랄 수밖에 없었다. 주님께서는 나의 상황과 마음도 이미 알고 계신다.

이와 비슷한 경우를 성경에서 찾을 수 있다. 빌립이 나다나엘을 찾아가 율법에서 말하는 메시아가 나사렛 예수라고 전하자, 나다나엘은 쉽게 받아들이지 못했다. 그러나 그가 빌립의 권유로 예수께 나아갔을 때, 예수께서 그를 거짓이 없는 참된 이스라엘 사람이라고 하시며, 빌립이 부르기 전에 무화과나무 아래에 있는 것을 보셨다고 말씀하셨다. 그러자 나다나엘은 자신을 이미 잘 알고 있는 예수께 대하여 말했다. "선생님, 선생님은 하나님의 아들이시요, 이스라엘의 왕이십니다."(요 1:44-51)

주님께 나아가는 사람은 주님께서 어떤 분인지 알아야 한다. 그분은 나의 모든 것을 알고 계시며, 내가 감추고 싶은 것까지도 드러내신다. 사람과의 관계에서는 외적인 미모, 의상, 매너, 경력, 화술로 호감을 살 수 있다. 그러나 주님께로 나아가는 자는 정직해야 한다. 주님께서는 외모(the outward appearance)를 보지 않으시며, 사람의 중심(the heart)을 보신다(삼상 16:7).

나는 주님께 어떤 모습으로 나아가고 있는가? 거짓된 삶을 살면서, 교회에 나아갈 때, 사람들에게 거룩하게 보이는 옷과 언어로 위장하고 있지는 않은가? 나를 감찰하시는 하나님께 나아갈 때는 있는 그대로의 모습으로 나아가야 한다.

나는 비록 보잘것없는 사람일지라도, 주님께서는 나를 위해 십자가에서 죽으셨다. 주님께서 귀하게 여기시는 자를 멸시하는 것은 죄악이다. 나보다 나를 더 잘 아시는 주님께서 나를 찾아오셨다. 가식적인 신앙 생활을 버리고, 솔직하게 부족하고 연약한 모습 그대로 주님께 나아가야 한다. 수가 여인이 가졌던 영적인 갈망으로 주님을 맞이해야 한다. 그리고 주님의 말씀에 귀를 기울이며, 생수의 말씀을 듣고, 나 자신을 돌아보고, 주님의 사랑과 은혜에 감사하자.

자기 평가 및 결심

1. 마지막 심판의 날에 가장 작은 자에게 행한 것이 예수께 행한 것이라고 하셨다(마 25:31-46). 일상의 삶에서 예수님을 만날 준비를

하고 있는가? 오늘 내가 만나는 연약한 사람을 '예수님'이라고 생각하면서 최선을 다해 작은 사랑의 행함이라도 사랑을 실천해 보자.

*내가 하는 작은 선행은 사람에게 하는 것이 아니라, 미래에 심판대 앞에서 나의 선행을 증언할 증인에게 하는 것임을 알았습니다. 그러므로 매일의 삶은 심판의 날에 주님을 만날 준비를 하는 것입니다. 항상 깨어 사랑의 기회를 놓치지 않기를 원합니다. 가장 작은 자의 모습으로 우리 앞에 계신 주님을 기쁨으로 섬기기를 기도합니다.

2. 내가 배운 것과 알고 있는 것을 최고라 여기며 그것만 붙잡고 있으면, 진리를 놓칠 수 있다. 겸손한 마음으로 말씀 앞에 서는 훈련이 필요하다. 가지고 있는 성경적 지식을 잠시 내려놓고, 새로운 마음으로 지금 성경을 통해 말씀하시는 하나님의 음성을 들어 보라.

*지금까지 알고 있던 것을 진리라 여기고 붙잡고 있으면, 살아 있는 하나님의 말씀을 놓칠 수 있습니다. 하나님의 말씀 앞에 항상 새로운 마음으로 서기를 기도합니다. 오늘 나에게 주시는 명령에 순종하게 하옵소서. 오늘 이 시대를 살아가는 주님의 백성에게 주시는 말씀을 성령의 도우심으로 깨닫게 하옵소서.

3. 하나님을 속일 수 없다. 나는 오늘 하나님 앞에 어떤 모습으로 나아가고 있는가? 사람들에게는 어떤 모습을 보여주려 하는가? 하나님

앞에 나아가는 거룩한 마음으로 사람을 대하려고 하는가를 생각해 보자.

 *하나님의 거룩한 백성이 되기 위해서는 먼저 내 자신을 솔직하게 살펴보는 용기가 필요합니다. 내 입장을 내세우는 자가 아니라, 주님의 눈으로 나를 관찰합니다. 매 순간 두렵고 떨리는 마음으로 주님께 나아갑니다. 내 안에 있는 인간적인 욕심과 성품이 하나님의 영광을 가릴 수 있음을 깨닫습니다. 하나님의 거룩을 닮아 사랑의 명령에 순종하는 하나님의 자녀가 되기를 기도합니다.

13
사마리아 여인 2
Samaritan woman 2

훈련 목표

예수께서는 수가 여인에게 영적인 가르침을 주셨다. 특히 예배는 정해진 장소에서만 드리는 것이 본질이 아님을 알려 주셨다. 참된 예배는 영과 진리로 드리는 것이며, 지금이 바로 그 때이다. 하나님께서는 이런 예배를 드리는 자들을 찾고 계신다. 수가 여인은 메시아를 기다렸던 사람이었다. 예수님을 나의 주인으로 섬기는 예배란 무엇일까?

기도문

항상 우리와 함께 계신다고 약속하신 임마누엘의 하나님, 감사합니다. 죄로부터 구원받아 하나님의 자녀로 살아가고 있다는 자부심을 잃지 않게 하시고, 마지막 때를 살아가면서 하나님께서 원하시는 선을 행하며, 하나님의 음성을 들을 수 있는 영적 민감함을 유지하도록 성령 하나님 인도하여 주옵소서.

NEWper 훈련

예수께서는 이미 수가 여인에 대해 잘 알고 계셨다. 조상 야곱에 대한 경외심을 가지고 있는 이 수가 여인에게 메시아로 오신 예수께서는 그녀의 영적인 갈증을 어루만져 주셨다.

여자가 말했다. "선생님, 내가 보니 선생님은 예언자이십니다. 우리 조상은 이 산에서 예배를 드렸는데, 선생님네 사람들은 예배를 드려야 할 곳이 예루살렘에 있다고 합니다." 예수께서 말씀하셨다. "여자여, 내 말을 믿어라. 너희가 아버지께 이 산에서 예배를 드려야 한다거나, 예루살렘에서 예배를 드려야 한다거나 하지 않을 때가 올 것이다. 너희는 알지 못하는 것을 예배하고, 우리는 아는 분을 예배한다. 구원은 유대 사람들에게서 나기 때문이다. 참되게 예배하는 사람들이 영과 진리로 아버지께 예배를 드릴 때가 온다. 지금(Now)이 바로 그때이다. 아버지께서는 이렇게 예배를 드리는 사람들(worshippers)을 찾으신다. 하나님은 영이시다. 그러므로 하나님께 예배를 드리는 사람은 영과 진리로 예배를 드려야 한다." (요 4:19-24)

그녀는 자신의 모든 것을 알고 계신 예수님을 하나님의 선지자로 고백했다. 그녀의 마음에 마음 속에 자리잡고 있던 갈등은 하나님께 드리는 예배의 장소였다. 사마리아 사람들은 그리심 산을 성지로 생각하여, 그곳에서 예배를 드렸고, 유대인들은 예루살렘에서 예배를 드렸다. 참된 예배를 드리려면 어느 장소를 택해야 할까? 만일 예루살렘에서 예배를 드리는 것이 옳다면, 그리심 산에서 드렸던 그녀의 예배는 틀렸다는 말인가? 이처럼 그녀의 내적 갈등은 예배의 장소에 있었다.

그 당시에는 하나님이 임재하신다는 장소에서 예배를 드리는 것을 중요하게 여겼지만, 예수께서는 예배 장소가 그리심 산도 아니고 예루살렘도 아니라고 하셨다. 코로나 팬데믹으로 인해 함께 모여 예배하지 못하고 비대면으로 on-line 예배를 드리게 되면서, 이제 다시 예수께서 하신 말씀을 되새길 때가 되었다. 예배당에서 드리든, 집에서 인터넷으로 드리든, 이는 예배의 장소에 관한 것이다. 예수께서는 예배에 대한 새로운 모범(패러다임, paradigm)을 말씀하셨다.

그럼에도 많은 교회는 코로나 이전의 상황으로 돌아가려는 노력을 하고 있다. 지금까지 행해온 예배의 관습을 신앙이라고 여기는 것일까? 신앙은 단지 교회 생활에 국한된 것이 아니다. 신앙은 삶 전체를 포함해야 한다. 교회에서의 봉사만이 하나님을 섬기는 것인가? 일상의 삶은 하나님과 무관하다는 말인가? 직장 생활은 단지 돈을 벌기 위한 수단에 불과한 것인가? 예배 장소에 대한 새로운 인식의 변화는 예배 본질에 대한 기준도 새롭게 갱신되어야 함을 시사한다.

참되게 예배를 드리는 사람들(the true worshippers)은 영과 진리로 하나님 아버지께 예배를 드려야 한다. 수가 여인이 예배를 드리는 장소(place)에 초점을 맞추었다면, 예수께서는 어떻게(how) 예배를 드릴 것인가를 강조하셨다. 참된 예배의 때가 오는데, 지금(now)이 바로 그때이다. 예수께서 말씀하신 '지금'은 시간과 공간을 초월하여 현 시대를 살고 있는 우리에게도 적용될 수 있다. 예수께서는 예배의 패러다임을 '예배의 장소'(place)가 아니라 '어떻게(how) 예배를 드려야 할 것인가'로 알려 주셨다. 포스트 코로나 시대는 예배의 장소가 아니라 영과 진리로 드리는 예배에 대하여 집중하고 주님의 의도를 깨닫고 변화해야 한다. 하나님께서 영과 진리로 예배를 드리는 자를 찾고 계시기 때문이다.

하나님께 예배를 드리기 위해 가야 할 장소는 어디라고 생각하는가? 하나님의 성전은 어디에 있는 것일까? 대부분의 교인은 교회 건물이라고 생각할 것이다. 하지만 하나님은 사람이 지은 건물에 계시지 않는다(행 7:48). 왜냐하면 그리스도인 자신이 하나님의 성전이며, 하나님의 성령께서 그 사람 안에 계시기 때문이다(고전 3:16). 그러므로 하나님의 성전인 그리스도인이 있는 삶의 장소가 하나님께 예배를 드리는 곳(place)이다. 그리고 영과 진리로 예배를 드려야 할 때는 바로 지금(now), 현재의 시간이다.

여자가 예수께 말했다. "나는 그리스도라고 하는 메시아가 오실 것을 압니다. 그가 오시면 우리에게 모든 것을 알려 주실 것입니다." 예수께서 말씀하셨다. "너에게 말하고 있는 내가 그다." (요 4:25,26)

그녀는 예수께서 하신 말씀을 선뜻 받아들이지 못하면서, 유대와 사마리아에 퍼져 있던 메시아 사상을 고백했다. 미래에 그리스도(Christ, 헬라어)라 하는 메시아(Messiah, 히브리어)가 오실 것이며, 그분께서 우리에게 모든 것을 알려 주실 것이라고 대답했다. 메시아는 원래 '기름 부음을 받은 자'라는 의미로, 하나님으로부터 특별한 임무를 받은 자를 의미한다. 유대인들은 하나님께서 보내실 메시아를 기다리며, 그가 자신들을 억압에서 해방시켜 줄 것이라고 믿었다.

그러나 예수께서는 사람들이 원했던 정치적인 메시아가 아니셨다. 인류의 죄를 대속하기 위해 자신을 속죄 제물로 희생한 메시아였다. 시몬 베드로는 신앙 고백을 통해 예수께서 어떤 분이신지를 알고 있었기에, "주는 그리스도이시며, 살아 계신 하나님의 아들이십니다"고 고백했다(마 16:16).

　사마리아 여인이 예수께 대답한 내용을 보면, 그녀는 그리스도(메시아)를 기다리고 있었음을 알 수 있다. 지금 그녀가 이해하지 못할지라도, 미래에 오실 그리스도께서 모든 것을 밝혀 주실 것이라 믿었다. 그때 예수께서 수가 여인에게 말씀하셨다. "너에게 말하고 있는 내가 그리스도이다."

　우리는 2000년 전에 이 땅에 오신 예수 그리스도를 믿음으로 영접하였다. 예수께서는 우리의 죄를 대신하여 십자가에서 죽으시고, 3일 만에 부활하신 후, 하늘로 승천하셨다. 그리고 마지막 때에 다시 오시겠다고 약속하셨다. 세상에 오셨던 예수께서는 죄에 빠진 자기 백성을 구원하기 위해 구세주(the Savior)로 오셨지만, 다시 오실 예수님은 각 사람이 행한 대로 심판(judgment)하기 위해 오실 것이다.

　수가 여인은 그리스도(메시아)를 기다리고 있었고, 결국 예수 그리스도를 만났다. 그렇다면 믿음으로 예수 그리스도를 만난 그리스도인은 이제 누구를 기다려야 하는가? 죄로부터 구원받은 그리스도인은 2000년 전 구원하러 오신 예수님을 기다리는 것이 아니라, 주님의 명령에 대한 순종 여부를 심판하기 위해 다시 오실 예수님을 맞이할 준비를 해야 한다. 대부분의 교회에서는 구원자 예수 그리스도만을 설교할 뿐, 다시 오실 심판주 예수님을 전하지 않는 것 같아 안타깝다. 재림의 주님은 더 이상 구세주가 아니라 '심판주'이심을 명심하자.

계 22:20 이것들을 증언하신 이가 이르시되 내가 진실로 속히 오리라 하시거늘 아멘 주 예수여 오시옵소서

NIV Rev 22:20 He who testifies to these things says, "Yes, I am coming soon." Amen. Come, Lord Jesus.

예수께서 성도들에게 말씀하신다. "그렇다. 내가 곧 가겠다." 이에 성도들의 대답은 당연히 "아멘. 오십시오, 주 예수님!"이어야 한다. 고린도전서 16:22에는 '우리 주여 오시옵소서'라고 기록되어 있으며, 이 말은 아람어로서 '마라나타(Maranatha)'로 '주께서 임하시느니라'라는 의미를 지니며, 기도할 때 외치는 말이었다. 결국 마라나타는 다시 오실 '주 예수'(심판주)를 간절히 기다리는 신앙 고백이라 할 수 있다.

수가 여인이 매일 그리스도(메시아)를 기다렸던 것처럼, 그리스도

인은 다시 오실 예수께서 행하실 심판을 맞이할 준비를 해야 한다. 예수께서는 마지막 때에 있을 일을 직접 말씀하셨다. 그리스도의 이름을 부르는 것만으로는 천국에 들어갈 수 없으며(마 7:21), 주님의 명령을 듣고 순종함으로 마지막 심판을 준비해야 한다(마 7:24-27).

믿음에 의한 구원이 곧 천국 입성이라고 주장하는 것은 지나치다. 일부는 믿음으로 구원을 받았다고 해서 그 구원이 영원히 취소될 수 없다고 말한다. 죄에서의 구원은 영원한 것이지만, 마지막 심판에서의 구원은 믿음이 아닌 순종의 행위 여부로 판가름 난다. 믿음으로 구원을 얻었지만, 순종하지 않는 사람은 말세에 예비된 구원에 이르지 못한다(벧전 1:5). 예수를 믿는 사람은 영생이 있지만, 순종하지 않으면 그 영생을 보지 못하고 도리어 하나님의 진노가 머물러 있게 된다(요 3:36). 주님의 이름을 부른다고 해서 모두가 천국에 들어가는 것은 아니며, 오직 하늘에 계신 아버지의 뜻을 행하는 사람이어야 천국에 들어간다고 예수께서 말씀하셨다(마 7:21-27).

일부 기독교 교단에서는 믿음으로 구원을 받고, 이미 천국에 들어가는 것이 보장되었다고 말한다. 예수님의 가르침을 따르기보다, 믿음에 의한 구원만을 강조한다. 구원의 확신을 가지고 천국에 갈 소망을 붙잡고 있으면, 신앙의 모든 것을 갖춘 사람이라고도 여긴다. 그들은 '순종하지 않는 믿음은 잘못된 것'이라고 말하지만, 온전한 믿음 안에 모든 것이 포함되어 있으므로 온전한 믿음이 있으면 순종할 수밖에 없다고 주장한다. 이렇게 하여 결국 믿음만을 강조하면서 순종의 중요성을 무시하거나, 믿음 안에 순종이 있다는 왜곡된 주장을 한다.

수가 여인은 구세주 예수님을 만났지만, 구원받은 그리스도인은 구세주 예수가 아니라 심판주 예수의 재림을 기다려야 한다. 믿음을 가진 자가 믿음을 더 가져야 하는 것이 아니라, 믿음으로 신앙을 지키며 예수님의 명령에 순종하여 자비(긍휼, mercy)를 행하면서 예수님의 재림을 준비해야 한다. 현재 우리는 예수님의 계명을 순종하면서 다시 오실 예수님을 기다리고 있는 '마라나타' 성도임을 기억해야 한다.

이때 제자들이 돌아와 예수께서 그 여자와 말씀을 나누시는 것을 보고 놀랐다. 그러나 예수께 "웬일이십니까?" 하거나, "어찌하여 이 여자와 말씀을 나누고 계십니까?" 하고 묻는 사람은 한 사람도 없었다. 여자는 물동이를 버려 두고 동네로 들어가 사람들에게 말했다. "내가 한 일을 모두 알아맞히신 분이 계십니다. 와서 보십시오. 그분이 그리스도가 아닐까요?" 사람들이 동네에서 나와서, 예수께로 갔다. (요 4:27-30)

제자들은 돌아와 예수께서 그 여자와 대화하는 것을 보고 놀랐지만, 아무도 사마리아 여자와의 대화에 대해 묻지 않았다. 제자들은 예수께서 하시는 일을 판단하거나 행하시는 이유를 알 수 없었다. 그녀는 물동이를 버려두고 동네에 가서 예수를 소개했다. 자기에 대한 모든 것을 알고 계시는 분이 있는데, 이분이 그리스도가 아닐까 말했다. 사람들이 동네에서 나와 예수께로 모여들었다. 여인의 말을 듣고 사람들이 예수께로 나아온 것을 보면, 평소 그녀는 사람들의 신뢰를 받았던 것처럼 보인다.

그동안 제자들은 예수께 "랍비님, 잡수십시오"라고 권했다. 그러나 예수께서는 그들에게 "나에게는 너희가 알지 못하는 먹을 양식이 있다"고 말씀하셨다. 제자들은 "누가 잡수실 것을 드렸을까?" 하고 서로 말했다. 예수께서 그들에게 말씀하셨다. "나의 양식은, 나를 보내신 분의 뜻을 행하고, 그분의 일을 이루는 것이다. 너희는 넉 달이 지나야 추수 때가 된다고 하지 않느냐? 그러나 나는 너희에게 말한다. 눈을 들어서 밭을 보아라. 이미 곡식이 익어서, 거둘 때가 되었다. 추수하는 사람은 품삯을 받으며, 영생에 이르는 열매를 거둔다. 그리하여 씨를 뿌리는 사람과 추수하는 사람이 함께 기뻐할 것이다. 그러므로 '한 사람은 심고, 한 사람은 거둔다'는 말이 옳다. 나는 너희를 보내서, 너희가 수고하지 않은 것을 거두게 하였다. 수고는 남들이 하였는데, 너희는 그들의 수고의 결실에 참여하게 된 것이다." (요 4:31-38)

예수님의 양식은 자신을 보내신 하나님의 뜻을 행하며 하나님의 일을 이루는 것이었다. 하나님의 때는 사람들이 보는 때와는 다르다. 단순히 눈에 보이는 곡식을 거두는 것이 아니라, 예수께서 주신 사랑의 계명에 순종함으로 영생에 이르는 열매를 거두어야 한다(요 3:36). 어떤 사람은 씨를 뿌리고, 다른 사람은 추수할 것이지만 모두 함께 기뻐하게 될 것이다. 씨를 뿌린 자의 수고로 맺어진 결실을 거두게 되는 것이기 때문이다. 예수께서는 영적인 말씀을 하셨고, 영적인 안목이 있는 사람은 그 말씀을 받아들이게 될 것이다.

그 동네에서 많은 사마리아 사람이 예수를 믿게 되었다. 그것은 그 여자가 자기가 한 일을 예수께서 다 알아맞히셨다고 증언하였기 때문이다. 사마리아 사람들은 예수께 와서 자신들과 함께 머물러 주시기를 청했고, 예수께서는 이틀 동안 그곳에 머무르셨다. 그리하여 더 많은 사람이 예수의 말씀을 듣고서, 믿게 되었다. 그들은 그 여자에게 말했다. "우리가 믿는 것은, 이제 당신의 말 때문만은 아니오. 우리가 그 말씀을 직접 들어보고, 이분이 참으로 세상의 구주이심을 알았기 때문이오." (요 4:39-42)

그 동네의 많은 사마리아 사람들은 그 여자가 한 증언을 통해 예수를 믿게 되었다. 그리스도인이 되는 것은 하나님뿐 아니라, 세상 사람들에게도 예수를 믿는 자로 인정을 받아야 한다. 스스로 '그리스도인'이라고 말함으로써 이루어지는 것이 아니라, 사람들이 '그리스도인'이라고 불러주어야 한다.

초대교회 당시 바나바가 사울을 다소에서 안디옥으로 데리고 왔다. 두 사람은 일 년 동안 그곳에 머물며, 교회 신자들과 함께 지내면서, 많은 사람을 가르쳤다. 제자들은 안디옥에서 처음으로 '그리스도인'이라고 불리게 되었다(행 11:25,26). 하나님의 말씀을 배우고 실천할 때, 사람들은 이러한 이들을 '그리스도인'이라고 부른다. 그리스도를 따르는 사람이기 때문이다.

사람들은 수가 여인을 신뢰하였기에 예수를 영접하였고, 예수께서는 사마리아 사람들과 함께 이틀 동안 머무르며 그들과 대화를 나누었다. 그러자 많은 사람들은 그녀의 말이 아니라, 예수의 말씀을 직접 듣고 그분이 세상의 구주이심을 믿게 되었다.

그리스도인이 되기 위해 다른 사람의 증언을 듣는 것도 필요하지만, 예수님과 개인적인 만남이 있어야 한다. 나는 예수 그리스도에 대해 들었기에 믿고 있는가, 아니면 직접 예수 그리스도를 만나고, 성경 말씀을 읽고 묵상하면서 신앙 생활을 하고 있는가? 스스로 돌아보아야 한다.

자기 평가 및 결심

1. 참된 예배는 드리는 장소에 따라 결정되는 것이 아니다. 예수께서는 영과 진리로 예배를 드려야 한다고 알려 주셨다. 참된 예배는 어디에서 드리느냐보다 어떻게 드리느냐가 더 중요하다. 나는 지금 영과 진리로 예배를 드리고 있는가? (쉽지 않은 문제이지만, 성령의 도우심을 힘입어 노력해 보자.)

> *예배를 드리는 장소는 하나님께서 계신 곳이어야 합니다. 그런데 지금까지는 사람이 지은 건물이 하나님의 성전이라고 생각해 왔습니다. 임마누엘이신 하나님께서 우리와 함께하시므로, 우리는 하나님의 성전입니다. 이러므로 그리스도인이 있는 곳이 하나님께 예배를 드리는 장소였음을 알았습니다. 우리가 있는 그 자리에서 영(성령)과 진리(하나님의 말씀)로 예배를 드리고자 합니다. 순종이 제사보다 낫다는 말씀처럼, 하나님의 말씀에 순종하는 것이 진정한 예배입니다. 순종의 삶으로 예배를 드리게 하옵소서.

2. 예수 그리스도를 영접한 사람은 구원을 받는다. 믿음으로 그리스도인이 된 사람은 구원을 위해 오셨던 예수를 기다리는 것이 아니다. 이제는 심판하러 다시 오실 예수를 맞이할 준비를 해야 한다. 나는 마지막 심판을 위해 어떤 준비를 하고 있는가?

*죄에서 구원을 받는 것이 신앙의 시작입니다. 구세주 예수님을 나의 주인으로 영접한 후, 이제는 주님께서 주신 계명대로 사랑을 실천합니다. 하나님의 계명(요일 3:23)은 예수 그리스도를 믿고, 예수께서 주신 사랑의 계명에 순종하는 것입니다. 믿음으로 시작된 신앙의 여정이 사랑의 계명에 대한 순종으로 열매를 맺기를 원합니다.

3. 수가 여인을 통해 예수를 알았던 사람들은 예수를 직접 만나고 나서 믿게 되었다. 나는 예수 그리스도와의 개인적으로 만난 경험이 있는가? 그리스도를 영접한 후 성령께서 나를 주관하고 있다는 것을 알고 있는가? '주님(Lord)'이라고 고백하는 것은 예수님을 나의 주인으로 모신 것을 의미한다. 주님의 명령을 순종할 때 '주님'의 이름을 신실하게 부르는 것이다. 닥쳐올 어려움에도 주님의 명령을 지키려고 하는가?

*예수 그리스도를 만난 후에 저는 예수님을 저의 주인으로 모십니다. 주님께서 원하시는 일을 이루는 것이 저에게 가장 큰 영광입니다. 내가 원하는 것을 이루기 위해 기도하지 않을 것이며, 오직 주님의 명령에 따라 순종하며 살기를 결심합니다. 성령께서 함께하셔서, 죽음이 온다 하더라도 주님을 배반하지 않게 인도하여 주옵소서.

14
하나님의 성전 1
the Temple of God 1

훈련 목표

성막과 성전은 하나님께서 거하시는 곳으로, 거룩한 장소이므로 그곳에 있는 모든 것은 거룩해야만 한다. 하나님은 이스라엘의 하나님이며, 이스라엘은 하나님의 백성이 되어야 한다. 성막과 성전은 하나님께서 알려 주신 대로 지어야 하며, 이렇게 건축하는 것이 순종의 표현이다. 삶에서의 순종이 종교적인 제사보다 낫다(삼상 15:22).

기도문

이스라엘과 함께하신 거룩하신 하나님의 사랑과 은혜로 구원에 동참하게 하여 주심에 감사를 드립니다. 이 시간 믿음의 공동체 안에 지혜의 영을 내려 주셔서, 믿음의 선조들의 실수와 실패에서 교훈을 얻고 하나님께서 기뻐하실 삶을 살아가도록 인도하옵소서.

NEWper 훈련

　사마리아 사람들은 그리심 산에서 예배를 드렸고, 유대인들은 예배를 드려야 할 곳이 예루살렘에 있다고 했다. 어느 장소에서 드리는 것이 참된 예배가 될까? 예수께서는 그리심 산이나 예루살렘에서 예배를 드리지 않을 때가 올 것이라 말씀하시며, 예배의 장소가 중요한 것이 아니라 참되게 예배하는 것이 중요함을 강조하여 말씀하셨다. 예수께서는 장소를 초월해 영과 진리의 본질이 살아있는 예배를 드려야 할 때가 올 것을 암시하신 것으로 볼 수 있다.

　요 4:23 아버지께 참되게 예배하는 자들은 영과 진리로 예배할 때가 오나니 곧 이 때(now)라 아버지께서는 자기에게 이렇게 예배하는 자들을 찾으시느니라

　하나님께서 계시는 곳에서 예배를 드리는 것이 당연하다. 하나님께서는 이스라엘에게 자신이 거할 장소를 알려 주셨다. 하나님께서 거하실 성막의 모양을 모세에게 알려 주시며 성막을 짓게 하셨다

(출 25:1-40). 또한 다윗에게 성전의 설계를 그려서 알려 주셨고(대상 28:19), 다윗은 그 설계도를 아들 솔로몬에게 주어 성전을 건축하게 했다(대상 28:11). 이스라엘 자손은 하나님께서 계시는 성막이나 성전으로 가서 제사를 드렸다. 수가 여인은 예배를 드리는 장소에 하나님이 계신다고 생각하여 어디에서 예배를 드려야 하는지를 예수께 물어보았던 것 같다.

성경에서 성막과 성전에 대해 알려주는 것은 무엇일까? 성막과 성전은 왜 있어야 했을까? 성막에서 성전으로 바뀐 과정은 어떠했을까? 현재를 살아가는 그리스도인에게 성전의 의미는 무엇일까? 성막과 성전에서 어떤 교훈을 찾아야 할까? 현 시대에 하나님께서 계시는 성전은 어디에 있는 것일까?

여호와 하나님께서는 모세에게 명령하셨다. "내가 그들 가운데 머물 수 있도록, 그들에게 내가 머물 성소를 지으라고 하여라. 내가 너에게 보여주는 모양과 똑같은 모양으로 성막과 그 안에서 쓸 모든 기구를 만들어라."(출 25:8,9, 새번역)

하나님께서는 이스라엘 백성과 함께하시기를 원하셔서, 거룩한 성막을 짓도록 명령하셨다. 성막은 하나님께서 보여주신 모양 그대로, 성막과 모든 기구를 만들어야 했다. 따라서 성막을 만드는 것 자체가 하나님의 명령에 대한 순종의 행위였다.

여호와께서 이스라엘 자손을 이집트에서 이끌어 내신 이유는 그들 가운데 머무르시기 위함이었다(출 29:46). 하나님께서는 이스라엘을 위해 기사와 이적을 보여 주시며, 자신이 이스라엘의 하나님이심을 알려 주셨다. <u>성막의 중요한 의미는 하나님께서 이스라엘과 함께하신다는 것이다.</u> 이스라엘 자손은 성막을 보며, 함께하시는 하나님을 기억하고 지속적으로 경외심을 유지해야 했다.

> 출 29:44 내가 그 회막과 제단을 거룩하게 하며 아론과 그의 아들들도 거룩하게 하여 내게 제사장 직분을 행하게 하며
> 45 내가 이스라엘 자손 중에 거하여 그들의 하나님이 되리니
> 46 그들은 내가 그들의 하나님 여호와로서 그들 중에 거하려고 그들을 애굽 땅에서 인도하여 낸 줄을 알리라 나는 그들의 하나님 여호와니라

이스라엘이 이집트에서 홍해를 건너 나오는 사건은 유월절 어린 양(예수)의 피로 죄의 노예에서 구원을 받는 것을 의미한다. 그렇다면 하나님께서 죄의 노예로부터 구원하신 이유는 무엇일까? 죄의 종에서 자유롭게 되었다고 해서(요 8:31-36), 이제 마음대로 살아도 된다는 것을 의미하지 않는다. 오히려 죄의 종이 아닌 하나님의 자녀가 되었으므로, 하나님께서 나와 함께하신다는 사실을 잊지 않고 살아

가야 함을 의미한다. 하나님께서는 사랑과 은혜로 우리를 구원하셨고, 우리와 함께하신다. 이처럼 하나님께서 함께하신다는 것은 무엇과도 비교할 수 없는 복이다.

진리가 우리를 죄의 종으로부터 자유롭게 하였지만(요 8:32), 사람의 마음대로 하는 지나친 자유, 즉 방종의 삶을 허용하는 것은 아니다. 죄를 범하는 자마다 죄의 종이 되기 때문에(요 8:34), 이제부터는 더 이상 죄를 짓지 말고, 함께하시는 주님과 동행해야 한다. 하나님께서 우리와 함께하고 계신다면, 우리는 어떻게 살아야 하겠는가?

하나님께서 이스라엘을 이집트에서 나오게 하신 후, 이스라엘 자손에게 명령하셨다. "내가 거룩하니 너희도 거룩하게 되어야 한다."(레 11:45) 성막(聖幕, tabernacle)은 거룩하신 하나님께서 계시는 곳이므로, 성막에 있는 회막과 제단, 기구, 제사장을 포함한 모든 것이 거룩해야 했다. 성막을 통해 하나님께서는 이스라엘 백성에게 거룩함에 대해 알려 주셨다. 이스라엘 가운데 성막이 있다는 것은 이스라엘이 하나님 앞에서 구별된 삶을 살며, 하나님을 닮아 거룩하게 되라는 뜻이다.

레 11:44 나는 여호와 너희의 하나님이라 내가 거룩하니 너희도 몸을 구별하여 거룩하게 하고 땅에 기는 길짐승으로 말미암아 스스로 더럽

히지 말라

45 나는 너희의 하나님이 되려고 너희를 애굽 땅에서 인도하여 낸 여호와라 내가 거룩하니 너희도 거룩할지어다

하나님께서 이스라엘 가운데 성막을 세우면서, 이스라엘을 거절하지 않으신다고 하셨다. 하나님께서는 그들 가운데 다니시며 이스라엘의 하나님이 되시고, 이스라엘은 하나님의 백성이 되길 원하셨다. 하나님께서 이스라엘 자손을 선택하셨고, 손수 기사와 이적을 보여주시며 그들을 종의 신분에서 자신의 백성으로 삼으셨다. 함께하신 하나님께서 행하신 능력을 목격한 이스라엘은 오직 하나님만을 섬겨야 했다.

레 26:11 내가 내 성막을 너희 중에 세우리니 내 마음이 너희를 싫어하지 아니할 것이며
12 나는 너희 중에 행하여 너희의 하나님이 되고 너희는 내 백성이 될 것이니라
13 나는 너희를 애굽 땅에서 인도해 내어 그들에게 종된 것을 면하게 한 너희의 하나님 여호와이니라 내가 너희의 멍에의 빗장을 부수고 너희를 바로 서서 걷게 하였느니라

겔 37:26 내가 그들과 화평의 언약을 세워서 영원한 언약이 되게 하고

또 그들을 견고하고 번성하게 하며 내 성소를 그 가운데에 세워서 영원히 이르게 하리니

27 내 처소가 그들 가운데에 있을 것이며 나는 그들의 하나님이 되고 그들은 내 백성이 되리라

28 내 성소가 영원토록 그들 가운데에 있으리니 내가 이스라엘을 거룩하게 하는 여호와인 줄을 열국이 알리라 하셨다 하라

이집트에서 구원받은 이스라엘은 종이 아닌 하나님의 백성으로 살아가야 했다. 그러나 모세가 십계명을 받기 위해 시내 산에 올라갔을 때, 시내 산 아래에서 이스라엘 자손은 금송아지 우상을 만들어서 이집트에서 자신들을 인도해 낸 하나님이라고 하며 뛰놀았다. 이를 통해 보건대, 이스라엘이 홍해를 건너 노예에서 벗어난 것만으로 하나님의 백성이 된 것은 아니다. 노예에서 하나님의 백성으로 신분이 바뀌려면 생각과 삶이 그에 걸맞은 생각과 삶의 변화가 필요했다.

하나님의 백성이라면 하나님을 최고의 통치권자인 왕으로 섬겨야 한다. 그러므로 하나님의 백성은 하나님의 명령과 규례를 지켜야 한다. 이스라엘은 성막을 통해 하나님과 동행하고 있다는 것을 확인하며, 하나님의 명령에 순종하는 거룩한 백성이 되어야 했다(신 28:9). 하나님께서 성막에 대하여 말씀하신 것은 궁극적으로 영원히 이루어질 것에 대한 모형이자 예언의 말씀이기도 하다(계 7:15, 21:3,22).

계 21:3 내가 들으니 보좌에서 큰 음성이 나서 이르되 보라 하나님의 장막이 사람들과 함께 있으매 하나님이 그들과 함께 계시리니 그들은 하나님의 백성이 되고 하나님은 친히 그들과 함께 계셔서

거룩하신 하나님께서 성막에 계시므로, 성막 안에 있는 모든 것들은 거룩해야 한다. 하나님께서 하나님께서 '내가 거룩하니 너희도 거룩하라'고 명령하셨다. 우리는 하나님 앞에서 거룩한 사람이 되어야 한다. 그러나 사람들은 결코 거룩할 수 없다고 여기며, 하나님께서 명령하신 거룩으로 나아가는 길을 포기한다. 거룩할 수 없다고 인정하는 것을 겸손한 신앙이라고 여길지 모르지만, 이것은 겸손을 가장한 불순종의 신앙이다. 사람 스스로는 거룩할 수 없지만, 거룩하신 하나님께서 함께하실 때 그 사람은 거룩하게 된다. 겸손하게 하나님께 나아가는 능동적인 자세가 있을 때(미 6:8), 성령에 의해 거룩하게 되는 수동적인 변화가 일어난다. 하나님의 사람으로서 거룩하려고 하지 않는 것은 겸손한 것이 아니라, 하나님의 백성다운 거룩을 포기한 것이다.

하나님께서 명령하신 '거룩'을 불가능한 것이라고 생각하는가? 만일 이렇게 생각한다면 하나님을 불가능한 것을 명령하시는 분으로 만드는 것이다. 거룩은 거룩하신 하나님께서 함께하시기 때문에 가능하다. 거룩하지 않으면 우리는 세속화될 수밖에 없다. 우리는 우리

스스로가 아니라, 함께하시는 하나님으로 인해 거룩해지는 것이다.

　이스라엘은 가나안 땅에 들어가 이방 민족을 몰아내고, 사사 시대를 거쳐서 왕정 시대를 맞이하게 되었다. 사울 왕은 하나님의 선택을 받았으나, 하나님의 명령에 순종하지 않았으므로 버림받게 되었다(삼상 15:26). 이에 하나님께서는 다윗을 선택하여 이스라엘의 왕으로 세우셨고, 다윗은 한결같은 마음으로 하나님을 따르고 섬겼다.

　하나님께서 사방에 있는 모든 원수로부터 다윗 왕을 안전하게 지켜 주셨고, 다윗 왕은 자신의 왕궁에서 평안하게 살 수 있게 되었다. 다윗은 선지자 나단에게 말했다. "나는 백향목 왕궁에 사는데, 하나님의 궤는 아직도 휘장 안에 있습니다." 나단이 왕에게 말했다. "여호와께서 왕과 함께 계시니, 무슨 일이든지 계획하신 대로 하십시오."(삼하 7:1-3)

　다윗 왕은 자신이 왕궁에 편히 거하고 있는 반면, 하나님의 궤가 아직도 장막에 있다는 것을 불편하게 여겼다. 그래서 다윗은 하나님의 성전을 건축하려는 마음을 품고, 자신의 생각을 나단 선지자에게 말했다. 나단은 하나님이 함께하시는 다윗 왕이 계획한 대로 성전 건축을 하도록 권했다.

바로 그날 밤, 여호와께서 나단에게 말씀하셨다. 하나님께서는 다윗에게 자신이 거할 집을 지으라고 명령하신 적이 없다는 것이다. 이집트에서 이스라엘 자손을 이끌어 온 날부터 지금까지, 하나님은 어떤 집에서도 살지 않으셨고, 오직 옮겨 다니는 장막이나 성막에 계셨다. 하나님의 통치가 이루어지는 곳이 하나님이 계신 곳이다. 하나님께서는 누구에게도 백향목 궁을 지어 달라고 말씀하신 적이 없다고 하셨다.

하나님께서는 다윗을 하나님의 백성 이스라엘의 통치자로 삼아 주셨고, 언제나 그와 함께 계시며 그의 모든 원수를 물리쳐 주셨다. 다윗이 생애를 마쳐 그의 조상들과 함께 묻히면, 하나님께서는 그의 자손을 후계자로 세워 그의 나라를 튼튼하게 하실 것이라고 하셨다. 다윗의 아들 솔로몬이 하나님의 이름을 드러내기 위해 성전을 지을 것이며, 하나님께서는 그의 나라의 왕위를 영원히 견고하게 하실 것이다. 하나님께서는 그의 아버지가 되고, 그는 하나님의 아들이 될 것이다. 나단은 이 모든 말씀과 계시를, 받은 그대로 다윗에게 전했다(삼하 7:4-17).

다윗은 성전 건축을 원했지만, 하나님께서는 어느 누구에게도 성전을 지으라고 명령하신 적이 없었다. 하나님께서는 다윗이 아닌 그의 아들 솔로몬이 성전을 건축하게 하셨다. 다윗은 그의 아들 솔로몬에게 하나님 여호와를 위해 성전을 건축해 달라고 부탁했다. 다윗 자신은 성전을 건축할 마음이 있었지만, 많은 피를 흘리며 큰 전쟁을 치렀기에 하나님의 이름을 위하여 성전을 건축할 수 없었다고 말했다. 하나님께서는 다윗에게 그의 아들 솔로몬이 태어날 것이며, 그의 생애 동안 이스라엘에 평화와 안정을 주고, 그가 하나님의 이름을 위하여 성전을 건축할 것이라고 약속하셨다고 말했다.

다윗은 그의 아들 솔로몬을 불러 성전 건축을 당부했다. "내 아들아, 이제 주님께서 너와 함께하셔서, 너를 두고 말씀하신 대로, 주 너의 하나님의 성전을 무사히 건축하기를 바란다. 그리고 주님께서 너에게 지혜와 총명을 주셔서, 네가 주 하나님의 율법을 지키며, 이스라엘을 잘 다스릴 수 있도록 해 주시기를 바란다."(대상 22:6-12).

하나님께서 솔로몬과 함께하셔서 성전 건축에 대한 하나님의 약속이 이루어지기를 바란다고 했다. 성전 건축을 위해 가장 중요한 것은 하나님께서 함께하시는 것이며, 그다음으로 하나님의 약속이 이루어지는 것이다. 하나님께서 계시지 않는 성전은 무의미하며, 하나님의 백성은 하나님의 약속을 소홀히 해서는 안 된다. 또한, 다윗은 하나님께서 솔로몬에게 지혜와 판단력을 주시기를 바랐고, 솔로몬이 하나님의 율법을 지키며 나라를 다스리라고 당부했다.

훗날 솔로몬이 왕위에 오른 후 천 마리의 희생으로 번제를 드리자, 하나님께서 나타나셔서 '내가 솔로몬에게 무엇을 주기를 바라느냐?' 라고 물으셨다. 다윗은 아들 솔로몬에게 지혜와 총명이 필요함을 알고 있었기에, 하나님께서 그것을 주시기를 이전에 이미 솔로몬에게 당부했다. 솔로몬은 아버지 다윗의 말을 따라 지혜와 지식을 주실 것을 간청했다(대하 1:6-12).

다윗이 성전의 복도와 그 집들, 그곳간, 다락, 골방, 속죄소의 설계도를 아들 솔로몬에게 주며(대상 28:11) 말했다. "이 모든 설계는 주님께서 친히 손으로 써서 나에게 알려 주셨다."(대상 28:19) 하나님께서 보여주신 모양대로 성막이 지어진 것처럼, 성전도 하나님께서 설계하신 그대로 만들어야 했다.

성막과 성전을 건축하는 것은 하나님께서 보여주신 그대로 따르는 것이며, 이것이 순종이다. 내 생각과 상황이 중요하다고 해서 명령을 지키지 않는 것은 불순종이다. 명령하신 분은 하나님이시므로 우리는 절대적으로 순종해야 한다. 99%의 순종은 불순종과 같다. 순종하기를 원하는가? 순종하기 위해서는 먼저 내 생각을 내려놓고 겸손히 주님의 말씀을 따라야 한다. 하나님을 섬기며 그의 백성이 되기 위한 필수 조건이 순종임을 잊지 말아야 한다.

솔로몬이 성전을 건축하려고 할 때, 하나님께서 나타나셔서 그에게 말씀하셨다. "네가 지금 이 성전을 건축하니, 네가 만일(if you) 내 법도를 따르고 내 율례를 행하며 내 모든 계명을 지켜 그대로 행하면, 내가 네 아버지 다윗에게 한 약속을 네게 확실히 이룰 것이며, 내가 또한 이스라엘 자손 가운데 거하며 내 백성 이스라엘을 버리지 않을 것이다"(왕상 6:11-13)

성전 건축이 의미 있고 중요한 일인 것은 틀림없지만, 성전 건축보다 더 중요한 것은 하나님의 법도와 율례를 지키며 하나님의 계명을 순종하는 것이다. 하나님께서는 솔로몬에게 하나님의 법도와 율례, 계명을 따르면 다윗에게 하신 약속이 솔로몬에게 이루어질 것이라고 하셨다.

솔로몬은 7년 동안 성전을 건축하였고(왕상 6:38), 13년 동안 자기 왕궁을 건축하였다(왕상 7:1). 솔로몬이 건축한 성전은 길이가 육십 규빗, 너비가 이십 규빗, 높이가 삼십 규빗이었다(왕상 6:2). 그러나 솔로몬의 왕궁은 길이가 백 규빗, 너비가 오십 규빗, 높이가 삼십 규빗이었다(왕상 7:2). 비록 솔로몬이 성전을 건축했지만, 결국 그는 성전보다 자신의 왕궁에 더 심혈을 기울였다는 것을 짐작할 수 있다.

왕상 9:1 솔로몬이 여호와의 성전과 왕궁 건축하기를 마치며 자기가

이루기를 원하던 모든 것을 마친 때에

2 여호와께서 전에 기브온에서 나타나심 같이 다시 솔로몬에게 나타나사

3 여호와께서 그에게 이르시되 네 기도와 네가 내 앞에서 간구한 바를 내가 들었은즉 나는 네가 건축한 이 성전을 거룩하게 구별하여 내 이름을 영원히 그 곳에 두며 내 눈길과 내 마음이 항상 거기에 있으리니

4 **네가 만일(if you)** 네 아버지 다윗이 행함 같이 마음을 온전히 하고 바르게 하여 내 앞에서 행하며 내가 네게 명령한 대로 온갖 일에 순종하여 내 법도와 율례를 지키면 ("As for you, **if you** walk before me in integrity of heart and uprightness, as David your father did, and do all I command and observe my decrees and laws,)

5 내가 네 아버지 다윗에게 말하기를 이스라엘의 왕위에 오를 사람이 네게서 끊어지지 아니하리라 한 대로 네 이스라엘의 왕위를 영원히 견고하게 하려니와

6 **만일(But if you)** 너희나 너희의 자손이 아주 돌아서서 나를 따르지 아니하며 내가 너희 앞에 둔 나의 계명과 법도를 지키지 아니하고 가서 다른 신을 섬겨 그것을 경배하면 ("**But if you** or your sons turn away from me and do not observe the commands and decrees I have given you and go off to serve other gods and worship them,)

7 내가 이스라엘을 내가 그들에게 준 땅에서 끊어 버릴 것이요 내 이

름을 위하여 내가 거룩하게 구별한 이 성전이라도 내 앞에서 던져버리리니 이스라엘은 모든 민족 가운데에서 속담거리와 이야기거리가 될 것이며

8 이 성전이 높을지라도 지나가는 자마다 놀라며 비웃어 이르되 여호와께서 무슨 까닭으로 이 땅과 이 성전에 이같이 행하셨는고 하면

9 대답하기를 그들이 그들의 조상들을 애굽 땅에서 인도하여 내신 그들의 하나님 여호와를 버리고 다른 신을 따라가서 그를 경배하여 섬기므로 여호와께서 이 모든 재앙을 그들에게 내리심이라 하리라 하셨더라

솔로몬이 성전과 왕궁 건축을 마친 후, 하나님께서는 다시 솔로몬에게 나타나 말씀하셨다. 하나님께서는 솔로몬의 기도를 들으셨고, 그가 건축한 성전을 거룩하게 구별하여 자신의 이름을 영원히 그곳에 두시겠으며, 하나님의 눈길과 마음이 항상 그곳에 있을 것이라고 하셨다.

그 후에 하나님께서 '네가 만일'(If you)'이라는 말씀을 하셨다. 성전을 건축한 것으로 모든 것이 끝나는 것이 아니며, 하나님께서는 솔로몬에게 조건부 약속(conditional promise)을 주셨다. 만일(if) 다윗과 같이 하나님의 명령을 실천하고, 하나님의 법도와 율례를 올바르게 지키면, 하나님께서는 다윗에게 약속한 대로 이스라엘을 다스릴 솔

로몬의 왕좌를 영원히 지켜주겠다고 하셨다. 그러나 <u>만일(if) 솔로몬과 이스라엘 자손이 하나님을 따르지 않고 배반하여 하나님의 계명과 법도를 지키지 않거나, 다른 신을 섬겨 그들을 숭배하면</u>, 하나님께서는 그들에게 준 땅에서 이스라엘을 끊어 버릴 것이다. 심지어는 하나님의 이름을 기리도록 거룩하게 구별한 성전도 외면하겠다고 하셨다.

> 삼상 15:22 사무엘이 이르되 여호와께서 번제와 다른 제사를 그의 목소리를 청종하는 것을 좋아하심 같이 좋아하시겠나이까 순종이 제사보다 낫고 듣는 것이 숫양의 기름보다 나으니

하나님의 약속은 조건부이다. 우리의 순종 또는 불순종에 따라 일어나는 결과를 하나님께서 이미 알려 주셨다. 어떤 결과를 얻든지, 그것은 사람의 선택에 따른 것이다. 우리 앞에는 복과 생명, 저주와 사망이 있으며, 순종과 불순종에 따라서 하나님의 약속에 따라 그대로 이루어질 것이다. 나는 순종과 불순종 중 무엇을 선택하고 있는가?

하나님께서 계획하신 것은 반드시 이루어진다. 이는 하나님께서 이루어질 것을 확정하셨기 때문에 어떤 상황에서도 성취된다. 독생자 예수를 세상에 보내실 것이며, 세상의 죄를 대신 지고 죽고, 부활하여 승천한 후에 세상을 심판하기 위해 다시 오실 계획은 어떤 상황

이 닥친다고 하더라도 하나님의 뜻대로 이루어진다.

　반면에, 하나님께서는 사람과 조건부 약속을 하신다. 만일 예수를 믿고 영접하면 죄에서 구원을 받지만, 믿지 않으면 구원을 받을 수 없다. 예수를 영접하면 영생이 있으며(요 3:15, 16; 5:24; 6:40, 47), 예수의 명령을 순종하지 않으면 영생을 얻지 못하고(요 3:36), 천국에 들어갈 수 없다(마 7:21-27). 하나님께서 사람에게 주어진 조건에 따라 다른 결과를 약속하셨고, 이것이 조건부 약속이다.

　언제나 복이 되는 약속만 이루어지는 것일까? 순종하지 않음으로 인해 비참한 결과를 맞이하는 것도 하나님의 조건부 약속이다. 하나님께서는 불순종에 따른 결말도 이미 말씀하셨다. 하나님의 명령에 대한 순종은 성도라면 마땅히 행해야 할 의무이다. 의무를 다하는 것은 보상을 받을 일이 아니라, 당연히 해야 할 일을 하는 것을 의미한다.

　하나님의 성전이 이스라엘 자손들 가운데 있다는 것은 하나님께서 이스라엘과 함께하신다는 의미다. 이스라엘이 하나님을 전심으로 따르며 순종하면 하나님의 약속을 누리게 될 것이다. 그러나 순종하지 않고 다른 신을 섬기면 멸망할 것이며, 성전도 의미를 잃게 될 것이다. 그러므로 하나님의 성전이 건축된 후 이스라엘 자손이 반드시 기억해야 할 것은 하나님의 명령에 순종하고, 다른 신을 섬기지 않는 것이었다.

솔로몬은 지혜의 왕으로 알려져 있지만, 아버지 다윗과는 많이 달랐다. 솔로몬은 하나님의 성전을 지었지만, 바로의 딸 외에도 모압, 암몬, 에돔, 시돈, 헷 등 이방 민족의 많은 여인을 사랑했다. 하나님께서는 이전부터 이방 민족과의 통혼을 금지하셨다. 그 이유는 이방 여인들이 이스라엘 남자의 마음을 돌려 자기 민족의 신을 따르게 할 우려가 있었기 때문이다. 결국, 이방 여인들은 솔로몬의 마음을 돌려 다른 신들을 따르게 했고, 그의 마음은 다윗과 달라서 여호와 앞에서 악을 행했다. 솔로몬의 마음이 하나님을 떠나자, 주님께서는 솔로몬에게 진노하셨다. 주님께서는 두 번이나 솔로몬에게 나타나셔서(왕상 3:5-15, 9:2-9), 그의 아버지 다윗이 행한 것 같이 하나님의 길로 행하며 법도를 지키라고 하셨지만, 솔로몬은 여호와의 말씀에 순종하지 않았다. 그 결과, 솔로몬의 아들 르호보암 때에 이스라엘은 북 이스라엘과 남 유다로 나뉘게 되었다(왕상 11:1-13).

북 이스라엘과 남 유다는 모두 하나님을 떠났으며, 순종하지 않았다. 하나님께서는 많은 선지자들을 보내어 돌아오라고 권면하셨으나, 이들은 하나님을 배반하고 이방 신들을 섬겼다. 결국 북 이스라엘은 앗시리아에 의해 기원전 721년에 멸망했다(왕하 17:6). 또한, 기원전 587년에 바벨론 왕 느부갓네살이 예루살렘을 점령하여 하나님의 성전을 불태우고, 성전의 기물들을 전리품으로 빼앗아 유대인들을 포로로 끌고 갔다(대하 36:11-21).

 바벨론 포로 생활을 마치고 돌아온 유다 사람들은 성전이 있던 기초 위에 다시 성전을 소박하게 건축하여, 주전 515년에 성전을 봉헌했다. 헤롯 대왕은 유대인의 환심을 사기 위해 이 성전을 새 건물로 대체했으나, 성소와 지성소의 기본 규격은 바꾸지 않고 그대로 두었다. 그러나 그러나 예루살렘 성전은 주후 70년에 로마 장군 티투스가 예루살렘을 점령할 때 파괴되었으며, 이후 다시 세워지지 못했다(대한성서공회 CD-ROM 성경, 해설관주 독일성서공회판). 그렇다면 하나님의 성전은 이 세상에서 사라져 버린 것일까? 더 이상 하나님을 경배할 장소가 없어지게 된 것인가?

 솔로몬은 성전을 건축했지만, 하나님 앞에서는 실패한 사람이었다. 성막과 성전을 짓는 것보다 더 중요한 것은 하나님의 조건부 약속에 대해 올바른 선택을 하는 것이다. 성전과 그 안에서 이루어진 제사 제도는 무너졌지만, 아직 끝난 것이 아니다. 신약 시대에 성전을 어떻게 받아들여야 할 것인가?

자기 평가 및 결심

1. 하나님께서 함께하시기 위한 장소로 성막을 만들게 하셨다. 신약 시대의 성도는 하나님의 성전이며, 하나님의 성령이 거하신다(고전 3:16). 나와 함께하시는 하나님을 매일 만나고 있는가?

    *하나님께서 나와 함께하시므로 나는 하나님의 성전입니다. 거룩하신 임마누엘의 하나님께서 나와 함께하십니다. 그러므로 주일날 교회 건물 안에서만 하나님을 만나는 것이 아니라, 매일 매 순간 주님과 함께하고 있습니다. 성전이기에 '하나님 앞에서'(코람 데오, Coram Deo, 라틴어) 신앙으로 살 수밖에 없음을 고백합니다.

2. 하나님의 거룩을 본받아 거룩한 자가 되려고 애쓰고 있는가? 거룩에 대해 깊이 묵상해 보자. 무엇이 거룩이며, 어떻게 해야 거룩해질 수 있을까?

    *하나님의 거룩을 닮기 위해서는 하나님의 명령을 따라 살아가야 함을 알고 있습니다. 사람의 정욕을 따라 사는 자는 하나님의 거룩으로부터 점점 멀어지게 됩니다. 하나님께서 명령하신 거룩은 사람의 힘으로 이루어지는 것이 아닙니다. 하나님 앞에서 겸손하게 주님의 명령을 따라 살아갈 때 하나님께서 거룩하게 만드실 줄 믿습니다.

3. 성전 건축보다 중요한 것은 순종이다. 내가 꼭 순종해야 할 주님의 명령은 무엇인가? (가장 중요하다고 생각하는 것 세 가지를 찾아보라)

*사람의 생각대로 사는 사람은 하나님의 명령을 지키려 하지 않습니다. 순종은 자신의 생각을 내려놓는 것에서 시작해야 합니다. 철저한 자기 부인으로 오직 내 안에 주님의 뜻을 따라가는 하나님의 사람이 되게 하여 주옵소서.

15

하나님의 성전 2
the Temple of God 2

훈련 목표

신약 시대에 하나님의 성전은 건물이 아니라, 하나님의 성령이 계시는 그리스도인들이다. 새 하늘과 새 땅에 하늘로부터 새 예루살렘이 내려올 때, 하나님의 장막은 사람들과 함께 있을 것이며, 결국 하나님의 성소는 마지막 때에 완전하게 이루어진다(계 21:22). 그리스도인은 이때를 맞이하기 위해 하나님의 성전으로 거룩하게 살아가야 한다. 하나님의 성전의 영적 교훈을 확인하고, 그 교훈을 자신에게 적용해야 한다.

기도문

거룩하신 하나님의 성전으로 살아가는 은혜를 주신 살아 계신 하나님께 감사합니다. 거룩하신 성령 하나님이 거하시는 곳을 더럽히지 않도록 말과 행동에 신중을 기하게 하시고, 이번 기회를 통해 하나님과의 관계를 다시 정비하는 시간이 되도록 성령님께서 인도하여 주시기를 바랍니다.

NEWper 훈련

구약 시대에는 성막과 성전에 가서 제사를 드렸다. 그러나 솔로몬이 건축한 성전은 바벨론에 의해, 헤롯이 건축한 성전은 로마에 의해 무너졌다. 포로 시기에 성전과 구약 제사가 없어지면서 회당 제도가 생겼고, 제사는 기도로 대체되었으며 제사장 직분도 사라졌다. 그렇다면 신약 시대의 성도에게 구약의 성전은 어디에 해당하고, 어떻게 예배를 드려야 하겠는가? 함께 모여 예배를 드리는 교회 건물이 하나님의 성전이라고 생각하는가? 하나님의 성전은 기독교 신앙과 어떤 연관과 의미가 있는지 생각해 보자.

예수께서는 공동체의 죄와 혼란에 대해 말씀하셨다. 죄를 지은 사람에게는 먼저 사랑으로 개인적으로 권고하라고 하셨다. 그러나 그가 받아들이지 않으면 다른 성도들을 동반하여 권고하고, 그 말도 듣지 않으면 전체 회중 앞에 그를 내놓으라고 하셨다(마 18:15-17). 성도들의 공동체는 땅에서 매거나 풀 권한이 있으며(마 16:19, 18:18), 이로 인해 그들이 합심하여 기도하면 하나님 아버지께서 그들을 위하여 이루어 주신다(마 18:19).

> 마 18:18 진실로 너희에게 이르노니 무엇이든지 너희가 땅에서 매면 하늘에서도 매일 것이요 무엇이든지 땅에서 풀면 하늘에서도 풀리리라
> 19 진실로 다시 너희에게 이르노니 너희 중의 두 사람이 땅에서 합심하여 무엇이든지 구하면 하늘에 계신 내 아버지께서 그들을 위하여 이루게 하시리라
> 20 두세 사람이 내 이름으로 모인 곳에는 나도 그들 중에 있느니라 (NIV Mt 18:20 For where two or three come together in my name, there am I with them.")

예수께서는 자기 이름으로 두세 사람이 모인 곳에 함께하시겠다고 약속하셨다. 즉, 예수의 이름으로 사람들이 모인 장소에서 주님이 함께하신다는 뜻이다. 예수의 이름이 없는 곳에는 주님께서 함께하실 이유가 없다. 예수의 이름으로 모일 때 주님께서 그 공동체와 함께하시므로, 그 자리는 주님이 계신 장소가 된다. 그러므로 예수의

이름으로 모인 공동체는 거룩하며 고귀하다.

예배는 그리스도인에게 가장 중요한 것이지만, 예배를 드리는 건물은 단지 장소일 뿐이다. 보통 예배당을 성전이라고 부르며 '성전 건축'이라는 말을 사용하기도 한다. 그러나 예배당은 사람이 지은 건축물이며, 실제로 하나님께서는 사람의 손으로 지은 곳에 계시지 않으며(행 7:49) 범우주적이며 시공간을 초월해 계신다. 우리는 예배당보다 예수의 이름으로 모이는 공동체가 더 중요하다는 것을 살펴보았다. 예수의 이름으로 모이는 그 장소에 주님께서 성도들과 함께하신다.

사마리아 수가 여인은 참된 예배의 올바른 장소에 대해 예수께 물었다. 그녀의 조상들은 그리심 산에서 예배하였고, 유대인들은 예루살렘에서 예배하였다. 그녀의 질문은 어디에서 예배해야 하는가에 관한 것이었다(요 4:20). 예수께서는 그리심 산도 아니고 예루살렘도 아닌 곳에서(요 4:21), 영과 진리로 하나님께 참되게 예배해야 할 때가 오고 있으며, 바로 지금(now)이라고 알려 주셨다(요 4:23). 예수님께서는 예배를 드리는 장소와 방법에 대한 새로운 관점을 제시하신 것이었다. 신약 시대에서 예배를 드려야 할 하나님의 성전은 어디인가? 예배는 어떻게 드려야 하는가? 예수께서 죽으시면서 우리에게 남기신 단서를 따라가 보자.

예수께서 십자가에서 죽으시자, 성소의 휘장이 위로부터 아래까지 두 폭으로 찢어졌다(마 27:50-51, 막 15:37,38, 눅 23:44-45). 성막에는 성소로 들어가는 휘장과 성소와 지성소를 구분하는 휘장, 두 개의 휘장이 있었다. 찢어진 휘장은 과연 어느 것이었을까?

첫째 휘장은 뜰과 성소를 구분하는 휘장으로서(출 26:36,37), 제사장들이 이 휘장을 통해 성소에 들어가서 섬겼다(히 9:6). 이 휘장을 위해 조각목으로 만든 다섯 개의 기둥을 금으로 싸고, 다섯 개의 놋받침을 사용했다(출 26:37, 출 36:38).

둘째 휘장은 성소(첫 장막, 히 9:1)와 지성소(둘째 장막, 히 9:7)를 구분하는 용도로 사용되었다(출 26:33, 히 9:3). 대제사장은 매년 단 한 번 속죄일에 지성소에 들어가, 백성의 죄를 속하기 위한 제물의 피를 가지고 들어가서 뿌렸다(레 16:15-18, 히 9:7). 이 휘장을 위해 조각목으로 네 개의 기둥을 만들고 금으로 싸서, 네 개의 은 받침 위에 세웠다(출 26:31,32). 또한 성막 밖에서 뜰로 들어가는 휘장 문도 있었지만, 히브리서에서는 성막의 휘장으로 언급하지 않았다(히 9:1-10).

예수 그리스도께서는 우리의 영원한 대제사장이시다(히 3:1, 4:14, 7:21). 예수께서는 모든 점에서 우리와 마찬가지로 시험을 받으셨지만, 거룩하고 악이 없으며, 죄가 없으셨다(히 4:15, 7:26). 예수께서는 스스로 자신을 높여 대제사장이 되는 영광을 차지한 것이 아니라, 하나님께서 그렇게 세우셨다(히 5:5). 예수께서 육신으로 세상에 계실 때, 자기를 죽음에서 구원하실 수 있는 분께 큰 부르짖음과 눈물로 기도와 탄원을 올리셨으며, 하나님께서는 예수의 경외심을 보시고 그 간구를 들으셨다(히 5:7). 예수는 하나님의 아들이셨지만, 고난을 당하심으로써 순종을 배우셨다. 그리고 완전하게 되신 후에 자기에게 순종하는 모든 사람에게 영원한 구원의 근원이 되셨다(히 5:8,9).

우리는 영원한 대제사장이신 예수를 모시고 사는 사람들이다. 그러므로 고난 중에도 하나님께 순종하신 예수의 본을 따라 예수의 명령에 순종하여야 한다. 나도 주님처럼 죽기까지 주님의 명령에 순종하기로 결심해야 한다.

대제사장이신 예수께서는 많은 사람의 죄를 담당하시려고 자기 몸을 제물로 바쳐 영원한 제사를 드리셨다(히 7:27, 9:12, 10:10). 그리스도께서는 사람이 만든 성소에 들어간 것이 아니라, 하늘 성소에 들어가 우리를 위하여 하나님 앞에 나타나셨고, 단번에 자신을 희생제물로 드려 죄를 없애기 위해 시대의 종말에 나타나셨다(히 9:23-26). 사람은 죽게 되어 있으며, 그 뒤에는 심판을 받게 된다(히 9:27). 마지막 날에는 죄를 짊어지기 위해서가 아니라, 자기를 기다리고 있는 사람들에게 두 번째로 나타나셔서(히 9:28) 심판을 위해 오신다(약 5:9).

2000년 전 이 땅에 오신 예수께서는 사람들의 죄를 대신 짊어지고 십자가에서 죽으셨으며, 믿음을 통해 죄로부터 구원해 주셨다. 마지막 날에 다시 오실 예수께서는 죄 때문에 다시 희생제물이 되는 것이 아니라, 자신의 명령(새 계명)에 순종한 신자들(believers)을 영원한 구원에 이르게 하겠다고 약속하셨다(히 5:9).

성소와 지성소 사이에 있는 휘장을 통해 대제사장은 일 년에 한 번 지성소에 들어갈 수 있었다. 이 휘장은 예수의 육체를 상징하며(히 10:20), 예수의 죽음으로 인해 휘장이 찢어졌고, 예수를 영접한 자들은 찢어진 휘장을 통해 지성소에 들어갈 수 있게 되었다(히 10:19).

히 10:19 그러므로 형제들아 우리가 예수의 피를 힘입어 성소에 들어갈 담력을 얻었나니
새번역 히 10:19 그러므로 형제자매 여러분, 우리는 예수의 피를 힘입어서 담대하게 지성소에 들어가게 되었습니다.
공역개 히브 10:19 그러므로 형제 여러분, 예수께서 피를 흘리심으로써 우리는 마음 놓고 지성소에 들어가게 되었습니다.
NIV He 10:19 Therefore, brothers, since we have confidence to

enter the Most Holy Place by the blood of Jesus,

히 10:20 그 길은 우리를 위하여 휘장 가운데로 열어 놓으신 새로운 살 길이요 휘장은 곧 그의 육체니라

새번역 히 10:20 예수께서는 휘장을 뚫고 우리에게 새로운 살 길을 열어 주셨습니다. 그런데 그 휘장은 곧 그의 육체입니다.

공역개 히브 10:20 예수께서는 휘장을 뚫고 새로운 살길을 우리에게 열어주셨습니다. 그 휘장은 곧 그분의 육체입니다.

NIV He 10:20 by a new and living way opened for us through the curtain, that is, his body,

개역개정 성경을 제외한 다른 번역들에서는 히브리서 10:19의 '성소'를 '지성소'로 기록하고 있다. 예수께서 죽으실 때, 자신의 육체인 둘째 휘장이 찢어지면서, 성도들은 담대하게 지성소에 들어갈 수 있게 되었다. 이로써 성소와 지성소의 구분이 사라지고, 성전의 의미도 달라지게 되었다.

예수 그리스도의 죽음으로 그리스도인은 지성소에 직접 들어가 하나님을 뵐 수 있게 되었다. 이로써 성전의 의미는 바뀌었다. 비록 하나님을 만나는 것은 두렵고 떨리는 일이지만, 그리스도인들에게는 은혜와 감격이다. 이제 모든 그리스도인은 하나님을 만날 특별한 특권을 가지게 되었다.

유대인들은 예루살렘 성전을 계속 하나님의 성전이라고 여겼고, 하나님께서 그곳에 계신다고 주장했지만, 사실은 처음부터 그렇지 않았다. 그들은 사람들을 매수하여 스데반 집사를 두 가지 이유로 고발했다. 첫째는 '모세와 하나님을 모독하는 말을 했다'는 것이었고, 둘째는 '이 거룩한 곳(성전)을 거슬려 말했다'는 것이었다. 고발을 당한 스데반은 아브라함으로부터 시작하여 긴 설교를 했다(사도행전 7장). 그는 죽음을 각오하고 성전에 대해 구약을 인용하며 '지극히 높으신 분께서는 사람의 손으로 지은 건물 안에 거하지 않으신다'고 외쳤다.

예수께서 죽으신 후, 특별한 하나님의 약속이 있는 성전은 더 이상 이 땅에 존재하지 않는다. 교회 건물은 더 이상 진정한 의미의 성전이라고 할 수 없다. 스데반은 예루살렘 성전이 하나님께서 계시는 성전이 아니며, 유대인들이 율법을 가지고만 있을 뿐 순종하지 않는다고 말했다. 이에 격분한 군중에 의해 돌에 맞아 순교를 당했다. 스데반이 한 설교를 현재의 교회에서 똑같이 전한다면, 지금도 순교자가 나올 것이라는 생각이 든다.

스데반 집사와는 달리, 유대인들은 하나님의 성전을 예루살렘 성전이라고 여겼고, 사마리아 사람들은 그리심 산의 성전이라고 생각했다. 그러나 예수께서는 수가 여인에게 하나님의 성전이 예루살렘이나 그리심 산에 있는 것이 아니라고 말씀하셨다.

이사야 선지자는 하나님께서 친히 다윗 왕실에 징조를 주신다고 선포했다. "보라 처녀가 잉태하여 아들을 낳을 것이요 그의 이름을 임마누엘(Immanuel)이라 하리라."(사 7:14) '임마누엘'은 번역하면 '하나님이 우리와 함께 계시다'(God with us)는 뜻이다(마 1:23). 예수께서는 하나님께서 우리와 함께하심을 선포하기 위해 세상에 오셨다.

하나님께서 이스라엘을 구출하여 종의 신분에서 자기 백성으로 삼으신 것처럼, 예수에 대한 믿음을 통해 죄의 종에서 하나님의 자녀가 되게 하셨다(요 1:12). 하나님께서 행하신 일을 이스라엘 자손이 기억하며 하나님을 섬겼던 것처럼, 그리스도인은 죄인들을 대신하여 죽으신 예수를 우리의 유일한 구세주로 맞이하여 섬겨야 한다.

부활하신 예수님은 하나님께서 약속하신 성령이 오실 것이라고 하셨고, 오순절에 성령께서 강림하셨다. 그로 인해 하나님의 성령이 성도들과 함께하게 되었고, 세상 끝날까지 함께하시겠다는 예수님의 말씀이 이루어진 것이다(마 28:20).

하나님의 성령이 그리스도인들에게 강림하여 그들 안에 계셨으므로, 예수를 영접한 그리스도인은 하나님의 지성소가 되었다. 따라서 그리스도인 각자가 하나님의 성전이 된 것이다(고전 3:16). 하나님께서 계셨던 장막은 성전으로 바뀌었고, 솔로몬과 헤롯이 지은 성전은 무너졌다. 그러나 하나님의 성전은 사라진 것이 아니라, 그리스도인이 임마누엘 하나님께서 임재하시는 성전이 된 것이다.

하나님의 성전인 그리스도인은 이 정체성에 합당한 삶을 확립하며 살아가야 한다. 죄에서 자유를 얻었으므로 방종의 삶을 사는 것이 아니라, 하나님을 더욱 경외하고, 하나님께서 기뻐하시는 경건한 삶을 살아야 한다.

하나님의 성전이 그리스도인이라면, 그리스도인은 움직이는 하나님의 성전(mobile temple of God)이므로 어느 곳에 가든지, 어떤 상황이든지 그리스도인이 있는 곳은 삶으로 드리는 예배의 장소가 되어야 한다는 것이다. 하나님의 성전으로 사는 것은 그리스도인의 선택이 아니라, 신약의 성도들이 반드시 지켜야 하는 의무이며, 최고의 영광이다.

그리스도인이 하나님의 성전이 되었다고 하는 것은 어떤 의미를 가지는 것일까?

첫째, 그리스도인들은 항상 주님과 함께하고 있음을 인식하며 살아가야 한다. 하나님께서 에덴동산을 만드시고 아담과 하와를 머물게 하셨으나, 이들은 하나님의 명령을 어기고, 그곳에서 쫓겨났다.

노아 시대에 하나님의 영은 사람에게서 떠나셨지만(창 6:3), 하나님께서 선택하신 자에게 하나님의 영이 함께하시면서 역사를 이끌어 가셨다. 예수께서는 세상에 '임마누엘' 하나님으로 오셨고, 하나님께서 우리와 함께하심을 선포하셨다. 성령께서 강림하여 그리스도인을 하나님의 성전이 되게 하셨고, 그리스도인은 살아 계신 하나님 앞에서(코람데오)의 삶을 살아야 한다.

하나님의 성전이 된 것으로 모든 것이 끝나는 것이 아니다. 하나님께서 성전을 건축한 솔로몬에게 주신 순종 여부에 따른 조건부 약속을 기억해야 한다. 누구든지 고의로 죄를 지어 하나님의 성전을 파괴하면, 하나님께서 그 사람을 멸하실 것이다(고전 3:17, 히 10:26-31).

둘째, 하나님의 성전은 거룩하므로 그리스도인 역시 거룩해야 한다(고전 3:17). 성막이 거룩했기에 장막과 기구, 제사장을 포함한 그 안에 있는 모든 것들도 거룩해야 한다. 그리스도인이 하나님의 성전이 되었으므로 성전 안의 모든 것이 거룩했던 것처럼, 그리스도인의 모든 삶의 영역 또한 거룩해야 한다. 하나님의 성전에 걸맞은 삶이 따라야 한다.

하나님의 은혜로 애굽에서 탈출하여 홍해를 건넌 이스라엘은 여전히 거룩하지 못했다. 모세가 시내 산 정상에서 십계명을 받고 있을 때, 이들은 산 아래에서 자신들을 위한 금송아지 우상을 만들고 있었다(출 32:23). 하나님께서 우상을 만들었던 이들에게 '내가 거룩하니 너희도 거룩할지어다'(레 11:45)고 명령하셨다. 예수를 믿는 것만으로 천국에 가는 것이 보장되었다고 오판하여, 모든 것이 다 이루어진 것으로 생각해서는 안 된다. 죄에서 해방된 신자들은 거룩하신 하나님의 명령대로 거룩한 하나님의 성전으로 새롭게 되어야 할 과제가 남아 있다(히 3:1, 10:10, 13:12).

셋째, 하나님의 성전에는 우상이 함께 있을 수 없으므로, 그리스도인은 오직 하나님만을 섬겨야 하며, 하나님을 대신할 만한 모든 우상을 제거해야 한다(고후 6:14-16). 성도는 세상에서 그리스도인의 정체성을 잃지 않고, 하나님 앞에서 사람들을 생명에 이르게 하는 그리스도의 향기로 살아야 한다(고후 2:15,16). 택함을 입은 사람이 하나님보다 더 사랑하는 것이 있다면 그것이 우상이며, 이는 다른 신을 섬기는 것으로, 하나님을 배반하는 것이다.

넷째, 하나님의 성전인 그리스도인은 진정한 하나님의 백성으로 살아가야 한다(고후 6:16). 하나님의 장막인 성막은 이스라엘 가운데 있었고, 이는 이스라엘이 하나님의 백성임을 나타낸다. 만일 하나님께서 함께하지 않으시면, 그들은 더 이상 하나님의 백성이 아니다(출 33:3,12-16). 마지막 때에 영원히 지속될 장엄하고 거룩한 광경을 요한 계시록 21:3에서 찾아볼 수 있으며, 이는 성막과 성전의 기본적인 영적 교훈을 모두 포함하고 있음을 확인할 수 있다.

> 계 21:1 또 내가 새 하늘과 새 땅을 보니 처음 하늘과 처음 땅이 없어졌고 바다도 다시 있지 않더라
> 2 또 내가 보매 거룩한 성 새 예루살렘이 하나님께로부터 하늘에서 내려오니 그 준비한 것이 신부가 남편을 위하여 단장한 것 같더라
> 3 내가 들으니 보좌에서 큰 음성이 나서 이르되 보라 하나님의 장막이 사람들과 함께 있으매 하나님이 그들과 함께 계시리니 그들은 하나님의 백성이 되고 하나님은 친히 그들과 함께 계셔서
> 4 모든 눈물을 그 눈에서 닦아주시니 다시는 사망이 없고 애통하는 것이나 곡하는 것이나 아픈 것이 다시 있지 아니하리니 처음 것들이 다 지나갔음이러라

새 하늘과 새 땅, 그리고 예루살렘 성의 창조에 대해서는 이사야 65:17,18에서 이미 예언되었으며, '새 하늘과 새 땅'은 새 예루살렘과 동일한 것으로 이해할 수 있다. 또한, 이것은 하나님의 장막을 상징한다고 할 수 있다(성전신학, 그레고리 K. 비일, 새물결플러스).

> 출 25:8 내가 그들 중에 거할 성소를 그들이 나를 위하여 짓되
> 9 무릇 내가 네게 보이는 모양대로 장막을 짓고 기구들도 그 모양을

따라 지을지니라

　모세는 하나님의 지시를 따라 하나님께서 거하실 성소(성막)를 이스라엘 가운데 지었다(출 25:8,9). 하나님의 성소는 최종적으로 새 하늘과 새 땅, 즉 새 예루살렘에서 완전하게 이루어질 것이다(계 21:3). 이 땅에 있었던 성막과 성전은 하늘에 있는 것의 모형이다(히 8:5). 이처럼 하나님의 성전인 그리스도인도 마지막 때에 완성될 영원한 성소의 한 모형이라고 볼 수 있다. 그리스도인이 현세에서 하나님의 성전으로 살아갈 때, 영원한 성소에서 하나님의 백성으로서 하나님과 함께하게 될 것이다.

　하나님의 장막이 사람들과 함께하여 하나님께서 그들과 함께하시고, 그들이 하나님의 백성이 되는 것은 유기적인 관계로서 분리할 수 없다. 하나님께서 함께하시며 그분의 거룩함을 닮아 오직 하나님만을 섬기며 하나님의 백성이 되는 것이 하나님의 성전에 대한 영적 교훈이다. 하나님의 성전에 대한 네 가지 영적 교훈은 다음에 더 살펴보기로 한다.

자기 평가 및 결심

1. 하나님의 성령께서 나와 함께하신다는 것을 어떻게 확인할 수 있을까? 성령과 대화를 하면서, 마음에서 들려주시는 성령의 음성에 귀 기울여 보라.

*성령께서 함께하시는 것을 사람이 어떻게 알 수 있습니까? 저희가 하나님을 찾을 때 응답하여 주시고, 매일 주님의 세미한 음성을 들을 수 있는 영적인 귀를 허락하여 주옵소서. 주님께서 말씀하시면, 제가 듣겠습니다.

2. 하나님의 성전은 거룩하므로, 그리스도인도 거룩해야 한다. 거룩하신 하나님을 닮아 거룩하게 되는 길을 생각해 보자. 하나님 아버지의 거룩함을 닮아 하나님의 거룩한 자녀가 되는 것은 당연하다. 어떻게 거룩하게 될 수 있을까? 거룩한 삶이란 무엇을 의미하는가?

*주님, 거룩은 하나님께 속한 성품이기에 사람은 도저히 이를 수 없다고 생각했습니다. 그러나 하나님께서 우리를 하나님의 거룩한 성전이 되게 하셨으니, 거룩한 성소로 살게 하소서. 이 거룩은 하나님의 성품을 닮는 것이기에, 하나님의 사랑을 닮아서 희생과 사랑의 실천인 공의와 자비를 이루기를 원합니다. 성령의 인도하심을 따르게 하옵소서.

3. 영원한 하나님의 성소에 참여하기 위해서는 어떤 준비를 해야 할까? 정답은 내 자신이 하나님의 성전으로 살아가는 것이다. 성막과 성전에 대한 네 가지 교훈을 나에게 적용해 보라.

> *영원한 하나님의 성소에 가기 위해서 세상에서 살면서 하나님의 성전이 되어 살기를 원합니다. 이를 위해 필요한 네 가지 교훈을 마음에 새깁니다.
>
> ① 하나님께서 그리스도인 안에 살아 계시므로, 그들은 항상 주님과 함께하고 있음을 인식하며 살아가야 한다.
>
> ② 하나님의 성전은 거룩하므로, 그리스도인도 거룩해야 한다(고전 3:17).
>
> ③ 하나님의 성전에는 우상이 함께 있을 수 없으므로, 그리스도인은 오직 하나님만을 섬기고 우상을 제거해야 한다(고후 6:14-16).
>
> ④ 하나님의 성전인 그리스도인은 하나님의 백성이 되어야 한다(고후 6:16).

16
광야로 인도하시는 하나님
God leading into the desert

훈련 목표

하나님께서는 이스라엘 자손을 광야로 인도하셨다. 그들은 가나안에 들어가기 전에 은혜의 광야길을 지나 순종의 광야길을 지나갔고, 이것은 이스라엘에 대한 하나님의 훈련이었다. 영적 이스라엘인 우리도 하나님의 안식에 들어가기 전에 받아야 할 훈련이 있음을 알고, 이를 확인해 보자.

기도문

살아 계신 하나님의 은혜로 충만한 삶을 살게 하심에 감사합니다. 모든 인생 길에는 결론만이 아니라 과정도 존재한다는 사실을 알게 하시고, 과정과 처해진 환경이 있어야 할 이유를 깨닫고, 지혜롭게 대처할 수 있는 영적 민감함을 갖게 도와 주옵소서. 아울러, 치우치지 않는 균형감과 절제의 능력으로 하나님의 사랑과 이웃 사랑에 힘쓰게 하옵소서.

NEWper 훈련

하나님께서는 아브라함을 선택하시어, 믿음의 조상으로 세우셨고, 그의 자손들을 통해 하나님의 약속을 이루어 가신다. 그러나 때때로 하나님의 계획이 무너지는 것처럼 보일 때도 있다. 하나님께서 세상을 구원하기 위해 독생자 예수를 이 땅에 보내셨다. 그 구원을 이루기 위해서 예수님은 신성모독죄로 십자가에서 죽으셨다. 사람의 생각으로는 실패한 것처럼 보였지만, 이 죽음은 죄의 노예에게 자유를 주기 위한 희생 제사가 되었다. 역사를 주관하시는 하나님의 뜻은 시간이 흐르고 상황이 바뀌어도 반드시 이루어진다.

하나님께서는 자녀가 없던 아브라함에게 수많은 자손에 대한 약속을 하셨다(창 15:4,5). 아브라함은 그 약속을 믿었고, 하나님께서는 그 믿음을 의로 여기셨다(창 15:6). 또한 하나님께서는 아브라함에게 그의 자손이 다른 나라에서 나그네로 살다가, 마침내 종이 되어 사백 년 동안 고통을 받을 것임을 알려주셨다(창 15:13). 그 후, 하나님께서 아브라함의 자손을 종살이하게 한 그 나라를 반드시 벌할 것이며(행 7:7), 이스라엘 자손이 재물을 많이 가지고 나오게 하실 것이라고 하셨다(창 15:14).

아브라함에게 주신 하나님의 약속은 세월이 흐르면서 점진적으로 이루어졌다. 야곱은 기근을 피하기 위해 가족을 데리고 이집트로 갔고, 이스라엘 자손은 그곳에서 종살이를 하며 많은 학대를 받았다(출 3:9, 행 7:6). 마침내 하나님께서 모세를 부르셨고, 그를 이집트 왕 바로에게 보내어 이스라엘을 인도해 내도록 명령하시며(출 3:10), 이스라엘 자손은 모세가 하나님을 만난 산에서 하나님을 섬기게 될 것이라고 하셨다(출 3:12, 행 7:7).

이집트를 나와 가나안으로 가는 것이 목표였다면, 당연히 블레셋 사람의 땅이 있는 지중해 해안을 따라 가장 가까운 길을 선택했어야 했다. 그러나 하나님께서는 그 길로 인도하지 않으셨다. 그 길은 인구가 밀집해 있고, 방어 시설이 견고한 지역이어서 많은 전쟁이 일어날 가능성이 컸다. 노예로 살았던 이스라엘 자손이 훈련되지 않은 상태에서 전쟁을 겪게 되면, 그들의 마음이 바뀌어 이집트로 되돌아가려 할 것을 하나님께서 아셨기 때문이다(출 13:17). 그래서 하나님은 홍해로 가는 광야 길로 돌아가게 하셨다(출 13:18).

자신이 원치 않는 고난을 만나게 될 때, 하나님께서 개입하고 계심을 의미할 수 있다. 하나님께서 그 길을 예비하신 이유는 무엇일까? 하나님의 관점에서 고난의 의미를 생각해 보라. 하나님께서는 결말에 도달하기 전에 거쳐야 할 과정을 통해 특별한 뜻을 이루기를 원하셨다.

출 13:17 바로가 백성을 보낸 후에 블레셋 사람의 땅의 길은 가까울지라도 하나님이 그들을 그 길로 인도하지 아니하셨으니 이는 하나님이 말씀하시기를 이 백성이 전쟁을 하게 되면 마음을 돌이켜 애굽으로 돌아갈까 하셨음이라
3:18 그러므로 하나님이 **홍해의 광야** 길로 돌려 백성을 인도하시매 이스라엘 자손이 애굽 땅에서 대열을 지어 나올 때에 (NIV Ex 13:18 So God led the people around by the desert road **toward the Red Sea**. The Israelites went up out of Egypt armed for battle.)

하나님께서는 가나안으로 가는 길에서도 이스라엘 자손에게 중요한 것을 알리기 원하셨다. 이스라엘 자손은 이집트에서 가나안으로 가는 과정과 목적을 알고 있었을까? 하나님께서 이스라엘을 이집트에서 이끌어 내신 목적은 무엇이었을까? 사람의 생각으로는 하나님께서 행하시는 일을 짐작하거나 깨닫기 어려운 경우가 많다(전 3:11, 8:17). 하나님께서 사람에게 자신의 뜻을 알려 주셔야만 사람

은 그 뜻을 알 수 있다. 먼저 이스라엘에게 광야가 필요했던 이유를 알아보고, 다음 장에서는 하나님께서 이스라엘을 이집트에서 이끌어내신 이유를 생각해 보기로 하자.

이집트를 탈출한 이스라엘 백성들은 홍해로 가는 광야 길을 지나 홍해에 이르렀고, 그들 앞에는 40년 동안의 광야 생활이 기다리고 있었다. 홍해를 건너기 이전의 광야 길은 쫓아오는 바로와 그의 군대를 물리치고, 하나님께서 연약한 이스라엘을 보호하고 도와주시기 위해 은혜로 인도하신 장소였다. 이스라엘이 홍해에 이르렀을 때, 하나님께서 홍해를 갈라 그들이 건널 수 있도록 하셨다(출 32:11). 이로 보건대, 홍해로 가는 광야 길은 하나님께서 은혜로 인도해 주셨으므로, '은혜의 광야 길'이라고 볼 수 있다. 그러나 가나안 정탐 이후에 있었던 40년간의 광야는 전혀 다른 의미를 지닌다.

홍해를 건넌 이스라엘은 가나안에 들어가기로 예정되어 있었다. 우선 하나님께서는 바란 광야에 진을 친 모세에게 이스라엘 12지파 중에서 각각 지도자 한 사람을 선택하여 가나안 땅을 정탐하라고 명령하셨다(민 13:1,2). 12명의 이스라엘 대표가 40일간 가나안을 정탐한 후, 가나안의 상황을 보고했다. 가나안 땅은 포도와 석류, 무화과가 풍부한 땅으로, 젖과 꿀이 흐르는 곳이라고 말했다. 그러나 그곳에 살고 있는 백성은 강하고, 성읍들은 견고한 요새처럼 매우 컸으며, 그곳에서 거인 아낙 자손을 보았다고 보고했다(민 13:25-29). 그들은 이스라엘보다 강하므로 싸워도 승산이 없다고 말했다(민 13:31).

이들의 보고를 들은 이스라엘 백성은 떠들썩하게 아우성을 치며, 밤새도록 통곡하고 모세와 아론을 원망했다. "차라리 우리가 이집트 땅에서 죽었더라면 더 좋았을 것이다. 아니면 차라리 우리가 이 광야에서라도 죽었더라면 좋았을 것이다. 그런데 주님은 왜 우리를 이 땅으로 끌고 와서, 칼에 맞아 죽게 하는가? 왜 우리의 아내들과 자식들이 사로잡히게 되는가? 차라리 이집트로 돌아가는 것이 낫겠다! 우두머리를 세우고 이집트로 돌아가자."(민 14:1-4)

10명의 정탐꾼이 가나안을 좋지 않게 보고한 내용은 사실이었다. 있는 그대로 보고한 것은 잘못이 아니었다. 그러나 하나님의 사람이라면 감당하기 어려운 현실보다 하나님의 약속을 떠올려야 한다.

그 땅을 정탐하고 돌아온 여호수아와 갈렙이 옷을 찢으며 이스라엘 자손 온 회중을 향해 외쳤다. "우리가 다니며 정탐한 땅은 매우 좋은 땅이다. 여호와께서 우리를 기뻐하시면, 젖과 꿀이 흐르는 그 땅으로 우리를 인도하실 것이다. <u>다만 여러분은 주님을 거역하지 말라</u>. 그 땅 백성을 두려워하지 말라. 그들은 우리의 밥이다. 그들의 방어력은 사라졌고, 여호와께서 우리와 함께 계시니 그들을 두려워하지 말라." 그러나 온 회중은 여호수아와 갈렙을 돌로 치려 했다. 그때 주님의 영광이 회막에서 온 이스라엘 모든 자손에게 나타났다(민 14:5-10).

여호와께서 모세에게 말씀하셨다. "언제까지 이 백성이 나를 멸시하겠느냐? 내가 이 백성 가운데서 보인 온갖 표적들이 있는데, 언제까지 나를 믿지 않겠느냐? 내가 전염병으로 이들을 쳐서 없애고, 너를 이들보다 더 크고 강한 나라가 되게 하겠다." 그러나 모세의 중보 기도를 들으신 후, 하나님께서는 자신의 뜻을 돌이키시며 말씀하셨다. "나의 영광과 내가 이집트와 광야에서 보여준 이적을 보고도 열 번이나 나를 시험하고 내 말에 순종하지 않은 자들은, 어느 누구도 내가 조상들에게 주기로 맹세한 그 땅을 보지 못할 것이다. 나를 멸시한 사람은, 어느 누구도 그 땅을 못 볼 것이다. 그러나 나의 종 갈렙은 그 마음이 남들과 다르고, 전적으로 나를 따랐기에, 나는 그가 다녀온 그 땅으로 그를 데리고 가겠고, 그의 자손은 그 땅을 유산으로 받을 것이다"(민 14:11-25)라고 맹세하셨다.

이후에 여호와께서는 또다시 "이스라엘의 말이 나의 귀에 들린 대로 그들에게 행하겠다. 나에게 순종한 갈렙과 여호수아를 제외한 20세 이상의 이스라엘 자손은 나를 원망했으므로 가나안 땅에 결코 들어가지 못한다. 너희가 사로잡혀 갈 것이라고 염려했던 너희의 어린아이들은, 내가 이끌고 너희가 거절한 그 땅으로 들어가겠다. 그 땅이 그들의 고향이 될 것이다. 그러나 너희는 이 광야에서 시체가 되어 뒹굴 것이다. 너희 자녀들은 사십 년 동안 광야에서 양을 치며 너희의 시체가 썩어 없어질 때까지, 너희가 저지른 죄를 대신 짊어질 것이다. 너희가 그 땅을 사십 일 동안 탐지하였으니, 그 날 수대로 하루를 일 년으로 쳐서 너희는 사십 년 동안 너희의 죄의 짐을 져야 한다. 그제서야 너희는 내가 너희를 싫어하면 너희가 어떻게 되는지를 알게 될 것이다. 나 주가 말한다. 한데 어울려 나를 거역한, 이 악한 온 회중에게, 내가 말한 대로 반드시 하고야 말겠다. 그들은 이 광야에서 종말을 맞이할 것이다. 여기서 죽을 것이다!"(민 14:26-35)고 말씀하셨다.

모세가 보냈던 정탐꾼 중에서 그 땅에 대하여 나쁜 소문을 퍼뜨린 사람들은 주님 앞에서 재앙으로 죽었으며, 오직 여호수아와 갈렙만이 살아남아 가나안으로 들어갔다(민 14:36-38). 갈렙과 여호수아는 하나님께서 함께하시는 것을 확신하였고(민 14:9), 하나님의 명령을 철저히 순종하였다(민 32:11).

마음으로는 하나님께서 함께하신다는 것을 인정하면서도 순종하지 않는 사람은 하나님을 반역하고 멸시하는 것이다. 이처럼 하나님의 명령에 불순종한 사람들은 광야에서 죽었으며, 약속의 성취를 볼 수 없었다. 그러나 갈렙과 여호수아는 함께하시는 하나님의 명령을 온전히 순종하였으므로, 이들은 약속의 땅에 들어갈 수 있게 되었다. 40년간의 광야 길은 불순종했던 이스라엘이 자신을 돌아보고 순종의 길로 들어서게 하려는 장소였다.

민 14:25 아말렉인과 가나안인이 골짜기에 거주하나니 너희는 내일 돌이켜 **홍해 길을 따라 광야**로 들어갈지니라 (turn back tomorrow and set out **toward the desert** along the route to the Red Sea.)

신 1:40 너희는 방향을 돌려 홍해 길을 따라 광야로 들어갈지니라 하시매

신 2:1 우리가 방향을 돌려 여호와께서 내게 명령하신 대로 홍해 길로 광야에 들어가서 여러 날 동안 세일 산을 두루 다녔더니

신 8:2 네 하나님 여호와께서 이 사십 년 동안에 네게 광야 길을 걷게 하신 것을 기억하라 이는 너를 낮추시며 너를 시험하사 네 마음이 어떠한지 그 명령을 지키는지 지키지 않는지 알려 하심이라

- **은혜의 광야 길** 애굽 노예에서 벗어나고자, **홍해를 건너기 위해 지나는 광야 길**
- **순종의 광야 길** 하나님의 백성으로서 가나안에 들어가기 위해 순종을 배우는 장소인 광야

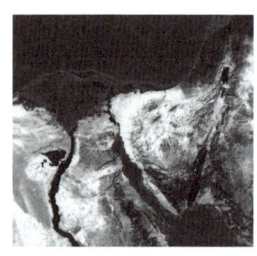

홍해를 건넌 장소를 명시하지 않은 출애굽 지도는 이스라엘이 홍해를 건너가지 않았다고 하는 것이므로, 성경을 부인하는 것이다.

이스라엘은 시나이 반도를 통해 홍해로 가는 광야 길로 갔으며, 그 다음에 홍해를 건넜다. 만일 수에즈만 홍해를 건너면 다시 애굽으로 가게 된다. 만일 시나이 반도에 시내 산이 있다면, 이스라엘이 홍해를 건너지 않았다고 말하는 것이다.

모세는 바로를 피하여 미디안으로 갔으며, 그곳에서 제사장 이드로의 양 떼를 치는 목자가 되었다. 양 떼를 치던 중에 시내 산에 갔기 때문에, 시내 산은 미디안에 있어야 한다(출 2:15, 3:1). 아라비아에 갔던 바울도(갈 1:17) 아라비아에 시내 산이 있다고 언급했다(갈 4:25). 따라서 아카바만을 통해 홍해를 건넜을 가능성이 크다.

이스라엘에게 홍해로 가는 광야 길(the desert road **toward the Red Sea**)은 하나님의 은혜를 체험하며 감사를 배우는 장소로 **은혜의 광야 길**이라고 생각할 수 있다(출 13:17,18). 그러나 이스라엘은 홍해로 가는 길을 따라 광야(**toward the desert** along the route to the Red Sea)에 가서 40년 동안을 지냈다. 하나님께서는 여기에서 이스라엘을 낮추시고, 그들이 하나님의 명령을 지키는지 아닌지를 시험하셨다. 그러므로 이곳은 **순종의 광야 길**이라고 볼 수 있다(신 8:2). 비록 홍해를 건넜다 해도, 하나님의 명령을 순종하지 않는 사람은 하나님께서 맹세하신 말씀을 거역하는 것이며, 약속의 땅 가나안에 들어갈 수 없다.

예수를 구세주로 영접한 자들은 하나님의 은혜로 영생을 얻어 천국에 들어갈 자격을 얻게 되었다. 그러나 이들이 예수님의 명령을 순종하지 않으면 예정된 영생을 볼 수 없고, 오히려 하나님의 진노가 머물러 있게 된다(요 3:36). 죄에서 구원을 받는 것은 특정 자격을 갖추었기 때문이 아니라, 예수의 이름을 믿는 믿음을 하나님께서 보시고 은혜로 구원하신 것이었다. 그러나 예수께서 마지막 때에 대해 말씀하신 바에 따르면, 자신의 이름을 부르며 온갖 사역을 하였어도 그의 말씀에 순종하지 않았기에 천국에 들어가지 못하는 사람도 있을 것이라고 하셨다(마 7:21-27).

하나님의 은혜로 홍해로 가는 광야를 지나 결국 홍해를 건넌 이스라엘은 아직 가나안에 들어가야 할 여정이 남아 있었다. 그들은 40년간의 광야 길을 통해 순종을 배워야 했다. 주님의 <u>은혜로 구원을 받은 그리스도인이 가야 할 길</u>은 이미 지나온 은혜의 광야가 아니라, 죄에서 구원을 받은 이후 영원한 안식으로 가기 위해 거쳐야 하는 <u>순종의 광야 길</u>이다. <u>은혜의 광야를 지나온 그리스도인이라면 이제 순종의 광야를 통과해야 하지 않겠는가?</u>

홍해를 건넌 이스라엘이 곧바로 가나안에 들어간 것이 아니었던 것처럼, 예수를 믿는 자들도 즉시 천국에 들어가는 것은 아니다. 인생의 광야 길을 걸으며 예수의 명령을 순종하며 살아가야 한다. 그래서 생명으로 인도하는 문은 매우 좁고, 그 길도 비좁아서 그것을 찾는 사람이 적다(마 7:14). 이집트를 탈출한 20세 이상의 이스라엘 자손 중에서 가나안에 들어간 사람은 오직 갈렙과 여호수아 두 사람 뿐이었으며, 이들은 하나님을 철저히 따랐기에 가나안에 들어갈 수 있었다(민 32:12).

히브리서 3장과 4장은 40년간의 순종의 광야 여정을 다시 설명하면서, 마지막 날에 있을 영원한 안식과 순종이 불가분의 관계임을 강조한다.

순종하지 않는 자들은 하나님의 안식에 들어가지 못한다고 하나님께서 맹세하셨다(히 3:18). 이러한 하나님의 맹세를 믿지 않는 사람들은 그 안식에 들어갈 수 없음을 우리는 알고 있다(히 3:19). 하나님께서 주시는 안식에 대한 약속이 아직 남아 있는 동안, 그 기회를 놓치지 않도록 두려운 마음으로 조심해야 한다. 하나님의 말씀을 들을 때, 그 말씀을 믿음으로 받아들여야 한다. 먼저 복음을 들은 사람들이 순종하지 않아 안식에 들어갈 수 없었다는 것을 명심하면서, '오늘'이라는 시간에 하나님의 음성을 들을 때 마음을 닫지 말아야 한다. 우리는 이 안식에 들어가기를 힘써야 한다. 아무도 그와 같은 불순종의 본을 따라 떨어져 나가는 일이 없도록 해야 한다(히 4:1-11).

예수께서는 성령에게 이끌리어 광야로 가셔서 마귀에게 시험을 받으셨다(마 4:1). 그는 광야에서 사십 일 동안 금식하셨으므로 몹시 허기지셨다. 마귀는 예수께 나아와서 '네가 만일 하나님의 아들이라면'이라는 말로 시작해 자신의 신성을 증명해 보이라며 세 가지 시험을 했다. 첫 번째로, 마귀는 굶주린 예수에게 "이 돌들에게 떡이 되라고 말해 보아라"라고 하였다(마 4:3). 다음으로, 마귀는 예수를 성전 꼭대기에 세우고, "뛰어내려 보아라"라고 하며 말했다. "'하나님이 너를 위하여 자기 천사들에게 명하실 것이다' 그리고 '그들이 손으로 너를 떠받쳐서, 너의 발이 돌에 부딪치지 않게 할 것이다' 하였다."(마 4:6) 마지막으로, 마귀는 예수를 매우 높은 산으로 데리고 가서, 세상의 모든 나라와 그 영광을 보여주고 말했다. "네가 나에게 엎드려서 절을 하면, 이 모든 것을 네게 주겠다."(마 4:8,9)

예수께서는 이러한 유혹들에 대해 각각에 맞는 말씀으로 물리치셨다. 먼저, 육체적인 배고픔에 대한 유혹에 대하여는 "사람이 떡으로만 살 것이 아니요 하나님의 입으로부터 나오는 모든 말씀으로 살 것이라"(신 8:3)는 말씀으로 이기셨다. 천사의 도움을 통해 하나님의 아들임을 증명해 보이라는 유혹에 대해서는, "주 너의 하나님을 시험하지 말라"(신 6:16)는 말씀으로 물리치셨다. 마지막으로, 세상의 권세와 영광을 약속하는 유혹에 대해서는 "사탄아, 물러가라. 성경에 기록하기를 '주 너의 하나님께 경배하고 다만 그를 섬기라' 하였다"(신 6:13)는 말씀으로 마귀의 유혹을 뿌리치셨다.

예수께서 40일간 광야에서 생활하신 후 공생애를 시작하셨다. 모세가 십계명을 받기 위해 시내 산에서 40일 동안 금식한 것과 같고(출 34:28), 이는 이스라엘이 40일간 가나안을 정탐하였던 기간과도 일치한다. 예수께서는 순종함으로 광야의 길을 지나 공생애를 시작하셨으며, 모세는 하나님의 계명을 받기 위해 40일을 금식하였다. 그러나 이스라엘 자손은 가나안을 정탐할 때, 하나님께 불순종하여 40년 동안의 순종의 광야 길을 가야만 했다.

예수께서는 원래 하나님의 모습을 지니셨지만, 하나님과 동등함을 당연하게 여기지 않으셨다(빌 2:6). 오히려 자기를 비워서 종의 모습으로 세상에 오셔서, 우리와 똑같은 인간이 되셨다. 이렇게 인간의 모습으로 나타나셔서, 자기를 낮추시고, 십자가에 죽기까지 하나님께 순종하셨다(빌 2:6-8). 그는 <u>하나님의 아들이면서도, 고난을 겪음으로써 복종하는 것을 배우셨다</u>. 그리고 완전하게 되신 뒤에, <u>자기에게 순종하는 모든 사람을 영원한 구원에 이르게 하신다</u>(히 5:8,9). 하나님께 대한 절대적인 순종을 예수께서 보여주셨다. 그렇다면 <u>예수를 따르는 자들은 예수의 본보기를 통해 순종을 배우는 것이 당연한 도리이다</u>.

　예수께서 우리 대신 고난을 겪으셨으므로 그를 따르는 자가 고난이 면제되거나 필요하지 않다고 생각하는 것은 모순이다. '그리스도인'이라는 명칭은 '예수 그리스도를 따르는 사람'이라는 뜻이므로, 예수의 삶을 따라 살아야 한다. 예수께서 자기의 피로 백성을 거룩하게 하려고 성문 밖에서 고난을 받으셨으므로, 그리스도인도 영문 밖으로 나가 예수께로 나아가 그가 겪으신 치욕을 짊어져야 한다(히 13:12,13). 성도는 그리스도의 고난에 참여하는 것을 기뻐해야 한다. 주님께서 영광으로 오실 때에 그리스도인은 즐거워하고 기뻐하게 될 것이기 때문이다. 그러므로 그리스도인은 그리스도의 이름으로 치욕을 당하면 복된 자이다. 영광의 영, 곧 하나님의 영이 우리

위에 머물러 계시기 때문이다(벧전 4:13,14).

예수께서 보여주신 순종을 따라 그리스도인은 순종의 광야 길을 걸어가야 한다. 은혜를 받은 자라면 자신이 받은 은혜를 기억하면서 이제는 생명을 구하신 예수님의 명령에 순종해야 한다. 우리도 고난을 통해 순종을 배워, 모든 면에서 예수 그리스도에 다다라야 한다(엡 4:15). 예수께서 자기의 피를 흘리신 목적은 자신을 따르는 자들을 거룩함에 이르게 하려는 것이었다. 그러므로 순종의 광야 길에서 순종을 배우지 않고 오직 은혜만을 강조하는 것은 모순이다.

저주의 길이라도 하나님께 순종하는 것이 에발 산에 제단을 쌓는 것이다. 복을 위해 그리심 산에 제단을 쌓는 것은 곧 불순종의 길을 가는 것이며, 이는 사망에서 생명을 주신 예수 그리스도를 배반하는 것이다. 기독교는 이 세상에서의 복을 위해 살아가는 도리를 가르치려는 것이 아니다. 오히려 영원한 하나님의 안식에 들어가기 위해 고난을 감내하며 죽음을 두려워하지 않고 하나님의 말씀에 순종하며, 세상을 이기는 자가 되라고 가르친다.

자기 평가 및 결심

1. 내가 계획하거나 원하지 않았던 일을 만날 때, 하나님의 뜻이라고 생각해야 한다. 왜 이런 환경을 나에게 주셨을까? 이 일을 허락하신 하나님의 뜻을 깨닫고 이를 이루기를 간절히 바라고 있는가? 지금 쫓고 있거나 어느 정도 이룬 세속적인 성공을 따라가는 것을 내려놓자. 나에게 향하신 하나님의 뜻을 찾으며 주님의 명령에 순종하며 살기로 하자.

   *하나님의 뜻을 항상 이해할 순 없지만, 그 뜻은 언제나 선하다는 것을 확신합니다. 고난을 벗어나려고 애쓰기보다는 지금의 어려운 상황을 받아들이며, 하나님의 뜻을 묵상합니다.

2. 현실을 바로 보는 것은 중요하다. 그러나 현재 상황에 타협하거나 굴복하기보다는 하나님의 약속을 믿고 나아가는 것이 더 필요하다. 현실을 무시하는 것이 아니라, 현실을 넘어선 하나님의 사람이 되기 위해 무엇을 할 수 있을지 생각해 보아야 한다.

   *예수 그리스도를 믿는 것으로 모든 것이 완성된 것은 아닙니다. 이제는 광야의 삶을 살며, 이곳에서 하나님의 사람으로 거듭나기를 원합니다. 현실에서 성공을 추구하는 것이 아니라, 영원한 하나님의 나라를 소망하는 하나님의 자녀가 되기를 바랍니다.

3. 하나님의 안식은 창조 때 제칠 일로 이미 말씀하신 것이다. 은혜의 광야를 지난 그리스도인은 이제 순종의 광야를 거쳐 하나님의 안식에 들어가야 한다. 내가 지금 걷고 있는 광야는 어떤 광야인지 생각해 보고, 이 광야에서 내가 해야 할 일은 무엇인지 깊이 숙고해 보자.

*은혜의 광야에서 누렸던 하나님의 은혜와 사랑이 전부가 아님을 깨달았습니다. 하나님의 안식에 들어가기 위해서는 반드시 순종의 광야를 거쳐야 하기 때문입니다. 영원한 안식에 들어가기에 합당한 순종의 자녀가 되기를 원합니다. 하나님 아버지께서 주신 은혜의 감격을 품고, 남아있는 안식에 들어가기 위한 순종을 배우게 하옵소서.

17
함께하시는 하나님
God with you

훈련 목표

하나님의 약속의 말씀에 순종할 때 하나님께서 함께하신다. 하나님과 함께하는 것은 성도에게 영광스러운 일이다. 그리스도인은 하나님의 성령이 거하시는 성전으로서 거룩한 삶을 살아야 한다.

기도문

우리가 겪는 시련을 통해 함께하시는 하나님의 임재를 더욱 풍성하게 누리길 원합니다. 또한 임마누엘 하나님의 은혜에 감사드리며 찬양을 올립니다. 연약한 우리와는 다른, 능력 많으신 하나님의 자녀로서 강하고 담대하게 많은 사람을 옳은 길로 인도하며, 성령의 인도를 받는 자로 살아가게 하옵소서.

NEWper 훈련

  하나님께서 이스라엘 자손을 애굽 땅에서 이끌어 내신 이유는 무엇일까? 하나님께서 왜 이스라엘을 택하셨으며, 그들의 하나님이 되셔서 그들을 특별히 돌보며 인도하셨을까?

  하나님께서는 아브라함을 택하여 그로 하여금 조상의 땅을 떠나 믿음의 조상이 되게 하셨고(창 12:1, 히 11:8), 그의 자손을 통하여 살아 계신 하나님을 알리려고 하셨다. 하나님께서는 세겜에 도착한 아브라함에게 그 땅을 그의 자손에게 주겠다고 약속하셨으며(창 12:6,7), 또한 그 땅을 차지하게 하시려고 그를 갈대아 우르에서 나오게 하셨다(창 15:7). 자식이 없던 아브라함에게 하나님께서는 하늘의 별처럼 많은 자손을 주겠다고 약속하셨다. 아브라함은 하나님께서 주신 약속의 말씀을 믿었으므로, 그 믿음을 의로 여기셨다(창 15:5,6). 하나님의 언약의 말씀을 믿는 아브라함의 믿음이야말로, 믿음의 후손인 우리가 본받아야 할 모범이다.

  요 3:16 하나님이 세상을 이처럼 사랑하사 독생자를 주셨으니 이는 그

를 믿는 자마다 멸망하지 않고 영생을 얻게 하려 하심이라

하나님께서 약속하신 말씀은 '예수를 믿으면 멸망하지 않고 영생을 얻게 된다'는 것이다. 그러므로 복음을 들었다고 하더라도 믿음으로 받아들이지 않으면, 그 말씀은 들은 자에게 아무 유익이 없다(히 4:2). 믿음이라고 하면 예수를 믿는 것이라고 배웠으나, 이는 좁은 의미의 믿음을 말한다. 믿음은 하나님의 말씀을 들을 때 반드시 이루어질 것이라고 믿고 받아들이는 것이다. 하나님께서 약속으로 말씀하신 것은 하나님께서 정해진 시간에 이루실 것이라고 받아들이는 것이 믿음이다.

히브리서 11장에는 '예수를 믿는 믿음'에 대한 내용이 없다. 성경에서 말하는 믿음은 예수를 믿는 믿음만이 아니라, 넓은 의미로 하나님의 언약의 말씀을 신뢰하는 것이다. 나는 하나님의 말씀을 믿음으로 받아들이고 있는지 돌아보아야 한다(히 4:2).

히브리서 11장에 나오는 여러 사람들의 믿음은 하나님의 약속에 대한 믿음의 실천을 보여주고 있다. 아브라함은 하나님의 부르심을 받았을 때 어디로 가는지 알지 못했지만, 순종하여 장차 자기 몫으로 받을 땅을 향해 떠났다(히 11:1). 그는 세겜 땅을 약속으로 받았지만, 마치 타국에서 몸을 붙여서 사는 나그네처럼 거류하였고, 동일한 약

속을 함께 물려받을 이삭과 야곱과 함께 장막에서 살았다. 아브라함은 약속의 땅에서 살면서, 하나님께서 설계하시고 세우실 튼튼한 기초를 가진 도시를 바랐다(히 11:8-10). 장차 영원히 살게 될 하늘의 고향을 바라며, 하나님의 약속을 신뢰하고 따르는 것이 믿음이다.

아브라함의 믿음의 후손인 성도는 이 땅에서 누릴 복을 바라는 것이 아니라, 보이지 않더라도 미래에 있을 영원한 도시를 바라보아야 한다. 현재 재물과 권세를 가졌다고 하더라도, 이것은 이 땅에서 잠시 누리는 것이므로, 일시적인 것을 위해 영원한 것을 포기하지 말아야 한다. 잠시 있을 것을 위해 사는 것이 아니라, 영원한 하나님의 약속을 바라보며 살아가는 것이다. 아브라함과 그의 자손을 통해 일어난 역사적인 사건들은 현재를 살아가는 성도들에게 신앙의 본을 보여주며, 어떤 자세로 현세적인 삶을 살아가야 할지를 알려준다.

아브라함이 가졌던 믿음을 갖고 사는 사람이 아브라함의 영적 후손이다. 우리는 현재 아무 소망이 없다고 느껴질 때에도 하나님의 언약을 믿어야 한다. 아브라함은 하나님께서 계획하시고 세우실 튼튼한 기초를 가진 도시, 곧 새 새 예루살렘을 기대하고 소망했다. 이러한 믿음을 가진 자가 진정한 아브라함의 영적 후손이다. 그렇다면 나도 눈에는 보이지 않는 영원한 새 예루살렘이 이루어질 것을 확신하고 있는가?

하나님께서는 아브라함에게 말씀하셨다. "아브라함의 자손이 다른 나라에서 사백 년 동안 객이 되어 종으로 그들을 섬기면서 괴로움을 받게 될 것이지만, 내가 그 나라를 벌할 것이며, 그의 자손이 큰 재물을 가지고 나오게 될 것이다. 그리고 아브라함은 오래 살다가 고이 잠들어 묻힐 것이며, 네 자손은 사 대째가 되어서야 이 땅으로 돌아오게 될 것이다."(창 15:13-16)

하나님께서는 시내(호렙) 산에서 모세를 부르셔서, 이스라엘 자손을 이집트 사람의 손에서 건져내어, 가나안 땅으로 데려가겠다는 계획을 알려 주셨다. 하나님께서는 이스라엘 자손의 부르짖음을 들으셨고, 그들이 학대를 받는 것도 보셨다. 그러므로 모세를 바로에게 보내어, 이스라엘 자손을 이집트에서 나오게 하신다는 말씀이었다 (출 3:1-10).

이스라엘이 이집트에서 나오게 된 첫 번째 이유는 아브라함에 대한 하나님의 약속 때문이며, 두 번째로는 하나님께서 이스라엘 자손의 고통을 아셨기 때문이었다. 이스라엘 자손은 이집트를 탈출하여 젖과 꿀이 흐르는 가나안으로 가는 것이 목적이었다. 그러나 하나님께서 그들을 이끌어 내신 목적은 그들과 함께하시면서 그들에게 자신이 권능으로 인도한 하나님이심을 알려 주고, 그들을 온 세상에 신앙의 표본이 되는 자기 백성으로 삼으시려는 것이었다(신 4:20, 9:29).

출 29:45 내가 이스라엘 자손 중에 거하여 그들의 하나님이 되리니 46 그들은 내가 그들의 하나님 여호와로서 그들 중에 거하려고 그들을 애굽 땅에서 인도하여 낸 줄을 알리라 나는 그들의 하나님 여호와니라

예수를 통해 죄의 노예에서 벗어나 천국에 들어가는 것이 그리스도인에게 중요한 신앙의 목적이라고 대다수의 성도들이 생각한다. 하나님께서는 성도와 동행하는 것을 더 원하신다. 내 죄가 용서받는 것으로만 만족하는 것이 아니라, 구원 이후에 하나님과 함께하는 자녀로 살아가는 것이 중요하다는 점을 명심해야 한다. 과연 나는 하나님과 함께할 준비를 하고 있는가?

하나님께서 이스라엘 중에 머물기를 원하셨지만, 여기에는 큰 문제가 있었다. 아무도 하나님을 본 적이 없으며, 하나님은 눈으로 볼 수 없는 분이시기 때문에(딤전 6:16, 요 1:18), 하나님을 본 사람은 아무도 살 수 없다는 사실이었다(출 33:20). 따라서 하나님께서 이스라엘과 함께하신다는 것을 알리기 위한 방법이 필요했다.

하나님께서는 이스라엘 자손들 중에 거하실 성소를 지으라고 모세에게 명령하셨고, 그에게 보여준 모양대로 장막을 짓고, 기구들도 그 모양을 따라 제작하라고 하셨다(출 25:8,9). 성막은 사람의 생각과

뜻대로 지을 수 있는 것이 아니라, 오직 하나님께서 원하시는 설계도를 따라서 지어야 한다(출 25:40). 따라서 성막을 짓는 것 자체는 하나님의 명령에 순종하는 행위였다.

이스라엘 자손은 하나님을 직접 볼 수는 없지만, 그들 가운데 있는 성막을 보며 하나님의 임재를 경험할 수 있었고, 하나님께서 그들과 함께하신다는 것을 알 수 있었다. 광야를 지나며 만나와 메추라기를 공급하시고, 바위에서 물을 솟게 하시는 하나님의 이적을 통해 그들은 하나님께서 살아 계신 것을 경험했다.

하나님께서 함께하신다는 것은 크나큰 복이다. 그러나 하나님과 동행하는 것은 결코 쉽지 않다. 만일 경찰과 함께 가고 있다고 생각해 보자. 경찰이 옆에 있는데 아무 이유 없이 다른 사람을 폭행할 수 있겠는가? 아니면 다른 사람을 속여 금품을 빼앗을 수 있겠는가? 경찰이 보는 앞에서 법을 어길 수 있겠는가? 하나님과 함께한다는 것은 항상 하나님을 의식하며 살아야 함을 의미한다.

항상 하나님께서 나와 함께하신다는 것을 기억하며 하루를 살아 볼 용기가 있는가? 아침에 일어나 하나님의 이름을 부르고, 식사도 주님과 함께하며, 사소한 모든 일상에서 하나님과 함께하는 것을 말한다. 하나님과 함께한다는 것은 마치 에녹이 하나님과 동행한 것과 같다(창 5:24). '오늘'이라는 시간에 하나님과 항상 함께하는 것을 시도해 보길 바란다.

모세가 십계명을 받기 위해 시내 산에 올라갔을 때, 산 아래에서는 이스라엘 백성이 자신들을 애굽에서 이끌어 낸 신을 만들어 섬기려 했다. 이것은 다른 신을 섬기지 말라는 첫 계명과 우상을 섬기지 말라는 둘째 계명을 어기는 죄였다. 모세가 산에서 오랫동안 내려오지 않자, 이스라엘 백성은 아론에게 몰려가 자신들을 인도할 신을 만들어 달라고 요구했다. 이에 아론은 귀에 달고 있던 금고리를 가져오라고 했고, 그것을 녹여 송아지 형상을 만들었다. 그러자 그들은 이것을 보고 "이스라엘아, 이 신이 너희를 이집트 땅에서 이끌어 낸 너희의 신이다"라고 외쳤다. 아론은 그 신상 앞에 제단을 쌓고 "내일 주님의 절기를 지킵시다"라고 선포하였다(출 32:1-5).

이 사건으로 이스라엘 백성은 하나님을 크게 실망시켰다. 하나님께서는 자신이 아닌, 모세가 이집트에서 인도해 낸 모세의 백성이 타락했다고 말씀하셨다(출 32:7). 이는 이스라엘이 더 이상 하나님의 백성이 아니라는 의미였다. 하나님은 이스라엘을 멸하고, 모세로 하여금 큰 나라가 되게 하겠다고 하셨다. 그러나 모세는 이스라엘 자손을 위해 간청하면서, 하나님께서 큰 권능으로 인도하여 내신 하나님의 백성이므로 진노하지 말아 달라고 애원했다. 하나님의 이름을 위해, 또 하나님의 약속을 기억하셔서 이들을 용서해 달라고 모세는 기도했다. 결국 하나님께서 뜻을 돌이키시고, 백성에게 내리려 했던 재앙을 거두셨다(출 32:10-14).

그리고 하나님께서는 모세에게 말씀하셨다. "네가 이집트에서 인도해 낸 백성과 함께 약속의 땅으로 올라가라. 내가 사자를 먼저 보내어 그곳 주민들을 쫓아내고, 너희를 그 땅에 들어가게 할 것이다. 그러나 나는 너희와 함께 올라가지 않겠다. 너희는 고집이 센 백성이므로, 내가 너희와 함께 가면 너희를 없애 버릴지도 모르기 때문이다."(출 33:1-3) 백성은 이 참담한 소식을 통곡하며, 아무도 장식품을 몸에 걸치지 않았다.

모세는 하나님께 간구했다. "보십시오, 주님께서 저에게 이 백성을 저 땅으로 이끌고 올라가라고 말씀하셨습니다. 그러나 주님께서 누구를 저와 함께 보내실지는 알려주지 않으셨습니다. 주님께서는 저를 잘 아시고, 저의 이름을 불러 주실 만큼 큰 은총을 베푸신다고 말씀하셨습니다. 그렇다면 제가 주님을 섬기며 계속해서 주님의 은총을 받을 수 있도록 부디 저에게 주님의 계획을 가르쳐 주십시오. 주님께서 이 백성을 주님의 백성으로 선택하셨음을 기억하시기 바랍니다." 이에 하나님께서는 모세에게 "내가 친히 너와 함께 가겠다. 그리하여 너를 쉬게 하겠다(My Presence will go with you, and I will give you rest)"라고 말씀하셨다(출 33:14).

모세는 하나님께서 함께하실 때 비로소 하나님의 백성이 되는 것임을 알았다. 하나님과 함께하다가 죽음을 맞이하는 것은 영광스러운 일이지만, 하나님 없이 부귀영화를 누리는 것은 저주받은 것임이 틀림없다. 나는 하나님과 함께하는 것을 가장 귀한 것으로 여기고 있는가?

이스라엘 자손이 비록 가나안에 들어간다 하더라도, 하나님께서 함께하지 않으신다면 아무 의미가 없다는 것을 모세는 잘 알고 있었다. 하나님께서 함께하시는 것이 이스라엘에게 가장 중요한 것이며, 이스라엘이 존재 가치를 지니는 이유이기 때문이다. 이제 또 다른 사건을 살펴보자.

가나안을 40일간 정탐한 후, 갈렙과 여호수아를 제외한 10명은 가나안에 대해 악평하며 결코 가나안 사람들과 싸워서 이길 수 없다고 보고했다. 이 말을 들은 이스라엘 자손은 차라리 이집트에서 죽거나 광야에서 죽었으면 좋겠다고 통곡했다. 그러나 갈렙과 여호수아는 이들과는 다른 보고를 했다. "가나안 땅은 매우 좋은 땅이며, 주님께서 우리를 사랑하신다면 그 땅으로 우리를 인도하실 것이다. 다만 여러분은 주님을 거역하지 말아야 한다. 그 땅의 백성을 두려워할 필요가 없다. 그들은 우리의 밥이다. 그들의 보호자는 사라졌고, <u>주님께서 우리와 함께 계시니</u>, 그들을 두려워하지 말라." 그러나 이 말을 들은 사람들은 갈렙과 여호수아를 돌로 치려 했다(민 14:1-10).

하나님께서는 모세에게 말씀하셨다. "언제까지 이 백성이 나를 멸시하려는 것이냐? 내가 이 백성 가운데서 보인 온갖 표적들이 있는데도 언제까지 나를 믿지 않으려는 것이냐? 내가 전염병으로 이들을 쳐서 없애고, 너를 이들보다 더 크고 강한 나라로 만들겠다." 이에 모세는 이스라엘 자손을 위해 또다시 용서를 구하는 중보기도를 했고, 하나님께서는 모세의 기도를 들어주어 용서해 주셨다(민 14:11-19).

갈렙과 여호수아는 함께하시는 하나님을 이스라엘 자손에게 알려 주었다. 하나님께서는 성막을 통해 이스라엘과 함께하시며 많은 이적을 경험하게 하셨지만, 그들은 모든 환경을 주관하시는 하나님께서 함께하신다는(신 20:1) 사실을 깨닫지 못했다. 하나님과의 동행을 깨닫지 못한 자들은 하나님의 말씀을 믿지 않았고, 순종하지 못했으며, 결국 40년간의 광야 생활에서 죽음을 맞이해야 했다.

하나님께서는 이스라엘 자손을 이끌고 가나안에 들어갈 여호수아에게 명령하셨다. "너는 이스라엘 자손을 인도하여 내가 그들에게 약속한 땅으로 들어갈 것이니, 마음을 강하게 먹고 용기를 내어라.

내가 너와 함께 있겠다."(신 31:23) 이와 같이 하나님께서 함께하실 때 하나님의 백성은 어떠한 어려움도 이겨낼 수 있다.

그래서 갈렙과 여호수아는 하나님께서 함께하신다는 것을 알았기에 거인 족속이 살고 있는 가나안 땅으로 담대하게 나아갈 수 있었다. 하나님께서는 여호수아에게 '강하고 담대하라'고 명령하셨는데(수 1:5-9), 그 이유는 주님께서 함께하시기 때문이었다.

> 수 1:9 내가 네게 명령한 것이 아니냐 강하고 담대하라 두려워하지 말며 놀라지 말라 네가 어디로 가든지 네 하나님 여호와가 너와 함께 하느니라 하시니라

환난의 날에도 함께하시는 분이 계시므로 신앙인은 담대히 나아갈 수 있다. 하나님께서 함께하신다면, 우리는 무엇을 해야 할까? 이스라엘 자손에게 하나님께서 함께하신다는 것을 보여주셨다면, 그들은 어떻게 했어야 했을까?

> 대하 15:1 하나님의 영이 오뎃의 아들 아사랴에게 임하시매
> 2 그가 나가서 아사를 맞아 이르되 아사와 및 유다와 베냐민의 무리들아 내 말을 들으라 너희가 여호와와 함께 하면 여호와께서 너희와 함께 하실지라 너희가 만일 그를 찾으면 그가 너희와 만나게 되시려니와

너희가 만일 그를 버리면 그도 너희를 버리시리라

The Lord is with you when you are with him. If you seek him, he will be found by you, but if you forsake him, he will forsake you.

<u>우리가 여호와 하나님과 함께할 때 하나님께서 우리와 함께하실 것을 약속하신다.</u> 지금 이 시간 나는 주님과 함께하고 있는가? 지금 그 장소에서 하나님을 만나려고 찾고 있는가? 지금 내가 있는 그 자리에서 하나님을 찾을 때, 하나님은 나타나실 것이다. 만일 내가 하나님을 버리면, 하나님께서도 나를 버리실 것이다. 누구든지 고의로 죄를 지어 하나님의 성전을 더럽히면, 하나님께서도 그 사람을 멸하실 것이다(고전 3:17, 히 10:26-31).

예수 그리스도를 힘입어 그리스도인은 하나님께서 계시는 지성소에 담대하게 나아가 하나님을 만날 자격을 얻었다. <u>그리스도인은 하나님의 성전이며, 하나님의 성령이 그 사람 안에 계신다</u>(고전 3:16). 그렇다면 이제 그리스도인은 함께하시는 하나님을 모시고 살아갈 훈련을 받아야 한다. 따라서 성도는 모든 시간과 장소에서 항상 하나님을 찾아야 한다. 하나님께서 함께하신다는 것이 그리스도인의 정체성이며, 그리스도인으로 살아가야 할 이유이다. 주님께서는 주와 함께하는 자의 오른손을 붙들어 주신다(시 73:23).

예수께서 오시기 전까지는 성막과 성전의 건물이 있었지만, 예수께서 십자가에서 죽으신 후에는 그리스도인이 하나님의 성전이 되었다. 예수께서는 하나님의 성전이 된 제자들에게 "보아라, 내가 세상 끝날까지 항상 너희와 함께 있을 것이다"(마 28:20)라고 말씀하셨다.

> 새번역 마 28:20 내가 너희에게 명령한 모든 것을 그들에게 가르쳐 지키게 하여라. 보아라, 내가 세상 끝 날까지 항상 너희와 함께(항너함) 있을 것이다."

예수께서 십자가에서 죽으시며 자신의 몸인 지성소의 휘장을 찢으셨고, 성령께서 그리스도인에게 오셨으므로, 그리스도인이 하나님의 성전이 되었다. 이제 더 이상 교회 건물은 하나님의 성전이 아니다. 오히려 하나님의 성전인 그리스도인이라면 누구나 하나님의 성전답게 살아가야 할 의무가 있다. 나는 하나님의 성전으로 살아가고 있다고 생각하는가?

예수께서 하신 약속의 말씀, '항상 너희와 함께 있을 것이다'를 '항너함'으로 줄여 기억하며 그 약속을 상기하기를 권한다. 항상 함께하시는 하나님의 성령을 모시고 살아가는 것은 주님의 명령에 순종하며, 마지막 날에 있게 될 영광스러운 모습을 바라보며 사는 것을 의미한다. 이러한 신앙을 한마디로 '항상 주와 함께'(항주함)라고 표현할 수 있다.

시 73:23 내가 <u>항상 주와 함께(항주함)</u> 하니 주께서 내 오른손을 붙드셨나이다

NIV Ps 73:23 Yet <u>I am always with you</u>; you hold me by my right hand.

살전 4:16 주께서 호령과 천사장의 소리와 하나님의 나팔 소리로 친히 하늘로부터 강림하시리니 그리스도 안에서 죽은 자들이 먼저 일어나고

4:17 그 후에 우리 살아남은 자들도 그들과 함께 구름 속으로 끌어 올려 공중에서 주를 영접하게 하시리니 그리하여 우리가 <u>항상 주와 함께(항주함)</u> 있으리라 (And so we will <u>be with the Lord forever</u>.)

마지막 날에 예수께서 호령과 천사장의 소리, 하나님의 나팔 소리와 함께 친히 하늘로부터 내려오실 것이다. 이때 그리스도 안에서 죽은 사람들이 먼저 일어나고, 그다음에 살아남아 있는 성도들이 그들과 함께 구름 속으로 이끌려 올라가 공중에서 주님을 영접할 것이다. 이리하여 성도들은 <u>항상(영원히) 주님과 함께</u> 있을 것이다(살전 4:16,17).

주님 안에서 거룩하게 된 성도는 '항상 너희와 함께(항너함) 있을 것이다'라고 약속하신 예수님을 신뢰하며, '항상 주와 함께(항주함)' 하는 자들이 되어야 한다. 이것이 하나님의 성전이 된 그리스도인들이 살아가야 할 삶의 자세이다. 하나님의 성령께서 항상 함께하시므로, 성령을 근심하게 하지 말아야 한다. 성령 안에서 구속의 날을 위해 인치심을 받았기 때문이다(엡 4:30). <u>항상 주님과 함께(항주함)</u> 하는 삶으로 재림 예수를 맞이할 준비를 할 때, 다가올 주님의 날에 '<u>영원히 주님과 함께(영주함)</u>' 있게 될 것이다.

자기 평가 및 결심

1. 믿음은 예수를 믿는 것과 더불어 하나님의 약속의 말씀을 믿는 것이다. 오늘 하나님의 말씀을 믿음으로 받아들여서, 그 말씀이 이루어질 것을 기대하며 살아야 한다.

*예수께서 우리를 위해 대신 죽으신 구속의 사건을 믿습니다. 예수께서는 우리의 구세주이시며 주인이십니다. 주님의 행하심을 믿습니다. 또한 기록된 하나님의 말씀에 따라 마지막 때에 심판하시는 주님으로 다시 오실 것도 믿습니다. 하나님의 말씀이 우리 각자에게 깊이 각인되어 그 말씀에 순종하기를 원합니다.

2. 하나님께서는 함께하시기 위해 성막을 지으라고 하셨고, 지금의 그리스도인은 하나님의 성전이 되었다. 성령께서 함께하신다는 것을 확신하며 살아야 한다. 나는 함께하시는 하나님께 대하여 어떤 자세로 살아가고 있는지 점검해 보라.

*신약 시대의 그리스도인은 하나님의 성전이 되었습니다. 하나님의 성령께서 함께하시므로 이제는 사람의 생각을 따라 사는 것이 아니라, 성령의 인도하심을 따라 살아가야 함을 알고 있습니다. 임마누엘의 하나님을 모시고 살아가며 거룩한 성전다운 삶을 살게 하옵소서. 세속에 물들어 사는 것을 버리고 주님의 거룩함을 닮게 하옵소서.

3. '항상 너희와 함께'(항너함) 하신다는 주님의 약속을 마음에 품고 있는가? 그렇다면 나는 '항상 주와 함께'(항주함) 있어야 한다. 이렇게 살아갈 때, 나는 '영원히 주와 함께'(영주함)할 약속을 붙잡고 있는가?

*세상 끝날까지 주님께서 우리와 함께하실 것이라고 약속하셨습니다. 예수 그리스도를 영접한 우리는 이미 하나님의 성전으로서 성령께서 함께하고 계십니다. 그러므로 지금은 '항상 주와 함께'(항주함)의 자세로 매일을 살아가고 있습니다. 인간이기에 비록 쓰러질 때도 있지만, 함께하시는 주님께서 다시 일으켜 세우십니다. '항주함'의 삶이 지속되어 영원히 주

님과 함께할 그날을 간절히 사모합니다.

18
하나님의 거룩한 성전 1
the Holy temple of God 1

훈련 목표

거룩은 기독교 신앙의 중요한 주제이자 하나님의 성품이다. 거룩은 사람들에게 보여주기 위한 것이 아니라 하나님께 나아가기 위해 반드시 필요하다. 거룩하신 하나님께서 우리를 불러 주셨으므로, 하나님을 본받아 모든 행실에서 거룩한 자가 되어야 한다. 거룩은 추상적인 개념이 아니라, 현실적이며, 삶의 현장에서 나타나는 것이다. 하나님의 말씀을 믿음으로 간직하고, 진리의 말씀을 순종하는 사람의 삶에서 드러난다.

기도문

거룩하신 하나님의 자녀로 살아가는 은혜를 주셔서 감사합니다. 새 사람으로 살아갈 기회를 주셨으니, 옛 사람으로 돌아가지 않게 하시고, 말씀에 순종하여 선을 행하는 살아 있는 믿음을 간직하며 살아가도록 성령 하나님께서 인도하여 주옵소서. 아멘

NEWper 훈련

출애굽 역사는 기독교 신앙의 기본을 알려 주는 교본이다. 이스라엘 자손이 이집트의 노예로 살았다는 것은 모든 인류가 죄의 노예였다는 것을 상징한다. 이스라엘이 유월절 어린 양의 피를 문에 발라 사망이 이스라엘 자손을 지나간 것은, 예수 안에 있는 생명의 성령의 법으로 인해 죄의 대가인 사망의 법에서 벗어난 것을 의미한다(롬 6:23, 8:2). 그들이 홍해를 건너 이집트의 지배에서 벗어난 것은 죄의 노예에서 해방되어(롬 6:22) 죄로부터 구원을 받는 것을 상징한다. 어린 양이신 예수 그리스도의 희생의 피를 믿는 자들은 죄에서 자유를 얻었고(요 8:30-36), 하나님의 자녀가 되었다(요 1:12).

이집트에서 탈출하여 홍해를 건넌 이스라엘 자손은 시내 산에 도

달했다. 산 위에서는 하나님께서 모세에게 십계명을 주셨지만, 산 아래에서는 이스라엘 자손이 이집트의 관습대로 금송아지를 만들어 자신들을 이집트에서 인도하여 낸 신이라고 불렀다. 이에 하나님께서는 모세에게 "어서 내려가 보아라. 네가 이집트 땅에서 이끌어 낸 너의 백성이 타락했다. 그들은 내가 명한 길을 이렇게 빨리 벗어나 스스로 송아지 모양을 만들어 놓고 절하고, 제사를 드리며 '이스라엘아, 이 신이 너희를 이집트 땅에서 이끌어 낸 너희의 신이다' 하고 외치고 있다"라고 말씀하셨다(출 32:7,8).

하나님의 명령을 순종하지 않는 자들은 더 이상 하나님의 백성이 아니다. 이에 하나님께서는 그들을 자신의 백성이 아니라, 모세가 인도해 낸 그의 백성이라고 말씀하셨다. 하나님께서는 이스라엘을 진멸하고 모세로 하여금 큰 나라가 되게 하시겠다고 하셨다. 그러나 모세는 하나님께 기도하며, 이들은 하나님의 큰 권능과 강한 손으로 이집트 땅에서 인도해 내신 하나님의 백성이라고 간청했다. 하나님께서는 모세의 기도를 들어주어 말씀하신 화를 그 백성에게 내리지 않으셨다(출 32:9-14).

이스라엘은 홍해를 건넜지만 과거의 삶을 청산하지 않았고, 오히려 죄악 가운데 생활하고 있었다. 출애굽했다고 해서 하나님의 거룩한 백성이 바로 되는 것은 아니며, 죄에 물들었던 과거의 삶을 청산하고 하나님의 자녀로서 하나님 아버지의 거룩을 닮아야 한다. 그러므로 먼저 과거에 지니고 있었던 세속적인 사고방식과 생활 방식을 버려야 한다.

 폭력배나 사기꾼으로 살았던 사람이 예수를 영접해 기독교인이 되었다고 하자. 그러나 과거의 삶을 버리지 않고 그대로 살아가고 있다면, 그는 예수를 믿는 폭력배, 예수를 믿는 사기꾼일 뿐이다. 이러한 사람은 그리스도인이라 할 수 없으며, 도리어 하나님의 거룩하신 이름을 욕되게 할 뿐이다. 과거에 더러웠던 삶이 정결하게 변화되지 않은 채, 종교적인 예식만 지키는 사람은 진정한 그리스도인이 아니다. 이스라엘 백성은 홍해를 건넜지만 과거에 섬겼던 우상을 여전히 섬기고 있었다. 이와 같이 과거의 죄악을 버리지 않고 하나님의 명령을 따르지 않는 자들은 홍해를 건넜어도 아직 진정한 하나님의 백성은 아니다.

 믿으면 천국 간다는 '이신칭의'만을 강조하여 신자에 합당한 삶을 제외해 버린다면, 기독교는 삶과 분리된 종교적인 집단이 될 것이다. 이렇게 되지 않으려면 세상을 창조하시고 주관하시는 하나님을 믿고, 하나님과의 인격적인 만남과 교제를 통해 하나님의 말씀에 자발적으로 순종해야 하며, 거룩하신 하나님의 백성으로서 주님의 거룩을 닮아가야 한다고 가르쳐야 한다. 하나님께서 이스라엘을 선택하여 자기 백성으로 삼고 이집트 땅에서 인도해 낸 목적은 이스라엘 자손의 하나님이 되시려는 것이었다.

레 11:44 나는 여호와 너희의 하나님이라 내가 거룩하니 너희도 몸을 구별하여 거룩하게 하고 땅에 기는 길짐승으로 말미암아 스스로 더럽히지 말라
45 나는 너희의 하나님이 되려고 너희를 애굽 땅에서 인도하여 낸 여호와라 내가 거룩하니 너희도 거룩할지어다

하나님의 백성이라면 세상 사람들과는 달리 자신의 몸을 구별하여 거룩하게 하고, 스스로 더럽히지 말아야 한다. 하나님께서는 자신이 거룩하시므로 이스라엘 자손도 하나님께서는 자신이 거룩하시므로, 거룩하기를 명령하셨다(레 11:45). 보통 교회에서는 '거룩'이 인간의 순수한 노력만으로 성취할 수 있는 것이 아니라고 말한다(호크마 주석). 심지어 거룩에 이르는 성화는 결코 사람이 이룰 수 없는 불가능한 것이라고 하기도 한다. 그렇다고 하나님의 거룩을 닮아가는 것이 부담이 된다고 거룩을 미리 포기해 버리는 것은 옳지 않은 태도이며, 성경적이지도 않다.

벧전 1:15 오직 너희를 부르신 거룩한 이처럼 너희도 모든 행실에 거룩한 자가 되라(be holy in all you do)

1:16 기록되었으되 내가 거룩하니 너희도 거룩할지어다 하셨느니라

우리를 부르신 분은 거룩하시므로 주님처럼 모든 행실에서 거룩한 자가 되어야 한다. 하나님의 자녀가 된다는 것은 하나님을 아버지로 모시며 아버지의 성품을 닮아가는 것이다. 이것은 하나님의 자녀로서 마땅히 해야 할 도리이다. 성경에서의 거룩은 단순히 영적인 것을 말하는 것이 아니라, 삶의 모든 영역에서 거룩한 자가 되라는 것이다(be holy in all you do). 자칫 거룩을 영적이고 추상적인 것으로 생각하면, 실제적인 거룩의 행위에는 관심이 없고, 관념적인 거룩만을 추구하게 될 것이다. 그러나 성경은 모든 행실에서 거룩한 사람이 되라고 말한다. 이는 실제의 삶에서 거룩하게 행동해야 한다는 것이다.

하나님의 말씀을 순종할 때 거룩해지는 것이며, 이는 거짓 없이 형제를 사랑하는 것을 의미한다(벧전 1:22). 하나님의 신성한 성품에 참여하는 것은 믿음으로 시작하여 사랑을 행할 때 이루어진다고 베드로 사도는 말했다(벧후 1:3-7). 신앙인은 하나님의 명령에 따라 거룩해지기 위해 성령 안에서 최선의 노력을 기울여야 한다(make every effort, NIV 벧전 1:5).

기독교의 거룩은 단지 생각과 마음으로만 하는 추상적인 것이 아니다. 하나님의 말씀이 육신이 되어 예수께서 나타나신 것처럼, 하나

님의 거룩은 우리의 삶의 현장에서 드러나야 한다. 사람에게 보이기 위한 형식적인 거룩이 아니라, 하나님께서 원하시는 진정한 거룩의 모습이어야 한다.

하나님께서 '거룩'을 명령하셨지만, 인간으로서 감히 하나님처럼 '거룩'하게 될 수 없다고 말하는 것은 겸손을 가장한 불신앙이다. 하나님의 명령이라고 하더라도 사람의 생각으로는 이루어질 수 없을 것 같아 미리 불가능하다고 여기는 것은 하나님의 뜻을 무시하는 것이다. 오히려 하나님께서 하신 명령이라면 주님 안에서 이루어질 것이라고 생각해야 한다. 하나님의 명령에 순종하여 겸손히 하나님의 거룩에 참여하는 것이 진실한 신앙의 태도이다.

종교를 가진 사람을 '교인' 또는 '신자'로 부르며, 이들은 믿음을 따라 사는 사람들(believers)이다. 교회에 출석하는 기독교인이라면 '성경'을 하나님의 말씀으로 받아들여 그 말씀을 따라 살아야 한다. 만약 교회에 출석하면서 종교 예식과 행사에 충실하지만, 하나님의 말씀과는 무관하게 살아가고 있다면, 그는 단지 '기독교'라는 종교에 헌신할 뿐, 진실된 기독교인은 아니다. 그럼에도 정작 교회에서는 하나님 말씀을 알아 가며 실천하고자 하는 열정은 없을지라도, 열심히 교회 생활을 하는 사람을 신앙이 좋은 사람으로 인정해 주는 모순을 보이기도 한다.

올바른 신앙생활이란 알고 있는 말씀을 삶에 옮겨 실천하는 것을 말한다. 교회만을 중심으로 하는 신앙이 아니라, 교회 공동체에서 배운 하나님의 말씀을 삶에서 실천하며 하나님을 경외하는 삶을 살아야 한다. 이렇게 하나님의 사랑과 공의를 행할 때, 삶의 현장에서 하나님의 영광이 드러나는 것이다.

홍해를 건넜지만 아직 거룩하지 못한 이스라엘 자손들을 거룩하게 하기 위해 하나님께서는 구체적인 방안을 준비하셨다. 하나님께서는 거룩한 장막(성막)을 이스라엘의 처소 가운데 세우게 하셨고, 성막을 통해 하나님의 거룩함을 배우게 하셨다. 성막은 거룩한 하나님께서 계시는 곳이므로, 성막 안에 있는 모든 사람과 옷과 기구는 모두 거룩해야 했다. 레위기에서는 성막에서의 제사를 통해 이스라엘 자손에게 하나님의 거룩을 알려 주었다. 그럼에도 불구하고 이들은 거룩하게 보이는 외형적인 행위에 치중하여 종교적인 헌신을 했을 뿐, 거룩의 본질은 잃어버렸다.

거룩의 의미를 알기 위해서는 구원과 영생에 대한 이치를 살펴볼 필요가 있다. 보통 한 번 구원을 받은 사람은 영원히 구원을 받은 것이라고 생각한다. 이러한 신앙의 근거로 예수를 영접하면 영생을 얻고(요3:16), 심판을 받지 않으므로(요 3:18), 천국에 들어갈 것이 확정된 것이라고 주장한다. 그러나 이에 대한 성경 말씀을 다시 살펴볼 필요가 있다.

요 3:18 그를 믿는 자는 심판(정죄, condemned)을 받지 아니하는 것이요 믿지 아니하는 자는 하나님의 독생자의 이름을 믿지 아니하므로 벌써 심판(정죄, condemned)을 받은 것이니라

요한복음 3:18에 나오는 심판은 정죄, 곧 '죄가 있다고 판결'한 것으로, 더 이상 죄인이 아니라는 의미일 뿐 마지막 날에 있을 최후의 심판(judgment)이 없다는 것을 의미하는 것은 아니다. 예수를 믿으면 마지막 날의 최후의 심판을 받지 않는다는 해석은 잘못된 오역이다.

히 10:30 원수 갚는 것이 내게 있으니 내가 갚으리라 하시고 또 다시 주께서 그의 백성을 심판하리라 말씀하신 것을 우리가 아노니
고후 5:10 이는 우리가 다 반드시 그리스도의 심판대 앞에 나타나게 되어 각각 선악간에 그 몸으로 행한 것을 따라 받으려 함이라

성경에서는 예수께서 세상에 다시 오실 때 '자기 백성을 심판'(judgment)하신다고 하셨고(히 10:30), 그리스도인은 반드시 그리스도의 심판대 앞에 나아가 자신이 행한 것에 따라 심판을 받게 될 것이다(고후 5:10). 모든 그리스도인은 재림의 주님 앞에 서서 심판대에 서게 될 것이며, 이에 대비해 심판을 받을 준비를 해야 한다. 이

렇게 준비하면서 주님의 재림을 사모하는 자는 의의 면류관을 받게 될 것이라고 하였다(딤후 4:8).

예수를 믿으면 영생을 얻는다고 알고 있지만, 믿는 자가 순종하지 않으면 예정된 영생을 보지 못할 뿐 아니라, 도리어 하나님의 진노를 받게 될 것이라는 사실도 알아야 한다(요 3:36). 예수의 이름을 믿는 것만으로 천국을 소유한 것이라고 주장하는 것은 진리를 왜곡하여 가르치는 구원파의 교리와 일치한다. 믿음으로 의인이 되는 진리와 함께 구원(σώζω 4982 [sōzō], 소조)을 받은 자들은 반드시 주님의 명령에 순종해야 구원(σωτηρία, ας, ἡ 4991 [sōtēria], 소테리아)에 이르게 된다는 것을 마음에 새겨야 한다(빌 2:12, 요 3:36, 히 5:8,9).

예수를 주님으로 믿고 고백한 사람이라 할지라도 예수 그리스도의 명령에 순종하지 않으면, 천국에 들어갈 수 없다고 예수께서 직접 말씀하셨다(마 7:21-27). 그리스도인은 항상 주님께 순종하며, 두렵고 떨리는 마음으로 예정된 구원(soteria)을 이루어 나가야 한다(빌 2:12). 모든 성도는 예수를 믿는 것에서 멈추지 않고, 모든 더러움을 떠나 타락하지 않으며 자신을 지키고, 하나님을 두려워하는 가운데 온전히 거룩해야 한다(고후 7:1, 히 6:4-6).

진리에 대한 지식을 얻은 후에도 고의로 계속해서 죄를 짓는 자에게는 더 이상 속죄할 제사가 남아 있지 않으며, 오직 무서운 마음으로 마지막 심판(judgment)을 기다리는 것과 반역자들을 삼킬 맹렬한 불이 있을 뿐이다. 모세의 법을 어긴 사람도 두세 증인의 증언이 있으면 가차 없이 사형을 받는다. 그렇다면 하나님의 아들을 짓밟고, 자기를 거룩하게 해 준 언약의 피를 대수롭지 않게 여기며, 은혜의 성령을 모욕한 사람은 더욱 무서운 벌을 받게 될 것이다. 마지막 날에 주님은 자기 백성을 심판하실 것이며, 그때 살아 계신 하나님의 징벌하시는 손에 떨어지는 것은 참으로 무서운 일이다(히 10:26-31). 그러므로 그리스도인은 거룩하신 하나님 앞에서 성령께서 임재하시는 거룩한 성전답게 거룩한 삶을 살아야 한다.

어떤 기독교 교단에서 정한 교리는 성경에 맞지 않을 수도 있다. 교리를 신봉하는 사람은 교리와 맞지 않는 하나님의 말씀을 무시하고, 익숙해진 교리에 안주할 가능성이 있다. 그러므로 교리에 근거한 신앙에서 벗어나 하나님의 말씀에 뿌리를 내리는 신앙으로 새롭게 갱신되어야 한다. 교리는 오히려 하나님의 말씀에 맞추어 수정되어야 하며, 이를 위해 각 교단이 뼈를 깎는 듯한 용기를 가져야 한다. 하나님의 성령이 함께하시는 거룩한 하나님의 성전으로 살아가기 위해 고민하며 새로운 방향으로의 전환이 필요하다.

자기 평가 및 결심

1. 예수를 믿기 전과 믿은 후에 나의 삶이 어떻게 달라졌는지 확인해 보라. 아직도 과거의 추하고 더러운 모습이 남아 있는가? 더러운 것을 깨끗하게 하지 않으면 거룩으로 나아갈 수 없다.

    *과거의 더러운 습관을 버리지 않은 채 주님을 따를 때가 많습니다. 예수님을 영접하면 모든 것이 저절로 변화될 줄 알았지만, 거룩한 모습으로 변화되기 위한 노력이 필요하다는 것을 깨달았습니다. 거룩함으로 나아가기 위해 속된 것을 버리는 용기를 간구합니다. 날마다 못된 습관과 선입견을 버리고 없애도록 성령께서 인도하여 주옵소서.

2. 나를 부르신 하나님을 닮으려는 불타는 열정이 있는가? 하나님께서는 사람에게 보여주기 위한 거룩이 아니라, 하나님을 향한 진정한 거룩을 요구하신다. 하나님을 아버지로 부르는 자는 당연히 아버지의 성품을 닮아야 한다.

    *하나님 아버지의 거룩을 닮길 원합니다. 사람에게 거룩하게 보이려 애쓰는 위선이 아니라, 하나님의 뜻에 따라 자녀다운 삶을 통해 거룩이 드러나게 하옵소서. 하나님은 사랑이시므로, 받은 사랑을 기억하며 사랑의 명령에 순종하기를 원합니다. 그래서 세상 사람들이 저희를 보며 하나님 아버지의 성품

을 발견하기를 기도합니다.

3. 기독교인은 하나님의 성전이다. 하나님의 성전은 거룩하므로 그리스도인도 거룩해야 한다. 거룩에 대한 부담감 없이 불가능하다고 생각하는 자는 거룩해질 수 없다.

*예수 그리스도를 영접함으로 성령께서 오셨고, 이로써 하나님의 성전이 되었습니다. 거룩은 부담스럽지만, 하나님께서 명령하셨기에 거룩을 이루어가야 합니다. 하나님께서 거룩을 명령하셨으므로, 우리는 그 명령에 따라 거룩의 길로 나아갑니다. 비록 작은 시작이라 하더라도, 거룩의 길을 걷는 만큼 거룩해질 것입니다.

19
하나님의 거룩한 성전 2
the Holy temple of God 2

훈련 목표

거룩은 창조 때부터 있었다. 제칠일은 거룩한 날이며, 마지막에 이루어질 하나님의 거룩한 안식일이기도 하다. 이처럼 거룩한 하나님의 나라에 들어가려면 거룩은 필수적이다. 성막과 제사를 통해 거룩을 실제로 체험했던 것처럼, 거룩은 삶의 현장에 있어야 한다. 성경은 거룩으로 나아가는 길에 대한 구체적인 방법을 제시하고 있으며, 거룩은 주님의 재림과 마지막 날을 준비하고 영생에 이르기 위해 반드시 필요하다. 하나님은 우리를 거룩하게 하시는 여호와이시다.

기도문

우리 모두를 거룩하게 창조해 주신 하나님, 감사합니다. 사단의 유혹으로 거룩함을 잃고 죄악의 굴레에 살고 있던 저희를 주님의 보혈로 구원의 길에 동참하게 하셨습니다. 이후의 삶은 주님께 기쁨과 영광만 돌릴 수 있는 거룩한 모습을 성령님 안에서 힘써 회복하게 하여 주옵소서.

NEWper 훈련

하나님께서 세상을 창조하시던 일을 여섯째 날까지 다 마치시고, 일곱째 날에는 하던 모든 일에서 손을 떼고 쉬셨다. 그리고 일곱째 날을 복되게 하시고 거룩하게 하셨다(창 2:2,3). 하나님께서는 세상을 창조하실 때부터 영원한 하나님의 안식을 일곱째 날에 이미 계획하셨다(히 4:3,4). 하나님께서는 순종하지 않는 자들은 하나님의 안식에 들어오지 못한다고 하시며 자신에게 맹세하셨다(히 3:17, 4:6). 복음을 들었다고 하더라도 그 말씀을 믿음으로 받아들이지 않는 사람에게는, 들었던 그 말씀이 아무런 유익이 되지 못한다(히 4:2). 그러므로 하나님의 말씀을 듣는 사람은 마음을 완고하게 하지 말고 그 말씀을 믿음으로 받아들여야 한다(히 4:7). 순종하지 않은 자들이 보여준 실패 본보기로 삼아, 이제 우리는 말씀에 순종하여 하나님의 안식에 들어가기를 힘써야 한다(히 4:11).

 창조된 날들을 하나님께서 보시기에 좋다고 하셨지만, 창조된 7일 중 거룩한 날은 오직 일곱째 날뿐이었다. 하나님께서 예비하신 거룩한 안식에 참여하기 위해서는 거룩한 자가 되어야 한다. 이처럼 하나님의 영원한 안식에 들어가게 하기 위해, 하나님께서는 이스라엘 자손에게 안식일을 거룩하게 지키는 훈련을 시키셨다(출 20:8,11, 31:14,15, 35:2).

 하나님께서 모세에게 처음 나타나셨을 때에도, 모세가 하나님께 가까이 오지 못하게 하셨다. 그리고 하나님께서 계신 땅은 거룩하므로 그의 발에서 신을 벗으라고 하셨다(출 3:5). 거룩은 인간 스스로 이룰 수 없고, 오직 하나님께 속한 것이다. 그러므로 하나님께 나아가는 자는 거룩하지 못한 것을 버려야 한다. 이는 제사장이 여호와 하나님께 나아가기 전에, 먼저 자신의 몸을 거룩하게 하도록 깨끗하게 했던 것에서도 알 수 있다(출 19:22).

 거룩은 사람들에게 보여주기 위한 것이 아니라, 거룩하신 하나님을 뵙기 위한 것이다. 그러므로 하나님과 함께하려는 자들은 당연히 거룩에 대한 부담을 안고 살아가야 한다. 어떤 사람은 자신이 거룩하다는 것을 다른 사람들에게 보여주고 싶어 하지만, 사람들이 인정하는 거룩과 하나님께서 인정하시는 거룩은 다르다. 그리스도인은 사람에게 거룩하기보다는, <u>하나님께 대하여 거룩해야 한다</u>. 성민(聖民, holy people)은 '하나님께 대하여 거룩한 백성'(<u>a people holy to the Lord your God</u>)이라는 뜻이다(신 7:6, 14:2,21, 26:19). 하나님께서는 이스라엘에게 하나님께 대하여 제사장 나라와 거룩한 백성이 되라고 명령하셨다(출 19:6). 이처럼 거룩은 사람들에게 보이기 위해 자랑하는 것이 아니라, 하나님께 대하여 거룩해야 한다(출 22:31).

출 19:6 너희가 내게 대하여 제사장 나라가 되며 거룩한 백성이 되리라 너는 이 말을 이스라엘 자손에게 전할지니라
출 22:31 <u>너희는 내게 거룩한 사람이 될지니</u> 들에서 짐승에게 찢긴 동물의 고기를 먹지 말고 그것을 개에게 던질지니라

'하나님께 대하여' 나는 어떤 사람이라고 생각하는가? 만일 내가 하나님 앞에 설 수 없는 추악한 사람이라는 것을 인정하고 있다면, 이를 고치기 위해 애써야 하지 않겠는가? 하나님께 거룩한 사람이 되라고 하시는 명령을 흘려버리고, 더러운 것을 고치려는 노력도 하지 않는다면, 거룩한 하나님의 백성이 될 수는 없다. <u>거룩은 하나님의 명령이므로, 최선을 다해 거룩의 길로 나아가야 한다</u>. 이것이 하나님을 영화롭게 하는 길이다.

사람들은 거룩을 신(神)의 영역이라고 생각한다. 그래서 거룩에 쉽게 접근하거나 거룩의 가능성을 받아들이기 어려워한다. 하지만 거룩을 구체적이고도 실제적으로 받아들이면, 거룩을 이해할 수 있고, 이에 따라 거룩을 위해 노력할 수 있다. 하나님께서는 이스라엘 자손이 거룩을 직접 경험하며 배우도록 성막을 짓게 하셨고, 그 안에 성소(거룩한 장소, holy place)와 지성소(지극히 거룩한 장소, the most holy place)를 만들게 하셨다(출 26:33).

하나님께서는 모세의 형 아론과 그의 아들들을 위해 거룩한 옷을 지으라고 하셨고, 아론에게 제사장 직분을 맡기셨다(출 28:2,4). 순금으로 패를 만들어서, 그 위에 인장 반지에 새기듯 '여호와께 거룩'(holiness to the Lord)이라고 새기게 하여 제사장이 쓰는 관에 달고, 아론의 이마에 두게 하셨다. 그리고 아론으로 하여금 이스라엘 자손이 거룩하게 드리는 성물과 관련된 직책을 맡게 하셨다(출 28:36,38). 아론과 그의 아들들의 옷에 제단 위의 피와 관유를 뿌려서 그들의 옷은 거룩하게 되었다(출 29:21). 이처럼 성막 안에서 제사장의 임무를 담당하는 사람의 옷과 제물, 제단, 관유, 관유에 접촉하는 것들, 성소의 향기로운 향은 모두 하나님께서 지시한 대로 만들어져 거룩하였다. 이와 같이 하나님께서 거룩을 명령하셨고, 그 말씀에 순종함으로 거룩하게 되었다.

성막 안에 있는 모든 것은 거룩하게 되었다. 그래서 이스라엘 자손은 성막을 보면서 거룩을 체험하고 배울 수 있었다. 하나님께서는 이스라엘 자손에게 거룩한 것과 속된 것을 분별하라고 하셨는데(레 10:10, 고후 6:17), 이는 구별된 삶을 통해 거룩하신 하나님 앞에서 거룩하게 살기를 원하신 것이다(레 11:44). 관유에 닿는 모든 것이 거룩해지는 것처럼, 함께하시는 하나님을 만나고 섬기는 이스라엘 자손이라면 누구나 거룩함에 참여하게 되었다.

이스라엘이 이집트에서 나온 후에 하나님께서는 그들에게 거룩을 실제의 삶에서 보도록 알려주셨다. 하나님의 백성에게 거룩은 추상적이거나 형이상학적인 것이 아니라, 일상의 삶에서 경험해야 할 실제적인 것이었다. 그러나 오늘날의 기독교에서는 거룩이 하나님에게만 있는 것이며, 사람이 거룩을 말하는 것은 신성한 하나님의 성품을 넘보는 것이라고 생각하는 경향이 있다. 목회자들은 성도에게 거룩은 불가능하다고 말했고, 듣는 자들도 이를 당연하게 여기게 되었다. 거룩은 인간의 영역을 넘어선 것이므로 포기해야 하는 것이 아니라, 하나님의 명령이기에 믿는 사람들은 거룩의 길로 나아가야 한다. 이것이 하나님의 명령에 대한 순종이다. 그리스도인에게 거룩은 허상이 아니며, 그 거룩은 삶의 현장에서 행실로 나타나야 한다(벧전 1:15).

벧전 1:13 그러므로 너희 마음의 허리를 동이고 근신하여 예수 그리스도께서 나타나실 때에 너희에게 가져다주실 은혜를 온전히 바랄지어다
14 너희가 순종하는 자식처럼 전에 알지 못할 때에 따르던 너희 사욕을 본받지 말고
15 오직 너희를 부르신 거룩한 이처럼 너희도 모든 행실에 거룩한 자가 되라
16 기록되었으되 내가 거룩하니 너희도 거룩할지어다 하셨느니라

거룩은 예수 그리스도의 재림과 밀접하게 연관된다. 과거 자신의 욕망을 따르지 말고, 순종하는 하나님의 자녀로서 우리를 불러 주신 거룩한 분을 따라 모든 행실을 거룩하게 해야 한다. 그래야 심판장으로 오실 주의 재림을 사모하는 자에게 의의 면류관을 주신다(딤후 4:8). 육과 영의 모든 더러움에서 떠나(고후 7:1), 주님의 명령을 순종하며 재림을 기다린 성도들에게 주님께서는 은혜를 베푸신다(벧전 1:13). 거룩은 재림 예수를 기다리는 성도의 모습이다. 마음으로만 거룩할 것이 아니라, 삶의 현장에서 나타나는 모든 행실이 거룩해야 한다. 마음으로 믿는 것을 추상적으로 믿음이라고 말할 것이 아니라, 먼저 모든 삶의 영역에서 거룩의 증거를 나타내면서, 재림을 준비하라는 것이다. 베드로전서 1:16은 레위기 11:45 말씀을 인용하고 있으므로, 베드로전서에서 레위기의 뜻을 볼 수 있다. 더 나아가 베드로후서에서는 신성한, 곧 하나님의 성품에 참여하는 자가 되는 길을 구

체적으로 가르치고 있다.

> 레 19:2 너는 이스라엘 자손의 온 회중에게 말하여 이르라 너희는 거룩하라 이는 나 여호와 너희 하나님이 거룩함이니라
> 레 20:26 너희는 나에게 거룩할지어다 이는 나 여호와가 거룩하고 내가 또 너희를 나의 소유로 삼으려고 너희를 만민 중에서 구별하였음이니라

하나님께서는 이스라엘 자손에게 거룩하라고 명령하셨다. <u>하나님께서 선택하시고 부르신 자들은 하나님께 속한 자들이기에, 하나님의 거룩함을 본받아 거룩해야 하는 것은 필연적이다.</u> 하나님께 나아가고 하나님의 백성으로 살아가기 위해서는 하나님께 대하여 거룩해야 한다. <u>그리스도인은 사람들로부터 거룩하다는 평판을 받으려고 애쓰는 것이 아니라, 하나님께서 인정하시는 거룩을 추구하는 사람들이다.</u>

예수 그리스도께 속한 것으로 부르심을 받은(롬 1:6) 그리스도인이라면 거룩에 대해 고민하고 거룩해지기 위해 애써야 한다. 혹시 거룩에 대해 생각해 보지 않고 있는가? 만일 교회에서 거룩에 대한 가르침이 없고 하나님의 거룩한 백성에 대한 모범도 없다면, 이는 매우 심각한 일이다.

레 20:7 너희는 스스로 깨끗하게 하여 거룩할지어다 나는 너희의 하나님 여호와이니라

8 너희는 내 규례를 지켜 행하라 나는 너희를 거룩하게 하는 여호와이니라

사람은 스스로 거룩할 수 없는 존재이다. 거룩이 이루어지기 위해서는 거룩으로 나아갈 길을 알아야 한다. 레위기 20장 7,8절에는 거룩해지기 위해 사람이 해야 할 두 가지를 알려준다. 거룩을 위해 사람이 해야 할 첫 번째는 자신을 돌아보며 더러운 욕심과 못된 습관, 우상을 확인하고 제거하는 것이다. 두 번째는 하나님의 명령을 순종하여 지켜 행하는 것이다. 하나님께서는 이 두 가지를 순종하는 자들을 거룩하다고 말씀하신다.

사람이 위의 두 가지를 했다고 해서 거룩하게 되는 것은 아니다. 하나님께서 이러한 자들을 거룩하게 하신다. 예수를 믿으면 내가 스스로를 구원하는 것이 아니라, 하나님께서 구원을 주시는 것이다. 예수를 믿었다고 해서 스스로 구원의 확신을 가지는 것은 자신을 하나님의 자리에 앉히는 교만의 죄를 범하는 것이다. 예수 그리스도를 믿는 자를 하나님께서 멸망시키지 않고 영생을 주신다. 자신을 깨끗하게 하고 순종하는 자를 하나님께서 거룩하게 하신다. 하나님께서 구원과 거룩의 본질을 이루시기 때문이다.

고전 6:16 하나님의 성전과 우상이 어찌 일치가 되리요 우리는 살아 계신 하나님의 성전이라 이와 같이 하나님께서 이르시되 내가 그들 가운데 거하며 두루 행하여 나는 그들의 하나님이 되고 그들은 나의 백성이 되리라

17 그러므로 너희는 그들 중에서 나와서 따로 있고 부정한 것을 만지지 말라 내가 너희를 영접하여

18 너희에게 아버지가 되고 너희는 내게 자녀가 되리라 전능하신 주의 말씀이니라 하셨느니라

우리는 살아 계신 하나님께서 함께하시는 성전이다. 하나님께서 이스라엘 자손에게 "내가 그들 가운데서 살며, 그들 가운데로 다닐 것이다. 나는 그들의 하나님이 되고, 그들은 내 백성이 될 것이다"라고 하셨다(고후 6:16). 하나님께서는 여러 차례 '하나님의 백성'이 되는 것에 대해 말씀하셨다.

레 26:12 나는 너희 중에 행하여 너희의 하나님이 되고 너희는 내 백성이 될 것이니라

렘 32:38 그들은 내 백성이 되겠고 나는 그들의 하나님이 될 것이며

겔 37:27 내 처소가 그들 가운데에 있을 것이며 나는 그들의 하나님이 되고 그들은 내 백성이 되리라

하나님께서 함께하시는 거룩한 백성이 되기 위해서는 세상의 방식과 다른 구별된 삶을 살아야 한다. 그러므로 부정한 것을 만지지 말라고 하신다(고후 6:17). 이렇게 하면 하나님께서는 그들이 자신의 백성과 자녀가 될 것이라고 약속하신다. "그리하여 나는 너희의 아버지가 되고, 너희는 내 자녀가 될 것이다. 나 전능한 주가 말한다."(고후 6:18) 하나님의 자녀에 대한 약속은 성경 여러 곳에서 찾을 수 있다.

출 4:22 너는 바로에게 이르기를 여호와의 말씀에 이스라엘은 내 아들 내 장자라

삼하 7:14 나는 그에게 아버지가 되고 그는 내게 아들이 되리니 그가 만일 죄를 범하면 내가 사람의 매와 인생의 채찍으로 징계하려니와

사 43:6 내가 북쪽에게 이르기를 내놓으라 남쪽에게 이르기를 가두어 두지 말라 내 아들들을 먼 곳에서 이끌며 내 딸들을 땅 끝에서 오게 하며

계 21:7 이기는 자는 이것들을 상속으로 받으리라 나는 그의 하나님이 되고 그는 내 아들이 되리라

하나님의 거룩한 백성이 '성민'(聖民, holy people)이 되는 것은 영광스러운 일이다. 더 나아가 하나님의 자녀가 되는 것은 인간으로서는 감당할 수 없는 영광스러운 일이다. 성자(聖者, saint)는 거룩한 사람을 의미하지만, 성자(聖子, the Son)는 오직 예수 그리스도를 이르

는 말이다. 하나님의 거룩한 아들이신 예수께서는 세상에 인자(人子, the Son of Man)로 오셔서, 겸손하게 하나님의 명령에 순종하셨다(빌 2:8). 그러자 하나님께서는 그를 지극히 높여서 모든 이름 위에 뛰어난 이름을 주셨다. 하늘과 땅에 있는 모든 것으로 하여금 예수의 이름 앞에 무릎을 꿇고, 모두가 예수그리스도는 주님이라고 고백하여, 하나님 아버지께 영광을 돌리게 하셨다(빌 2:9-11). 성자 예수께서는 죄를 알지도 못하신 분으로서 우리를 대신하여 죄를 짊어지게 하신 하나님의 명령을 순종하셨으므로(고후 5:21), 거룩의 본을 보여주셨다.

하나님의 백성과 자녀가 된다는 것은 자연스럽게 아버지의 성품인 거룩을 닮아 가는 것이다. 그러므로 하나님의 백성과 자녀가 되는 약속을 가진 그리스도인은 육과 영의 모든 더러움에서 떠나 자신을 깨끗하게 하고, 하나님을 두려워하는 가운데 온전히 거룩하게 되어야 한다(고후 7:1).

> 고후 6:18 너희에게 아버지가 되고 너희는 내게 자녀가 되리라 전능하신 주의 말씀이니라 하셨느니라
> 고후 7:1 그런즉 사랑하는 자들아 이 약속을 가진 우리는 하나님을 두려워하는 가운데서 거룩함을 온전히 이루어 육과 영의 온갖 더러운 것에서 자신을 깨끗하게 하자

하나님께서 우리의 아버지가 되시고, 우리는 하나님의 자녀가 될 것이라고 약속하셨다. 그러므로 하나님께서 주신 보배롭고 지극히 큰 약속을 붙잡고 거룩으로 나아가기 위한 첫걸음은 자신의 더러움을 스스로 깨끗이 씻는 것이다. 사람의 정욕은 하나님의 뜻을 거역하고 자신의 욕망을 채우려 하여, 결국 부패한 사람이 되게 한다. 하나님의 뜻은 그의 자녀들이 세상의 부패를 벗어나 하나님의 신성한 성품에 참여하는 자가 되게 하려는 것이다(벧후 1:4). 거룩하지 않으려면 하나님의 말씀을 따르지 말고 자신을 세속화하도록 방치하면 된다. 세상의 가치관에 물들면 저절로 거룩은 사라지기 때문이다.

거룩은 하나님의 성품이며, 베드로후서 1:3-11에서는 신성한 성품(하나님의 성품)에 참여하는 과정과 그 의미를 설명하고 있다. 하나님께서는 그의 권능으로 생명과 경건에 이르게 하는 모든 것을 예수를 아는 자들에게 이미 주셨다(벧후 1:3). 이처럼 하나님께서는 거룩에 필요한 모든 것을 우리에게 준비하여 주셨고, 반드시 거룩을 이루실 것이다. 그러기에 하나님의 성품에 참여하는 것은 하나님의 명령이자 약속인 셈이다. 이 약속에 참여하는 그리스도인은 그 약속을 붙잡아야 한다. 베드로는 신성한 성품에 참여하는 성화의 점진적인 과정을 자세하게 알려 주어 그리스도인의 성장을 요구한다.

벧후 1:5 그러므로 너희가 더욱 힘써(make every effort to add) 너

희 믿음에 덕을, 덕에 지식을,

6 지식에 절제를, 절제에 인내를, 인내에 경건을,

7 경건에 형제 우애를, 형제 우애에 사랑을 더하라

이런 것이 너희에게 있어 흡족한즉 너희로 우리 주 예수 그리스도를 알기에 게으르지 않고 열매 없는 자가 되지 않게 하려니와

9 이런 것이 없는 자는 맹인이라 멀리 보지 못하고 그의 옛 죄가 깨끗하게 된 것을 잊었느니라

10 그러므로 형제들아 더욱 힘써 너희 부르심과 택하심을 굳게 하라 너희가 이것을 행한즉 언제든지 실족하지 아니하리라

11 이같이 하면 우리 주 곧 구주 예수 그리스도의 영원한 나라에 들어감을 넉넉히 너희에게 주시리라

믿음으로 시작한 그리스도인은 사랑에 도달할 때 하나님의 성품에 참여하는 자가 되었음을 알 수 있다. 성화의 과정을 통해 예수 그리스도를 열심히 알아가며, 주님께서 원하시는 열매를 맺는 자가 되라는 것이다. 성화의 과정은 믿음이 커지면 저절로 이루어지는 것이 아니므로, 그리스도인은 그다음 단계의 덕목을 더하는 모든 노력(every effort)을 기울여야 한다. 믿음으로 시작하였지만, 성화의 결론인 사랑으로 나아가지 않고 믿음에만 머물러 있는 사람을 근시안적이거나 앞을 못 보는 사람이라고 한다. 믿음으로 이미 자기의 옛 죄가 깨끗하게 되었지만, 아직도 그 믿음만을 붙잡고 있기 때문이다.

주님의 부르심과 택하심을 깨닫고 성화의 과정들을 행하면 넘어지지 않을 것이다. 이렇게 모든 노력을 기울여서 사랑까지 더하면 우리 주 예수 그리스도의 영원한 나라에 들어갈 자격을 충분히 갖추게 될 것이다.

약 1:27 하나님 아버지 앞에서 정결하고 더러움이 없는 경건은 곧 고아와 과부를 그 환난중에 돌보고 또 자기를 지켜 세속에 물들지 아니하는 그것이니라

세속에 물들지 않고 자기를 지키며, 하나님께서 기뻐하시는 일을 하는 것이 거룩의 길로 나아가는 경건이다(약 1:27). '네 자신을 부인하라'고 하신 말씀을 기억하고 있는가? 과거에 죄악이 가득했던 삶의 방식을 내려놓는 것이 거룩의 길로 나아가는 첫걸음이다. 하나님을 의식하지 않고 자기 생각을 따라 살았던 삶을 버릴 준비가 되었는가?

거룩으로 나아가기 위해 두 번째로 필요한 것은 하나님의 규례를 지켜 행하는 것이다. 하나님께서는 이러한 자를 거룩하게 하신다(레 20:8). 사람이 명령을 지킨다고 해서 스스로 거룩해지는 것이 아니라, 하나님께서 그 명령을 지키는 자를 거룩하게 만드신다는 것이다.

레 22:31 너희는 내 계명을 지키며 행하라 나는 여호와이니라

32 너희는 내 성호를 속되게 하지 말라 나는 이스라엘 자손 중에서 거룩하게 함을 받을 것이니라 나는 너희를 거룩하게 하는 여호와요
33 너희의 하나님이 되려고 너희를 애굽 땅에서 인도하여 낸 자니 나는 여호와이니라

하나님께 순종하지 않는 사람은 그의 거룩한 이름을 멸시하고, 욕되게 하며 속되게 만드는 것이다. 하나님은 이스라엘 자손들에게 마땅히 존경을 받아야 한다. 그는 순종하는 이스라엘 자손을 거룩하게 하시는 하나님 여호와이시며, 이스라엘의 하나님이 되시기 위해 이스라엘 자손을 이집트 땅에서 인도하여 내셨다.

롬 6:12 그러므로 너희는 죄가 너희 죽을 몸을 지배하지 못하게 하여 몸의 사욕에 순종하지 말고
13 또한 너희 지체를 불의의 무기로 죄에게 내주지 말고 오직 너희 자신을 죽은 자 가운데서 다시 살아난 자 같이 하나님께 드리며 너희 지체를 의의 무기로 하나님께 드리라

과거에 죄에 빠졌던 사람이라도 예수 그리스도로 인하여 구원받은 사람은 더 이상 죄에 순종하지 말아야 한다. 육체의 욕망에 굴복하지 말라는 것이다. 그리스도와 연합하여 죽은 자들은 새 생명을 얻었으므로, 이제는 주님의 부활과 연합하여 새로운 생명 가운데 살아

가야 한다(롬 6:4-5). 그러므로 그리스도인은 자신을 위해 사는 것이 아니라, 자신을 의의 무기로 하나님께 바쳐야 한다.

거룩을 위해서는 반드시 순종이 필요하다. 누구든지 자신을 종으로 내어주어 복종하고 있다면, 그는 순종하는 자의 종이 된다. 죄에 순종하여 죄의 종이 되면 사망에 이르게 되지만, 순종의 종이 되면 의에 이르게 된다. 계속해서 죄를 범하고 있다면 이는 죄에 순종하는 것이며, 이러한 사람은 하나님의 자녀가 아니라 죄의 종으로 살아가는 것이다(롬 6:16). 이렇듯 죄를 따르지 않고, 하나님께 순종하여 하나님의 종이 되어야 한다. <u>하나님의 종이 된 사람은 거룩함에 이르는 삶의 열매를 맺으며, 마침내 영생을 누리게 될 것이다</u>(롬 6:22). 이를 통해 하나님의 성품, 곧 거룩으로 나아가는 길이 영생과 깊이 관련되어 있음을 알 수 있다(벧후 1:11).

만일 순종하지 않으면 어떻게 될 것인가? 의의 길을 알고도 받은 거룩한 사랑의 명령(계명)을 저버린다면, 차라리 의의 길을 알지 못하는 것이 더 나았을 것이라고 한다(벧후 2:21). 왜냐하면 하나님께서 맹세하시기를, '순종하지 않는 자는 하나님의 안식에 들어오지 못한다'고 하셨기 때문이다(히 3:18, 4:1,6,11). 주의 이름을 부르는 자라 하더라도 하나님 아버지의 뜻대로 행하지 않는 자는 천국에 들어가지 못하고(마 7:21), 순종하지 않는 자는 영생을 얻지 못한다는 것을

(요 3:36) 주님께서 이미 말씀하셨다. 그럼에도 믿음만으로 순종과는 상관없이 천국과 영생에 들어간다고 말하는 자들은 주님의 말씀을 정면으로 부인하는 배교자인 셈이다.

마지막 날에 지구는 하나님의 말씀대로 불에 타버려 하늘과 땅이 완전히 사라지게 된다(벧후 3:7). 지구의 모든 것이 멸망할 때를 '하나님의 날'이라고 말한다. 그리스도인은 그때를 두려워하고 무서워할 것이 아니라, 도리어 거룩한 행실과 경건함으로 하나님의 날이 오기를 기다리며, 그 날이 속히 오도록 힘써야 한다(벧후 3:11,12). 마지막 때에 하나님의 날을 기다리는 성도는 거룩하게 살아가야 한다. 결국 거룩은 하나님의 날과 깊이 연관되어 있다.

"당신은 거룩합니까? 정말 당신은 거룩하게 될 수 있습니까?"라고 누군가 나에게 물어본다면, 무엇이라고 대답해야 하겠는가?

"제가 어떻게 거룩을 말할 수 있겠습니까? 나는 거룩할 수 없습니다. 너무 부담되는 질문을 하지 마세요!"

이렇게 대답할 것이 아니라 거룩하게 살아온 삶으로 대답해야 한다.

"거룩을 말씀하셨나요? 저는 추악하고 더러운 것들을 버렸으며,

지금은 하나님의 명령을 지키며 살고 있습니다. 하나님께서 저를 거룩한 자로 만들어 주십니다."

거룩은 예수 그리스도의 재림, 하나님의 날, 그리고 영생과 밀접하게 연관되어 있음을 알 수 있다. 만일 지금까지 거룩에 초점을 맞추지 않은 신앙생활을 해왔다면, 이제라도 성경에서 말하는 거룩을 연구하고 그것을 추구하는 삶을 살아야 한다. 거룩한 삶이란 육과 영의 더러운 것을 깨끗이 씻어내고, 주님의 명령을 순종하는 것이다. 이러한 자들을 하나님께서 거룩하다고 하신다.

자기 평가 및 결심

1. 스스로를 거룩하다고 생각하는가? 만일 거룩하지 않다면, 깨끗하지 못하고 더러웠던 과거를 끊어버릴 각오가 필요하다. 내 안에 남아 있는 추악한 것들을 적어 보고, 속된 과거와의 단절을 다짐하자.

*우리는 거룩이 불가능하다고 생각하며 거룩에 대한 인식을 못하고 살았습니다. 거룩하지 못했던 과거의 역사를 끊어버릴 용기와 결단이 필요합니다. 거룩하신 하나님 앞에 거룩한 모습으로 나아가고자 합니다. 주님께서 저희를 거룩하게 하옵소서.

2. 거룩하신 하나님께 속한 사람은 거룩해야 한다. 거룩에 대한 부담감이 없는 사람은 자연히 세속화의 길로 나아가게 된다. 나에게 거룩에 대한 열망과 간절함이 있는지 확인해 보라.

> *거룩한 삶을 살게 하소서. 거룩은 마음에만 머무는 것이 아닙니다. 모든 행실에서 거룩한 자가 되기를 원합니다. 하나님의 종으로서 거룩함에 이르는 열매 맺는 삶을 살게 하옵소서.

3. 하나님의 자녀답게 살아가기 위해서 하나님의 신성한 성품에 참여하는 자가 되어야 한다. 믿음에만 머물러 있지 말고, 믿음만을 강조하지 말고, 믿음에서 시작하여 사랑에까지 도달해야 한다. 신성한 성품은 하나님께서 약속하신 것이며, 나를 주님의 거룩한 백성으로 세우신다.

> *하나님의 신성한 성품에 참여하는 자에게 주신 보배롭고 지극히 큰 약속을 간직합니다(벧후 1:4). 거룩은 영생에 이르기 위해 반드시 필요합니다(롬 6:22). 하나님의 거룩을 닮기 원합니다(벧전 1:15,16). 거룩의 길로 인도하시는 하나님 아버지께서 저희를 거룩하게 하옵소서.

20
하나님의 성전과 우상 1
God's Temple and Idols 1

훈련 목표

하나님께서는 십계명의 두 번째 계명으로 우상을 만들지 말라고 명령하셨다. 하나님과 우상을 함께 섬기는 것은 하나님을 경멸하는 극심한 죄에 해당한다. 하나님을 배반하여 우리가 스스로 만드는 것이 바로 우상이다. 불순종과 우상 숭배는 동일한 수준의 죄악이며, 그리스도인은 우상을 버리고 세상에서 구별된 삶을 살아야 한다. 이는 심판장으로 오실 예수님 앞에 흠 없는 자로 서기 위한 우리의 현재 삶의 필수적인 모습이다.

기도문

부족하고 연약한 우리를 도우시는 에벤에셀의 하나님, 감사합니다. 모든 것이 주님의 은혜로 지금까지 올 수 있었음을 고백합니다. 하지만 하나님보다 더 사랑하고 좋아하는 것이 우리 주위에 가득합니다. 그로 인해 거룩한 성령께서 내주하고 계심에도 불구하고, 나도 모르게 우상을 만들고 살았음을 또한 고백합니다. 성령님, 두 주인을 함께 섬기지 않도록 인도하여 주옵소서.

NEWper 훈련

이스라엘이 노예로 있었던 이집트에는 수많은 신들과 이를 형상화한 우상들이 있었다. 하나님께서는 이집트에 10가지 재앙을 내려 그들이 두려워하거나 의지하던 신들을 징벌하셨다. 이로 인해 이스라엘 자손은 이집트의 신들과 우상이 헛되다는 사실과, 오직 하나님 여호와만이 이스라엘을 구원하실 참된 신(神)임을 알고 섬겨야 했다.

하나님께서는 이미 모세를 통해 하나님 이외에는 다른 신을 두지 말고 어떤 형상으로도 우상을 만들지 말라고 명령하셨다(출 20:1-6, 23). 그럼에도 불구하고 모세가 시내 산에 올라가 오랫동안 내려오지 않자, 이스라엘 백성은 아론에게 금 귀고리를 주며 자신들을 인도할 신을 만들어 달라고 요청했다. 아론은 그들이 가지고 있었던 금으로 송아지 형상을 만들었고, 이스라엘은 그것을 보며 "이스라엘아! 이 신이 너희를 이집트 땅에서 이끌어 낸 너희의 신이다"고 하였다(출 32:1-4, 사 42:17). 이스라엘 자손은 하나님 여호와를 이집트의 우상인 송아지 형상으로 대체했다. 이들은 '어떤 형상의 우상도 조각하지 말라'(신 4:23)는 하나님의 명령을 거역했으며, 400년간 노예로 살던 이집트 풍습을 벗어나지 못하고 하나님을 눈에 보이는 우상으로 만들었다.

시내 산 아래에서는 이스라엘 자손이 금 송아지를 만들고 있을 때, 산 위에서는 모세가 하나님께서 직접 직접 십계명을 새겨 넣으신 두 개의 증거판을 받고 있었다. 이때 하나님께서는 모세에게 시내 산 아래에서 이스라엘이 주님의 명령을 따르지 않고, 금 송아지를 만들어서 '자신들의 신'이라고 외치고 있다고 알려주셨다(출 32:8). 하나님께서는 불순종한 그들을 멸망시키겠다고 하셨다. 그러나 신실한 하나님의 종 모세는 이스라엘 자손을 위해 중보기도를 드렸고, 하나님께서는 그의 기도를 들으시고 뜻을 돌이키셨다.

어떤 사람의 모습이나 어떤 형상으로도 하나님을 닮게 만들 수 없다(사 40:18). 세상을 창조하신 하나님께서는 자신의 영광을 다른 누구에게도 넘겨주지 않으며, 자신이 받을 찬양을 우상에게 양보하지 않으신다(사 42:8). 비록 그 목적이 하나님의 영광을 위한 것이라 할지라도, 특정한 형상으로 하나님을 대신하는 것은 금지되었다.

> 출 20:23 너희는 나를 비겨서 은으로나 금으로나 너희를 위하여 신상을 만들지 말고
> NIV Ex 20:23 Do not make any gods to be alongside me; do not make for yourselves gods of silver or gods of gold.
> 공동번역개정 출애 20:23 너희는 신상들을 만들어 내 곁에 두지 못한다. 은으로든 금으로든 신상들은 만들지도 못한다.

NIV 성경에서는 "어떤 신들도 나와 함께 있게 하지 말라. 너희를 위하여 은으로나 금으로 신을 만들지 말라"고 하셨다. 하나님과 다른 신을 함께 섬기는 것은 유일하신 창조주 하나님을 모욕하는 심각한 죄를 범하는 것이다. 하나님께서는 자신의 백성이 다른 신에게 절하는 것을 용납하지 않으시는 질투의 하나님이시다(출 34:14). 에스겔은 환상 가운데 예루살렘에서 우상을 보았고, 이를 '질투의 우상, 곧 질투를 일으키는 우상'이라고 표현했다(겔 8:3). 전능하신 하나님께서 사랑하셨지만, 그 사랑을 배반하여 하나님을 떠나 우상을 경배할 때 진노하신다.

사람들은 자신을 위해 우상을 만들어서(출 20:4, 레 19:4, 26:1, 신 4:16, 5:8, 9:12,16, 16:22, 왕상 14:9, 호 8:4, 13:2) 자신의 소원이 이루어지기를 바란다. 그러나 사람의 손으로 만들어진 우상은 만든 사람에게 아무 유익도 줄 수 없다. 우상은 생명이 없는 헛된 것일 뿐이며, 심판의 날에는 멸망할 것이다(렘 10:14,15, 51:17,18, 51:52, 합 2:18,19).

하나님께 기도할 때에도 오직 우리 자신의 소원이 이루어지기만을 바란다면, 이것은 마치 하나님을 자신의 요구를 들어주는 하수인(下手人)으로 만드는 것과 같다. 비록 기도의 대상이 하나님이라 할지라도, 중심에 있는 것이 하나님의 뜻이 아닌 사람의 소원이라면, 이것은 <u>신앙을 위장한 기독교식 우상 숭배</u>라고 할 수 있다.

하나님의 영광을 위해 하는 일이라 해도 모든 것이 허용되는 것은 아니다. 하나님을 경배하기 위해 하나님의 형상을 만드는 것은 옳지 않다. 만일 자신의 소원 성취를 위해 하나님을 섬기고 있다면, 자신의 욕망을 우상으로 만드는 것과 같다. 나는 하나님을 경배하고 있는가, 아니면 우상을 섬기고 있는가? 혹시 하나님과 우상을 함께 섬기고 있지는 않은가?

하나님의 명령을 따르지 않았던 사울 왕에게 사무엘은 말했다. "주님께서 무엇을 더 기뻐하시겠습니까? 주님의 말씀에 순종하는 것입니까, 아니면 번제나 화목제를 드리는 것입니까? 잘 들으십시오. 순종이 제사보다 낫고, 말씀을 따르는 것이 숫양의 기름보다 낫습니다. 거역하는 것은 점을 치는 죄와 같고, 고집을 부리는 것은 우상을 섬기는 죄와 같습니다. 임금님께서 주님의 말씀을 버리셨기 때문에, 주님께서도 임금님을 버려 왕이 되지 못하게 하셨습니다." (삼상 15:22,23)

하나님께서는 종교적인 행위보다 자신의 명령에 순종하는 것을 더 기뻐하신다. 하나님의 명령을 따르지 않고 고집을 부리는 것은 점을 치는 것과 우상을 섬기는 죄와 같다. 이처럼 하나님께 대한 불순종은 우상 숭배와 같은 수준의 죄악이다. 북이스라엘과 남유다는 하나님의 명령을 어기고, 우상을 만들어 섬기는 죄를 범하였고, 그로 인해 하나님께서 이들을 멸망시키셨다.

하나님께서 여로보암을 초대 북이스라엘 왕으로 세우셨다. 그러나 그는 하나님의 명령을 따르지 않고, 악을 행하며, 자신을 위해 다른 신과 우상을 만들어(왕상 14:9) 하나님을 노엽게 했다. 이후에도 많은 왕들이 여로보암의 길을 따라 악을 행했다(왕상 15:34, 16:2,19,26, 22:52). 하나님께서는 선지자를 통해 북이스라엘이 악한 길에서 돌이켜서 하나님의 명령과 율례를 지키라고 하셨으나, 그들은 듣지 않고,

도리어 우상을 만들어 이방 신들을 섬겼다(왕하 17:1-18). 이로 인해 그들은 멸망할 수밖에 없었다.

유다 왕 히스기야의 아들 므낫세는 여호와의 성전 두 마당에 앗수르의 신들, 곧 하늘의 일월성신을 위한 제단을 쌓았고, 자기 아들들을 불살라 바쳤으며, 점쟁이를 불러 점을 치게 하고, 마술사를 시켜 마법을 부리게 했으며, 악령과 귀신을 불러내어 물어보기도 했다. 므낫세가 저지른 많은 악행으로 인해 주님의 진노를 샀다(왕하 21:1-6). 므낫세가 행한 악은 너무나 심하여, 이스라엘과 유다의 모든 역사 가운데 가장 심각했다.

특히 므낫세가 성전에 이방 신의 제단을 쌓고 우상을 세운 것은 하나님을 멸시하는 죄였기에, 하나님께서는 불타는 진노를 거두지 않으시고(왕하 21:3-5, 23:26, 대하 33:1-9) 유다를 멸망시키셨다. 주님께서는 "이스라엘을 내가 외면하였듯이, 유다도 내가 외면할 것이며, 내가 선택한 도성 예루살렘과 나의 이름을 두겠다고 말한 그 성전조차도, 내가 버리겠다"고 하셨다(왕하 23:27).

그리스도인은 하나님의 성전이며, 성령께서 함께하신다(고전 3:16). 누구든지 하나님의 성전을 더럽히면 하나님께서 그 사람을 멸하신다(고전 3:17). 그리스도와 벨리알(사탄을 지칭하는 또 다른 유대식 이름)이 함께 있을 수 없는 것처럼, 하나님의 성전에 우상이 함께 있을 수 없다(고후 6:15).

하나님의 백성인 이스라엘 자손과 마찬가지로, 하나님의 성전인 그리스도인은 다른 신이나 우상을 섬길 수 없다. 하나님께서는 이방 신을 섬기고 우상을 만들었던 이스라엘에게 선지자를 보내어 이방 신상과 우상을 깨뜨리고 하나님의 계명과 율법을 순종하라고 명령하셨다. 종교 개혁을 이끌었던 유다의 왕들은 이방 신의 제단을 헐어버리고, 주상을 깨뜨리며, 아세라 목상을 찍어버리고, 조각한 우상을 불살랐다(신 7:5, 왕하 12:4-8, 18:4). 그리스도인은 마음에 우상을 만들지 말고, 기존에 있던 우상을 부수고 깨뜨려 완전히 제거해야 한다.

만일 내가 만든 우상을 내 마음의 성전에 세워 두고 있다면, 이는 므낫세와 같은 죄를 짓고 있는 것이다. 성전에서는 오직 하나님만을 경배해야 한다. 혹시 나의 욕망을 주권자의 자리에 앉혀 놓고, 그 욕망을 하나님의 비전이라 포장하고 있지는 않은가? 신앙의 훈련이 중요하다고 생각하여, 하나님의 말씀에 순종하는 것보다 종교적 행사에 더 비중을 두고 있다면, 신앙의 본질을 왜곡시키고 있을 가능성도 있다. 교회는 하나님의 관점에서 우상에 대한 엄격한 기준을 세우고, 이를 통해 성도를 교육하고 양육해야 한다.

바울은 고린도 교회에 음행하는 자들과 사귀지 말라고 편지했다. 이 말은 세상에 있는 음행하는 사람들, 탐욕을 부리는 사람들, 약탈하는 사람들, 우상을 숭배하는 사람들과 전혀 사귀지 말라는 뜻이 아니었다. 만약 그렇게 하려면, 이 세상 밖으로 나가야 할 것이다. 이렇게 사귀지 말라고 한 대상은 세상에 있는 사람들이 아닌 교인이었다. 교인이 이런 생활을 하고 있다면 그런 사람과는 함께 식사조차 하지 말라는 것이다. 교회 밖에 있는 사람들을 심판하는 것은 바울의 일이 아니며, 성도들이 심판할 사람들은 교회 안에 있는 사람들이다. 교회 밖에 있는 사람들은 하나님께서 심판하실 것이며, 성도는 신앙 공동체 안에 있는 악한 사람을 내쫓아야 한다(고전 5:9-13).

교회 공동체는 세상과 구별된 경건한 삶을 살아야 하며, 하나님께서 싫어하시는 우상 숭배를 하지 말아야 한다. 하나님의 백성은 삶에서 드러나는 거룩한 행실이 있어야 하며, 세속에 물들지 않도록 자신을 지켜야 한다(약 1:27). 그리스도인의 목표는 고난을 받더라도 하나님께서 예비하신 영원한 도성을 바라보아야 한다. 이를 위해 육체의 욕망을 절제하면서, 영원한 생명과 하나님의 안식을 소망하며 예수 그리스도를 본받아 주님의 고난에 동참하는 자가 되어야 한다(히 11:8-16, 히 13:11-14). 이와 같이 깨끗하고 거룩한 삶을 위해 반드시 피해야 할 것이 우상 숭배이다.

하나님의 성전인 그리스도인은 성령께서 인도하시는 대로 살아가야 하며, 그렇게 함으로써 육체의 욕심을 이루지 않게 된다. 육체의 욕망은 성령을 거스르고, 성령이 바라시는 것은 육체와 충돌한다. 육체의 욕망이 드러내는 일들은 명백하다. 곧 음행과 더러움과 방탕, 우상 숭배와 주술, 원수 맺는 것, 싸움, 시기, 분노, 이기심, 분열, 당파심, 질투, 술주정, 흥청대며 먹고 마시는 것, 그리고 이와 비슷한 것들이다. 이런 일을 행하는 사람들은 하나님의 나라를 상속받지 못한다(갈 5:16-21).

성도는 하나님의 사랑을 받는 자녀이므로, 하나님 아버지를 본받는 사람이 되어야 한다. 그리스도께서 우리를 사랑하셔서 우리를 위하여 하나님 앞에 향기로운 예물과 제물로 자기 몸을 내어주신 것과 같이 우리도 세상에 대해 사랑으로 살아가야 한다. 성도는 세상 사람들과 구별되어야 하며, 음행이나 온갖 더러운 행위나 탐욕은 그 이름조차 입에 담지 말아야 한다. <u>음행하는 자, 더러운 짓을 하는 자, 탐욕을 부리는 자는 우상 숭배자이므로 그리스도와 하나님의 나라를 상속받을 자격이 없다</u>(엡 5:1-6, 계 22:15).

그리스도인은 모든 세속적인 욕망, 곧 음행과 더러움, 정욕, 악한 욕망, 그리고 탐욕을 죽여야 하며, <u>탐욕은 우상 숭배이다</u>(골 3:5). 이런 것들로 인해 하나님의 진노를 받게 될 것이다. 우리도 과거에 욕망에 빠져 살 때에는 이러한 행동을 하고 있었다. 그러나 이제는 분노와 격분, 악의와 비방, 그리고 입에서 나오는 수치스러운 말은 모두 버려야 한다. 또한 거짓말로 서로를 속이지 말고, 옛 생활을 청산하여 낡은 자아를 벗어버리고, 새 사람으로 갈아입어야 한다. 이 새 사람은 자기를 창조하신 분의 형상을 따라 끊임없이 새로워져 참된 지식에 이르게 될 것이다(골 3:6-11).

삶에 변화 없이 종교 생활만 하는 사람은 그리스도인처럼 보일 수 있지만, 참된 그리스도인이 아니다. 종교 행위와 직분에 상관없이, 실제로 이러한 사람들은 하나님의 나라를 상속받지 못하며, 하나님의 영광을 욕되게 하고, 오히려 타락한 삶의 모습으로 인해 세상 사람들이 하나님의 자녀가 되는 길을 가로막는다.

그리스도인은 세상과 구별된 삶을 사는 사람이다. 세상의 가치를 따라 사는 것을 '세속화(世俗化)'라고 한다. 나는 세상에서의 성공을 가장 중요한 목표로 삼고 있는가, 아니면 영원한 하나님의 나라를 소망하고 있는가? 예수를 믿고 있지만, 그리스도와 하나님의 나라를 상속받지 못할 사람도 있다는 것을 기억해야 한다. 궁극적으로 종교 생활에 머무르지 말고, 하나님의 모습을 닮아서 행실이 거룩한 자가 되기를 힘써야 한다. 내 자신을 돌아보며, 나는 어떤 사람인가 스스로를 평가해 보라.

데살로니가 성도들은 믿음의 행위와 사랑의 수고, 그리고 우리 주 예수 그리스도께 둔 소망을 굳게 지키는 인내가 있었다. 하나님의 선택을 받은 이들은 하나님의 말씀을 말로만 전하지 않고, 능력과 성령과 큰 확신으로 전했다. 이들은 많은 환난을 당했지만, 성령께서 주시는 말씀을 받아들여 바울과 같은 복음 전도자들과 주님을 본받았고, 모든 믿는 신도들에게 모범이 되었다. 그들이 가진 믿음에 대한 소문이 각처에 퍼졌다. 이들은 찾아온 전도자들을 영접하였고, 우상을 버리고, 하나님께로 돌아와서 살아 계시고 참되신 하나님을 섬겼다. 또한 이들은 하나님께서 죽은 사람들 가운데서 살리신 예수께서 하늘로부터 오시기를 기다리고 있으며, 예수께서 장차 내릴 진노에서 건져 주실 것임을 확신하고 있었다(살전 1:2-10).

그리스도인은 살아 계신 하나님을 향한 신앙으로 살아가는 자들이다. 우상을 버리고, 하나님의 말씀을 삶에 실천하며 자신을 정결하게 하여, 재림과 심판을 준비해야 한다. 하나님의 사람은 영원한 것을 바라기 때문에 세상과는 구별된 삶을 살아가야 한다. 따라서 먼저 내 안에 우상이 숨어 있는지를 확인하고, 그것을 제거해야 한다.

베드로는 이에 대해 언급하며, 그리스도께서 육신의 고난을 받으셨으므로 우리도 같은 마음으로 무장해야 한다고 하였다. 육신으로 고난을 받은 사람은 이미 죄와의 연을 끊은 것이다. 이제부터는 육신으로 살아갈 남은 때를 사람의 욕망에 따라 살지 말고, 하나님의 뜻대로 살아가야 한다. 지난날 우리도 이방 사람들처럼 하고 싶은 대로 살았다. 곧 방탕과 정욕과 술 취함과 향락과 가증스러운 우상 숭배에 빠져 있었다. 그러나 그것은 지나간 때로 충분하다. 우리의 이전 모습을 기억하는 이방 사람들이, 현재 우리가 그들과 함께 지나친 방탕에 빠지지 않는 것을 이상히 여기며 욕설을 퍼붓고 있다. 그러나 그들은 마지막 날에 자신들의 행위를 산 사람과 죽은 사람을 심판하실 분에게 사실대로 말해야 할 것이다(벧전 4:1-5).

성도는 그리스도 안에서 새로운 피조물이 되었으므로(고후 5:17), 이전의 옛 사람과 탐욕을 버리고 새 사람이 되어야 한다. 과거의 잘못된 삶을 청산하지 않고 그대로 사는 것은 세상 사람들에게는 환영받을지 몰라도, 하나님 앞에서는 여전히 죄인으로 살아가는 것이다. 그리스도인이라면, 하나님의 거룩하심을 본받는 것이 당연하다. 세상에서 비난을 받더라도, 거룩한 삶으로 인해 받는 고난이라면 기쁘게 인내해야 하지 않겠는가?

비록 선한 행실을 하고 있어도, 오해나 모함으로 그리스도인이 악을 행한다고 비난하는 사람이 있다. 그럼에도 불구하고 그리스도인은 바른 행위를 계속해야 한다. 그러면 주님께서 오시는 날에 하나님께 영광을 돌리게 될 것이다(벧전 2:12). 선한 양심을 가지고 있을 때,

그리스도인의 선행을 욕하는 자들은 그 헐뜯는 일로 인해 부끄러움을 당하게 될 것이다. 선을 행하다가 고난을 당하는 것이 하나님께서 바라시는 뜻이라면, 악을 행하여 고난을 받는 것보다 훨씬 낫다(벧전 3:16,17).

마지막 때가 가까울수록 우리는 우리는 재림과 심판을 의식하며 살아가는 신앙을 가져야 한다. 주님께서 다시 오셔서 심판대에 앉으셨을 때, 나는 심판장이신 주님께 무엇이라 말할 것인가? 살아온 삶이 부끄러워 얼굴을 들지 못할 것인가? 아니면 평소에 살아 계신 하나님을 모시고 사는 사람이어서 우상을 버리고 말씀에 순종했다고 자신 있게 말할 것인가? 주님께서는 내가 행한 모든 것을 알고 계신다. 사랑하는 주님 앞에 부끄럽지 않은 모습으로 나아가기를 간절히 소망한다.

자기 평가 및 결심

1. 하나님의 영광을 위한 일이라고 해서 무엇이든지 해도 되는 것은 아니다. 하나님의 이름으로 자신을 위한 우상 숭배를 하고 있는지 확인해 보라.

*주님, 저는 우상이 없을 것이라 생각했지만, 숨겨 놓은 우상

이 있었습니다. 그 우상은 하나님의 영광을 위하는 것처럼 보였지만, 결국은 내 자신의 이름과 영광을 위한 것이었습니다. 하나님의 이름을 이용하며 우상을 높이는 일에 헌신하였습니다. 지금부터는 숨겨진 우상을 찾아서 파괴하고 무너뜨리겠습니다. 우상을 분별하는 영적인 지혜를 간구합니다.

2. 하나님의 성전에 욕망의 우상을 세워 놓은 것은 아닌가? 하나님보다 하나님의 일을 더 중요하게 여기면 그것도 우상이 될 수 있다. 하나님의 말씀이 내 마음의 보좌에 올려져 있는가?

*하나님보다 하나님의 일을 더 중요하게 여겨 왔습니다. 그러다 보니 하나님의 말씀에 순종하지 못했고, 결국 우상을 숭배하는 죄를 범했습니다. 하나님의 계명과 말씀을 가장 소중하게 간직하면서, 그대로 따라가려고 합니다. 신앙 생활 속에서 탐심과 같은 우상 숭배에 빠지지 않도록 도와주소서.

3. 예수를 믿었으나 우상 숭배를 하는 자는 하나님의 나라를 상속받을 수 없다. 혹시 나는 무늬만 그리스도인으로 살고 있는 것은 아닌가? 심판대에서 나는 주님을 만날 준비를 어떤 모습으로 하고 있는가?

*예수를 믿기만 하면 하나님 나라를 상속받는다고 믿어왔습니다. 그러나 우상 숭배자는 하나님 나라를 상속받지 못한다

는 사실을 깨달았습니다. 그리스도인답지 못하게 살아온 것을 후회하며, 심판대에서 심판장으로 계실 사랑하는 주님을 실망시키지 않도록, 우상을 버리고 말씀에 순종하기를 결심합니다.

21
하나님의 성전과 우상 2
God's Temple and Idols 2

훈련 목표

　우상의 배후에는 악한 영이 존재하며, 그리스도인은 이들과의 영적 전쟁에 나서야 한다. 각 시대에 등장하는 우상들은 엄청난 권력과 세력을 가지고 있다. 짐승과 우상에 대한 숭배를 거부하는 것은 신자 개인의 역량으로는 쉽지 않으며, 때로는 죽음의 위험까지 따른다. 하지만 하나님께서는 이미 어린 양과 그와 함께하는 그리스도인이 영적 전쟁에서 승리하도록 결정해 놓으셨다. 이를 알고 있는 성도들은 하나님의 계명을 지키며, 인내심을 가지고 신실하게 살아야 한다. 그리스도인은 하나님을 향한 믿음과 소망, 그리고 사랑을 굳건히 붙들어야 한다.

기도문

우리의 머리털까지 세고 계시는 세심하고 거룩하신 하나님의 은혜에 감사드립니다. 지금도 우리의 생각과 마음 깊은 곳까지 감찰하시는 그 은혜를 잊지 않게 하옵시고, 거룩한 성령님과 함께 살아가는 삶을 간직하며, 어떤 우상도 만들지 않도록 도와주소서.

NEWper 훈련

우상 숭배자는 하나님의 나라를 상속받지 못하며, 첫째 부활에 참여하지 못하고, 둘째 사망에 이르게 된다(계 21:8). 우상의 배후에는 악한 영이 있으며, 요한계시록에는 나중에 등장한 둘째 짐승이 우상을 만들었다고 기록되어 있다.

계 13:11 내가 보매 또 다른 짐승이 땅에서 올라오니 어린 양 같이 두 뿔이 있고 용처럼 말을 하더라
12 그가 먼저 나온 짐승의 모든 권세를 그 앞에서 행하고 땅과 땅에 사는 자들을 처음 짐승에게 경배하게 하니 곧 죽게 되었던 상처가 나은 자니라
13 큰 이적을 행하되 심지어 사람들 앞에서 불이 하늘로부터 땅에 내

려오게 하고

14 짐승 앞에서 받은 바 이적을 행함으로 땅에 거하는 자들을 미혹하며 땅에 거하는 자들에게 이르기를 <u>칼에 상하였다가 살아난 짐승을 위하여 우상을 만들라</u> 하더라

15 그가 권세를 받아 그 짐승의 우상에게 생기를 주어 그 짐승의 우상으로 말하게 하고 또 짐승의 우상에게 경배하지 아니하는 자는 몇이든지 다 죽이게 하더라

  성부 하나님과 성자 예수님, 그리고 성령 하나님은 삼위일체 하나님이시지만, 역할이 다르다. 하나님을 대적하는 사탄은 하나님과 같아지려는 교만으로 삼위일체를 모방하였다(사 14:14). 사탄은 하나님에 의해 창조되었으나(겔 28:13,15), 자신의 완전함에 도취되어 교만해진 나머지 하나님을 배반했다(겔 28:12). 그는 처음부터 살인자였으며 거짓말쟁이였다(요 8:44). 또한 하나님의 일을 방해하고자 사람으로 하여금 하나님의 명령에 순종하지 못하게 하였다(엡 2:2).

  하늘에서 전쟁이 일어나 미가엘과 그의 천사들이 용과 그의 부하들과 맞서서 싸웠다. 용과 그의 부하들은 천사들을 이기지 못하였으므로 하늘에서는 더 이상 그들이 발붙일 자리가 없었다. 큰 용, 곧 옛 뱀이라 불리는 사탄은 온 세상을 미혹하던 자였으며, 그 용의 부하들도 그와 함께 땅으로 내쫓겼다. 하늘에서 소리가 들렸다. "이제 우

리 하나님의 구원과 권능과 나라가 이루어지고 하나님이 세우신 그리스도의 권세가 나타났다. 우리의 동료들을 헐뜯던 자, 우리 하나님 앞에서 밤낮으로 그들을 헐뜯던 자가 내쫓겼다. 우리의 동료들은 어린 양이 흘린 피와 자기들이 증언한 말씀을 힘입어서 그 악마를 이겨 냈다. 그들은 죽기까지 목숨을 아끼지 않았다. 그러므로 하늘과 그 안에 사는 자들아, 즐거워하여라. 그러나 땅과 바다여, 너희는 화를 입을 것이다. 악마가, 자기 때가 얼마 남지 않은 것을 알고, 몹시 성이 나서 너희에게 내려갔기 때문이다." (새번역, 계 12:7-12)

하늘에서 쫓겨난 사탄은 아들을 낳은 여인에게 분노했다. 용(Dragon)은 여인의 남은 자손, 곧 하나님의 계명을 지키며 예수의 증거를 가진 자들과 더불어 싸우려고 떠나가서 바닷가 모래 위에 서 있었다(계 12:17). 하나님과 같아지려 했던 사탄은 자신을 창조주 하나님의 자리에 앉히고, 자기 세력을 만들어 하나님을 대적하였다. <u>사탄은 성부 하나님을 모방하려고 하였다.</u>

성자 예수님을 모방하기 위해서 바다에서 한 짐승이 나타났고, 그 짐승은 열 개의 뿔과 일곱 개의 머리를 가졌다. 용은 이 짐승에게 자신의 능력과 보좌와 큰 권세를 주었다. <u>그의 머리 하나가 상하여 죽게 된 것 같았는데, 그 치명적인 상처가 나으니 온 세상이 놀라며 그 짐승을 따랐다. 이 짐승은 예수 그리스도의 부활을 모방하였다.</u> 그 짐승은 큰 소리로 하나님을 모독하는 입을 받았고, 일정 기간 동안 활동할 권세를 부여받았다.

그 짐승은 성도들과 싸워 이길 권세를 허락받았고, 또 모든 종족과 백성과 언어와 민족을 다스리는 권세를 부여받았다. 어린 양의 생명책에 이름이 기록되지 않은 자는 모두 그에게 경배할 것이다. 사로잡혀 갈 자는 사로잡혀 갈 것이며, 칼에 맞아 죽을 자는 칼에 맞아 죽을 것이다. 그러므로 이것을 이기기 위해서는 성도들의 인내와 믿음이 필요하다(계 13:1-10).

또한 성령님을 모방하려고 땅에서 또 다른 짐승이 올라왔는데, 그는 거짓 선지자였다(계 16:13). 그는 어린 양처럼 두 뿔을 가졌으나, 용처럼 말을 했다(계 13:11). 이 짐승은 첫째 짐승이 가진 모든 권세를 대신하여 행사하였다. 이 짐승은 땅과 그 위에 사는 모든 사람들로 하여금 치명적인 상처에서 회복된 첫째 짐승에게 경배하게 했다. 그 짐승은 큰 기적들을 행하였고, 심지어 사람들 앞에서 하늘에서 불이 땅에 내려오게 하였다. 첫째 짐승을 대신하여 행한 이 기적들을 통해 땅 위의 사람들을 미혹하였다.

땅 위에 사는 사람들에게, 칼에 맞아 상처를 입고서도 살아난 그 짐승을 위하여 우상을 만들라고 말했다. 그리고 둘째 짐승은 첫째 짐승의 우상에 생기를 불어넣어, 그 우상으로 하여금 말을 하게 하고, 또 우상에게 경배하지 않는 사람은 모두 죽임을 당하게 하였다. 또 작은 자나 큰 자나, 부자나 가난한 자나, 자유인이나 종이나 할 것 없이, 모든 사람에게 오른손이나 이마에 표를 받게 했다. 이 표는 그 짐승의 이름이나 그 이름을 나타내는 숫자이며, 이 표를 가진 사람이 아니면 누구도 팔거나 살 수 없도록 했다(계 13:11-17). 큰 용은 옛 뱀, 즉 마귀라고도 불리는 사탄으로, 말하는 능력을 가지고 있었다. 사탄은 이 능력으로 하와를 유혹하여 하나님께서 금지하신 선악과를 먹게 하여 죄에 빠뜨렸다. 말하는 능력을 가진 용은 우상을 만들어 그 우상에게도 말하는 능력을 부여하여 세상을 미혹하고자 했다. 이는 인간의 욕심과 정욕을 최고 가치로 여겨 사람들이 자신만을 위해 살아가도록 부추기려는 의도였다.

우상이 말을 한다는 것은 인간과 대화할 수 있는 지적 능력을 가질 수 있다는 뜻으로 추측된다. 우상의 지식은 영적인 것이 아니라 인간이 만들어 낸 것이다. 그렇지만 대부분의 사람들은 이 우상을 의존하여 경제 활동을 하게 될 것이다. 과거에는 이러한 우상을 상상하기 어려웠으나, 오늘날 이 모든 조건을 충족하는 우상은 아마도 인공지능(AI)일 가능성이 높다. 인공지능은 광대한 데이터(big data)를 활용해서 마치 전지전능한 존재처럼 행동하며, 생성한 문장을 음성으로 전환해 말도 하고, 통신망과 경제 등을 조정할 수 있는 능력을 갖추고 있다. 만일 인공지능에게 선과 악을 결정할 권한을 준다면, 마치 하나님께서 아담에게 먹지 말라고 하신 선악과를 사람이 만든 인공지능에게 먹여 주는 것과 같을 것이다.

　기독교는 인공지능을 하나님 나라 확장의 도구로 활용하기 위해 기독교적 가치관을 가진 AI 전문가를 발굴하고 육성해야 한다. 이러기 위해서는 먼저 인공지능을 연구하고 올바른 목적에 맞게 사용하여, 인류의 공익을 증진하고 하나님 나라를 위해 빅 데이터를 활용하는 방향을 제시해야 한다. 그렇지만 인간의 사악한 본성으로 인해 인공지능이 쾌락 추구나 금전적 이익, 권력 유지 수단으로 악용될 가능성이 높다. AI 자체가 우상은 아니지만, 인간의 이기적인 욕망이 AI를 우상으로 만들 수 있기 때문이다.

　과거의 우상은 주로 조각하거나 부어서 만든 형상을 가진 신상이나 상징물을 의미했지만, 현재의 우상은 눈에 보이지 않더라도 사람의 마음속에 자리 잡아 존재한다. 이 때문에 우상의 문제는 매우 복잡하다. 그 배후에는 악한 영의 세력이 있으며, 하나님을 대적하려는 악한 음모가 숨어 있다. 우상에 대해 강조할 점은, 마지막 때를 살아가는 모든 그리스도인이 반드시 싸워야 할 영적 전쟁의 대상이라는 것이다. 우상은 강한 권세와 능력, 기적으로 사람들의 마음을 미혹하고, 경제 활동까지도 통제할 것이다.

마지막 날까지 우상은 계속 존재할 것이므로, 말세를 살아가는 그리스도인은 영적으로 민감하게 깨어 있어야 우상을 분별할 수 있다. 사람을 미혹하는 악한 영은 인간의 욕망을 자극하여 원하는 대로 살도록 부추긴다. 눈에 보이는 적은 물리치기 쉬울지 모르지만, <u>악한 영의 미혹으로 사람의 욕망을 선한 것이라고 믿게 하여 우리 마음속에 숨어 있는 우상을 물리치는 것은 매우 어렵다.</u> 우상 숭배자는 하나님 나라에 들어갈 수 없으므로, 그리스도인은 영적 무장을 게을리하지 말아야 한다. 나는 우상을 배격할 영적 준비를 하고 있는가? 아니면 우상의 노예로 살고 있는가? 철저한 검증을 통해 내 마음속에 있는 악한 요소를 찾아내어 제거해야 한다.

바벨론 왕 느부갓네살은 꿈을 꾸고 마음이 답답하여 잠을 이루지 못했다. 그래서 그는 마술사, 주술가, 점쟁이, 점성가들을 불러들여 자신이 꾼 꿈의 내용을 말하고 해몽하라고 명령했다. 그러나 누구도 왕의 꿈을 해석하지 못했고, 결국 벨드사살이라고 불리는 다니엘이 왕 앞에 나와 그 꿈의 내용을 말하고 해석했다.

> 단 2:31 왕이여 왕이 한 큰 신상을 보셨나이다 그 신상이 왕의 앞에 섰는데 크고 광채가 매우 찬란하며 그 모양이 심히 두려우니
> 32 그 우상의 머리는 순금이요 가슴과 두 팔은 은이요 배와 넓적다리는 놋이요

33 그 종아리는 쇠요 그 발은 얼마는 쇠요 얼마는 진흙이었나이다

34 또 왕이 보신즉 손대지 아니한 돌(a stone was cut out without hands)이 나와서 신상의 쇠와 진흙의 발을 쳐서 부서뜨리매

35 그 때에 쇠와 진흙과 놋과 은과 금이 다 부서져 여름 타작 마당의 겨 같이 되어 바람에 불려 간 곳이 없었고 우상을 친 돌은 태산을 이루어 온 세계에 가득하였나이다

왕이 본 것은 거대한 신상이었으며, 머리, 가슴과 두 팔, 배와 넓적다리, 종아리와 발이 각기 다른 재료로 만들어져 있었다. 금으로 된 머리는 바벨론을 상징하며, 그 다음에는 바벨론보다 못한 나라가 일어날 것이고, 셋째로 놋과 같은 나라가 나타나 온 땅을 다스릴 것이다. 넷째 나라는 쇠처럼 강한 나라이므로, 모든 나라를 으깨고 부서뜨릴 것이다. 발과 발가락의 일부는 진흙과 쇠로 이루어졌으므로 넷째 나라는 나누어질 것이다. 진흙과 쇠가 함께 있었기에 일부는 강하지만 일부는 쉽게 부서질 것이다. 또한 진흙과 쇠가 섞인 것처럼 그들은 다른 인종과 함께할 것이지만, 쇠와 진흙이 서로 결합하지 못하는 것처럼 그들도 결합하지 못할 것이다.

여러 왕들의 시대에 하늘의 하나님께서 한 나라를 세우실 것인데, 그 나라는 영원히 망하지 않으며, 다른 백성에게 넘어가지 않을 것이다. 그 나라는 오히려 다른 모든 나라를 쳐서 멸망시키고 영원히 설

것이다. 사람이 손대지 않은 돌이 갑자기 날아와 신상을 으깨는 것은, 하나님께서 앞으로 일어날 일을 알려 주신 것이며, 이 꿈은 그대로 이루어지고 이 해석도 틀림이 없다는 것이다.

다니엘은 하나님의 지시대로 해몽하였다. 여기에서 주목해야 할 점은 신상을 우상으로 표현한 것이다. 바벨론 제국 이후에 등장한 제국들을 모두 우상으로 나타낸 것은 매우 의미가 있다. 우상은 큰 권력을 등에 업고 있으며, 각 시대에 따라 다양한 형태로 나타난다. 출애굽 당시 이스라엘 백성은 이집트의 금 송아지를 우상으로 만들었고, 황제를 신으로 섬겼던 로마 시대에는 황제가 우상이었다.

인간의 시간 개념은 과거, 현재, 미래로 이어지며, 지나간 시간으로 되돌아가지 못한다. 따라서 과거에 일어난 사건들이 현재와 미래와 연관성이 없다고 생각할 수 있다. 그러나 하나님의 시간에서는 과거에 일어난 사건이 현재와 미래에도 영향을 미치며, 과거와 현재와 미래는 서로 연결되어 있다. 용과 첫째 짐승, 둘째 짐승을 인간의 시간 개념으로 이해하려고 한다면, 특정 시점에 어떤 징조가 나타날 것이라는 착오가 생길 수 있다. 하나님의 시간의 관점으로 보면, 악마의 삼위일체는 이미 존재하고 있으며, 영적 전쟁 또한 이미 시작되었다고 볼 수 있다. 용과 첫째 짐승, 그리고 둘째 짐승은 이미 존재하고 있고, 각 시대에 첫째 짐승을 위한 우상도 존재해 왔음을 알 수 있다.

각 시대에 존재한 우상은 막강한 영향력을 행사했음을 짐작할 수 있다. 그 시대의 사람들은 경제 활동과 생명 유지를 위해 우상을 경배하는 것을 자연스럽게 받아들였을 것이다. 기본적인 생존을 위한 노력을 누구도 잘못이라 비난할 수 없기 때문이다. 또한, 여러 시대에 있었던 우상의 세력은 현재에도 여전히 존재하고 있다. 한편, 오늘날 아이돌(idol, 우상)이 대중에게 선망의 대상으로 여겨지는 것처럼, 우리 마음속에도 알게 모르게 우상의 자리가 들어와 있을 수 있다. 이는 연예인 아이돌을 비난하려는 것이 아니라, 그만큼 우리가 영적으로 혼탁한 세상에서 살고 있음을 지적하려는 것이다.

다니엘서를 통해 여러 시대마다 각기 다른 우상이 존재했음을 알 수 있다. 우상은 권력과 세력을 지니며 큰 영향력을 행사해왔다. 현재에도 이러한 우상은 여전히 존재하며, 사람들은 자신도 모르게 우상을 마음에 간직하고 섬길 수 있다. 각 시대의 당연한 가치관도 영적으로 민감하게 바라볼 필요가 있다. 성령의 도움이 없이는 그것이 우상임을 깨닫지 못할 수 있기 때문이다. 나는 정말로 하나님만을 사랑하고 있는가? 나는 오직 하나님만을 경배하고 있는가? 종교 생활만을 강조하려는 것이 아니다. 오히려 종교 생활을 넘어, 삶의 현장에서 하나님을 경배하는 자가 되어야 한다.

우상을 만든 자는 둘째 짐승이며, 이는 첫째 짐승을 경배하게 하기 위한 것이다. 사탄이 배후에서 이 모든 것을 조종하고 있다. 누구든지 짐승과 그의 우상에게 경배하고 이마나 손에 표를 받으면, 하나님의 진노의 포도주를 마시게 될 것이다. 그 포도주는 물을 섞지 않은 하나님의 순수한 진노가 가득 담긴 잔이다. 그런 자는 거룩한 천사들과 어린 양 앞에서 불과 유황의 고통을 영원히 겪을 것이다. 고통을 주는 불과 유황의 연기는 영원히 구덩이에서 올라오며, 짐승과 그의 우상에게 절하는 자들과 그 이름의 표를 받는 모든 자는 밤낮으로 쉼을 얻지 못할 것이다. 그러므로 하나님의 계명과 예수를 믿는 믿음을 지키는 성도들에게는 인내가 필요하다(계 12:17, 13:10, 14:9-12).

미래에는 짐승과 우상에게 마음을 빼앗겨 그들의 모든 생각과 행동이 지배받는 시대가 올 것이다. 짐승과 그의 우상에게 경배하지 않는다는 것은 죽음의 위협을 감수해야 할 만큼 괴롭고 힘든 일이 될 것이다(계 13:15). 이처럼 두렵고 떨리는 위험을 감수하면서 그들에게 대항해야 하는 이유는 신앙을 지키는 것이 그만큼 중요하기 때문이다. 예수를 증언하고 하나님의 말씀을 위해 목숨을 잃은 자와, 짐승과 우상에게 경배하지 않으며 이마와 손에 그들의 표를 받지 않은 자는 첫째 부활에 참여할 것이다. 이들은 그리스도와 더불어 천 년 동안 왕 노릇 할 것이며, 둘째 사망이 그들을 다스리지 못할 것이다(계 20:4-6). 영원한 생명과 하나님의 나라에 참여하는 것보다 더 소중한 것이 어디 있겠는가?

악한 영은 교묘하게 인간의 욕망을 신의 자리에 올려 놓고, 그 욕망을 따라 사는 것이 참된 삶이라는 거짓 믿음을 심어준다. 그래서 우상을 소유한 사람도 그 우상의 실체를 알지 못하면서, 하나님의 이름으로 우상에게 충성하기도 한다. 하나님의 영광을 위해서 하는 일이라고 하더라도, 그것을 하나님보다 더 중요하게 여긴다면, 그것이 우상일 수도 있다는 생각을 해야 한다. 악한 영은 우상을 앞세워 사람의 욕망을 충족시키는 것을 진리처럼 속인다.

현재에는 사람들은 즐거움을 추구하는 것이 죄가 아니라고 여기며, 자신의 욕망을 충족시키려는 행위를 아무런 저항 없이 받아들이는 경향이 있다. 우상을 찾아내어 깨뜨리기보다는, 오히려 자신의 만족을 위해 우상을 받아들이고 있다. 악한 영에게 미혹을 받지 않으려면, 영적으로 깨어 있으면서, 하나님 말씀에 순종하고, 세상에서 구별된 거룩한 행실과 경건함을 굳게 지켜야 한다.

중요한 것을 위해 사소한 것을 포기하는 것이 지혜이다. 그러나 어리석은 자는 잠시 누릴 복을 위해 영원한 것을 포기한다. 짐승과 우상에게 경배하지 않으며 살아가는 것은 쉬운 일이 아니지만, 하나님의 계명에 순종하고 믿음을 지키는 성도는 끈기와 인내를 발휘해야 한다. 나를 만족시키는 것이 있다면, 그것이 나 자신을 위한 것인지, 아니면 하나님의 영광을 위한 것인지 깊이 살펴보아야 한다. 나는 혹시라도 하나님의 이름을 이용해 경건을 이익의 수단으로 삼고 있지 않은지(딤전 6:5) 되돌아봐야 한다. 자신이 보기에 좋다고 해서 모두 하나님을 기쁘시게 하는 것은 아님을 기억해야 한다.

그리스도인은 하나님에 대한 믿음, 소망, 그리고 사랑을 가진 사람들이다. 반면, 하나님이 아닌 것에 믿음, 소망, 그리고 사랑을 두는 것이 우상이다. <u>하나님보다 더 믿고 있는 것이 있는가? 하나님이 아닌 다른 것에 소망을 두고 있는가? 하나님보다 더 사랑하는 것이 있는가? 만일 이 세 가지 중 하나라도 해당된다면, 그 사람은 이미 마음속에 우상을 만들어 경배하고 있을 가능성이 있다.</u>

하나님과 재물을 함께 섬길 수 없기 때문에(눅 16:13), 만일 재물을 하나님보다 더 신뢰하고 있다면, 그는 맘몬(재물)의 우상을 섬기는 자이다. 자신의 즐거움과 이익을 위해 사는 사람은 이미 우상을 숭배하는 자이다. 마지막 때가 가까울수록 영적 전쟁은 더욱 심각해질 것이므로, 성도는 재림과 심판을 준비하며 깨어 있어야 한다.

말세에는 고통받는 때가 올 것이다. 사람들은 자기 자신을 사랑하며, 돈을 사랑하고, 뽐내며, 교만하며, 하나님을 모독하며, 부모에게 순종하지 않고, 감사할 줄 모르며, 경건하지 않고, 부정하며, 원한을 풀지 않고, 비방하며, 절제가 없고, 난폭하며, 선을 좋아하지 아니하며, 배신하며, 조급하며, 자만하며, 하나님보다 쾌락을 더 사랑하며, 겉으로는 경건하게 보이나 경건의 능력을 부인한다. 그리스도인은 자신에게 이러한 것들이 있는지 살펴보아야 하며, 또 이런 사람들을 멀리해야 한다(딤후 3:1-5).

그리스도인은 하나님 아버지께서 보시기에 깨끗하고 순수한 신앙생활을 해야 하며, 어려움을 당하는 고아와 과부를 돌보고, 자신을 지켜 세속에 물들지 않도록 해야 한다(약 1:27). 다시 말하자면 세상의 가치관을 본받지 않고, 하나님의 관점으로 세상을 바라보며, 선행을 통해 하나님께 영광을 돌려야 한다.

> 롬 12:2 너희는 이 세대를 본받지 말고 오직 마음을 새롭게 함으로 변화를 받아 하나님의 선하시고 기뻐하시고 온전하신 뜻이 무엇인지 분별하도록 하라

그리스도인은 흠이 없고 순결하게 되어, 악하고 비뚤어진 세상에서 하나님의 흠 없는 자녀가 되어야 한다(빌 2:15). 그러나 마음이 미혹된 자는 하나님의 길을 알지 못하게 된다(히 3:10). 자신의 욕망을 내려놓고 마음에서 우상을 제거하며 하나님의 명령에 순종해야 한다. 그렇게 할 때, 성전에서 우상을 없애고 오직 하나님만을 섬기게 될 것이다.

자기를 깨끗하게 하여 거룩하게 되어, 하나님께서 귀하게 쓰실 그릇이 되도록 준비하고 있는가?(딤후 2:21) 하나님의 종이 되어 거룩함에 이르는 열매를 맺고 있는가?(롬 6:22) 거룩함은 우상을 제거하는 능력이다.

하나님의 제단을 만들 때, 사람의 손으로 다듬은 돌로 쌓지 말아야 한다(출 20:25). 반드시 쇠 연장으로 다듬지 않은 돌, 곧 손대지 않은 돌로 하나님 여호와의 제단을 쌓고 그 위에 하나님께 제사를 드리라고 하셨다(신 27:5,6, 수 8:31). 바벨론 느부갓네살 왕의 꿈에 손대지 않은 돌이 나와 신상의 쇠와 진흙으로 된 발을 쳐서 부서뜨리는 장면이 나온다. 손대지 않은 돌은 하나님 여호와의 제단에 사용된 돌과 같은 것임을 알 수 있다. 이 돌은 신상을 완전히 부수고 사라지게 하였다. 이처럼 마지막 때에 우상은 완전히 없어지고, 우상을 친 돌은 큰 산이 되어 온 땅에 가득 차게 될 것이다(단 2:34,35).

우리는 자신이 바라는 것을 추구하게 만드는 우상을 환영하는 것이 아니라, 깨뜨리고 부수어 완전히 제거해야 한다. 만군의 여호와께서 오시는 날에 우상은 완전히 없어질 것이며(사 2:12-18), 바벨론의 우상들을 벌하실 것이다(렘 51:47). 하나님께서 우상을 징계하기로 이미 결정하셨고, 결국 우상은 세상에서 모두 멸절될 것이다(미 5:10-15).

광야 생활 중 이스라엘 백성은 금 송아지 우상을 만들어 제사를 드리며, 앉아서 먹고 마시고, 일어나서 뛰놀았다(출 32:4,6, 고후 10:7). 이 실패한 사례를 본보기로 삼아, 우리도 우상 숭배를 하지 말라는 것이다. 또 이스라엘 자손은 모압 여자들과 음행하며 그들의 신들에게 절을 했고, 그로 인해 하루에 이만 삼천 명이 죽었다는 사건이 있었다. 이를 본보기로, 우리도 그들과 같은 영적인 음행을 하지 말아야 한다(민 25:1,2, 고전 10:8).

우상 숭배는 영적인 간음에 해당하며, 이는 하나님을 경배하는 것이 아니라 귀신과 교제하는 것이다. 주님의 잔을 마시면서 동시에 귀신들의 잔을 마실 수는 없다. 주님의 식탁에 참여하면서 동시에 귀신들의 식탁에 참여할 수는 없다. 그러므로 하나님을 섬기는 자들은 우상 숭배를 멀리해야 한다(고전 10:14-21, 요일 5:18).

하나님의 성전에 우상이 함께 있을 수 없다. 마음에 우상이 존재한다면 하나님의 나라를 상속받을 수 없다. 철저히 우상을 마음에서 몰아내야 하며, 이는 마지막까지 지속될 영적 전쟁이다. 끝나지 않을 것 같고, 이길 수 없을 것 같은 전쟁이라 할지라도 하나님께서는 우상의 멸망을 이미 선포하셨다. 사람의 생각으로는 도저히 이길 수 없는 싸움일지라도 그리스도인은 물러서지 말아야 한다. 우리는 환난을 당하지만 담대해야 한다. 예수 그리스도께서 이미 세상을 이기셨기 때문이다(요 16:33).

우리는 하나님께 속해 있으며, 우리 안에 계신 분께서는 세상에 있는 자보다 크시다(요일 4:4). 예수께서 하나님의 아들이심을 믿는 하나님의 자녀는 누구나 세상을 이겨낸다. 그리고 믿음으로 세상을 이길 것이다(요일 5:4,5). 결코 쉽지 않은 대적인 마귀의 세력이 어린 양에게 싸움을 걸겠지만, 이들의 멸망은 이미 결정되어 있다. 궁극적으로 우리는 어린 양의 부르심을 받고 택하심을 받았기에 예수님과 함께 이길 것이다(계 17:14).

이미 승리가 예정된 전쟁에서 그리스도인이 해야 할 일은 짐승과 우상에게 경배하지 않는 것이며, 하나님의 계명을 지키고 예수께 대한 믿음을 지키는 것이다. 그리스도인으로서 의무를 다할 때 하나님께서 승리를 허락하신다. 나는 하나님의 성전이므로, 그 성전에 우상이 존재하지 않도록 깨어 있어야 하며, 사소하고 작은 우상이라도 찾아내어 제거해야 한다.

자기 평가 및 결심

1. 우상은 눈에 보이는 형상으로만 있는 것이 아니라 그 배후에 악한 영이 존재한다. 요한계시록은 짐승과 우상에게 경배하는 자에 대해 경고하며, 이들은 마지막 때에 싸워야 할 영적 전쟁의 대상이다. 내 마음을 미혹하는 영적 세력이 있는지 확인하고, 하나님 이외에 무엇을 향하고 있는지 살펴보라. 성령의 도우심으로 영적 세력을 이겨내라.

> *주님, 제 마음 전부를 하나님께 드립니다. 형상이 있는 우상만이 아니라, 마음에 자리 잡고 있는 우상을 확인할 수 있는 영성을 간구합니다. 영적 전쟁에서 성령의 도우심으로 숨어 있는 우상을 찾게 하시고, 단호한 결심과 성령의 능력으로 짐승과 우상을 경배하지 않으며, 이기는 자가 되기를 원합니다.

2. 느부갓네살 왕의 꿈을 통해 볼 때, 각 시대에는 큰 권세로 영향을 주는 우상이 존재한다. 지금 이 시대에 여러 분야에 있는 우상을 찾아보라. 우상은 생명을 위협하기도 하고, 때로는 마음을 미혹하기도 한다. 하나님을 섬기기 위한 일이 하나님보다 더 소중해진다면, 이 일에 대하여 이 일이 우상이 될 가능성이 있는지 냉철하게 돌아보라. 나는 어떤 우상에게 영향을 받고 있는 것일까?

> *이 시대를 살아가는 하나님의 성도로서 세상과 타협하지 않

고, 하나님의 뜻을 이루기 위해 명령에 순종하는 자가 되기를 원합니다. 성령께서 내 마음을 견고하게 붙들어 주셔서, 오직 하나님만을 바라보게 되기를 원합니다.

3. 나는 이 세대를 본받지 않으며, 하나님의 계명을 지키고, 예수께 대한 믿음을 지키고 있다고 생각하는가? 나는 하나님의 성전임을 확신하며, 내 안에 있었던 우상을 파괴하고 무너뜨리며 제거하였는가? 우상 숭배자는 하나님의 나라를 상속받지 못하며, 둘째 사망에 들어간다는 것을 기억하자.

*세상과 구별된 삶을 살아가며, 짐승과 우상에 대해 영적으로 민감하게 하옵소서. 하나님의 계명을 지키고, 예수께 대한 믿음을 지키면서, 인내로 이기는 자가 되기를 기도합니다. 우상 숭배자가 되지 않도록 엄격한 잣대로 자신을 살피게 하옵소서.

22

하나님의 백성 1

God's people 1

훈련 목표

하나님의 성전인 그리스도인은 하나님의 백성이다. 과거 이집트에서 이스라엘이 노예였을 때, 하나님께서는 이미 그들을 자신의 백성이라고 부르셨다. 또한, 유대인이 아닌 이방인도 예수 그리스도를 통해 하나님의 백성이 될 수 있는 길이 열렸다.

기도문

살아 계신 하나님의 은혜로 자녀의 삶을 살아가게 하여 주심에 감사합니다. 은혜 안에만 머물며 진정한 그리스도인의 책임과 의무를 잊고 살아가지 않도록 성령님께서 깨닫게 하옵소서. 이미 시작된 마지막 때에 온전히 쓰임 받는 하나님의 자녀로 살아가도록 지혜를 주옵소서. 아멘.

NEWper 훈련

인간은 처음부터 하나님의 자녀이자 백성이었지만, 원죄로 인해 하나님에게서 멀어졌다. 하나님의 약속을 받았으나, 사탄의 꾐에 넘어가 언약과는 무관한 자가 되었다. 그러나 하나님께서는 자신의 영광을 위해 창조하신 인간을 다시 선택하여 부르셨고, 자신의 백성과 자녀로 회복할 계획을 세우셨다. 선택받은 아브라함조차 처음에는 하나님을 알지 못했다. 그러나 하나님께서는 아브라함을 선택하여 부르셨고, 그를 통해 하나님의 백성이 되는 길을 약속하셨다. 그러므로 우리도 믿음으로 하나님의 백성이 되는 길로 나아갈 수 있게 되었다. 이제 하나님께서 믿음의 조상으로 택하신 아브라함의 발자취를 따라가 보자.

아브라함은 원래 하나님을 섬기던 사람이 아니었다. 그의 아버지 데라는 갈대아인이 살던 바빌로니아의 우르(Ur of the Chaldeans)에서 다른 신을 섬겼다(창 11:27,28, 수 24:2). 하나님께서는 아브라함에게 유프라테스 강을 건너 자신이 지시하는 땅으로 가라고 명령하셨다(창 12:1). 아브라함은 하나님의 부르심에 순종하여 고향을 떠나 가나안 땅으로 갔다. 사실 그는 갈 곳을 알지 못한 채 떠났다(창 11:31, 히 11:8). 아브라함은 우르를 떠나 하란에 이르러 그곳에 잠시 정착했고, 그곳에서 그의 아버지 데라는 세상을 떠났다.

그 후 아브라함은 다시 가나안 땅을 향해 떠났다. 하나님께서 아브라함을 강 저쪽에서 이끌어 내셨기에, '강을 건너온 자'라는 의미를 가진 히브리어 '이브리'에서 아브라함의 자손인 이스라엘 사람들을 '히브리인'(the Hebrews)이라고 불렀다. 그리스도인은 하나님께서 명령하시는 곳을 향해 떠나는 순례자로서, 현재 살아가고 있는 이 세상이 목적지가 아니라 영원한 본향을 향해 나아가는 사람이다.

아브라함은 하나님의 말씀을 따라 길을 떠났으며, 그때 그의 나이는 75세였다. 아브라함은 아내 사래와 조카 롯, 하란에서 모은 재산과 거기에서 얻은 사람들을 데리고 떠나 마침내 가나안 땅에 도착했다. 그는 세겜 땅 모레의 상수리나무가 있는 곳에 이르렀고, 그곳에는 가나안 사람들이 살고 있었다. 하나님께서 아브라함에게 나타나셔서 "내가 너의 자손에게 이 땅을 주겠다"고 말씀하셨고, 세겜이 위치한 가나안은 약속의 땅이었다(창 12:4-7). 아브라함의 순종을 본받아 그리스도인은 말씀에 순종해야 한다.

이 당시 사래는 임신하지 못하였으므로 아브라함에게는 자식이 없었다(창 11:30). 그러나 하나님께서는 자식이 없는 아브라함에게 '하늘의 별들처럼 그의 자손이 많아져 큰 민족을 이루게 될 것'을 약속하셨다. <u>아브라함은 하나님의 약속을 믿었고, 하나님께서는 이를 그의 의로 여기셨다</u>(창 12:2, 15:2-6). 이처럼 그리스도인은 불가능한 현실에 처할 경우에도 하나님의 약속을 믿어야 한다.

아브라함이 만일 행위로 의롭게 되었더라면, 그는 자랑할 것이 있었을 것이다. 그러나 그는 하나님 앞에서 자랑할 것이 없었다. 그는 하나님의 약속을 믿었고, 하나님께서 그의 믿음을 의롭게 여기셨기 때문이다(롬 4:1-3). 경건하지 않은 자라도 의롭다고 하시는 하나님을 믿는다면, 그 믿음은 의롭다고 인정받게 된다(롬 4:5). 아브라함의 믿음은 그리스도인에게 본보기가 되었고 그래서 하나님께서 아브라함을 믿음의 조상으로 삼으셨다. 아브라함의 믿음을 의로 여기신 하나님께서는 훗날 믿음의 후손들을 자신의 백성으로 삼고자 하셨다.

다윗은 이와 같은 것에 대하여 감사의 시를 지었다. "거역한 죄를 용서받고, 자신의 죄가 덮어진 사람은 복이 있다. 마음에 거짓이 없고, 여호와께서 죄 없는 자로 여겨 주시는 사람은 복되고 복되다"(시 32:1,2)

하나님께서 죄가 없다고 인정해 주시는 사람은 복이 있다. 이러한 복은 할례를 받은 사람만이 누리는 것일까? 아니면 할례를 받지 않은 사람에게도 내리는 것일까? 하나님께서는 아브라함의 믿음을 의로 여기셨는데, 이는 그가 할례를 받기 전에 일어난 일이었다. 그는 할례를 받지 않은 상태에서 이미 얻은 믿음의 의를 확증하기 위해 할례라는 표를 받았다. 그는 할례를 받지 않고도 모든 사람의 조상이 되었으며, 이는 할례를 받지 않은 사람들도 의롭다는 인정을 받게 하려는 것이었다(롬 4:8-11). 또한 아브라함은 할례를 받은 사람들의 조상이 되기도 하였다. 다시 말해, 아브라함은 유대인만이 아니라, 할례를 받지 않은 상태에서 걸어간 믿음의 발자취를 따라가는 이방인들에게도 믿음의 조상이 되었다(롬 4:12).

세상의 관례를 예로 들자면, 사람들이 맺은 계약도 정한 후에는 아무도 그것을 무효로 만들거나 추가할 수 없다. 이처럼 하나님께서는 처음부터 아브라함과 언약의 관계를 맺으셨으며, 아브라함과 그의 후손에게 약속을 말씀하실 때 여러 사람을 가리키는 것처럼 '후손들(seeds)에게'라고 하지 않고, 단 한 사람을 가리키는 뜻으로 '너의 후손(your seed)'이라고 하셨다. 그 한 사람은 곧 그리스도이다(갈 3:15,16). 하나님께서 아브라함의 자손으로 예수께서 태어나실 것이며, 예수 그리스도로 인해 천하 만민이 복을 얻게 될 것이라고 약속하셨다. 이러한 약속은 아브라함이 하나님의 명령에 순종하였기 때문이었다.

창 13:15 보이는 땅을 내가 너와 네 자손(offspring, seed)에게 주리니 영원히 이르리라

창 22:18 또 네 씨(offspring, seed)로 말미암아 천하 만민이 복을 받으리니 이는 네가 나의 말을 준행하였음이니라 하셨다 하니라 (and through your offspring all nations on earth will be blessed, because you have obeyed me.")

하나님께서 미리 언약을 맺었으므로, 사백삼십 년 후에 생긴 율법이 그 약속을 소멸하거나 무효로 만들 수 없었다. 만일 하나님께서 아브라함에게 주신 유업이 율법에서 비롯된 것이라면, 그것은 절대로 약속된 것을 받는 것이 아니다. 그러나 하나님께서는 약속을 통해 아브라함에게 상속의 선물을 주셨다(갈 3:17,18). 또한 하나님의 약속은 아브라함과 마찬가지로 믿음의 후손에게도 은혜로 맺은 것이다.

하나님께서는 아브라함과 그의 자손(offspring, seed)에게 세상을 물려주겠다고 약속하셨는데, 이는 그가 율법을 지켰기 때문이 아니라 하나님의 약속에 대한 믿음으로 의롭다고 인정받았기 때문이었다. 만일 율법을 지키는 사람들만 상속자가 된다면, 믿음은 무의미해지고 그 약속은 무효가 된다(롬 4:13).

율법이 없으면 율법을 어기는 일도 없을 것이다. 그러나 율법이 있으면 율법을 어길 때 하나님의 진노를 불러온다. 그러므로 하나님의 약속은 믿음에 근거한 것이다. 하나님께서 아브라함에게 이 약속을 은혜로 주셔서, 율법을 지키는 사람들뿐만 아니라 아브라함의 믿음을 따르는 사람들, 곧 아브라함의 모든 후손들에게 그 약속을 보장해 주셨다. 따라서 아브라함은 우리 모두의 조상이다(롬 4:15,16).

하나님께서는 믿음의 조상으로 세운 아브라함과 그의 자손을 통해 하나님의 역사를 이루어 가셨고, 아브라함의 후손들이 하나님의 백성이 되게 하셨다. 훗날 아브라함의 자손들은 이스라엘 민족이 되었으며, 예수께서 세상에 오신 후 아브라함의 자손들은 믿음의 자손들로 확장되었다.

아브라함의 후손은 혈통에 의한 것만이 아니라, 믿음의 후손도 포함된다. 믿음을 말할 때 예수를 믿는 믿음으로만 국한하는 경우가 많지만, 본질적으로는 아브라함이 보여준 것처럼 하나님의 약속을 믿는 믿음을 의미한다. 교회에 출석하고 있어도 하나님의 약속을 모르고 믿지 않는다면, 이는 믿음의 후손이라고 할 수 없다. <u>믿음으로 하나님의 자녀가 되었다면, 약속의 말씀에 뿌리를 박고 순종하는 삶을 살아야 한다.</u>

하나님께서는 가나안 땅을 아브라함의 소유가 되게 하려고, 그를 갈대아인의 우르에서 이끌어 낸 것을 상기시키셨다(창 15:7). 아직 자녀도 없는 아브라함에게 그의 자손이 겪을 일을 말씀하셨다. 그들은 다른 나라에서 나그네로 살다가 결국 종이 되어 사백 년 동안 괴로움을 받을 것이라고 하셨다. 그 후에 하나님께서 아브라함의 후손을 노예로 부리던 나라를 벌할 것이며, 그의 자손이 재물을 많이 가지고 나올 것이라고 알려 주셨다(창 15:13,14, 출 12:36,40).

아브라함의 자손이 타국에서 종살이를 하는 것은 온 인류가 죄의 종으로 살고 있는 것을 상징한다. 그들이 이집트에서 나올 때 어린 양의 피로 인해 죽음이 넘어간 것은, 예수 그리스도의 죽음을 통해 죄에서 구원을 받게 되는 것을 의미한다. 그러므로 예수께서 인류의 죄를 대신해 죽으신 것을 믿는 자는 구원을 얻게 된다.

아브라함의 후손은 이집트에 가게 되었고, 야곱의 혈통에서 태어난 사람은 모두 70명이었다. 세월이 흐르면서 이스라엘 자손은 번성하여, 수가 늘고 세력도 커졌으며, 마침내 그 땅에 가득 퍼져서 민족으로 성장했다. 이에 이스라엘 자손으로 인해 불안해진 이집트의 왕은 그들을 종으로 삼아 박해하였다. 그러나 그들은 억압을 받을수록 더 수가 늘고 번성했다. 이집트 사람들은 이스라엘 자손을 몹시 싫어하여, 그들을 혹독하게 부렸다(출 1:5-13). 비록 아브라함의 자손은 큰 집단의 민족이 되었으나, 여전히 노예의 신분이었다. 지구상에 수많은 사람이 살고 있지만, 아직도 많은 사람이 죄의 노예로 살고 있다.

하나님께서는 모세를 부르시어 말씀하셨다. "나는 이집트에 있는 나의 백성이 고통받는 것을 똑똑히 보았고(I have indeed seen the misery of my people in Egypt), (my people in Egypt) 또 억압 때문에 괴로워서 부르짖는 소리를 들었다. 그러므로 나는 그들의 고난을 분명히 안다. 이제 내가 내려가서 이집트 사람의 손아귀에서 그들을 구하여, 이 땅으로부터 저 아름답고 넓은 땅, 젖과 꿀이 흐르는 땅, 곧 가나안 사람과 헷 사람과 아모리 사람과 브리스 사람과 히위 사람과 여부스 사람이 사는 곳으로 데려가려고 한다. 지금도 이스라엘 자손이 부르짖는 소리가 나에게 들린다. 이집트 사람들이 그들을 학대하는 것도 보인다. 이제 나는 너를 바로에게 보내어, 나의 백성 이스라엘 자손을 이집트에서 이끌어 내게 하겠다(I am sending you to Pharaoh to bring my people the Israelites out of Egypt) (the Israelites out of Egypt)"(새번역, 출 3:7-10)

하나님께서는 노예 신분인 이스라엘 자손을 '나의 백성'이라고 부르셨다. 하나님의 택함을 받은 아브라함의 자손은 하나님의 약속대로 한 민족이 되어, '하나님의 백성'이 되도록 예정되어 있었다. 이집트에서 종살이하던 이스라엘 자손의 고통을 하나님께서는 '나의 백성'의 탄식으로 들으셨다. 하나님께서 아브라함에게 약속하신 땅으로 이들을 인도해 내기 위해 모세를 부르시고 바로에게 보내셨다. 하나님께서 아브라함을 불러서 인도하신 땅으로 가게 하신 것처럼, 모세는 하나님의 백성 이스라엘을 이끌고 이집트에서 나와 하나님께서 예정하신 가나안 땅으로 이끌어 가야 할 사명을 받았다.

이집트에서 노예로 있을 때, 하나님께서는 이미 이들을 '나의 백성'이라고 부르셨다. 이는 하나님께서 이들을 자신의 백성으로 선택하셨기 때문이다. 하나님의 백성은 사람의 노력으로 되는 것이 아니라 하나님의 은혜로 되는 것이다. <u>하나님의 뜻으로 부르심을 받은 사람이 하나님의 백성이다.</u>

자기 평가 및 결심

1. 하나님의 백성은 자신이 원한다고 해서 되는 것이 아니다. 하나님의 택하심과 부르심이 있어야 한다. 하나님께서 나를 택하시고 부르셨다는 것을 알 수 있는가? 어떻게 하나님의 백성이 될 수 있는가?

*하나님께서는 아브라함과 이스라엘 자손만 아니라 믿음의 후손에게도 동일한 약속을 주셨습니다. 하나님께서는 이미

창세 전에 그리스도 안에서 우리를 택하셨고(엡 1;4), 믿음으로 하나님의 자녀가 되게 하셨습니다(요 1:12). 이제 하나님의 통치를 받는 백성이 되기 위해 하나님의 계명에 순종하기를 원합니다(요일 3:23). 명령을 따르겠습니다.

2. 아브라함은 믿음의 조상이 되었다. 그가 살던 시대에는 예수 그리스도께서 태어나지 않으셨는데, 아브라함의 믿음이라고 말하는 것은 무엇을 의미하는가? 나도 아브라함과 같은 믿음을 가졌는가?

*하나님의 약속은 현실적으로 볼 때 사람의 생각으로는 불가능한 것이었습니다. 그러나 아브라함은 하나님의 약속의 말씀을 믿었습니다. 그는 현실이 아니라 약속을 믿었고, 하나님께서는 그의 믿음을 의롭다고 여기셨습니다. 믿음의 후손인 저희도 하나님의 약속을 소망하며 굳건히 붙잡고 나아갑니다. 성령께서 인도하옵소서.

3. 하나님의 백성이라면 하나님의 말씀에 순종해야 한다. 말씀을 믿음으로 받아들이며, 그 말씀이 삶에 이루어지고 있는지 확인해 보라.

*먼저 말씀을 믿음으로 결합하여 저희의 말씀이 육신이 되기를 원합니다(히 4:2). 예수께서 말씀이 육신이 되는 성육신의 본을 보여주셨던 것처럼, 저희도 말씀이 우리 안에 각인되어,

언제나 새겨진 말씀으로 반응하기를 원합니다. 오늘이라는 시간 동안 말씀에 순종하게 하옵소서.

23
하나님의 백성 2
God's people 2

훈련 목표

하나님의 백성은 과거에 유대인이었지만, 그 시대에도 혈통으로만 제한된 것은 아니었다. 신약 시대에는 유대인이 아닌 다른 민족도 예수 그리스도를 통해 하나님의 백성이 될 기회를 갖게 되었다. 이제 예수를 모르고 거부했던 유대인에게도 복음이 전파되어야 한다.

기도문

하나님께서 택하신 백성은 유대인이었습니다. 그렇지만 이제는 그리스도인도 하나님께서 택하신 백성이 되었음에 감사를 드립니다. 하나님의 백성이 되었으므로, 이에 합당한 의무를 감당해야 할 것입니다. 하나님과 예수님을 섬기는 자가 되어, 성령님의 인도하심을 따라 올바르게 주님의 말씀에 순종하기를 원합니다. 아멘.

NEWper 훈련

'사명'의 영어 'mission'의 어원은 라틴어 동사 mittere(to send, throw)의 명사형인 missio(act of sending)에서 나온 말로, '보낸다'라는 의미를 포함하고 있다. 사명은 자신을 위한 생각과 뜻대로 하는 것이 아니다. 사명을 말하자면, 먼저 보냄을 받아야 하며, 보냄을 받은 사람이 보내는 자의 뜻을 이루는 것이 사명이다. 그러므로 히브리인은 강을 건너 약속의 땅으로 보내신 하나님의 뜻을 이루도록 살아가야 했고, 이것이 그들의 사명이었다. 하나님께서 이스라엘 자손을 이집트에서 가나안으로 보내신 목적은 무엇이었을까? 사명을 이루어가는 사람은 반드시 보내신 분의 계획과 뜻을 의식해야 한다.

이스라엘 자손이 이집트 라암셋을 떠날 때, 장정만 60만 명이었고 그 밖에도 많은 다른 민족들이 그들을 따라 나섰다(출 12:37,38). 이스라엘 자손만이 아니라 다른 민족도 포함되어 있었다. 외국인이라도 할례를 받으면 여호와의 유월절을 지킬 수 있었던 것으로 보아, 하나님의 백성의 조건은 혈통이 아니었음을 알 수 있다.

아브라함조차도 처음부터 하나님을 섬긴 사람이 아니었다. 하나님께서 아브라함을 택하여 부르셨고, 그는 그 부르심에 믿음으로 응답하여 하나님의 백성이 되었다. 이스라엘 사람들은 외국인을 이방인(게르, 히)으로 불렀고, 신약 시대에 이방인(gentile)은 유대인이 아닌 사람을 가리키는 명칭(ἔθνος, ους, τό 1484 [ĕthnŏs] 에스노스 ethnos, 헬)이었다. 구약 시대에는 이스라엘만이 하나님의 백성으로 선택된 민족이었으나, 이미 그들 가운데 다른 민족도 섞여 있었으므로 혈통으로 제한된 것이 아니었다. 하나님께서 이스라엘 자손을 통해 자신의 계획과 섭리를 보여주셨으므로, 그들은 하나님의 선택을 받은 민족으로서 선민의식을 가질 만했다.

유대인이 아닌 사람은 하나님의 약속과 상관없을 것이라 여겨 처음에는 이방인들에게 복음을 전하지 않았다. 그러나 베드로와 바울에게 일어난 사건을 통해 이방인도 하나님의 백성이 될 자격이 있음을 알게 되었다. 베드로는 할례를 받은 사람들에게 복음을 전하는 사도가 되었고, 바울은 할례받지 않은 사람들에게 복음을 전하는 사도가 되었다(갈 2:8). 이제 이러한 과정을 살펴보자.

스데반이 순교한 후, 베드로는 예루살렘과 사마리아에서 복음을 전했고, 표적과 능력이 나타났다. 유대교를 강하게 따르던 사울은 공문을 가지고 그리스도교를 믿는 사람들을 결박하려고 다메섹으로 갔다. 가는 도중 사울(바울)은 예수 그리스도를 만났고, 이방인에게 복음을 전하는 사도가 되었다(행 9:10, 롬 11:13, 15:16, 갈 1:16,7-9, 딤전 2:7, 딤후 4:17). 이러는 동안 유대와 갈릴리, 그리고 사마리아에 세워진 교회는 안정되어 튼튼히 서 갔고, 주님을 경외하는 마음과 성령의 위로로 신자 수가 점점 늘어갔다(행 9:31).

가이사랴 지방에 로마 군대의 백부장인 고넬료라는 사람이 있었다. 그가 하나님께 기도하던 중에 욥바에 머물고 있는 베드로를 데려오라는 말을 듣는다. 한편, 베드로는 기도하러 옥상에 올라갔다가 배가 고파 무엇을 좀 먹고 싶어 하던 중에 무아지경에 빠져 들어갔다. 하늘이 열리고, 큰 보자기 같은 그릇이 네 귀퉁이가 끈에 매달려서 땅에 드리워져 내려왔다. 그 안에는 여러 짐승과 기어다니는 것들, 그리고 새들이 골고루 들어 있었다. 베드로는 '일어나 잡아먹어라' 하는 음성을 들었다. 그러나 베드로는 속되고 부정한 것을 먹을 수 없다고 대답했다. 두 번째로 음성이 들려왔는데, '하나님께서 깨끗하게 하신 것을 속되다고 하지 말아라'는 것이었다. 이런 일이 세 번 있은 뒤 그 그릇은 갑자기 하늘로 들려 올라갔다(행 10:1-16).

베드로가 환상을 곰곰이 생각하고 있을 때, 성령께서 베드로에게 고넬료가 보낸 사람을 따라 함께 가라고 지시하셨다. 고넬료는 자신에게 일어났던 일을 베드로에게 전하며, 주님께서 베드로를 통해 하실 말씀을 듣기 위해 사람들이 모였다고 하였다. 그제서야 베드로는 환상의 의미를 깨닫게 되었다. 하나님께서는 사람을 혈통이나 외모로 구별하지 않으시며, 하나님을 두려워하며 의를 행하는 사람은 그가 어느 민족에 속하든지 받아 주신다는 것이었다. 베드로가 설교할 때, 그의 말을 듣는 모든 사람에게 성령이 내리셨다. 베드로와 함께 온 할례받은 사람들이 이방인에게도 성령을 선물로 부어 주신 것에 놀랐다. 이에 베드로는 그들에게 물로 세례를 주었다(행 10:17-48). 베드로에게 있었던 환상의 사건이 없었더라면, 그 역시 이방인들에게 복음 전파를 꺼렸을 것이다.

유대인의 전통에 따라, 선민이 아닌 이방인에게 복음을 전하는 것을 꺼리던 시절이었다. 그래서 유대에 있는 사도들과 형제들은 이방인이 하나님의 말씀을 받은 것에 대해 베드로를 비난했다. 그러자 베드로는 자신에게 있었던 일들과 고넬료의 집에서 일어난 일을 말했고, 사람들은 잠잠히 들은 후 하나님께 영광을 돌리며, 하나님께서 이방인에게도 회개하여 생명에 이르는 길을 열어 주셨음을 알게 되었다(행 11:1-18).

하나님께서는 베드로에게 환상을 보여주시면서 이방인들도 유대인처럼 하나님의 백성이 될 수 있음을 알려 주셨다. 이후 그는 고넬료를 만났고, 이방인들에게 설교할 때 성령이 임하시는 것을 보았다.

이방인은 하나님의 약속과 무관한 사람이 아니라, 예수 그리스도 안에서 하나님의 백성이 되어 약속에 참여하는 자가 된다는 것을 깨달았다. 아브라함조차 처음에는 이방인이었다. 이처럼 세상 모든 사람은 예수 그리스도를 통해 하나님의 백성이 될 자격이 있다.

스데반의 순교로 시작된 박해로 인해 흩어진 신자들은 페니키아, 키프로스, 그리고 안디옥까지 가서 유대인에게만 말씀을 전했다. 그들 가운데 키프로스 사람과 구레네 사람 몇이 안디옥에 가서 그리스 말을 하는 유대인들에게도 주 예수를 전했다. 안디옥에서 수많은 사람들이 예수를 믿게 되자 예루살렘 교회는 바나바를 안디옥으로 보냈다. 바나바는 그곳에 가서 하나님의 은혜가 내린 것을 보고 기뻐하며, 다소로 가서 바울을 안디옥에 데려왔다(행 11:19-26).

안디옥 교회에서 성령께서 바나바와 바울을 따로 세워 선교 여행을 떠나게 하셨다. 성령의 보내심을 받은 두 사람은 실루기아에서 시작해 1차 선교 여행을 마치고 안디옥으로 돌아왔다. 두 사람은 교회의 회중을 불러모아 하나님께서 자신들과 함께 행하신 모든 일과 하나님께서 이방인들에게 믿음의 문을 열어 주신 것을 보고하였다(행 13:1-14:28).

그 무렵 유대에서 몇몇 사람이 안디옥에 내려와 '모세의 관례대로 할례를 받지 않으면 구원을 얻을 수 없다'고 가르쳤다. 이에 안디옥 교회에서 바울과 바나바 두 사람과 그들 사이에 많은 충돌과 논쟁이 벌어졌다. 결국 안디옥 교회는 이 문제로 바울과 바나바와 몇몇 신도를 예루살렘으로 보내 사도들과 장로들을 찾아보게 하였다. 이들이 예루살렘에 도착한 후, 선교 여행 동안 하나님께서 자신들과 함께 행하신 일들을 모두 보고했다. 어떤 바리새인은 이방인에게 할례를 행하고 모세의 율법을 지키게 해야 한다고 주장했다(행 15:1-5).

이에 예루살렘에서는 이방인에 대한 회의가 열렸다. 많은 논쟁 끝에 베드로가 이 문제에 대해 말했다. 하나님께서 베드로를 택하셔서, 이방 사람들이 베드로가 전하는 복음의 말씀을 듣고 믿게 하셨다. 하나님께서는 유대인에게 주신 것과 같이 그들에게도 성령을 주셔서, 그들을 똑같이 인정해 주셨다. 하나님께서 그들의 믿음을 보시고 그들의 마음을 깨끗하게 하셔서, 유대인과 그들 사이에 아무런 차별을 두지 않으셨다. 그런데 왜 우리 조상들이나 우리가 감당할 수 없던 멍에를 신도들의 목에 메워, 하나님께서 하시는 일을 간섭하려고 하느냐? 우리도 그들과 마찬가지로 주 예수의 은혜로 구원을 얻는다고 말했다(행 15:6-11).

이전에는 유대인이 아닌 이방인에게 복음을 전해야 하는지를 고민했다. 그러다가 이방인이 믿음으로 영적인 아브라함의 후손이 되었다. 이제는 예수를 거부하는 유대인에게 어떻게 복음을 전해야 할지가 중요한 주제가 되었다.

이에 야고보는 시므온(시몬 베드로)이 하나님께서 이방인들을 돌보시고, 자기 이름을 위한 하나님의 백성으로 뽑아 주신 경위를 말했다고 했다. 그러면서 아모스 선지자가 말한 예언(암 9:11,12)과도 일치한다고 알려 주었다(행 15:13-15).

> 행 15:15 선지자들의 말씀이 이와 일치하도다 기록된 바
> 16 이 후에 내가 돌아와서 다윗의 무너진 장막을 다시 지으며 또 그 허물어진 것을 다시 지어 일으키리니
> 17 이는 그 남은 사람들과 내 이름으로 일컬음을 받는 모든 이방인들로 주를 찾게 하려 함이라 하셨으니
> 18 즉 예로부터 이것을 알게 하시는 주의 말씀이라 함과 같으니라

사도행전 15:16,17절은 아모스 9:11,12절을 그리스어 번역으로 인용한 것이다. 다윗의 왕권을 '무너진 장막'에 비유하는데, 이는 왕국의 분열과 멸망을 의미한다. 다윗 왕조의 왕권이 회복되는 것으로 시작해야 하는데, 이는 예수께서 다윗의 왕조를 하나님의 나라로 다시 세우고 일으키신 것으로 보고 있다. 또한 이스라엘의 회복에는 이방인도 포함된다. 살아남은 백성들이 주님을 찾고, 하나님의 백성이라

는 이름을 받은 모든 이방인들까지도 주를 찾게 될 것이다.

이처럼 초대 교회에서는 이방인이 구원을 얻을 수 있을 것인지에 대한 논쟁이 심했다. 그러나 주 예수의 은혜로 얻는 구원에는 차별이 없으며, 오직 믿음으로 얻는 것이었고, 주 예수를 영접한 자들에게 성령이 임하셨음을 인정했다. 이스라엘이 하나님의 백성이 될 수 있었던 것처럼, 이방인도 믿음으로 하나님의 백성에 참여할 수 있게 된 것이다.

신약 시대에는 유대인이 아닌 이방인도 믿음으로 하나님의 백성이 되었다. 하나님을 몰랐던 아브라함이 하나님의 부르심을 받았던 것처럼, 예수 그리스도를 영접한 이방인도 하나님의 부르심을 받아 약속에 참여하게 되었다.

하나님의 백성이 된 것으로 하나님의 요구를 다 채운 것은 아니다. 하나님의 백성이 된 다음에는 하나님의 백성다운 사람이 되어야 하며, 하나님의 거룩을 닮은 거룩한 백성이 되어야 한다. 주님의 백성이라는 이름을 가졌으나, 하나님의 이름을 더럽히는 자는 오히려 하나님의 영광을 욕되게 만든다.

하나님의 백성이 되었으니, 영원한 천국에서 하나님의 백성으로 살아야 한다. 그러나 하나님의 백성답게 살지 않고, 그러한 훈련도 받지 않으며, 의무와 책임을 배우지 않은 채 산다면, 이러한 자들은 하나님의 백성다운 삶을 시작하지도 못할 것이다. 현재 하나님의 백성으로 살아갈 때에야 비로소 그 삶의 연장선으로 영원한 하나님 나라에서 하나님의 백성으로 살아갈 수 있을 것이다.

자기 평가 및 결심

1. 하나님의 백성으로 부르심을 받았으므로, 하나님의 백성이 된 기쁨만을 자랑하는 것이 아니라, 그에 합당한 삶을 살아가야 한다. 하나님의 백성답게 산다는 것은 무엇을 의미하는가?

> *하나님의 백성이 된다는 것은 이루 말할 수 없이 큰 영광입니다. 하나님을 주인으로 섬기며, 하나님의 뜻을 이루기 위해 최선을 다하기를 원합니다. 언제나 하나님의 백성답게 살고 있는지 돌아보고자 합니다. 성령께서 깨우쳐 주시고, 성령의 인도하심으로 주님을 배반하지 않도록 인도하옵소서.

2. 하나님의 약속을 바라보는 영광을 가진 그리스도인은 하나님의 영원한 안식에 들어갈 준비를 해야 한다. 믿음으로 하나님의 백성이 되었다면, 영원한 안식에 들어가기 위해 무엇을 준비해야 할까?

*하나님께서는 저희를 은혜의 광야를 지나 순종의 광야로 인도하셨습니다. 하나님의 명령에 순종함으로 사람의 생각이 아닌 하나님의 계명을 지키려고 합니다. 세상에 소망을 두는 것이 아니라, 하나님의 영원한 안식이 삶의 목표가 되게 하옵소서.

3. 이방인으로서 하나님의 백성이 될 은혜를 입었다면, 원래 하나님의 약속 안에 있었던 유대인도 복음 안에서 이방인과 하나가 되어야 할 것이다. 유대인은 버려진 자들이 아니라, 반드시 하나님께서 회복시키신다. 함께 참된 하나님의 백성이 되기를 기도하자.

*유대인이 예수를 하나님의 아들 그리스도로 영접하게 하옵소서. 그리하여 주님 안에서 하나가 되게 하옵소서. 하나님의 뜻대로 유대인과 기독교 신자가 하나가 되어, 하나님의 약속이 성취되는 것을 보게 하옵소서.

24
예수 그리스도의 유언 기도 1
the Will of Jesus Christ 1

훈련 목표

예수님의 유언 기도를 확인해 보자. 그리고 그 유언을 받들어 우리가 따라야 할 교훈이 무엇인지 찾아보자. 우리는 예수 그리스도와 연합하였으므로, 주님의 고난에 동참하면 주님과 함께 영광도 받을 것이다. 또한 영생을 위해 오신 예수 그리스도의 본을 따라, 영생으로 나아가는 길을 확인해 보자.

기도문

예수께서 하신 유언을 묵상하면서, 예수님과 연합하는 자가 되기를 원합니다. 세상의 쾌락과 성공이 아니라 하나님께서 약속하신 영생을 바라보게 하옵소서. 자신을 쳐서 하나님께 복종하는 하나님의 자녀가 되게 하옵소서. 아멘.

NEWper 훈련

예수께서는 십자가에서 우리를 위해 죽으실 일이 가까운 것을 아시고, 제자들에게 일어날 일들을 말씀하셨다. 그때가 되면 제자들은 예수를 버리고 각자 자기 갈 곳으로 흩어질 것이다. 이렇게 말씀하신 이유는 주님을 버리고 도망칠 제자들이 주님 안에서 평안을 얻도록 하려는 것이었다. 이들은 세상에서 환난을 당할 것이지만, 담대해야 한다. 주님께서 세상을 이기셨기 때문이다(요 16:32,33).

예수께서는 겟세마네에서 십자가 수난을 앞두고 고통과 고민 속에서 기도하셨다. 요한복음 17장에는 예수께서 십자가에서 돌아가시기 전에 드린 세 가지 기도가 기록되어 있다. 첫째는 자신을 위한 기도, 둘째는 제자들을 위한 기도, 셋째는 제자들을 통해 그리스도를 믿게 될 모든 성도들을 위한 기도였다. 이 기도는 십자가에서 죽기 직전에 드린 것으로, 유언으로 남기신 말씀을 주의 깊게 따라가 보도록 하자.

죽음의 때를 알고 계신 예수께서는 먼저 자신을 위해 기도하셨다 (요 17:1-5).

"아버지, 때가 왔습니다. 아버지의 아들을 영광스럽게 하셔서, 아들이 아버지께 영광을 돌리게 하여 주십시오. 아버지께서는 아들에게 모든 사람을 다스리는 권세를 주셨습니다. 그것은 아들로 하여금 아버지께서 그에게 주신 모든 사람에게 영생을 주게 하려는 것입니다. <u>영생은 오직 한 분이신 참 하나님을 알고, 또 아버지께서 보내신 예수 그리스도를 아는 것입니다.</u> 나는 아버지께서 내게 하라고 맡기신 일을 완성하여, 땅에서 아버지께 영광을 돌렸습니다. 아버지, 창세 전에 내가 아버지와 함께 누리던 그 영광으로, 나를 아버지 앞에서 영광되게 하여 주십시오." (새번역, 요 17:1-5)

하나님을 영화롭게 한다는 것은 하나님의 뜻을 이루는 것을 말한다. 하나님께서는 예수를 세상에 보내시어 대속의 십자가를 지게 하셨고(요 3:16), 예수께서는 사람의 모양으로 세상에 오셔서 자신을 낮추고 십자가에서 죽기까지 순종하셨다(빌 2:8). 예수께서는 하나님 아버지를 사랑하셨기에, 아버지께서 명하신 대로 행하시고, 맡기신 일을 완성하셨다(요 14:31). 마지막으로, 예수께서는 하나님의 뜻을 따라 대속의 죽음을 통해 하나님께 영광을 돌리셨다.

예수를 구세주로 영접한 그리스도인은 주께서 보여주신 순종을 본받아야 한다. 보통 예수를 믿는 것이 순종이라고 여기고, 행동으로 순종을 보여주는 것은 율법을 따르는 것으로 믿음을 버리는 것이라고 생각하기도 한다. 순종 없이 마음으로 믿는 믿음을 강조하는 관념적인 신앙을 가진 자들은 말씀을 순종하며 살라고 가르치는 자를 율법주의자라고 냉소한다. 그러나 야고보서에 따르면 행함이 없는 믿음은 죽은 것이며(약 2:17), 믿음이 행함과 함께 일할 때 행함으로 믿음이 완전하게 된다(약 2:22)는 사실을 명심해야 한다. 결국 사람은 믿음만으로 의롭게 되는 것이 아니라, 행함이 따라야 의롭게 되는 것이다(약 2:24).

예수께서는 하나님 아버지를 사랑하셨기에 명령에 순종하셨다. 하나님을 사랑하는 증거는 신구약을 통틀어 볼 때, 하나님의 명령에 순종하는 것이었다(신 10:12, 11:1,3,22, 19:9, 30:16, 30:20, 수 22:5, 요일 4:20,21, 5:3). 예수께서는 하나님의 아들이셨지만, 고난을 당함으로 순종을 배워 완전하게 되셨고, 자기에게 순종하는 모든 사람을 영원한 구원으로 인도하는 근원이 되셨다(빌 2:12, 히 5:8,9). 만일 하나님의 명령을 순종하지 않는 자가 있다면, 불순종의 자식들 가운데서 역사하는 영을 따르는 것이다(엡 2:2).

그리스도인이 잘못 생각하는 또 다른 것은, 예수께서 우리를 위해 고난을 받아 십자가에서 죽으셨음에 감사하면서도, 예수께서 대신 고난을 받으셨으므로 자신은 고난과 상관없는 사람이 되었다고 생각하고, 우리는 복을 받기만 하면 된다고 잘못 생각하는 것이다. 하지만 하나님께서는 축복의 그리심 산이 아닌 저주의 에발 산에 제단을 쌓으라고 명령하셨다. 오직 복을 받기 위해 순종하는 신앙 생활을 하는 것이 아니라, 저주와 같은 고난이 있을지라도 순종의 길을 가야 하는 것이 그리스도인의 숙명이다. 예수께서 자신을 낮추고, 죽기까지 복종하여 십자가에 죽으셨음을 기억해야 한다(빌 2:8).

예수께서는 자기의 피로 백성을 거룩하게 하시려고 성문 밖에서 고난을 받으셨다(히 13:12). 그러므로 우리도 예수께서 겪으신 치욕을 짊어지고, 영문 밖에 계신 그분께 나아가야 한다(히 13:13). 예수께서 순종의 본을 보여주신 것처럼, 치욕의 자리로 순종하며 오라고 우리를 부르신다. 예수를 따르는 성도는 그리스도와 연합한 자로서 그리스도와 함께하는 하나님의 상속자가 되었다. 그러므로 성도는 예수께서 보여주신 순종을 본받아 그분과 함께 고난을 받아야 한다(롬 8:17).

예수께서는 자신의 십자가의 죽음이 하나님께 영광을 돌리는 것이라고 하셨다. 그러므로 그리스도인이 예수의 이름으로 고난을 받는 것도 하나님을 영화롭게 하는 것이다. 예수께서는 마지막 때에 그리스도인이 겪어야 할 환난을 말씀하셨다.

마지막 때에 사람들이 성도들을 환난에 넘겨줄 것이며, 죽일 것이라고 하셨다. 또한 성도들은 예수의 이름 때문에 모든 민족에게 미움을 받을 것이다(마 24:9, 눅 21:16,17). 예수께서 십자가 사역을 위해 하신 기도는 미래에 고난을 받을 성도들을 위한 것이기도 하다. 마태복음 5장에 기록된 팔복 중 여덟 번째 복은 의를 위하여 박해를 받는 것이다. 예수로 인해 욕을 듣고, 박해를 당하며, 저주의 악한 말을 듣는 사람은 복이 있다. 이런 자들이 받는 <u>고난은 저주가 아니라 복이며, 결국 천국을 차지하게 될 것이다</u>. 그러므로 예수의 이름으로 미움을 받게 될 때에는 하늘에서 받게 될 큰 상을 인하여 기뻐하고 즐거워해야 한다. 이전에 있던 선지자들도 박해를 받았고, 성도들에게 본이 되었다(마 5:10-12).

언제부터인지 기독교는 세상의 복을 받기 위한 신앙, 곧 기복 신앙이 뿌리내리게 되었다. 일부 목회자는 틈만 나면 하나님께서 복 주시기를 원하신다고 주장하며, 복음과 상관없는 기복 신앙을 강조한다. 복을 받기 위한 설교를 주문처럼 읊조리며, 예수를 믿으면 당연히 복을 받게 될 것이라고 선포한다. 그러나 불편하게 들리겠지만, 세상의 복과 기독교의 복은 다르다.

예수께서 십자가의 죽음을 통해 하나님을 영화롭게 하셨던 것처럼, 그리스도인은 마지막 때에 있을 고난을 통해 하나님과 예수께 영광을 돌려야 한다. 앞으로 반드시 있을 고난을 담대히 받아들이고, 고난을 인내하며 이겨내어 하나님께 영광 돌리기를 기도해야 한다. 예수 때문에 받게 될 고난은 그리스도인에게 저주가 아닌 복이다. 예수의 이름으로 받는 고난을 그리스도인은 영광된 것으로 받아들여야 한다.

벧전 4:13 오히려 너희가 그리스도의 고난에 참여하는 것으로 즐거워하라 이는 그의 영광을 나타내실 때에 너희로 즐거워하고 기뻐하게 하려 함이라
14 너희가 그리스도의 이름으로 치욕을 당하면 복 있는 자로다 영광의 영 곧 하나님의 영이 너희 위에 계심이라

그리스도인으로서 수모를 겪는 것이 복임을 이제부터라도 강단에서 외쳐야 한다. 고난을 복으로 받아들일 준비는 지금부터 해야 하며, 이것이 성경적이다. 세상적인 복이 아니라 주님께서 말씀하셨던 여덟 번째 복을 받도록 성도들은 영적으로 무장되어야 한다.

예수께서는 창세 전에 이미 하나님과 함께 영광을 가지셨으며, 그 영광으로 자신을 하나님 앞에서 영광되게 하여 달라고 기도하셨다.

그러나 이 영광은 하나님의 뜻을 따라 십자가에서 대속의 죽음을 맞이하는 것이었다. 그리스도인이 되었다는 것은 예수와 함께 십자가에 못 박혔다는 것이며, 따라서 죄에 대해 죽었고, 내가 사는 것이 아니라 오직 내 안에 그리스도께서 사시는 것이다(롬 6:6, 갈 2:20). 따라서 예수를 믿는 사람들은 육체와 함께 정욕과 탐심을 십자가에 못 박은 것이다(갈 5:24). 그리스도인은 주 예수 그리스도의 십자가 외에는 아무것도 자랑할 것이 없으므로, 자신의 입장에서 보면 세상이 죽었고, 세상 입장에서 보면 자신이 죽은 것이다(갈 6:14). 따라서 <u>그리스도인이 된다는 것은 세상에서의 성공과 출세를 목적으로 사는 것이 아니라, 세상에 대해 죽고 예수 그리스도와 함께 살아가는 것을 말하며, 이러한 자들이 거듭난, 하늘로부터 난 사람들이다.</u>

예수께서는 하나님께서 자신에게 주신 자들에게 영생을 주려고 오셨고, 이를 위해 하나님으로부터 모든 사람을 다스리는 권세를 받으셨다. <u>예수님의 죽음은 영생을 위한 것이었다.</u> 하나님께서 성도들에게 영생의 소망을 주셨는데, 이 영생은 거짓말하지 않으시는 하나님께서 영원 전부터 약속하신 것이다(딛 1:2). 이처럼 영생의 약속은 영원 전부터 하나님께서 주기로 하신 최초의 약속이었다. 이 약속 때문에 예수께서 세상에 오신 것은 영생을 주기 위함이었다.

어떻게 해야 영생을 얻을 수 있겠는가? 예수께서는 영생(eternal

life)이란 '유일하신 참 하나님과 또 그가 보내신 예수 그리스도를 아는 것'이라고 하시면서 영생의 길을 알려 주셨다. 하나님께서 유일하시고 참된 신임을 아는 것이 영생이라고 생각하는가? 또한 그 하나님께서 예수 그리스도를 보내셨다는 것을 아는 것이 영생일까? 하나님과 예수 그리스도에 대해 피상적으로 아는 것(knowing about God and Jesus Christ)은 하나님과 예수 그리스도를 진정으로 아는 것(knowing God and Jesus Christ)과는 좀 다르다고 볼 수 있다.

만일 유명한 사람의 이름을 언급하며 알고 있냐고 물어보면, 상대방은 알고 있다고 대답할 것이다. 그렇지만 그가 알고 있는 것은 그 사람의 이력과 업적 등을 아는 것일 뿐이다. 하지만 그가 알고 있다고 해도, 가족이나 친지처럼 그 유명인을 직접 아는 것을 의미하는 것은 아니다.

그렇다면 당신은 유일하신 참 하나님(the only true God)과 예수 그리스도를 알고 있다고 생각하는가? '안다'는 것은 헬라어로 '기노스코'(γινώσκω, 1097 [ginōskō])로 표현되며, 이는 관념적인 것을 넘어서 체험적인 지식을 의미한다.

'하나님을 안다'(knowing God)는 것은 하나님에 대한 지식과 하나님께서 행하신 일을 아는 것을 의미하지 않는다. 교회에 출석하여 성경을 통해 하나님에 대하여 배우고, 예수 그리스도께서 행하신 일들을 공부한다. 이렇게 얻은 지식과 정보를 통해 하나님과 예수 그리스도를 안다고 말하는 것은 피상적으로 알고 있는 것이다. "하나님을 안다'고 말하는 것은 성경에 근거해 정의되어야 한다.

요한복음과 요한일서는 사도 요한이 서로 다른 대상과 목적으로 기록하였다. 따라서 요한복음과 요한일서를 각기 다른 각도로 읽어야 하며, 이렇게 할 때 저자의 뜻을 따라 중요한 교훈을 얻을 수 있다.

> 요 20:31 오직 이것을 기록함은 너희로 예수께서 하나님의 아들 그리스도이심을 믿게 하려 함이요 또 너희로 믿고 그 이름을 힘입어 생명을 얻게 하려 함이니라

요한복음은 예수를 믿지 않는 사람들을 대상으로, 예수께서 하나님의 아들 그리스도이심을 믿고 그 이름을 힘입어 생명을 얻게 하려는 목적으로 기록되었다(요 20:31). 예수를 믿지 않으면 죄로 인해 사망의 종이 될 것이지만, 하나님의 아들 예수를 믿으면 그 이름으로 예정된 사망에서 생명을 얻게 될 것이다. 그래서 요한복음을 한마디로 말하자면, '사망에서 생명으로'(from death to life) 이동하는 것이라고 할 수 있다.

요일 5:13 내가 하나님의 아들의 이름을 믿는 너희에게 이것을 쓰는 것은 너희로 하여금 너희에게 영생이 있음을 알게 하려 함이라

그러나 요한일서는 하나님의 아들의 이름을 믿는 자들을 대상으로 쓴 것이며, 그 기록 목적은 믿는 자들에게 영생이 있음을 알게 하려는 것이었다(요일 5:13). 예수를 믿는 자들은 생명을 얻었으며, 이후에는 영생으로 나아가야 한다. 요한일서는 '생명에서 영생으로'(from life to eternal life)라고 말할 수 있다. 요한복음은 믿음으로 사망에서 생명을 얻게 됨을 말했고, 요한일서는 믿어서 생명을 얻은 자들이 영생으로 나아가야 할 것을 알려 준다. 믿음으로 생명을 얻은 것에 머무는 것이 아니라, 하나님께서 영원 전부터 약속하신 영생을 받는 자가 되라는 것이다.

요한일서에는 '하나님을 안다'는 것과 영생에 대한 중요한 정보가 있으며, 또한 '알다'(know)에 대한 두 가지 성경적 근거를 찾을 수 있다.

요일 2:3 우리가 그의 계명을 지키면 이로써 우리가 그를 아는 줄로 알 것이요

(NIV) We know that we have come to know him if we keep his commands.

요일 2:4 그를 아노라 하고 그의 계명을 지키지 아니하는 자는 거짓말하는 자요 진리가 그 속에 있지 아니하되

(NIV) Whoever says, "I know him," but does not do what he commands is a liar, and the truth is not in that person.

첫째, 우리가 하나님의 계명을 지킬 때에 비로소 하나님을 아는 것이다. 그러나 만일 하나님을 알고 있다고 말하면서 하나님의 계명을 지키지 않는다면, 그 사람은 거짓말하는 사람이다. 그러므로 예수를 믿었지만 하나님의 계명에 순종하지 않는 사람은 하나님을 알지 못하는 것이므로 영생을 볼 수 없다(요 3:36). 하나님의 계명은 무엇일까? 이에 대한 해답도 요한일서에서 찾을 수 있다.

요일 3:23 그의 계명은 이것이니 곧 그 아들 예수 그리스도의 이름을 믿고 그가 우리에게 주신 계명대로 서로 사랑할 것이니라

NIV 1 Jn 3:23 And this is his command: to believe in the name of his Son, Jesus Christ, and to love one another as he commanded us.

하나님의 계명은 하나님의 아들 예수 그리스도의 이름을 믿고, 예수께서 우리에게 명하신 대로 서로 사랑하는 것이다. 예수를 모르는 자들을 대상으로 쓴 요한복음에는 믿음으로 사망에서 생명을 얻게

된다고 하였고, 믿는 자들에게 쓴 요한일서에서는 영생을 얻기 위해 사랑이 반드시 필요하다고 알려 주고 있다. 따라서 교회에서는 믿음을 갖고 교회 공동체에 참여하는 자들에게, 믿음만을 강조하기보다, 사랑의 실천을 반복해서 강조해야 한다. 산을 옮길 만한 믿음이 있을지라도 사랑이 없으면 아무것도 아니기 때문이다(고전 13:2). 그러므로 믿음, 소망, 사랑, 이 세 가지는 항상 있을 것이지만, 그중에 제일은 사랑이다(고전 13:13).

하나님의 계명을 지킨다는 것은 예수를 믿고 사랑하는 것이다. 그렇다면 사랑하는 사람은 하나님을 아는 것일까?

요일 4:7 사랑하는 자들아 우리가 서로 사랑하자 사랑은 하나님께 속한 것이니 사랑하는 자마다 하나님으로부터 나서 하나님을 알고
(NIV) Dear friends, let us love one another, for love comes from God. Everyone who loves has been born of God and knows God.

요일 4:8 사랑하지 아니하는 자는 하나님을 알지 못하나니 이는 하나님은 사랑이심이라 - 개역개정 요한1서 4:8
(NIV) Whoever does not love does not know God, because God is love.

두 번째로, 사랑은 하나님께 속한 것이므로 우리는 서로 사랑해야 한다. 사랑하는 사람은 하나님으로부터 났고, 하나님을 아는 것이다. 그러나 사랑하지 않는 사람은 하나님을 알지 못한다. 이는 하나님이 사랑이시기 때문이다. 결국, 사랑하지 않는 사람은 하나님을 알지 못하는 것이므로 영생이 없다.

요한복음은 죽을 수밖에 없는 사람에게 예수를 믿어 생명을 얻게 될 것을 알려 주는 것이며, 반면 요한일서는 믿음으로 생명을 가진 자들에게 영생으로 나아가는 길을 알려 준다. 예수를 모르는 자들에게 필요한 말씀은 요한복음이지만, 예수를 구세주로 영접한 사람들은 요한일서를 통해 영생으로 나아가야 한다.

예수께서 유언 기도를 통해 하나님과 예수 그리스도를 아는 것이 영생이라고 하셨는데, 이는 단지 하나님과 예수에 대해 아는 것을 의미하는 것이 아니라, 하나님의 계명을 지키며 이웃을 사랑하는 것이 하나님을 아는 것이며, 결국 이렇게 하는 것이 영생을 얻는 길이다. 이처럼 성경에서는 계명을 지키고 사랑하는 이 두 가지 요소가 신앙의 근본임을 확인할 수 있다.

하나님은 사랑이시므로 우리를 사랑하신다. 하나님의 사랑이 완성되기 위해서는 사랑을 받은 사람이 하나님을 사랑해야 한다. 우리는 어떻게 하나님을 사랑할 수 있을까? 구약성경에서 보면, 하나님께서 주신 책무, 법도, 규례, 명령을 지켜 행하는 것이 하나님을 사랑하는 것이다(신 11:1,22, 19:9, 30:16,20, 수 22:5). 신약성경에서는 형제를 사랑하고(요일 4:20,21) 하나님의 계명을 지키는 것(요일 5:3)이 하나님을 사랑하는 것이라고 하였다. 이와 마찬가지로, 예수 그리스도의 계명을 지키는 자가 예수 그리스도를 사랑하는 것이다(요 14:15,21,23,24).

이러므로 하나님의 말씀을 지키고(요일 2:5), 서로 사랑하면(요일 4:12) 그 사람 속에서 하나님의 사랑이 완성된다. 또한 하나님 안에 거하는 자가 되기 위해서는 하나님의 계명을 지키고(요일 2:5,6, 요 3:24), 서로 사랑해야 한다(요일 4:12,16).

이러므로 하나님을 아는 것, 하나님을 사랑하는 것, 하나님의 사랑을 완성하는 것, 하나님 안에 거하는 것은 다른 표현이지만, 이를 이루기 위해 하나님의 계명을 순종하고 서로 사랑하라는 두 명령은 동일하다. 하나님의 사랑이 우리에게 완성될 때 우리는 심판 날을 담대하게 맞을 수 있다(요일 4:17). 결국 이 두 가지는 마지막 심판을 준비하는 길이기도 하다.

예수께서 십자가의 죽음을 통해 하나님께 영광 돌리기를 기도하셨던 것처럼, 말세의 성도들은 예수의 이름으로 받는 고난을 통해 하나님을 영화롭게 하기를 기도해야 한다. 내가 하는 일이 성공하고 형통하는 것이 복이 아니라, 예수의 고난에 참여하는 자가 되는 것이 복이라는 인식을 가져야 한다(벧전 4:13). 그러므로 마지막 때의 고난은 피하는 것이 아니라, 기꺼이 주님의 고난에 참여하고 주님의 도우심으로 이겨내야 한다. 성도는 고난을 담대하게 맞이해야 하며, 그 이유는 예수께서 세상을 이기셨기 때문이다(요 16:33). 따라서 그리스도인은 세상을 이기신 주님과 함께 고난을 이겨낼 수 있다.

예수님의 사역은 언제나 영생을 위한 것이었다. 하나님께서는 영생을 주시기 위해 예수 그리스도에게 만민을 다스리는 권세를 주셨다. 영생을 위한 길이었기에, 예수께서는 십자가의 죽음을 향해 나아가셨다. 그리고 영생은 하나님과 예수 그리스도를 아는 것이라고 알려 주셨다. 하나님의 계명을 지키고 서로 사랑할 때 하나님과 예수 그리스도를 알게 되며, 그렇게 할 때 영생이 있다. 예수께서 십자가에서 영생을 위해 죽으셨고, 예수를 믿는 자들은 하나님의 계명을 지키고 사랑함으로 십자가를 지신 예수께 보답하는 것이다. 이렇게 하는 것이 하나님께서 약속하신 영생을 이루는 것이며, 그리스도인이 하나님을 영화롭게 하는 것이다.

자기 평가 및 결심

1. 예수께서는 하나님께서 원하시는 것을 모두 완성하셨고, 십자가에서의 죽음을 통해 하나님께 영광을 돌리셨다. 그리스도인이라면 예수 그리스도를 따라야 한다. 마지막 때 그리스도인으로서 받게 될 고난을 회피하지 말고 담대하게 맞이하라.

> *예수님의 고난에 동참하는 것은 저주가 아니라 복임을 배웠습니다. 고난받는 것을 피하지 말고 담대하게 맞이하여 십자가를 지게 하옵소서. 세상적인 복을 얻기 위해 사는 것이 아니라, 주님이 가신 길을 따라가는 영광을 허락하옵소서.

2. 하나님과 예수 그리스도를 아는 것은 관념적인 것이 아니라, 성경적으로 볼 때 하나님의 계명을 지키고 서로 사랑하는 것이다. 영생을 위해 목숨을 버리신 예수 그리스도를 따라, 우리도 영생을 위해 이 두 가지를 실천하기로 결심하라.

> *하나님의 계명을 지키고 사랑하는 것이 하나님과 예수 그리스도를 아는 길입니다. 이제까지는 하나님과 예수님의 이름을 듣고 생각으로 믿어 충분하다고 여겼습니다. 사람의 생각으로 하나님의 뜻을 무시한 것이었습니다. 이제 깨닫게 하셨으니, 하나님의 자녀로서 살아가게 인도하여 주옵소서.

3. 하나님의 계명을 확인하고, 지키기로 결심하라.

*요일 3:23 그의 계명은 이것이니 곧 그 아들 예수 그리스도의 이름을 믿고 그가 우리에게 주신 계명대로 서로 사랑할 것이니라

25
예수 그리스도의 유언 기도 2
the Will of Jesus Christ 2

훈련 목표

　예수께서는 제자들을 위한 기도를 하셨고, 이를 통해 우리에게 제자도를 알려 주셨다. 주님을 섬긴다고 우리의 생각과 방법대로 하는 것은 잘못된 것이며, 주님의 지시를 따라 살아야 한다. 하나님께서 예수를 세상에 보내신 것처럼, 예수께서는 제자들을 세상으로 보내셨다. 그리스도인은 세상으로 보내졌으므로, 보내심을 받은 세상에서 주님의 뜻을 이루어야 한다.

기도문

　제자들을 위해 하신 유언 기도를 묵상합니다. 주님께서는 제자들에게 진리의 말씀을 주셨으므로, 그 말씀을 순종하며 세상에서 세상에 속하지 않고, 주님께서 세상으로 보내신 것을 기억하며 주님의 뜻을 이루기를 원합니다. 세상에서 빛과 소금의 역할을 잘 감당하게 인도하옵소서.

NEWper 훈련

십자가에서 죽음을 맞이할 예수께서는 세상에 남아 있는 제자들을 위해 기도하셨다(요 17:6-19). 이 기도는 제자들을 위한 유언 기도이며, 동시에 현 시대를 살아가는 그리스도인들에게 주시는 신앙 지침이다.

하나님 아버지께서는 우리를 창세 전에 그리스도 안에서 택하시고, 사랑으로 예정하셔서 하나님 앞에서 거룩하고 흠이 없는 사람이 되게 하셨다. 또한 하나님의 기쁘신 뜻에 따라 예수 그리스도를 통하여 우리를 하나님의 자녀가 되도록 예정하셨다(엡 1:4,5). 이것이 그리스도인의 정체성이다.

예수께서는 하나님께서 자신에게 맡겨 주신 자들에게 하나님 아버지의 이름을 나타내 보여주셨다. 이들은 본래 하나님 아버지의 사람들이었는데, 하나님께서 예수에게 주셨고, 하나님의 말씀을 지켰다. 또한 이들은 하나님께서 예수에게 주신 모든 것이 하나님 아버지로부터 온 것임을 알고 있었다. 예수께서는 아버지께서 자기에게 주신 말씀을 이들에게 주었고, 이들은 그 말씀을 받아들였다. 이들은 예수가 하나님 아버지로부터 온 것을 참으로 깨닫고, 아버지께서 예수를 세상에 보내신 것을 믿었다(요 17:6-8).

그리스도인은 본래부터 하나님의 택하심을 받았고, 예수 그리스도를 통해 하나님의 자녀가 되었다. 이제는 하나님 앞에서 거룩하고 흠이 없는 사람이 되기 위해 하나님의 말씀을 받아들여 순종하며, 하나님께서 예수를 세상의 구세주로 보내신 것을 믿고 있다. 그리스도인은 세상에 살고 있지만, 근본은 창조주 하나님으로부터 시작되었으며, 예수 그리스도를 하나님께서 보내신 분임을 믿는 자들이다.

예수께서는 세상을 위해서가 아니라 하나님께서 자신에게 주신 자들을 위해 기도하셨고, 이들은 모두 하나님 아버지의 것이라고 하셨다. 예수의 것은 모두 하나님 아버지의 것이며, 하나님 아버지의 것은 모두 예수의 것이라고 하시면서, 예수께서는 그리스도인들로 말미암아 영광을 받으셨다(요 17:9,10). 이처럼 그리스도인은 하나님과 예수께 속한 자로서, 이 땅에 사는 동안 예수를 영화롭게 해야 할 사명이 있다.

예수께서는 더 이상 세상에 있지 않을 것이지만, 예수를 따르는 그리스도인들은 세상에 남아 있을 것이다. 하나님 아버지께로 가실 예수께서는 거룩하신 아버지께서 자신에게 주신 그들을 아버지의 이름으로 지켜 주시고, 예수와 하나님이 하나이신 것처럼 그들도 하나가 되게 해 주시기를 기도하셨다(요 17:11). 세상에 남아 있는 그리스도인은 하나님과 예수 그리스도의 거룩의 영역 안으로 들어온 것이며, 세상과는 구별된 거룩한 자들로 살아가야 한다. 예수께서는 그리스도인이 하나가 되기를 기도하셨고, 모든 성도를 위한 기도를 하실 때에는 더 구체적으로 하나가 되기를 원하는 기도를 하셨다(요 17:20-23).

예수께서 제자들과 함께 지내는 동안, 하나님 아버지께서 자신에게 주신 아버지의 이름으로 그들을 지키고 보호하셨다. 그러므로 그들 가운데 한 사람도 잃지 않았지만, 성경의 말씀대로 멸망의 자식만 잃었다고 하셨다(요 17:12).

이 기도는 바로 이루어진다. 예수께서 기도를 마치고 기드론 골짜기 건너편으로 가셨을 때, 가룟 유다가 예수를 팔아 넘기려고 로마 군대 병정과 성전 경비병을 데리고 왔다. 예수께서는 자신에게 닥쳐올 일을 모두 아시고, 앞으로 나가서 그들에게 "너희는 누구를 찾느냐?"고 물으셨다. 그들은 "나사렛 사람 예수요."라고 대답했고, 예수께서는 그들에게 "내가 그 사람이다."라고 말씀하셨다. 그러자 그들은 뒤로 물러나서 땅에 쓰러졌다. 다시 예수께서 그들에게 "너희는 누구를 찾느냐?"고 물으셨다. 그들은 "나사렛 사람 예수요."라고 대답했다. 예수께서는 "내가 그 사람이라고 너희에게 이미 말하였다. 너희가 나를 찾거든, 이 사람들은 물러가게 하여라."고 하셨다. 예수께서 이렇게 말씀하신 이유는 전에 '아버지께서 나에게 주신 사람을, 나는 한 사람도 잃지 않았습니다'라고 하신 그 말씀을 이루게 하시려는 것이었다(요 18:1-9).

예수께서 승천하신 후, 베드로는 120명이 모인 곳에서 가룟 유다에 대해 언급했다. 성령이 다윗의 입을 통해 예수 잡는 자들의 앞잡이가 된 유다를 가리켜 미리 말씀하신 성경(시 41:9)이 마땅히 이루어져야만 했다는 것이다(행 1:15,16). 가룟 유다는 대제사장들과 모의하면서 예수를 은 삼십에 넘겨주기로 미리 약속했다(마 26:14-16). 유다의 예수 배반 동기는 은 삼십이라는 적은 금액의 돈이었다. 은 삼십 세겔은 황소가 이웃의 종을 받아서 죽게 했을 때, 그 소 주인이 벌금으로 물어주어야 할 금액이었다(출 21:32). 사소한 금액으로 예수를 배반한 사건을 보면서, 우리도 언제든지 일상에서 사소한 일로 주님을 배반할 가능성이 있음을 인정하면서, 자신을 주님의 눈으로 감시해야 한다.

지금 하나님 아버지께 가면서, 이렇게 말씀하시는 것은 남은 사람들이 '예수의 기쁨'을 마음껏 누리게 하려는 것이었다(요 17:13). 십자가에서 죽음을 맞이하실 예수께서 자신의 기쁨을 제자들이 누리게 하겠다고 하신 말씀은 이해하기 어렵다. 죽음을 맞이할 예수께서는 왜 '기쁨'을 말씀하셨을까?

예수께서는 고별 설교를 통해 '내 기쁨'을 말씀하셨다. 아버지께서 예수를 사랑하신 것처럼, 예수께서는 제자들을 사랑하셨으므로, 제자들에게 자신의 사랑 안에 거하라고 하셨다. 예수께서 하나님 아버지의 계명을 지켜서 그 사랑 안에 거하는 것처럼, 제자들도 예수의 계명을 지킬 때 예수의 사랑 안에 거할 것이다(요 15:9,10). 예수께서 말씀하신 계명은 하나님 아버지로부터 받은 것이었다(요 10:18). 그래서 예수께서 자신의 계명을 지키라고 말씀하신 것은, 예수의 기쁨이 제자들 안에 있게 하여서, 또 제자들의 기쁨이 넘치게 하려는 것이었다. 예수께서 주신 계명은 "내가 사랑한 것처럼 너희도 서로 사랑하라"는 것이었다(요 15:11,12).

예수께서는 하나님 아버지로부터 받아 제자들에게 사랑의 계명을 주셨다. 따라서 '서로 사랑하라'는 계명은 하나님의 계명인 셈이다. 요한일서에서는 하나님의 계명을 다음과 같이 말한다.

요일 3:23 그의 계명은 이것이니 곧 그 아들 예수 그리스도의 이름을 믿고 그가 우리에게 주신 계명대로 서로 사랑할 것이니라
24 그의 계명을 지키는 자는 주 안에 거하고 주는 그의 안에 거하시나니 우리에게 주신 성령으로 말미암아 그가 우리 안에 거하시는 줄을 우리가 아느니라

하나님의 계명은 그 아들 예수 그리스도의 이름을 믿고, 예수께서 주신 계명대로 '서로 사랑하라'는 것이다. 그의 계명을 지키는 사람은 하나님(그리스도) 안에 거하고, 하나님(그리스도)께서도 그 사람 안에 거하신다. 우리에게 주신 하나님의 성령으로 말미암아 우리는 하나님(그리스도)께서 우리 안에 계신다는 것을 알 수 있다. 예수께서 주신 계명대로 서로 사랑하는 자는 주님 안에, 다시 말해 주님의 사랑 안에 거하는 기쁨을 누리게 될 것이다.

요한복음 16장에는 '기쁨'에 대한 다른 기록을 찾아볼 수 있다. 예수께서는 자기를 보내신 하나님께로 가시는데, 제자들 중 아무도 어디로 가는지 묻지 않았다. 그러나 예수께서 떠나가는 것이 그들에게 유익이 될 것이다. 예수께서 하나님 아버지께로 가시면, 보혜사이신 진리의 성령이 오실 것이며, 그가 제자들을 모든 진리 가운데로 인도하시고, 들은 것을 알려 주실 것이며, 장래 일도 알려 주실 것이다. 또한 그가 예수를 영광되게 하실 것이다. 예수께서는 제자들에게 "조

금 있으면 너희는 나를 보지 못할 것이다. 그러나 또 조금 있으면 나를 볼 것이다."라고 하셨다. 예수께서 돌아가시므로 제자들은 울며 애통하겠지만, 세상은 기뻐할 것이다. 그러나 제자들이 근심에 잠길지라도, 그 근심은 조금 있으면 기쁨으로 바뀔 것이다.

예수께서 떠나가시고 다시 오신다는 말씀에 제자들은 혼란에 빠진다. 예수께서 떠나가심은 예수의 죽음을 의미하며, 예수의 다시 오심은 부활을, 궁극적으로 종말의 재림을 뜻한다. 여자가 해산할 때 진통을 겪어야 할 시간이 와서 근심에 잠기지만, 아이를 낳으면 세상에 사람이 태어났다는 기쁨으로 그 고통을 더 이상 기억하지 않는다. 이처럼 지금은 제자들이 근심하지만, 부활하신 주님을 만나게 될 때에는 마음이 기쁨으로 넘칠 것이며, 그 기쁨을 아무도 빼앗지 못할 것이다. 죽음을 이기는 힘은 부활이다. 부활의 신앙을 가진 사람에게 죽음은 과정일 뿐이다. 다시 주님을 만나게 될 기쁨으로 충만할 때, 죽음의 고난을 넘어설 수 있다.

결국 예수께서는 제자들에게 죽음으로 세상을 떠나시지만, 부활하시어 다시 오실 것이며, 또한 예수께서 떠나가신 후 보혜사 성령께서 오실 것이라고 알려 주셨다. 죽음으로 인해 근심에 쌓이게 될 것이지만, 부활로 기쁨이 넘치게 될 것이다. 죽음은 인간적으로 볼 때 마지막을 의미하지만, 주님께서 그 이후에 일어나게 될 일들로 인해 새로운 시작이 될 것이므로 '내 기쁨'이라고 말씀하셨다. 따라서 예수 그리스도께서 말씀하신 죽음은 마지막이 아닌 하나님의 뜻을 이루는 전환점이다.

그리스도께서는 죽은 자 가운데서 다시 살아나셔서, 죽었다가 부활한 첫 열매가 되셨다. 한 사람으로 말미암아 죽음이 들어온 것처럼, 한 사람으로 말미암아 죽은 사람들이 부활을 맞이한다. 아담 안에서 모든 사람이 죽는 것과 같이, 그리스도 안에서 모든 사람이 살아나게 될 것이다. 각각 차례가 있어서, 먼저 그리스도께서 살아나셨고, 그다음은 그리스도께서 재림하실 때 그리스도께 속한 사람이 살아나게 될 것이다. 그 후에는 마지막이 되어, 그때에 그리스도께서 모든 통치와 모든 권위와 모든 권력을 폐하시고, 그 나라를 하나님 아버지께 넘겨드릴 것이다. 하나님께서 모든 원수를 그리스도의 발 아래 두실 때까지, 만왕의 왕 그리스도께서 다스릴 것이며, 마지막으로 멸망할 원수는 사망이다(The last enemy to be destroyed is death). (고전 15:20-26)

이처럼 그리스도인들은 거쳐야 할 과정인 죽음을 근심하지 말고, 예수의 재림 때에 있을 부활을 소망하면서 주님의 기쁨으로 충만해야 한다. 지금 우리에게 있는 죽음으로 근심할지라도, 그 사망은 최종적으로는 멸망받아 불 호수(the lake of fire)에 던져지게 될 것이며,

이것이 둘째 사망이다(계 20:14).

예수께서는 제자들에게 하나님 아버지의 말씀을 알려 주셨다. 그러나 세상은 그들을 미워했다. 왜냐하면 예수께서는 하나님의 말씀이 육신이 되는 성육신의 삶을 살았고, 세상에 속하지 않으셨기 때문이다. 제자들 또한 말씀을 지키며 세상에 속하지 않았기에, 세상이 예수에게 한 것처럼 그들도 미워했다(요 17:14,16). 말씀을 따라 사는 사람은 세상에 속한 사람이 아니다. 따라서 세상은 그들이 자기에게 속하지 않았다는 이유로 미워하는 것이다. 만일 내가 세상에서 미움을 받지 않고 있거나 환호를 받고 있다면, 우리는 세상의 사고방식으로 살고 있거나, 또한 하나님의 말씀을 버리고 살고 있는지 자신에게 물어보아야 한다. 세속화된 그리스도인은 세상에서 환영을 받는다. 그러나 신실한 그리스도인으로 사는 자는 세상에서 미움을 받는 것이 당연하다.

예수께서는 하나님께서 제자들을 세상에서 데려가시는 것이 아니라, 악한 자에게서 그들을 지켜 주시기를 기도하셨다(요 17:15). 또한 주님께서는 기도의 모범을 알려 주신 주기도문에서도 '악에서(악한 자에게서도) 구해 주시기'를 기도하셨다(마 6:13).

예수께서 하신 기도는 우선 그리스도인이 세상에서 벗어나 세상과 분리된 삶을 살지 말라는 것이었다. 그리고 만일 세상에서 하나님의 명령에 불순종한다면, 그러한 사람들은 하나님의 자녀가 아닌 악한 영의 종이 되는 것이다. 이러한 자들은 육신의 욕심을 따라 지내며, 육체와 마음이 원하는 것을 하므로 하나님의 진노를 살 수밖에 없다(엡 2:2,3). 따라서 세상에 남아 있는 제자들은 악한 자, 즉 사탄(마귀)과의 전쟁을 치러야 한다. 비록 사람이 마귀와 직접 싸워서 이길 수는 없지만, 하나님께 복종하며 마귀를 대적할 때 마귀는 달아날 것이다(약 4:7). 하나님의 명령에 순종하는 사람은 하나님의 자녀이므로 마귀는 그와 함께하시는 하나님으로 인하여 그 사람에게서 떠날 것이다.

예수께서는 진리로 그리스도인들을 거룩하게 해 주시기를 기도하셨다. 하나님 아버지의 말씀이 진리이므로, 하나님의 말씀을 지키는 자는 거룩하게 될 것이다(요 17:17). 정욕으로 부패한 사람은 세속화된 사람이지만, 그리스도인은 세속화에서 벗어나 하나님의 신성한 성품에 참여하는 자가 되어야 한다(벧후 1:4). 거룩은 세상과 분리되는 것을 의미하는 것이 아니라, 세상의 가치관에서 벗어나 하나님의 진리의 말씀을 따라 사는 것을 말한다.

예수께서는 하나님 아버지께서 자신을 세상에 보내신 것처럼 제자들을 세상에 보내셨다(요 17:18). 예수께서는 스스로 세상에 오신 것이 아니라, 하나님의 보내심을 받아 온 것이었다. 하나님께서는 예수를 세상에 보내셔서 세상을 구원하려고 하셨다(요 3:17). 하나님께서 보내신 분은 하나님의 말씀을 전한다(요 3:34). 그러므로 예수께서는 자신의 양식이 자기를 보내신 분의 뜻을 행하고, 그분의 일을 이루는 것이라고 하셨다(요 4:34, 6:38). 예수께서는 자신의 뜻대로 하지 않고, 오직 자기를 보내신 분의 뜻대로 하는 것이므로, 자신의 심판은 의롭다고 하셨다(요 5:30).

하나님께서 보내신 이를 믿지 않는 사람은 하나님의 말씀을 마음에 받아들이지 않는 것이다(요 5:38). 예수께서 주신 교훈은 자신의 것이 아닌, 자기를 보내신 하나님의 것이기 때문이다(요 7:16). 하나님께서 보내신 이를 믿는 것이 곧 하나님의 일이며(요 6:29), 따라서 예수를 믿는 것은 예수를 보내신 하나님을 믿는 것이다(요 12:44). 그러므로 그리스도인은 하나님 아버지께서 예수 그리스도를 세상에 보내신 것을 믿는 자들이다(요 17:8).

예수께서 제자들을 세상에 보내신다. 예수께서 보낸 자를 영접하는 사람은 예수를 영접하는 것이며, 예수를 영접하는 사람은 예수를 보내신 하나님을 영접하는 것이다(요 13:20). 예수께서는 보내심을 받은 자에 대한 본을 보여주셨고, 이제 그리스도인들을 세상으로 보내시며, 보내시는 분의 뜻을 행하게 하신다(요 20:21). 따라서 그리스도인은 하나님 아버지께서 아들을 세상의 구주로 보내신 것을 보았고, 이를 증언하는 사람들이다(요일 4:14). 그리스도인은 자신의 뜻을 행하는 것이 아니라, 세상에서 자신들을 보내신 주님의 뜻을 행하며, 주님의 일을 이루어야 한다.

하나님께서는 예수를 세상에 보내어 십자가에서 세상의 죄를 담당하게 하셨고, 예수를 믿는 자에게 구원을 얻게 하셨다. 예수께서는 그리스도인을 세상에 보내어, 자기 십자가를 지게 하셨으며(마 10:38, 16:24, 막 8:34, 눅 9:23, 14:27), '서로 사랑하라'는 새 계명을 주셔서 세상을 사랑하신 주님을 본받아 사랑하라고 하셨다.

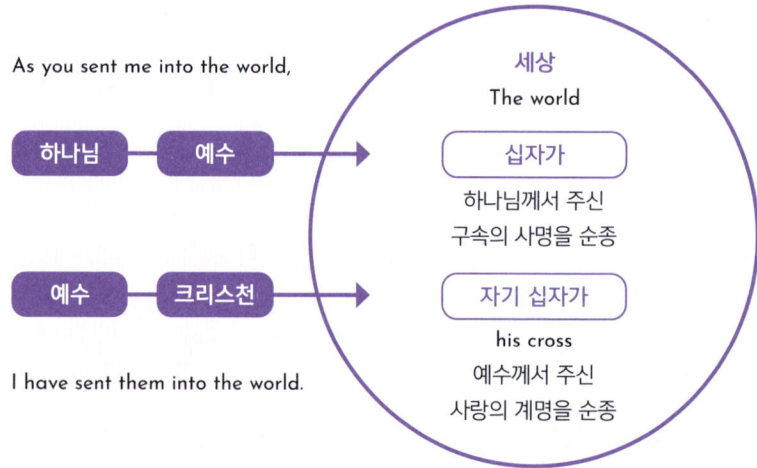

요 17:18 아버지께서 나를 세상에 보내신 것 같이 나도 그들을 세상에 보내었고

스데반의 순교 이후 교회에 큰 박해가 일어났고, 사도 이외의 성도들은 모두 유대와 사마리아 여러 지방으로 뿔뿔이 흩어졌다. 이 사건은 예수께서 하신 명령(행 1:8)을 이루기 위한 하나님의 방법이었다.

행 1:8 오직 성령이 너희에게 임하시면 너희가 권능을 받고 예루살렘과 온 유대와 사마리아와 땅 끝까지 이르러 내 증인이 되리라 하시니라

코로나 감염으로 교회 문을 닫게 되었는데, 이 사건을 통해 교회는 자신을 돌아보아야 했다. 이제까지 교회는 교회 중심의 신앙을 강조하여 모이는 것을 최선이라고 여겼다. 그러나 교회가 간과하고 있었던 것은 하나님께서 예수를 보내신 것처럼, 예수께서 성도를 세상에 보내고 있다는 사실이다(요 20:21).

요 20:21 예수께서 또 이르시되 너희에게 평강이 있을지어다 아버지께서 나를 보내신 것 같이 나도 너희를 보내노라
NIV Jn 20:21 ○Again Jesus said, "Peace be with you! As the Father has sent me, I am sending you."

예수께서 제자들을 세상에 보내신다는 말씀은 유언 기도이다. 만일 교회가 성도를 세상으로 보내는 일을 하지 않는다면, 주님의 뜻과 유언 기도를 저버리는 죄를 범하는 것이다. 혹자는 성도를 세상으로

보내면 신앙을 잃어버릴 것이라는 우려를 하기도 한다. 그래서 그리스도인은 교회 중심의 신앙 생활을 해야 하며, 악한 세상과는 단절해야 한다고 생각하는 사람도 있다. 그러나 예수께서는 제자들을 세상에서 데려가기를 구하지 않으셨으므로(요 17:15), 세상과의 관계를 끊고 교회 안에서만 신앙 생활을 하는 것은 옳지 않다.

<u>그리스도인은 이미 예수 그리스도에 의해 세상에 보냄을 받은 사람이다.</u> 이것을 부인하면 예수의 명령과 뜻을 부인하는 것이며, 세상에 보냄을 받지 않는다면 세상의 빛과 소금이 될 수 없다. 세상에 보내심을 받은 그리스도인은 삶의 목적을 재물이나 명예와 같은 성공에 두는 자가 아니다. 자신을 보내신 예수의 명령과 뜻을 이루기 위해 헌신해야 한다. <u>주님께서 그리스도인을 세상에 보내셨으므로, 그가 보냄을 받은 그곳에서 이루어야 할 주님의 뜻이 있음을 기억해야 한다.</u> 따라서 그리스도인이 있는 그 장소에서 지금(now) 이 시간에 해야 할 역할은 주님의 뜻을 확인하고 명령에 순종하는 것이다. 교회도 예수께서 유언으로 남기신 명령을 따르고 있는지 살펴보아야 한다. <u>만일 성도를 세상에 보내라는 예수의 명령에 순종하고 있지 않았다면, 지금이라도 예수께서 성도를 세상에 보내신다는 유언을 따라, 신자를 세상에 보내도록 교회의 조직과 체제를 바꾸어야 한다.</u>

예수께서는 제자들을 위하여 자기가 자기를 거룩하게 하신다(For

them I sanctify myself)고 하셨다(요 17:19). 자기 스스로 거룩하게 한다는 표현은 두 가지 경우에 사용되었다(호크마 주석). 첫째는 제사 임무를 수행하는 제사장들을 거룩하게 구별하는 데 사용되었고(출 28:41, 29:1, 21), 둘째는 희생 제물을 거룩히 구별하는 데 사용되었다(출 28:38, 민 18:9). 예수의 스스로 거룩하게 하심은 인류의 죄를 대속하시는 희생 제물인 동시에 이 예식을 집행하는 대제사장에 모두 포함한다. 결국 이를 통해 예수께서는 십자가에서 대속의 죽음을 맞이할 것을 알려 주신다.

그러나 제자들이 거룩하게 되는 것은 스스로 되는 것이 아니라, 예수께서 그들에게 주신 진리의 하나님 말씀으로 거룩하게 되는 것이다(요 17:19). 성령을 통하여 진리에 순종함으로 우리 혼(soul)을 깨끗하게 하여 거짓 없이 형제들을 사랑할 수 있게 되었으니, 순수한 마음으로 뜨겁게 서로 사랑해야 한다(벧전 1:22, 흠정역). 예수 그리스도의 죽음은 단지 죄를 씻는 일에 그치지 않고, 제자들이 진리의 말씀에 순종하여 거룩하게 되어 복음 사역을 감당하도록 하는 것까지 포함한다.

예수께서 제자들을 위해 기도하신 내용을 종합해 보면, 하나님의 택하심을 받은 자들은 하나님의 자녀이며, 하나님께서 이들을 예수에게 맡기셨다. 그들은 하나님 아버지의 말씀을 지켰고, 그 말씀은 하나님께서 아들 예수에게 주신 것이다. 그 말씀을 제자들에게 주셨다. 제자들은 이 모든 것이 하나님으로부터 나온 것임을 알고 믿었다. 그러므로 그들은 하나님께서 예수 그리스도를 세상에 보내신 것을 믿었다.

예수께서는 하나님께서 자신에게 주신 자들을 지키고 보호하여 한 사람도 잃지 않기를 바라셨다. 십자가의 죽음을 앞둔 예수께서는 그들에게 자신의 기쁨이 충만하게 되기를 원하셨다.

예수를 따르는 그리스도인은 세상에 살고 있지만, 세상에 속하지 않으며, 악한 자와의 영적 전쟁을 치르는 자들이다. 그리스도인들은 진리로 거룩해져 하나님의 뜻을 이루어야 한다. 하나님께서 예수를 세상으로 보내신 것처럼, 예수께서는 그리스도인을 세상으로 보내신다. 이제 교회는 예수 그리스도께서 알려 주신 대로 그리스도인들을 교육하고 훈련하여, 성도들을 세상으로 보내어 예수님의 유언을 실천해야 한다. 그러므로 교회 구성원들은 지금까지 지켜온 관습과 체제를 새롭게 해야 한다. 성령께서 주시는 지혜와 능력으로 예수님의 유언 기도를 실천하기를 기대한다.

자기 평가 및 결심

1. 그리스도인은 세상에 살고 있지만, 세상에 속한 자가 아니라 하나님과 예수 그리스도께 속한 자이다. 그렇다면 우리가 이런 자가 되기 위해 어떻게 해야 할까?

    *거룩한 하나님과 예수께 속한 자가 되기 위해서는 반드시 거룩해야 합니다. 사람은 스스로 거룩해질 수 없기에, 진리로 거룩해지기를 기도합니다. 하나님과 예수님의 거룩한 영역에 들어가, 진실로 주님께 속한 자가 되게 하옵소서.

2. 그리스도인은 예수 그리스도와 연합하여 함께 죽어야 한다. 예수와 함께 죽는 자는 예수 그리스도와 함께 부활에 참여하게 될 것이다. 고난과 죽음 후에 부활이 있다(빌 3:10,11). 그렇다면 그리스도인은 죽음을 어떻게 받아들여야 하겠는가?

    *예수께서는 죽음을 눈앞에 두시고 '내 기쁨'이 충만하기를 원한다고 하셨습니다. 예수께서는 자신을 보내신 하나님께로 간다고 하시면서 죽음을 말씀하셨습니다. 그러나 주님은 부활하시어 잠자는 자들의 첫 열매가 되셨습니다. 주님과 연합한 우리는 이제 죽어도 무덤에 영원히 머물 수 없습니다. 부활의 주님과 함께 부활을 소망하는 자에게는 죽음은 끝이 아니라 영원한 생명의 시작이라고 고백합니다. 죽음의 권세도 막

을 수 없는 주님의 약속을 바라보게 하옵소서.

3. 하나님께서 예수를 세상에 보내신 것처럼, 예수께서는 그리스도인을 세상에 보내셨다. 보냄을 받은 그리스도인은 보내신 주님의 뜻을 이루어야 하며, 그렇게 할 때 주님을 영화롭게 하는 것이다. 그렇다면 이를 위해 교회와 각 성도는 무엇을 해야 할까?

*세상과 분리된 신앙이 경건한 것이라는 잘못된 교육을 받기도 했습니다. 그러나 이제는 세상에 보내심을 받은 예수께서 저희를 세상에 보내고 계십니다. 우리를 보내시는 분의 뜻을 따라 세상에서 선한 행실을 통해 빛과 소금의 역할을 잘 감당하기를 원합니다. 교회들이 세상으로 보내어진 교회의 역할을 깨닫고 잘 감당하도록 새로운 제도와 시스템을 갖추게 하옵소서. 보내심을 받은 성도로서 세상에서 하나님의 계명에 순종하기를 원합니다. 저희로 하여금 주님을 영화롭게 하게 하옵소서.

26
예수 그리스도의 유언 기도 3
the Will of Jesus Christ 3

훈련 목표

모든 성도들을 위한 예수님의 유언 기도에서 주님이 우리에게 바라셨던 바를 배울 수 있다. 그 기도는 하나님과 예수께서 하나이신 것처럼 모든 성도들이 하나가 되어, 세상으로 하여금 하나님께서 예수를 보내셨고 모든 사람을 사랑하신다는 것을 알게 하려는 것이었다. 그렇다면 모든 그리스도인이 하나 되는 길은 무엇일까?

기도문

하나님 아버지, 예수님의 유언 기도를 통해 모든 그리스도인이 하나가 되어야 함을 깨닫게 하시니 감사합니다. 종교적 형식과 제도를 넘어서, 예수를 믿는 자들이 하나의 사랑 공동체를 이루게 하셔서, 세상을 사랑하시는 하나님의 사랑을 세상이 알게 될 것입니다. 예수를 믿는 자들이 하나님과 예수님의 기도처럼 하나됨을 실천하여 세상에 사랑을 전하게 하옵소서. 우리 모두가 예수께서 계신 그곳에 함께 가서 주님의 영광을 보게 되기를 기도합니다. 아멘.

NEWper 훈련

예수께서 마지막으로 드리신 기도에는 제자들과 그들을 통해 예수를 믿게 될 모든 그리스도인을 위한 간구가 포함되어 있다(요 17:20-26).

> 요 17:20 내가 비옵는 것은 이 사람들만 위함이 아니요 또 그들의 말로 말미암아 나를 믿는 사람들도 위함이니

현재 기독교는 가톨릭, 정교회, 개신교 등으로 나뉘어 있으며, 개신교는 여러 종파로 세분화되었으며, 각자가 자신의 정통성을 주장한다. 비록 분리된 기독교 종파들의 교리와 예배 형식은 서로 다르지만, 이들은 모두 예수를 믿는 자들이므로, 예수님의 유언 기도를 받들어 주님 안에서 하나 되기 위해 최선을 다해야 한다.

그러나 예수께서 기도하신 대상에 포함되지 않는 자들이 있다. 이들 중에는 마지막 때에 나타나는 거짓 그리스도(false Christ)와 적그리스도(antichrist)이다(요일 2:18). 거짓 그리스도는 성경의 내용을 예수의 이름으로 말하지만, 악한 영에 의해 왜곡된 이론으로 사람들을 미혹하고, 이적까지도 행하면서, 자신을 신의 자리에 올려놓고, 악한 영의 지배를 받는 교주가 된 이단을 말한다(마 24:4,5,11,24, 막 13:5,6,22, 눅 21:8, 살후 2:1-4,11, 딤전 4:1, 계 13:14, 19:20).

적그리스도는 거짓 그리스도와 같이 거짓을 말하는 자들로, 예수께서 그리스도이심을 부인하며, 하나님의 아들 예수를 인정하지 않고(요일 2:22), 예수를 시인하지 않으며(요일 4:3), 예수 그리스도께서 육체로 오셨음을 인정하지 않는다(요이 1:7). 이들의 배후에서 역사하는 영은 하나님에게서 난 것이 아니라, 그리스도를 대적하는 영이다. 예를 들어, 이슬람 교리는 예수를 선지자 중 하나로 여기지만, 하나님의 아들이 육체로 오셨음을 인정하지 않으며, 예수를 하나님의 아들로 보는 삼위일체 교리를 부인한다.

예수께서는 모든 그리스도인을 위해 이렇게 기도하셨다. "아버지, 아버지께서 내 안에 계시고, 내가 아버지 안에 있는 것처럼, 그들도 하나가 되어(be one) 우리 안에 있게 하여 주십시오. 그리하여 아버지께서 나를 보내셨다는 것을 세상이 믿게 하여 주십시오."(요 17:21)

예수께서는 이미 제자들을 위해 기도하시며, "우리와 같이 그들도 하나가 되게 하옵소서"(요 17:11)라고 하셨다. 하나님과 예수님이 하나라는 말이 당시 유대인들에게 신성모독에 해당하는 큰 범죄로 여겨졌으나, 오늘날의 그리스도인들에게는 삼위일체 하나님이 낯설지 않다.

유대인들은 로마의 정치적 압제에서 구원해 줄 그리스도(메시아)를 기다렸지만, 예수는 그들의 기대와는 크게 달라 보였다. 그래서 그들은 예수가 그리스도인지를 물었다. 예수께서는 이미 하나님 아버지의 이름으로 행한 모든 일을 통해 자신이 구약성경에서 예언된 그리스도임을 나타내셨지만, 그들은 믿지 않았다. 그들은 예수의 양이 아니었기 때문에 예수의 음성을 듣지 않고 따르지도 않았다. 예수께서는 자신의 양들에게 영생을 주어 영원히 멸망하지 않게 할 것이며, 아무도 그들을 자신의 손에서 빼앗을 수 없다고 하셨다. 또한 하나님은 모든 존재보다 위대하시므로, 아무도 아버지의 손에서 그들을 빼앗을 수 없다고 말씀하셨다. 예수께서는 자신과 하나님 아버지는 하나라고 선언하셨다(요 10:22-30).

그러자 유대인들은 예수를 돌로 치려 하였다. 예수께서는 그들에게 선한 일을 많이 보여주었는데 그 어떤 일로 자신을 치려 하는지 되물으셨다. 그들은 예수가 사람이면서 하나님을 아버지라 부르고 자신과 하나님이 하나라고 주장한 것을 신성모독죄라고 하여 비난한 것이다(요 10:30,33). 예수께서는 율법(시편)을 인용하여 반박하셨다.

> **시 82:6** 내가 말하기를 너희는 신들이며 다 지존자의 아들들이라 하였으나

성경에는 '하나님께서 사람들을 신들이라고 하시며, 지존자의 아들'이라고 기록되어 있다. 또한 하나님의 말씀을 받은 사람들을 하나님께서는 신이라고 부르셨는데, 이는 하나님으로부터 그 말씀을 전달하는 임무를 받은 사람들을 가리킨다. 그 예로는 모세(출 4:16, 7:1), 호세아(호1:1), 예레미야(렘1:2), 세례 요한(눅 3:2) 등이 있다.

"성경은 영원히 참되시다. 그런데 하나님께서 거룩하게 하여 세상에 보내신 사람이 자신을 하나님의 아들이라고 말하는 것이 어찌 신성모독이라고 하느냐"고 예수께서 말씀하셨다. 이어서 말씀하시길, "내가 내 아버지의 일을 하지 아니하거든, 나를 믿지 말아라. 그러나 내가 그 일을 하고 있으면, 나를 믿지는 아니할지라도, 그 일을 믿어라. 그리하면 너희는 아버지께서 내 안에 계시고 내가 아버지 안에 있다는 것을 깨닫게 될 것이다." 유대인들이 다시 예수를 붙잡으려고 했으나, 예수께서는 그들의 손에서 벗어나 피하셨다(요 10:31-39).

예수께서 하나님 아버지 안에 계시고, 아버지께서도 예수 안에 계신다는 말은 무엇을 의미하는 것일까? 예수께서 행하신 일은 스스로 한 일이 아니라, 하나님 아버지께서 그 안에 계셔서 하나님의 일을 행하셨다(요 14:10,11)는 것이다. 이처럼 <u>예수께서는 하나님께서 원하시는 일을 이루시도록 자신을 드렸고, 그분의 뜻에 순종하셨다.</u> 이렇게 함으로써 예수께서는 아버지 안에, 또 아버지께서 예수 안에 계신 것이다. 예수님의 가르침, 그가 행하신 이적과 표적, 그리고 그의 관심은 언제나 하나님의 뜻과 일 안에 있었다.

예수께서는 "아버지께서 나를 사랑하신 것처럼 나도 너희를 사랑하였다. <u>너희는 내 사랑 안에 머물러 있어라. 너희가 내 계명을 지키면 내 사랑 안에 머물러 있을 것이다. 그것은 마치 내가 내 아버지의 계명을 지켜서, 그 사랑 안에 머물러 있는 것과 같다.</u> 내 계명은 이것이다. 곧 내가 너희를 사랑한 것처럼 너희도 서로 사랑하라"고 말씀하셨다 (요 15:7-12). 하나님의 사랑을 본받아 예수께서는 우리를 사랑하셨고, 우리에게 서로 사랑하라고 명령하셨다. 그러므로 <u>우리가 서로 사랑하면 하나님과 예수님의 사랑 안에 머물게 되는 것이다.</u>

하나님의 계명은 예수 그리스도의 이름을 믿고, 예수께서 우리에게 주신 계명대로 서로 사랑하라는 것이었다. 하나님과 그리스도의 계명을 지키는 자는 주 안에 있고, 우리에게 성령을 주셨으므로, 하나님(그리스도)께서 우리 안에 계시는 것을 알 수 있다(요일 3:23,24). 지금까지 하나님을 본 사람은 없지만, 우리가 서로 사랑하면 하나님께서 우리 안에 거하시고, 하나님의 사랑이 우리 가운데서 완성될 것이다. 하나님께서 성령을 우리에게 주셨으므로 우리가 하나님 안에 있고 또 하나님이 우리 안에 계신다는 것을 우리는 안다(요일 4:12,13,15,16).

연필의 몸체는 나무나 플라스틱으로 만들 수 있으며, 겉을 노란색, 빨간색, 또는 파란색으로 칠할 수 있다. 연필로 글을 쓰는 데 주로 사용되지만, 때로는 그림을 그리거나 눈썹을 그리는 용도로도 쓰인다. 모든 연필 안에는 흑연이 있어서, 이것으로 쓰거나 그릴 수 있다. 이처럼 연필의 본질은 흑연이라고 할 수 있다. 그리스도인을 종교적 관습에 따라 구분하면 가톨릭, 정교회, 성공회, 개신교 등 다양한 종파의 신자가 있겠지만, 이들에게 기독교의 본질이 동일하다면, 그들은 하나인 것이다.

그러므로 그리스도인이 하나가 된다는 것은 제도적이거나 조직적으로 하나의 공동체가 되는 것이 아니라, 그것을 넘어서 본질이 같은 공동체가 되는 것을 말한다. 기독교의 본질을 요약한다면 믿음, 소망, 사랑이라고 할 수 있다. 기독교는 예수를 믿으며, 하나님의 약속을 소망하면서, 사랑을 실천하는 신앙을 가진 공동체이다. 비록 외형적인 신앙의 모습은 다르더라도 같은 기독교의 본질을 가지고 있다면, 이들은 모두 하나라고 말할 수 있다.

하나님께서 우리에게 명령하신 것은 예수 그리스도의 이름을 믿고 서로 사랑하라는 계명을 지키라는 것이다. 그러므로 예수를 믿는 모든 자가 같은 마음으로 사랑을 실천하는 공동체가 될 때 하나가 되는 것이며, 이렇게 할 때 우리는 주님 안에 거하고, 주님께서 우리 가운데 계시는 것이다.

하나님께서 주신 영광을 그리스도인들에게 주셨으며, 이로 인해 예수께서 하나님과 하나인 것과 같이 이 사람들도 하나가 되도록(be one) 하려는 것이 예수께서 원하는 것이었다. 예수께서 그들 안에 있고, 하나님 아버지께서 예수 안에 계신 것은 이 사람들을 완전한 하나(complete unity)로 만들려는 것이었다(요 17:22,23). 이렇게 하면 하나님 아버지께서 예수를 세상에 보내셨다는 것과 하나님 아버지께서 예수를 사랑하신 것처럼 성도들을 사랑하셨다는 것을 세상이 알게 될 것이다(요 17:21,23).

예수께서는 모든 그리스도인이 하나가 되기를 위해 기도하셨는데, 이는 예수를 주님으로 영접한 자들이 사랑의 공동체로 하나가 되라는 것이었다. 그리스도인은 하나님의 사랑을 받은 자녀로서 하나님을 본받아 사랑하는 자들이며, 그리스도께서 보여주신 희생적인 사랑을 본받아 그 사랑을 실천해야 한다(엡 5:1,2). 사랑의 공동체로 하나가 될 때, 하나님께서 세상을 사랑하셨기에 예수를 보내신 것을 알게 될 것이며(요 3:16), 하나님과 예수께서 그리스도인들을 사랑하고 계신다는 것을 알게 될 것이다.

　예수께서는 이들을 위해 기도하시면서, 하나님 아버지께서 자신에게 주신 사람들이 자신이 있는 곳에 함께 있게 하여 주셔서, 아버지께서 창세 전부터 자신을 사랑하셔서 자신에게 주신 영광을 그들도 볼 수 있게 해 달라고 하셨다(요 17:24).

　예수께서는 이미 제자들에게 자신이 가는 곳에 올 수 없다고 말씀하셨다. 시몬 베드로는 주님께서 가시는 곳이 어디인지를 물었지만, 예수께서는 자신이 가는 곳에 지금은 따라올 수 없지만 후에는 따라올 것이라고 하셨고, 그곳은 천국이었다(요 13:36). 베드로는 왜 따라갈 수 없느냐고 하며 주를 위하여 목숨을 버리겠다고 하였지만, 예수께서는 닭 울기 전에 베드로가 세 번 예수를 모른다고 부인할 것이라고 하셨다(요 13:33-38).

　이러므로 예수께서 마지막으로 하신 기도에서 십자가 죽음 이후에 자신이 있는 곳이 천국임을 알 수 있다. 그리고 제자들에게 후에는 "자신을 따라올 것"이라고 하신 것은 제자들도 그리스도의 수난을 겪은 후 주님이 계시는 곳에 가게 될 것임을 암시하셨다. 결국 그리스도인은 예수께서 계시는 천국에 가서 함께 있을 것이며, 그곳에서 예수께서 창세 전부터 가지고 있었던 하나님의 영광을 보게 될 것이다.

예수께서는 하나님을 '의로우신 아버지'로 불렀다. 십자가에서 죽음을 맞이할 예수께서는 이를 예비하신 하나님께서 의로우시다고 고백한다. <u>하나님께서 예정하신 일들은 불합리하고 고통스럽게 보일 수 있으나, 결과적으로 하나님의 영광을 위한 의로운 일이다.</u>

세상은 하나님 아버지를 알지 못했고, 하나님께서 아들 예수를 보내셨다는 것도 알지 못했다. 그래서 예수께서는 제자들을 선택하여 그들에게 자신이 하나님의 아들이며 세상에 그리스도로 보내심을 받았음을 알려 주셨다. 세상은 알지 못했지만, 제자들은 하나님께서 예수를 세상에 보내신 것을 알게 되었다.

예수께서는 제자들에게 이미 하나님 아버지의 이름을 알게 하셨으며, 앞으로도 알게 할 것이다. 이는 아버지께서 예수를 사랑하신 사랑이 그들 안에 있고, 예수도 그들 안에 있게 하려는 것이었다. 하나님께서 예수에게 맡기신 지상 사역은 십자가의 죽음이었으나, 그 이후에도 부활과 승천, 그리고 성령 강림을 통해 하나님 아버지의 뜻은 계속해서 세상에 알려질 것이었다. 또한 예수 그리스도를 통해 나타난 하나님의 사랑은 모든 성도들 안에 머물고, 예수께서도 그들 안에 함께하실 것이다.

하나님 아버지께서 예수 안에 계셨고, 예수께서 하나님 안에 있어서 하나였던 것처럼, 예수를 믿는 모든 자들이 하나가 되어 하나님과 예수 안에 있어야 한다. 이를 위해 그리스도인은 하나님의 말씀(요일 2:5)과 계명을 지켜야 하며(요 3:24), 서로 사랑해야 한다(요일 4:12-16). 그렇게 함으로써 그리스도인이 하나님과 예수 그리스도를 아는 것이며, 이것이 영생이다.

예수를 믿음으로 사망에서 생명을 얻게 되며, 예수를 믿고 주의 명령대로 서로 사랑하는 자는 영생의 길을 걷게 된다. 그리스도인은 하나님께서 예수를 세상에 보내셨음을 증언해야 하며, 또한 하나님께서 예수를 사랑하신 것처럼 그리스도인을 사랑하고 계신다는 것을 세상에 알려 주어야 한다.

예수께서 십자가 죽음 이후 영원히 계시는 그곳에 모든 성도들이 가게 될 것이며, 그곳에서 세상이 창조되기 이전부터 있었던 주님의 영광을 보게 될 것이다. 하나님의 사랑을 받은 그리스도인은 세상에서 그 사랑을 전하며 실천해야 한다.

자기 평가 및 결심

1. 예수께서 유언으로 기도하신 것처럼, 비록 종파가 다르더라도 하나가 될 수 있다고 생각하는가? 아니면 자신이 따르는 기독교 종파가 가장 정통이므로 다른 종파를 인정할 수 없다고 생각하는가? 그리스도인으로서 예수님의 유언과 자신의 생각 중 무엇을 따라야 하는가?

    *예수를 믿는다고 해도 종파가 다르면 그들의 신앙을 인정하지 못했습니다. 그러나 주님께서 보시기에는 그들도 예수를 믿는 자들입니다. 교만함과 우둔함으로 주님의 뜻을 깨닫지 못했음을 회개합니다. 이제야 주님 안에서 우리가 같은 형제 자매임을 알게 되었습니다. 외형적인 것으로 비판하지 않게 하시고, 거짓 그리스도와 적그리스도를 분별하는 능력을 주옵소서.

2. 예수님은 하나님과 하나이셨으며, 예수를 믿는 모든 자들이 하나가 되어 주님 안에 있기를 기도하셨다. 하나가 되기 위해서는 어떤 공동체가 되어야 한다고 생각하는가?

    *믿음과 소망과 사랑이 기독교의 본질입니다. 하나님의 계명

은 예수를 믿고, 예수께서 주신 계명대로 서로 사랑하는 것입니다. 그러므로 이미 예수를 믿고 있는 그리스도인들은 서로 협력하여 세상에 주님의 사랑을 함께 실천해야 함을 깨달았습니다.

3. 예수께서는 하나님께서 자신을 보내신 것을 세상이 믿기를 원하셨고, 하나님께서 예수를 사랑하신 것처럼 그리스도인을 사랑하신다는 것을 세상이 알기를 원하셨다. 그리스도인은 어떤 사명이 있는가?

*세상 사람들은 죄악으로 인해 죽을 수밖에 없습니다. 그리스도인은 하나님께서 예수 그리스도를 세상에 보내셔서, 예수를 믿으면 멸망하지 않고 영생을 얻게 된다는 것을 전해야 합니다. 또한, 모든 민족에게 복음을 전파하여 주님의 본을 따라 주님의 사랑을 전해야 합니다. 구세주로 오신 예수께서 세상의 모든 민족을 심판하기 위해 오신다는 것을 증언하게 하시고, 주님께서 주신 서로 사랑하라는 계명을 순종하여 재판정에 담대하게 서는 그리스도인이 되기를 기도합니다.

27
새 포도주는 새 부대에
Put new wine into new bottles

훈련 목표

코로나 팬데믹은 마지막 때를 알리는 징조 중 하나일 수 있다. 분명한 것은 예수의 재림과 심판이 있기 전에 예수의 이름으로 인해 모든 민족에게 박해와 미움을 받게 된다는 것이다(마 24:8-14). 이로 인해 코로나는 그리스도인이 앞으로 겪게 될 환난을 준비할 기회를 제공한 것이다. 미래의 고난을 우리와 함께하시는 하나님과 인내로 이겨내고, 주님께서 세상에 보내신 그리스도인의 사명을 감당하기 위해, 지금 내가 있는 모든 장소에서 사랑으로 섬기는 자가 되어야 한다.

기도문

하나님, 세상의 종말 징조들이 대부분 이루어졌음을 봅니다. 이제 그리스도인들이 겪을 재난과 고난이 시작될 것이며, 환난 이후에 주님께서 다시 오셔서 마지막 심판을 행하실 것을 알고 준비된 마음으로 맞게 하옵소서. 코로나로 인하여 재림과 심판을 준비할 수 있게 하옵소서. 깨어 있는 그리스도인으로 주님께서 주신 환경 안에서 미래의 고난을 준비할 새 부대(새로운 제도)를 마련하여 재림의 주님을 맞이할 수 있도록 인도하옵소서. 아멘.

NEWper 훈련

제자들은 예수께 조용히 다가와, 성전이 무너질 때와 주님의 재림, 세상 끝 날에 나타날 징조가 무엇인지 물었습니다. 예수께서는 제자들에게 세상 끝 날에 일어날 징조들을 알려 주셨다(마 24:1-14, 눅 21:5-19).

그때에 많은 사람이 예수의 이름으로 와서 자신이 그리스도라고 하여 많은 사람을 미혹할 것이다. 누구에게도 속지 않도록 조심해야 한다. 이 세상에는 이미 거짓 그리스도가 왔고, 병을 고치며 이적을 행하고 있다. 그러므로 많은 사람들이 겉으로 보이는 기적에 미혹되어 사람을 신으로 섬기고 있다. 이들은 할 수만 있으면, 선택받은 사람들마저도 속일 것이다.

여기저기서 전쟁이 일어난 소식과 전쟁이 일어날 것이라는 소문을 들을 것이지만, 두려워하지 않도록 주의해야 한다. 이런 일들은 반드시 일어나겠지만, 아직 끝은 아니다. 이미 제1차 및 제2차 세계 대전이 있었고, 지금은 더 많은 자원을 차지하려는 제3차 세계 대전이 일어날 것으로 예상되며, 이때는 발달된 무기와 핵 전쟁으로 지구가 멸망할 수도 있을 것이다. 그러나 아직 주님의 날이 다가온 것은 아니다.

민족이 일어나 다른 민족을 공격하고, 한 나라가 다른 나라를 대적할 것이다. 폭력을 통한 민족 간의 테러 행위는 빈번하게 일어나고 있으며, 지구 곳곳에서 전쟁 소식이 들려온다. 냉전 시대 이후 나라 간 대립은 더욱 심화되었다. 이러한 일들은 이미 현실이 되었다.

곳곳에 큰 지진이 일어나고, 기근과 전염병이 있을 것이며, 하늘로부터 무서운 일과 큰 징조가 나타날 것이다. 전 세계에 영향을 끼친 팬데믹 전염병은 과거 스페인 독감(1918-1919, 사망자 2,500만~5,000만 명)이 있었고, 2019년에 발생한 코로나 바이러스 전염병

(COVID-19)은 2023년 4월 22일까지 확진자 6억 8천만 명과 사망자 685만 명을 기록했으며, 치사율은 1.01%였다. 적절한 의료 조치에도 불구하고 이와 같은 대규모 사망자가 발생한 것은 엄청난 재난이다.

스페인 독감 이후 코로나19 팬데믹까지의 100년 동안 자연재해는 급격하게 증가했다. 여기에 포함되는 자연재해로는 화산 폭발, 쓰나미, 태풍, 토네이도, 우박 폭풍, 홍수, 지진, 메뚜기 떼, 가뭄, 기후 변화, 지구 온난화, 빙하 융해 등이 있으며, 이러한 재해는 이제 일상처럼 빈번히 발생하고 있다.

또 다른 마지막 때의 징조로 동성애의 세계화를 들 수 있다. 소돔과 고모라는 동성애로 인해 유황과 불로 멸망하였고, 이는 마지막 때 경건하지 않은 자들에게 불의 심판이 있을 본보기가 되었다(벧후 2:6). 이러한 불의 심판은 주님의 날에 있을 것이며, 하늘과 땅은 불에 타서 없어지고 원소들은 타서 녹아버리게 될 것이다(벧후 3:12). 성경은 이미 여러 가지 타락의 하나로서 동성애에 대하여 경고하였으며(롬 1:26,27), 오늘날 소수 인권 보호를 명분으로 동성애가 세계적으로 인정받고 동성 결혼이 합법화되는 분위기이다. 이러한 상황을 보면 성경의 예언대로 지구가 불에 타버려 멸망을 맞이할 마지막 때는 얼마 남지 않은 것 같다. 이처럼 마지막 때에 대한 징조들의 대부분은 이미 이루어졌다.

코로나 전염병은 2023년 4월 막바지로 접어든 듯하다. 그래서 많은 교회는 코로나 이전으로 돌아가 더 열심히 모여 예배하며, 이전 프로그램을 더욱 활성화하려 한다. 그렇지만 이미 코로나는 우리의 일상을 크게 변화시켰고, 더불어 교회에도 많은 영향을 끼쳤다. 코로나 발병 이전에는 인터넷 예배를 전혀 받아들이지 않았지만, 이후에는 교회에서 인터넷 예배를 정식 예배로 인정하게 되었다. 이로 인하여 다양한 매체를 통한 예배와 복음 전파는 더 활발해질 것이다.

4차 산업혁명은 더욱 가속화될 것이며, 이미 사람의 사고를 대체하고 능가할 인공지능(AI)의 개발은 엄청난 진전을 보이고 있다. AI는 어떤 목적으로 사용하느냐에 따라 큰 이로움이나 해악을 줄 수 있다. 코로나 이후에 일상의 삶은 이전과 현저히 달라졌고, 교회 역시 새로운 변화의 시대가 도래했음을 받아들여야 한다. 다시 말하자면, 코로나를 단순히 전염병 중의 하나라고 생각하지 말고, 이를 통해 하나님께서 주시는 메시지가 있음을 인식해야 한다. 이러한 환경의 변화로 인하여 교회는 모여서 드리는 예배와 함께 하나님의 뜻에 따라 성경적이며 새롭게 변하고 있는 시대에 필요한 신앙 생활을 연구하고 삶에 적용해야 할 시점에 이르렀다.

성경에서는 전염병과 자연 재해의 발생으로 세상의 끝이 가까워졌음을 경고하지만, 주님의 날이 오기 전에 나타날 또 하나의 징조가 있음을 알려준다. 예수께서는 이러한 징조들을 '재난의 시작'이라고 하셨으며(마 24:8), 이를 NIV 성경에서는 이를 '분만통의 시작'(the beginning of birth pains)으로, KJV에서는 '고통의 시작'(the beginning of sorrows)이라고 번역했다. 분만통(해산의 고통, labor pains)에 대한 내용을 데살로니가전서에서 확인해 보자.

살전 5:1 형제들아 때와 시기에 관하여는 너희에게 쓸 것이 없음은
2 주의 날이 밤에 도둑 같이 이를 줄을 너희 자신이 자세히 알기 때문이라
3 그들이 평안하다, 안전하다 할 그 때에 임신한 여자에게 해산의 고통이 이름과 같이 멸망이 갑자기 그들에게 이르리니 결코 피하지 못하리라
4 형제들아 너희는 어둠에 있지 아니하매 그 날이 도둑 같이 너희에게 임하지 못하리니
5 너희는 다 빛의 아들이요 낮의 아들이라 우리가 밤이나 어둠에 속하지 아니하나니
6 그러므로 우리는 다른 이들과 같이 자지 말고 오직 깨어 정신을 차릴지라

여기에서 보듯이 분만통은 주의 날(the day of the Lord)과 관련이 있으며, 재림의 날은 준비하지 않은 사람들에게 도둑같이 갑작스럽

게 다가올 것이다. 사람들이 평안하게 지낼 때 임신한 여자에게 해산의 진통이 오는 것과 같이, 갑자기 멸망이 그들에게 닥쳐서 피하지 못할 것이다. 그러나 그리스도인은 어둠 속에 있지 않으므로, 그날이 도둑같이 덮치지 않을 것이다. 우리는 모두 빛과 낮의 자녀이며, 밤이나 어둠에 속한 사람이 아니기 때문이다. 그러므로, 시기와 때를 분별해서 다른 사람들처럼 잠자지 말고, 깨어 정신을 차려 주님의 날을 준비해야 한다.

만약 임신한 것을 모른다면, 배가 불러오고 진통이 오면 내과나 외과에 가서 진료를 받을 것이다. 그러나 임신 사실을 아는 여인은 출산할 달이 되어 통증이 오면, 산부인과에서 출산을 준비하며, 분만을 한다(살전 5:1-6). 출산을 준비하는 여인에게 분만통은 고난이 아니라 새 생명을 맞이하기 위한 과정이며, 이후에 태어날 아기에 대한 소망과 기대감으로 고통을 이겨낼 수 있다.

마지막 때의 징조를 보면서도 의식하지 않는다면, 해산의 진통을 단순한 고난으로만 여기며 괴로워할 뿐, 주님의 재림을 준비하지 못할 것이다. 그러나 주님께서 다시 오신다는 것을 알고 있는 성도들은 해산의 진통(고난)을 맞이하면서 출산할 시간이 가까이 온 것을 깨닫기에, 곧 오실 주님을 즐겁고 기쁘게 맞이할 수 있을 것이다. 이처럼 해산의 고통은 새 생명의 탄생을 위한 것과 같이, 마지막 때에 그리스도인의 고난은 주님의 재림이 임박했음을 알려 주는 징조이므로, 기쁘고 즐겁게 고난을 인내하며 이겨내야 한다.

주님께서는 예수 이름으로 고난을 받게 될 것을 말씀하셨다. 그때 그리스도인들은 박해를 받아 회당과 감옥에 넘겨지고, 왕들과 총독들 앞에 끌려갈 것이다. 그러나 이것이 그리스도인들에게는 증언할 기회가 될 것이다. 미리 변명할 것을 준비하지 말라고 하셨으니, 그리스도인들의 적대자들이 맞서거나 반박할 수 없는 언변과 지혜를 하나님께서 주실 것이다. 심지어 부모와 형제, 친척과 친구들까지도 그리스도인을 넘겨줄 것이요, 죽이기도 할 것이다(눅 21:12-16). 예수께서 하신 말씀은 로마 시대에 초대교회가 박해와 핍박을 받게 될 것을 예고하신 것이었다. 안타깝게도 오늘날에도 여러 지역에서 핍박받는 그리스도인들의 증언이 계속되고 있다.

주님의 날에 대한 마지막 징조로 그리스도인들에 대한 그리스도인들이 다시 박해를 받을 것이며, 예수께서는 이것을 재난(고통)의 시작이라고 말씀하셨다. 그때 사람들은 그리스도인을 환난에 넘겨주고, 죽일 것이다. 그리스도인들은 예수 이름 때문에 모든 민족에게 미움을 받을 것이다. 많은 사람이 실족하여 넘어지고, 서로 넘겨주고, 서로 미워할 것이다. 또 거짓 예언자들이 많이 일어나서, 많은 사람을 속일 것이다. 세상은 무법 천지가 되어, 많은 사람의 마음에서 따뜻한 사랑을 찾아보기 어려울 것이다. 그러나 머리털 하나도 상하지 않을 성도도 있을 것이며, 끝까지 견디는 자는 구원을 받을 것이다. 그리고 성도들이 참고 견디는 가운데 그들의 혼(soul)을 얻을 것이며, 또한 천국 복음이 온 세상에 전파되어 모든 민족에게 증언될 것이다. 그리고 나서야 끝이 올 것이다(마 24:9-14, 눅 21:17-19).

예수께서 말씀하신 것처럼, 말세에 그리스도인들의 고난은 이미 예정되어 있다. 그래서 고난을 피하려 애쓰기보다는 인내하면서 성도로서의 사명을 잘 감당하는 것이 중요하다. 의학에서도 예방이 치료보다 더 중요하다는 점은 잘 알려져 있다. 분만 통증보다 더 심한 고통을 주는 대상포진은 면역 증강제가 포함된 새로운 예방접종이 개발되어 90% 이상에서 예방이 가능하다. 이와 같이, 우리가 미리 준비한다면 코로나 팬데믹은 미래에 있을 고난에 대하여 그리스도인들을 깨어나도록 준비하는 영적인 예방접종이 될 수 있다.

코로나 팬데믹은 하나님께서 미래를 준비하는 기회로 기독교에 주신 새 포도주이며, 교회는 이 새 포도주를 담을 새로운 부대를 준비할 책임이 있다(마 9:17, 막 2:22, 눅 5:37,38). 이 새 부대는 기존의 것이 아닌, 새로운 시스템과 제도를 의미한다. 성도로서 반드시 겪어야 할 환난을 인내로 이겨 내기 위해, 과거에 있었던 제도가 아닌 새로운 관점으로 신앙생활을 준비해야 한다.

지금까지 기독교가 고난이 아닌 축복받기에 초점을 맞추었다면, 이제는 임박한 고난을 준비하며, 고난 가운데 인내하며, 승리하는 그리스도인이 되도록 교회의 방향을 바꾸어야 한다. 세상의 관점에서 성공을 복으로 여겼다면, 성경적 관점에서 복을 바라보아야 한다. 이러한 관점의 전환을 위해 우리는 예수께서 말씀하신 '팔복(八福)' 중 마지막 복을 살펴보자.

> 마 5:10 의를 위하여 박해를 받은 자는 복이 있나니 천국이 그들의 것임이라
> 11 나로 말미암아 너희를 욕하고 박해하고 거짓으로 너희를 거슬러 모든 악한 말을 할 때에는 너희에게 복이 있나니
> 12 기뻐하고 즐거워하라 하늘에서 너희의 상이 큼이라 너희 전에 있던 선지자들도 이같이 박해하였느니라

성경에서는 의를 위하여 박해를 받은 사람은 복이 있다고 한다. 예수로 인해 모욕을 당하고, 박해를 받고, 터무니없는 말로 온갖 비난을 받는 것을 복이라고 표현한다. 이렇게 고통스러운 상황을 만나게 되면 도리어 기뻐하고 즐거워하라고 하신 이유는 무엇일까? 그것은 하늘에서 받을 큰 상이 마련되어 있기 때문이다. 그리고 이전에 선지자들도 이런 박해를 받았지만, 이들은 고난을 당하면서 인내하고 믿음을 지켰다는 사실을 기억해야 한다.

아울러 여덟 번째 복은 마지막 때에 예수의 이름으로 고난을 받게 될 그리스도인에 관한 것이며, 주님의 날을 맞이하기 위해 반드시 거쳐야 할 과정이다. 이러한 환난은 임신한 여인이 받는 해산의 고통에 비유할 수 있으며, 모든 그리스도인이 고난을 겪게 된다면 주님께서 오실 때가 가까운 것임을 깨닫고 더욱 깨어 준비해야 한다. 하나님께서는 우리에게 그리스도를 위한 특권, 곧 그리스도를 믿는 것뿐만 아니라, 그리스도를 위하여 고난을 받는 특권도 주셨다(빌 1:29).

모세는 이집트의 왕자로서 권력과 부를 누릴 기회가 있었지만, 하나님의 백성과 함께 고난받는 길을 선택했다. 히브리서에서는 모세를 가리켜 말하기를 그리스도를 위하여 받는 모욕을 이집트의 재물보다 더 값진 것으로 여겼다고 기록하고 있는데, 그는 이는 그가 장차 받을 상을 바라보았기 때문이었다(히 11:24,25). 모세가 받았던 고난을 그리스도를 위해 받는 수모로 기록한 것은, 그리스도인들이 다시 오실 주님을 기다리며, 마지막 때 받게 될 고난에 대비하도록 경각심을 주기 위함이다(히 11:26).

그리스도의 고난에 참여함으로 기뻐해야 한다. 이는 주님의 영광이 나타날 때 함께 즐거워하고 기뻐할 수 있기 때문이다. 우리가 그리스도의 이름으로 모욕을 당하면, 그것을 복으로 여겨야 한다. 하나님의 영이 우리 위에 머물러 있기 때문이다. 그러나 살인자나 도둑, 악을 행하는 자, 또는 남의 일을 간섭하는 자로서 고난을 당하지 않도록 해야 한다. 만일 그리스도인으로 고난을 받는다면 부끄러워하지 말고, 오히려 그 이름으로 하나님께 영광을 돌려야 한다(벧전 4:13-16). 하나님의 뜻에 따라 고난을 받는 사람은 선을 행하며 자신의 혼(soul, KJV)을 진실하신 창조주께 맡겨야 한다(벧전 4:19).

성령께서 우리가 하나님의 자녀임을 증언한다. 하나님의 상속자인 우리는 그리스도와 함께한 상속자이므로 그와 함께 영광을 받기 위해 고난도 함께 받아야 한다(롬 8:16). 십자가에 매달리셨던 예수님 곁에는 두 명의 죄수가 십자가에 못 박혔다. 한 사람은 예수를 모독하며 "네가 그리스도가 아니냐? 너와 우리를 구원하라"고 말했다. 그러나 다른 사람은 "똑같은 처형을 받고 있는 주제에, 너는 하나님이 두렵지도 않으냐? 우리야 우리가 저지른 일 때문에 그에 마땅한 벌을 받고 있으니 당연하지만, 이분은 아무것도 잘못한 일이 없다"고 말했다. 그러면서 그는 "예수님, 주님이 주님의 나라에 들어가실 때에, 나를 기억해 주십시오"라고 말했다. 예수께서 그에게 말씀하셨다. "내가 진정으로 네게 말한다. 너는 오늘 나와 함께 낙원에 있을 것이다."(새번역, 눅 23:39-43) 예수님 옆의 십자가에 달린 한 죄수는 미래에 예수로 인하여 고난을 받게 될 그리스도인을 암시하며, 자기 십자가를 지고 예수를 따르는 것을 의미한다. 그는 분명히 주님과 함께 낙원에 있게 될 것이다.

어떤 사람들은 그리스도인은 휴거를 통해 환난을 피할 것이라고 설교한다. 공중 강림의 때와 구체적인 사항은 논란이 많아 확실하지 않다. 그러나 예수께서는 그리스도인들에게 고난이 예정되어 있음을 말씀하셨다. 요한계시록에는 보좌 앞에 있을 마지막 장엄한 광경을 기록하고 있는데, 이 장면에서 그리스도인의 고난에 대한 증거를 찾을 수 있다.

요한은 환상을 보았다. 아무도 그 수를 셀 수 없을 만큼 큰 무리가 있었다. 그들은 모든 민족과 종족과 백성과 언어에서 나온 사람들이었으며, 흰 두루마기를 입고, 종려나무 가지를 손에 들고, 보좌 앞과 어린 양 앞에 서 있었다. 그들은 큰 소리로 외쳤다. "구원은 보좌에 앉아 계신 우리 하나님과 어린 양의 것입니다." 그때에 장로들 가운데 하나가 요한에게 "흰 두루마기를 입은 이 사람들은 누구이며, 또 어디에서 왔습니까?" 하고 요한에게 물었다. 요한은 "장로님께서 알고 계십니다"라고 대답했다. 그러자 그는 요한에게 말했다. "<u>이 사람들은 큰 환난을 겪어 낸 사람들입니다</u>. 그들은 어린 양이 흘리신 피에 자기들의 두루마기를 빨아서 희게 하였습니다." (새번역, 계 7-9-10, 13,14)

보좌 앞에서 하나님과 어린 양을 찬양할 영광의 그날에 모인 수많은 사람들은 흰 옷을 입고 있으며, 그들은 큰 환난을 겪어낸 사람들이다. 이처럼 그리스도인은 주님 앞에 서기 전에 반드시 환난을 겪어야 한다. 환난을 겪어야 한다면, 주어진 고난을 피하지 말고 잘 이겨낼 준비를 해야 한다.

고난을 인내하기 위해 필요한 영적 무장은 어떻게 해야 할까? 성경은 인내의 본보기로 욥을 제시한다.

<u>우리는 주님께서 강림하실 때까지 고난을 참고 견뎌야 한다.</u> 농부가 이른 비와 늦은 비가 땅에 내리기까지 오래 참으며 땅의 귀한 열매를 기다리는 것처럼, 우리도 길이 참으며 마음을 굳건히 해야 한다. 주님께서 오실 때가 가깝기 때문이다. 심판을 받지 않으려면 서로 원망하지 말아야 한다. 심판의 주님께서 이미 문 앞에 서 계신다. 주님의 이름으로 예언한 선지자들을 고난과 인내의 본보기로 삼으라. <u>인내하는 사람은 복되다고 우리는 생각한다. 욥의 인내를 들었으며, 주님께서 나중에 그에게 어떻게 하셨는지를 알고 있다.</u> 주님은 가장 자비하시고 불쌍히 여기시는 마음이 크시다(약 5:7-11).

욥은 구약의 인물이며 신약의 사건과는 무관하다고 생각할 수 있다. 그러나 야고보서에서는 <u>주님의 강림(재림)과 심판을 말하면서, 선지자들의 고난과 인내와 함께, 욥의 인내를 본받으라고 권고한다.</u> 이처럼 선지자와 욥은 예수님의 재림과 심판과 밀접한 연관이 있음

을 보여 준다. 따라서 욥기서는 단순히 고난과 인내에 대한 것이 아니라, 말세의 그리스도인들이 예수 이름으로 고난을 받게 될 때 인내의 본보기로서의 욥을 제시한다. 욥기서를 간략히 소개하고자 한다.

욥은 하나님께서 인정하시는 의인이었지만, 사탄은 욥이 복을 바라는 기복신앙을 가지고 있다고 거짓 증언한다. 하나님께서는 욥의 신앙을 시험(test)하기 위해 사탄이 주는 고난을 허락하셨고, 욥의 세 친구들은 욥이 받고 있는 고난은 그의 죄악으로 인해 하나님의 보응을 받는 것이라고 정죄한다. 그러나 욥은 의인답게 살았으므로 자신의 고난이 죄에 대한 형벌이 아니라고 반박하며, 억울함을 하나님 앞에서 아뢰겠다고 말한다. 나이가 어린 엘리후는 욥의 자만을 지적하고, 고난에는 하나님의 뜻이 있다고 말한다. 그 후에 하나님께서 욥에게 직접 질문하시면서, 자신이 우주 만물을 주관하고 계신다는 것을 알려 주신다. 결국 욥은 하나님의 말씀으로 회복되고, 친구들을 위한 중보기도를 드리라는 하나님의 말씀에 순종한다. 욥은 의인이었지만, 자신의 의로 고난을 완전히 극복한 것이 아니라 전능하신 하나님께서 욥에게 나타나셨고, 욥은 하나님에 의해 회복된다.

말세의 고난을 인내하기 위해 우리는 욥의 신앙을 배워야 하며, 모든 고난 속에서 우리와 함께하시는 하나님을 신뢰하며 이겨내야 한다. 인내는 고난을 극복하기 위해 필요한 내적 무장이며, 욥기는 말세에 고난을 겪을 그리스도인들을 위한 '인내 안내서'라 할 수 있다.

　춘향전에서 성춘향은 과거를 보기 위해 떠난 이몽룡을 기다렸다. 그러나 그는 누추한 모습으로 나타났고, 변 사또는 춘향에게 수청을 강요했지만 춘향은 이를 거절했다. 춘향은 사또의 명령으로 옥에 갇혀 고통을 받는다. 그러나 결정적인 순간에 어사가 된 이몽룡이 와서 춘향을 구해 준다. 이 내용은 마치 예수님의 재림을 떠올리게 하며, 모든 그리스도인들이 고난을 받을 날이 온다 해도, 주님께서는 곧 오시기에 조금만 더 인내하면 된다고 가르쳐 준다. 주님께서 재림하셔서 원수를 갚아 주실 것이다. 말세를 사는 성도는 마땅히 사랑을 행하고 선한 말을 해야 하며(히 10:24), 재판장으로 다시 올 주님께서는 사랑의 계명에 대한 순종의 행위 여부로 자신의 백성을 심판하실 것이다(히 10:30).

　그리스도인에 대한 고난은 주님께서 오시기 전의 마지막 징조이며, 고난의 때를 해산의 고통으로 여겨야 한다. 코로나 이후의 신앙은 코로나 이전과는 다른 새로운 모습으로 준비해야 한다. 이러한 신앙생활을 위해 이 책에서는 'NEWper(Now & Everywhere Worshipper)'라는 이름으로 소개했다. 이러한 신앙의 삶은 영적 무장을 의미하며 일주일 중 하루만 예배자로 사는 것이 아니라, 일주일 내내 삶 전체를 하나님을 경배하는 예배자로 살아가야 함을 강조한다.

NEWper를 구체적으로 실천하기 위해 교회의 제도 개선이 필요하며, 이를 이루기 위한 구체적인 훈련도 필요하다. 예수께서는 말씀이 육신이 되어 우리 가운데 거하셨다. NEWper가 되기 위해서는 말씀을 삶에 새기는 훈련을 받아야 한다. 예를 들어, 오른쪽 뺨을 맞았을 때 왼쪽 뺨을 돌려 대는 훈련이 요구된다. 말로만 원수를 사랑하라고 하는 것이 아니라, 내 앞에 서 있는 사람을 가상의 원수라 생각하고, 그를 사랑하는 훈련을 해야 한다. 원수가 목말라 하면 마실 것을 주는 훈련도 필요하다. 가장 보잘것없는 사람이라고 할지라도 그의 필요를 채워 주는 사랑의 훈련도 해야 한다. NEWper는 재림의 주님을 맞이하며 심판을 준비하기 위한 신앙의 삶을 의미한다.

스데반의 순교로 인해 초대 교회에 박해가 있었고, 결국 사도 이외의 모든 신자들은 유대와 사마리아 모든 땅으로 흩어졌다(행 8:1). 이러한 사건은 예수께서 승천하시기 전에 분부하신, "오직 성령이 너희에게 임하시면 너희가 권능을 받고 예루살렘과 온 유대와 사마리아와 땅끝까지 이르러 내 증인이 되리라"는 명령에 따르지 않았기 때문이었다(행 1:8). 예수님의 명령의 교회에 대한 박해로 인해 사도행전 1:8의 명령이 사도행전 8:1에 이루어졌음을 알 수 있다.

개신교 교회는 교회 중심의 신앙 구조를 강조했기에, 일상 속에서 예배자로 살아가는 신앙에 초점을 맞추지 못하고, 도리어 오히려 주일 신자(Sunday Christian)가 되게 하였다. 코로나로 인해 교회에서의 예배는 중단되고 각자 있는 장소에서 인터넷으로 예배를 드려야 했다. 말세에는 그리스도인에 대한 박해가 심해지면서, 코로나 때와 같이 교회는 문을 닫게 되어 예배를 드리지 못할 수도 있다. 이러한 때를 위해 코로나를 계기로 교회가 문을 닫는 훈련을 받았다고 여겨진다. 코로나를 계기로 교회는 모이는 예배에만 머물지 않고, 동시에 성도들로 하여금 세상에 보냄을 받는 세상에 보내심을 받은 하나님의 성전으로서 하나님께서 기뻐하시는 거룩한 산 제사로 드리는 예배자가 되게 해야 한다.

지금까지 개신교 교회는 모이는 예배만을 신앙의 중심으로 여겨왔다. 그러나 이는 돌이켜보면 예수께서 유언으로 남기신 말씀, "아버지께서 나를 세상에 보내신 것과 같이, 나도 그들을 세상으로 보냈습니다"(요 17:18)를 충분히 귀담아듣지 못한 태도라고 할 수 있다. 지금이라도 교회는 성도를 일상에서 삶의 전부를 하나님께 드리는 예배자(NEWper)로 훈련받아 세상에서 살아가도록 해야 한다. 선한 행실과 사랑의 실천으로 주님의 재림과 심판을 준비해야 할 것이다.

모든 나라에서 그리스도인의 박해가 일어난다면, 이는 주님께서 오시기 전에 있을 마지막 징조라고 볼 수 있다. 임마누엘 되신 하나님께서 함께하시며 도우심으로 고난을 기쁨과 즐거움으로 이겨내야 한다. 고난을 이겨내는 자는 하늘에서 받을 상이 클 것이며, 이러한 고난은 주님의 날이 가까이 왔음을 알리는 징조이므로 인내하며 끝까지 견뎌야 한다.

코로나는 단순한 전염병이 아니라, 말세에 고난을 받게 될 성도들을 준비시키기 위한 하나님의 사랑이다. 교회는 말씀이 육신이 되어 살아가신 예수님의 성육신의 본을 따라 세상에서 살아가며, 우리 각자가 하나님의 성전이 되어, 성도 각자가 하나님의 성전으로서, 지금. 모든 장소에서 영과 진리로 예배드리는 자가 되도록 준비시켜야 한다.

자기 평가 및 결심

1. 마지막 때에 나타날 징조들을 살펴보라. 거의 대부분이 이미 이루어진 것을 확인할 수 있다. 이제 남은 마지막 징조는 무엇일까?

 *세상의 종말을 알리는 징조들은 대부분 이미 이루어졌습니다. 거짓 그리스도, 세계 대전, 테러, 전쟁, 자연 재해, 전염병, 기후 변화, 태풍, 화산 폭발, 쓰나미, 성적 타락, 그리고 끝없는 이기심은 이미 세상에서 흔히 볼 수 있는 것들이 되었습니다. 이제 남은 마지막 징조는 모든 그리스도인이 예수의 이름으

로 받게 될 박해입니다. 이것은 이미 예정된 것이며, 반드시 이루어질 것입니다. 고난을 피하거나 없애 달라고 기도하지 않겠습니다. 다만 이러한 환난을 통해 하나님의 뜻이 이루어지기를 기도합니다. 고난의 시간을 주님 안에서 담대히 맞이하게 하옵소서. 주님 도와주옵소서.

2. 예수께서 말씀하신 팔복 중 마지막을 보면, 말세의 그리스도인이 겪게 될 환난(고난)은 저주가 아니라 복이라고 하셨습니다. 그리스도인의 삶에서, 예수 그리스도의 고난에 동참하는 것을 복으로 받아들일 준비가 되었는가?

*고난을 저주라고 생각했던 때가 있었습니다. 그러나 주의 이름으로 받는 고난은 저주가 아니라 복입니다. 예수께서 자기의 피로 백성을 거룩하게 하시려고 성문 밖에서 고난을 받으셨습니다. 그러므로 우리도 진영 밖으로 나가 주님께로 나아가, 주님께서 겪으신 치욕을 함께 겪어야 합니다(히 13:12,13). 주를 위해 받는 고난은 주님의 고난에 동참하는 것이기에 복된 일입니다. 그리스도를 위한 고난에 참여하고, 주님과 함께 부활의 영광에 동참하기를 원합니다. 예수 그리스도의 영광을 위해 고난의 복을 주실 주님을 찬양합니다.

3. 말세의 그리스도인이 받게 될 고난을 이겨내기 위해 욥의 인내

를 배우고 전능하신 하나님과 동행하며 내적으로 무장하라. 예수께서 남기신 말씀대로 주님의 보내심을 받아 세상으로 나가는 성도가 되고, 세상에서 삶 전체를 드리는 예배자로 살아갈 것을 다짐하는가?

*욥은 의인이었지만 이유를 알지 못하는 고난을 겪었습니다. 그러나 욥은 자신의 의로 고난을 이겨낼 수 없었습니다. 하나님께서 욥에게 말씀하시고, 직접 자신을 나타내심으로 그를 회복시켜 주셨습니다. 욥의 신앙을 통해 그의 인내를 배우며, 하나님과 동행하는 영적 무장을 하게 하옵소서. 또한 타락하고 경건하지 못한 세상에서 하나님의 성전으로 살아가게 하시고, NEWper로 훈련받아 세상으로 보내진 그리스도인으로 살아가는 우리가 되기를 원합니다. 코로나 대유행이 교회가 변화되는 계기가 되어, 새 포도주를 새 부대에 담는 하나님의 역사가 일어나기를 간절히 기도합니다.

28
고난의 예언자 예레미야
Jeremiah, the prophet of suffering

훈련 목표

　예레미야 선지자는 이스라엘이 바벨론의 포로가 되어야 한다는 하나님의 말씀을 전했다. 그러나 이는 사람들에게 큰 부담이 되는 말이었다. 그들의 죄악으로 인해 회개를 통한 회복을 위해 고난이 반드시 필요했다. 마지막 때에 예수로 인해 그리스도인은 고난을 받아야 한다. 이 고난은 죄악과는 상관없이 의인으로 살았는지를 검증하는 과정이다. 고난의 키질을 통해 알곡과 쭉정이가 가려질 것이다. 주님께서 예비하신 고난을 하나님의 말씀으로 받아들여서, 인내하는 그리스도인이 되어야 한다.

기도문

하나님 아버지, 고통이 없는 복은 쉽게 받아들일 수 있지만, 그러나 고난을 복으로 받아들이기는 참으로 어렵습니다. 주님께서 반드시 거쳐야 할 고난이라면 피하려고 애쓰기보다는, 고난을 인내로 참아내야 함을 깨닫게 되었습니다. 예레미야와 같은 사역이 이 시대에 필요하다면, 그리스도인으로서 그 사역에 동참할 수 있도록 인도하여 주옵소서. 또한 그 고난이 하나님의 사랑이라는 것을 깨닫고, 예수님의 재림을 잘 맞이하는 준비를 하게 도와주옵소서. NEWper 사역으로 잠자는 그리스도인들이 깨어나기를 간절히 기도합니다. 아멘

NEWper 훈련

북 이스라엘은 앗수르에 의해 BC 720년 멸망했고, 바벨론은 남 유다를 BC 606년 침공했다. 그 당시 하나님께서는 예레미야 선지자를 통해 바벨론에 항복하라고 하셨다. 한편, 하나님의 선지자가 침략하는 나라에 항복하라고 말한다면, 과연 사람들이 선뜻 그 말씀을 받아들일 수 있었을까? 하나님께서는 예레미야를 통해 이스라엘의 부패와 배도를 청산하고, 새롭게 회복시키려는 계획을 선포하셨다.

바벨론 왕 느부갓네살을 섬기라고 하는 예레미야의 말은 마치 매국노처럼 보였다. 다른 선지자, 복술가, 꿈꾸는 자, 술사, 요술사들은 유다가 바벨론 왕을 섬기게 되지 않을 것이라고 말했다. 그러나 유다에게 그들이 유다에게 평안을 약속했지만, 그들의 예언은 거짓이었다. 하나님께서는 바벨론 왕의 멍에를 메고 그를 섬기는 나라는 그 땅에 머물러 살게 될 것이라고 하셨고, 거짓 예언하는 선지자들을 몰아내어, 거짓 예언을 하는 선지자들과 그들의 말을 듣는 자들을 멸망시키겠다고 경고하셨다(렘 27:7-15). 유다 사람들이 듣기에 좋은 말을 하는 자들은 하나님의 말씀을 전하는 자들이 아니라 거짓말쟁이였다. 그러므로 유다는 거짓 선지자들의 말을 따르지 말아야 했다(렘 29:8,9).

비록 유다가 포로가 된다고 하더라도, 하나님께서는 포로 된 자들을 돌보시며 70년이 되면 이스라엘 백성을 다시 가나안으로 돌아오게 하겠다고 약속하셨다. 바벨론 포로 생활은 하나님께서 유다를 회복하기 위해 예정하신 고난의 잔이었기에, 유다는 이 고난을 피할 수 없었으며 반드시 마셔야 했다(렘 25:28). <u>바벨론 포로가 되어 고난을 당하는 것이 하나님의 뜻이었다(벧전 4:19). 그러므로 바벨론에게 포로가 되어 고난받는 것을 거부하지 말고, 겸손히 하나님의 뜻을 받아들이며 그 의미를 살펴보는 것이 하나님의 백성으로서 올바른 자세이다.</u> 그렇지만 그 당시 유다는 바벨론에게 항복하여 포로가 되는 것을 쉽게 받아들이기 어려웠을 것이다.

하나님께서 유다 백성을 바벨론의 포로로 보내신 이유는 재앙이 아니라 평안이며, 미래에 희망을 주려는 것이었다. 유다는 하나님의 심판으로 완전히 멸망하지 않고 남겨질 것이며(렘 4:27, 5:18), 돌아와서 기도하면 하나님께서 들으시며, 온 마음으로 하나님을 찾으면 하나님을 만나게 될 것이다(렘 29:12). 하나님께서는 유다 백성을 결코 버리지 않으셨고, 그들이 회복되기를 바라셨다. 하나님께서는 결국에는 유다를 포로 생활에서 해방시키시고, 약속의 땅으로 다시 돌아오게 하실 것이다(렘 29:11-14).

타락하고 부패했던 이스라엘 백성을 회복시키기 위해 고난은 반드시 필요했다. 하나님께서는 예레미야에게 무화과 두 광주리의 환상을 통해 미래를 보여주셨다. 바벨론의 느부갓네살 왕이 유다 왕 여호야김의 아들 여고냐와 유다의 고관들, 목공들, 철공들을 예루살렘에서 바벨론으로 옮긴 후에, 여호와의 성전 앞에 놓인 무화과 두 광주리를 예레미야에게 보여 주셨다. 한 광주리에는 매우 좋은 무화과가 담겨 있었고, 다른 광주리에는 먹을 수 없는 극히 나쁜 무화과가 담겨 있었다(렘 24:1,2).

하나님께서는 갈대아인의 땅에 끌려간 포로들을 좋은 무화과같이 돌보시겠다고 약속하셨다. 그들을 다시 가나안으로 데려와서 세우고 헐지 않으며, 심고 뽑지 않으시겠다고 하셨다. 그들에게 여호와를 아는 마음을 주어 온전한 마음으로 하나님께 돌아오게 하시고, 하나님의 백성이 되고, 하나님은 그들의 하나님이 될 것이다(렘 24:3-7). 이 예언은 마지막 때에 그리스도인들이 하나님의 백성이 되는 모습을 떠올리게 한다(계 21:3).

예루살렘에 남아 있거나 애굽 땅으로 피신한 사람들은 바벨론 포로의 고난은 피했지만, 하나님께서는 그들을 나쁜 무화과처럼 버리셨다. 그들은 징계를 받아, 세상 모든 나라로 흩어지고, 혐오의 대상이 될 것이다. 쫓겨난 모든 곳에서 그들은 부끄러움을 당하고, 수치와 조롱을 받으며, 저주를 받게 될 것이다. 예루살렘에 남아 있는 자들은 전쟁과 기근, 전염병으로 인해 결국 멸절하게 될 것이다(렘 24:8-10).

유다에게 바벨론의 포로 생활이 필요했던 것처럼, 마지막 때에 그리스도인은 예수로 인해 고난을 받는 것이 예정되어 있다. 유다는 우상 숭배와 타락, 부패로 인해 바벨론에 의해 멸망했지만, 바벨론 포로 시기를 거쳐 진정한 하나님의 백성으로 회복되었다. 바벨론 포로는 이스라엘에게 환난이었지만, 하나님께서 고난을 통해 이스라엘을 회복시키려는 은혜의 수단이었다. 그러나 마지막 때에 그리스도인이 예수의 이름으로 인해 겪는 고난은 죄와는 무관하며, 의인이 하나님의 뜻에 의해 받게 되는 고난이다(벧전 4:19). 하나님께서는 바벨론 포로 생활을 통해 회개와 믿음으로 죄에서의 구원을 약속하셨고, 이 고난의 과정을 거치는지 여부에 따라 좋은 무화과와 나쁜 무화과로 구별하셨다. 한편 마지막 때에는 그리스도인이 겪게 될 고난을 통해 주님의 명령을 순종했는지 여부에 따라 알곡과 쭉정이로 나뉘게 될 것이다(마 13:12, 눅 3:17).

예수께서는 마지막 때에 그리스도인이 겪게 될 고난에 대해 제자들에게 말씀하셨다. 예수께서 하신 말씀인 만큼, 이는 반드시 이루어질 것이다.

제자들은 예수께 마지막 때의 징조에 대해 물었다. 예수께서는 마지막 때의 징조를 말씀하시면서, 지진과 기근, 전염병이 있을 것이며, 무서운 일과 하늘로부터 큰 징조가 있을 것이라고 하셨다. 그 후, 예수의 이름으로 인해 모든 사람에게 미움을 받는 고난을 겪게 될 것이라고 하셨다(마 10:22, 24:9, 눅 21:17). 예수께서는 제자들에게 '팔복'에 대한 말씀을 통해 예수로 말미암아 받는 고난을 알려 주셨다. 예수로 인해 모욕을 당하고 박해를 받고 거짓으로 온갖 비난을 받는 자는 복이 있다고 하셨다(마 5:11). 마지막 때에 예수로 말미암아 받게 될 고난은 예수께서 말씀하신 대로 복이므로, 모든 그리스도인은 마지막 때에 예수의 이름으로 인해 고난의 복을 받게 될 것이다.

베드로전서에서는 마지막 때를 언급하며, 그리스도인을 연단하기 위해 시련의 불길이 일어나더라도, 이상한 일이 생긴 것처럼 놀라지 말라고 했다. 오히려 그것은 그리스도의 고난에 참여하는 것이므로, 그리스도인은 기뻐해야 한다. 그리스도의 영광이 나타날 때에 성도들은 더욱 즐거워하고 기뻐하게 될 것이다. 그리스도의 이름으로 치욕을 당하면 복 있는 사람이다. 영광의 영, 곧 하나님의 영이 성도들 위에 머물러 계심을 보여 주기 때문이다(벧전 4:12-14).

마지막 때에는 누구라도 살인, 도둑질, 악행, 혹은 남의 일을 간섭하는 자로 인해 고난을 받는 일이 없어야 한다. 그리고 그리스도를 섬기는 자로서 고난을 받으면 부끄러워하지 말고, 도리어 그 이름으로 하나님께 영광을 돌려야 한다. 이는 하나님의 집에서부터 심판이 시작할 때가 되었기 때문이다. 심판이 먼저 그리스도인에게 시작된다면, 하나님의 복음에 순종하지 않는 자들의 마지막이 어떠하겠는가? 또 의인이 겨우 구원을 받으면, 경건하지 않은 자와 죄인은 어떻게 되겠는가? 그러기에 하나님의 뜻을 따라 고난을 받는 사람은, 선한 일을 하면서 자기의 혼(souls)을 신실하신 창조주께 맡겨야 한다(벧전 4:15-19).

바벨론 포로 생활은 마지막 때 그리스도인이 겪게 될 고난의 예표로 볼 수 있다. 예레미야가 하나님의 명령으로 유다의 고난을 선포했듯, 우리도 역시 말세에 있을 그리스도인의 고난을 선포해야 한다. 예수께서 말씀하신 대로 그리스도인이 고난을 받게 될 것임을 선포하고, 고난을 인내하고 준비할 수 있도록 도와야 한다.

바벨론 포로를 예언했던 예레미야는 유다 백성들에게 배척을 받았다. 마지막 때에도 그리스도의 고난을 선포하는 사역은 대부분의 사람들에게 환영받지 못할 것이다. 그럼에도 마지막 때 그리스도인의 고난에 대한 외침이 멈춰서는 안 된다. 사람의 마음을 기쁘게 하고 만족시키기보다는, 죽음이 닥칠지라도 담대하게 하나님의 뜻을 선포해야 한다. 이러한 사역에 동참할 사람도 적고, 또한 받아들이는 사람이 적겠지만, 하나님의 뜻을 널리 전하는 끈질긴 사역은 반드시 계속되어야 한다.

예레미야는 유다의 멸망과 바벨론 포로 생활, 그리고 회복을 예언했다. 그의 예언은 유다 백성에게 '여호와의 엄중한(oracle) 말씀'(the oracle of the LORD, NIV)이었는데, 새번역에서는 이것을 '부담이 되는 주의 말씀', KJV에서는 'the burden of the LORD', 흠정역에서는 '엄중한 부담'이라고 번역했다. 히브리어로는 '맛사'로 '무거운 짐'이라는 뜻을 가진다(렘 23:33).

새번역 렘 23:33 "이 백성 가운데 어느 한 사람이나 예언자나 제사장이 너에게 와서 '부담이 되는 주님의 말씀'이 있느냐고 묻거든, 너는 그들에게 대답하여라. '부담이 되는 주님의 말씀'이라고 하였느냐? 나 주가 말한다. 너희가 바로 나에게 부담이 된다. 그래서 내가 이제 너희를 버리겠다 말하였다고 하여라.

34 또 '부담이 되는 주님의 말씀'이라는 말을 사용하는 예언자나 제사장이나 백성이 있으면, 내가 그 사람과 그 집안에 벌을 내리겠다고 하여라.

35 친구나 친척끼리 서로 말할 때에는 '부담이 되는 주님의 말씀'이라고 말하는 대신에 '주님께서 무엇이라고 대답을 하셨느냐?' '주님께서 무슨 말씀을 하셨느냐?' 하고 물어야 한다고 일러주어라.

36 '부담이 되는 주님의 말씀'이라는 표현을 너희가 다시는 써서는 안 된다. <u>누구든지 그런 말을 쓰는 사람에게는 그 말이 그에게 정말 부담이 될 것이라고 하여라.</u> '그렇게 말하는 것은 살아 계신 하나님, 우리의 하나님, 만군의 주의 말씀을 왜곡하는 것이기 때문'이라고 말하여라.

37 이제 예언자에게 물을 때에는 '주님께서 무엇이라고 대답을 하셨느냐? 주님께서 무슨 말씀을 하셨느냐?' 하고 물어라.

38 내가 사람을 보내서 '부담이 되는 주님의 말씀'이라는 말을 쓰지 말라고 했는데도 내 명령을 어기고 '부담이 되는 주님의 말씀'이라는 말을 써서 말한다면, 너는 그들에게 이르기를, 반드시

39 내가 그들을 뽑아서, 멀리 던져 버리겠다 하더라고 전하여라. 그들

뿐만 아니라 그들과 그들의 조상에게 준 이 도성도 함께 뽑아서, 멀리 던져 버리겠다 하더라고 전하여라.

40 내가 이와 같이 하여, 그들이 잊을 수 없는 영원한 수치와 영원한 치욕들을 당하게 하겠다 말했다고 전하여라."

하나님께서는 예레미야 선지자를 통해 전하는 말씀을 '부담이 되는 주의 말씀'이라고 하지 말라고 명령하셨다. 사람이 보기에는 부담스럽게 느껴질 수 있지만, 그 말씀을 부담으로 여기지 말고 하나님의 계시로 받아들이고 순종하라는 것이다. 하나님의 말씀을 전하거나 들을 때, 사람들은 절대로 '부담이 되는 주님의 말씀'이라고 말해서는 안 된다. 대신, 주님께서 무엇을 말씀하셨는지에 더욱 관심을 가져야 한다. 만일 '부담이 되는 말씀'이라고 하며 그 말씀을 받아들이지 않고 피하려는 사람들에게는, 그 말씀이 그들에게 진정한 부담이 될 것이다. '부담이 되는 말씀'이라고 말하는 것은 살아 계신 하나님의 말씀을 왜곡하는 것이므로, 하나님께서는 이런 자들을 뽑아내어 멀리 던지시고, 그들에게 영원한 수치와 치욕을 안기실 것이다.

그리스도인의 고난이 예정되어 있다고 전하면, 많은 목회자와 신자들은 '부담이 되는 주님의 말씀'으로 여길 것이다. 만사에 형통하리라는 평안의 말씀에 익숙한 이들은 이러한 고난에 대한 말을 전하고 듣는 것을 부담스러워하며 피하려 할 것이다. 그러나 하나님의 말씀은 반드시 선포되어야 하며, 하나님의 뜻에 따라 받는 고난은 긍정적으로 받아들여야 한다.

예레미야가 고난을 선포했던 사역은 사람들이 꺼리는 일이었기에, 마지막 때 그리스도인의 고난을 전하는 자나 듣는 자에게도 부담스럽게 들릴 수 있다. 그러나 그 고난은 반드시 선포해야 할 당위성이 있다. 고난을 단순히 부담으로 여기기보다는, 하나님께서 고난을 통해 그리스도인을 완전한 하나님의 백성으로 빚어가시는 미래의 희망으로 받아들여야 한다.

구약 시대에 예레미야 선지자가 행한 사역을 '예레미야 사역'(전자)이라고 한다면, 신약 시대에 그리스도인이 마지막 때에 받을 고난을 선포하는 사역은 새로운 '신(新) 예레미야 사역'(후자)이다. 이 두 가지 사역을 전자와 후자로 나누어 차이점과 공통점을 비교하면, '신 예레미야 사역'을 더 명확히 이해하고, 그 사명을 올바르게 감당해야 할 방향을 알 수 있다.

전자는 과거에 이루어진 사역으로, 미래의 사역을 위한 본보기가 된다. 후자는 전자를 교훈 삼아 올바른 사역의 방향을 설정할 수 있다.

전자는 이스라엘이 하나님을 버리고 우상을 섬기며, 하나님이 아닌 외국의 도움을 의지함으로써 죄를 지었으며, 지은 죄에 대한 심판의 경고였다. 그러나 후자는 그리스도인이 죄와 상관없이 다시 오실 예수를 기다리는 의인으로서 받게 되는 고난을 의미한다(히 9:28). 믿음으로 의롭게 된 사람은 반드시 고난을 통과해야 하나님의 보좌 앞에 설 자격을 얻게 된다(계 7:9-14).

전자는 고난으로 인해 신음과 고통이 따르지만, 죄에 대한 회개와 믿음을 통해 회복에 이른다. 후자는 예수로 인해 그리스도인이 받는 고난을 의미하며(벧전 4:12-16), 예수께서는 이러한 고난을 복이라고 하셨다(마 5:10-12). 이는 예수께서 영광으로 다시 오실 것이며, 그리스도의 이름으로 모욕을 당할 때 하나님의 영이 그들과 함께하시기 때문이다(벧전 4:13,14). 그리스도인은 마지막 때에 의인이 받게 될 고난의 복을 준비해야 하며, 고난이 닥칠 때 슬퍼하거나 괴로워하기보다 오히려 즐거워하고 기뻐해야 한다.

전자는 하나님의 도우심과 은혜로 바벨론 포로에서 해방되었으며, 후자는 예수께서 재림하셔서 그리스도인의 고난을 해결해 주신다. 따라서 전자와 후자는 모두 하나님의 은혜와 사랑으로 회복된다.

전자는 믿음을 통해 얻어지는 죄에서의 구원이며(마 6:12), 후자는 예수 그리스도의 이름을 믿고 예수께서 주신 계명대로 서로 사랑하라는 하나님의 계명(요일 3:23)에 순종함으로 이루어지는 악에서의 구원을 뜻한다(마 6:13, 빌 2:12, 약 4:7).

두 가지 사역을 전자와 후자로 나누어 차이점과 공통점을 비교해 보면, '신 예레미야 사역'을 명확히 이해하고, 그 사명을 감당해야 할 방향을 알 수 있다. 예레미야 사역은 과거에 이루어진 일이지만, 미래를 위한 본보기로 남아 있다. 신 예레미야 사역은 예레미야의 사역을 교훈 삼아 사역의 방향을 올바르게 설정할 수 있다. 예수께서 복 있는 자에 대해 말씀하신 대로 긍휼(자비)을 베푸는 자는 긍휼함을 얻을 것이며(마 5:7), 자비는 심판을 이기며(약 2:13), 자비를 행한 자는 영생을 얻는다고 하셨다(마 25:31-46).

전자는 고난을 통해 좋은 무화과로 변화되지만, 고난을 거치지 않으면 나쁜 무화과로 남아 멸망하게 된다. 후자는 고난이라는 키질(winnowing)을 통해 알곡과 쭉정이를 구별하며(마 3:12, 눅 3:17), 좋은 씨가 뿌려진 밭에서 마귀가 뿌린 가라지(독보리)를 가려내어 불에 태워 버리는 것이다(마 13:24-30, 36-43).

전자는 예레미야가 유다가 바벨론의 포로가 될 것을 선포했을 때, 제사장과 백성은 고난의 예언을 외면하려 했던 상황을 보여준다. 그러므로 마지막 때 그리스도인의 고난을 선포할 때, 사람들은 이러한 메시지를 외면할 가능성이 크다. 전자는 예레미야의 선포를 '부담이 되는 주님의 말씀'으로 왜곡하는 잘못을 저질렀고, 하나님께서는 이러한 자들을 진멸하셨다(렘 23:33-40). 이러한 예를 고려할 때, 후자에서는 고난을 부담이 되는 주님의 말씀이라고 생각하지 말고, 영적 지도자들은 그리스도인의 고난을 선포해야 하며, 성도들은 그 고난의 예언을 하나님의 말씀으로 받아들여야 한다.

전자는 하나님을 사랑하지 못한 죄에 대한 책망을 담고 있었다면, 후자는 그리스도인이 이웃을 사랑함으로써 하나님을 사랑하는 증거를 보이는 것이다. 하나님을 사랑한다는 첫 번째 증거는 하나님의 계명을 지키는 것(요일 5:3)이며, 두 번째 증거는 형제를 사랑하는 것이다(요일 4:21-22). 기독교에서 가장 중요한 계명은 하나님을 사랑하고 이웃을 사랑하는 것이며, 이는 영생과 밀접하게 연결되어 있다(눅 10:25-27, 롬 13:8-10, 갈 5:14).

전자와 후자는 모두 하나님의 뜻에 따라 예정된 고난이며 반드시 거쳐야 하는 과정이다. 예레미야는 고난을 선포하면서 많은 시련을 겪었지만, 어려움에 굴복하지 않고 맡겨진 사명을 충실히 감당했다. 마지막 때에 있을 의인의 고난은 사람들이 듣기에 부담스러운 말처럼 여길 수 있으나, 예수께서 직접 하신 말씀이므로 모든 그리스도인에게 선포되어야 한다.

이처럼 비교를 통해 '신 예레미야 사역'을 어떻게 진행해야 할지 알 수 있다. 고난은 주께서 예비하신 필연적인 과정이므로 모든 그리스도인은 그 고난을 통과해야 한다는 것을 선포해야 한다. 목회자와 신자들은 고난을 부담이 아닌 하나님의 말씀으로 받아들이라고 외쳐야 한다. 하나님을 사랑하는 자들은 하나님의 계명을 지키고, 예수를 믿고, 이웃을 사랑하며 고난을 맞이해야 한다. 우리는 더 이상 죄로 인한 고난을 받아서는 안 된다. 도리어 예수로 인하여 고난을 담대히 이겨내는 것은 마치 욥과 같은 고난을 받는 것과 같다. 고난의 키질로 인하여 알곡과 쭉정이가 가려질 것이며, 불순종했던 과거를 본보기로 삼아 이제부터는 주님의 명령에 따라 자비를 행함으로 순종해야 한다. 마지막 때의 고난은 예수의 재림을 알리는 징조이며, 그리스도인은 재림의 주님을 맞이하기 위해 자비를 행함으로 마지막 심판을 준비해야 한다.

이러한 '신 예레미야 사역'은 NEWper와 깊이 연결되어 있다. 주일에만 그리스도인으로 머무는 것이 아니라, 삶의 모든 영역에서 하나님을 경배하는 그리스도인이 되자는 것이다. 이러한 삶을 통해 고난을 인내하며, 다시 오시는 주님을 기다리며 완전한 하나님의 백성이 될 소망을 품게 될 것이다.

비록 NEWper가 마지막 때의 고난에 대한 완전한 해결책은 아닐지라도, 신앙 생활을 새롭게 바라보는 관점을 제공하며 대안으로 제시될 수 있다. 오직 다시 오실 예수 그리스도를 기다리며, 주님의 칭찬을 받는 성도가 되기를 소망한다.

자기 평가 및 결심

1. 예레미야 선지자는 이스라엘의 멸망을 선포하면서 바벨론의 포로가 되라는 하나님의 말씀을 전했다. 하나님께서는 이를 부담이 되는 말로 여기지 말고, 하나님께서 직접 하신 말씀임을 확인하라고 하셨다. 마지막 때, 그리스도인은 예수의 이름으로 받게 될 고난을 담대히 하나님의 말씀으로 선포할 준비가 되어 있는가?

*대부분의 사람들은 고난 없는 평안과 복을 원합니다. 그리고 많은 그리스도인은 예수께서 이미 모든 고난을 받으셨으니, 자신들은 더 이상 고난이 필요하지 않다고 생각합니다. 그러나 마지막 때에는 알곡과 쭉정이를 가려낼 고난의 키질이 있다고 하셨습니다. 고난을 피하려 하기보다는, 알곡이 되어 천국 곳간에 들어갈 준비를 하는 것이 지혜입니다. 고난을 하나님의 사랑으로 받아들여서, 감사하면서 고난을 맞이하는 믿음을 갖기를 소원합니다. 이러므로 다가올 고난을 담대히 전하고, 그것이 주님의 결정이며 하나님의 뜻임을 모든 성도가

깨닫게 되기를 기도합니다.

2. "예레미야 사역"과 마지막 때 그리스도인의 고난을 외치는 '신예레미야 사역'은 어떤 차이점이 있는가?

*예레미야를 본으로 삼아 올바른 사역의 방향을 정한다.

*그리스도인은 죄와 상관없이, 다시 오실 예수를 기다리는 의인으로서 고난을 받아야 한다.

*예수로 인해 받는 고난이며(벧전 4:12-16), 예수께서는 이러한 고난을 복으로 말씀하셨다(마 5:10-12).

*예수께서 재림하셔서 그리스도인의 고난을 해결해 주실 것이다.

*하나님께 의인으로 인정받은 그리스도인은 예수께서 주신 사랑의 명령에 순종하며 자비를 행해야 한다.

*고난이라는 키질(winnowing)을 통해 알곡과 쭉정이가 구별될 것이다.

*고난을 부담스러운 주님의 말씀으로 여기지 말고, 영적 지도자들은 그리스도인의 고난을 선포해야 하며, 성도들은 이 예언을 하나님의 말씀으로 받아들여야 한다.

*그리스도인은 이웃을 사랑함으로써 하나님을 사랑한다는 증언을 해야 한다.

*고난은 모두 하나님의 뜻에 따라 예정된 것이기에 반드시 거

쳐야 한다.

3. 죄와 무관하게 주어진 마지막 때의 고난을 맞이할 그리스도인의 올바른 자세는 무엇인가?

*그리스도인으로서 예수 그리스도의 고난에 참여할 수 있는 영광을 주셔서 감사합니다. 과거에 이스라엘은 죄악으로 인해 고난을 받았지만, 이제는 죄와는 상관없이 의인으로 고난을 받으라고 하시니 영광입니다. 이러한 고난을 통해 주님의 명령을 지키고 있는지 자신을 돌아보고, 다시 오실 주님을 기쁜 마음으로 맞이하기를 원합니다. 스스로를 돌이켜보면 연약하지만, 그리스도를 위하여 병약함과 모욕, 궁핍, 박해, 곤란을 겪는 것을 기뻐합니다. 내가 약할 그때에, 오히려 내가 강하기 때문입니다(고후 12:10). 성령께서 인도하시고 힘을 주셔서 고난의 시간에 주님을 생각하며 인내하게 하옵소서.

29
죽음의 고난을 이기는 부활 1
Resurrection overcoming the suffering of death 1

훈련 목표

믿음의 조상 아브라함은 부활 신앙을 가지고 있었다. 예수와 함께 죽은 그리스도인은 부활 신앙으로 살아야 한다. 부활이 없다면 기독교 신앙은 아무 의미도 없다. 마지막 때에 모든 그리스도인에게는 예수 이름으로 인해 받을 고난이 예비되어 있으며, 부활 신앙이 있을 때에만 이를 인내할 수 있다. 아브라함에게 이삭을 바치라고 하신 하나님께서는 오늘날 그리스도인에게 자신의 몸을 거룩한 산 제물로 바치라고 하신다. 예수의 양으로서 주님의 명령에 귀를 기울이고 순종하는 훈련을 해야 한다.

기도문

부활 신앙을 간직하도록 이끌어 주신 하나님, 감사합니다. 우리는 죄에 대하여 죽었으나 예수님을 통해 의롭게 된 새 사람으로 태어났습니다. 새 사람으로서 아름다운 삶의 열매를 맺으며 살아가게 하옵소서. 앞으로 다가올 예수님으로 인해 받을 고난을 부활 신앙으로 이겨낼 수 있도록, 담대함과 믿음을 선택하게 성령 하나님께서 이끌어 주옵소서.

NEWper 훈련

하나님께서는 아브라함에게 아들을 주겠다고 약속하셨다. 이때 아브라함의 나이는 99세였고, 그의 아내 사라는 90세로서 출산이 불가능한 상황이었다. 그러나 아브라함은 하나님의 약속이 이루어질 것을 믿었으며, 하나님께서는 그의 믿음을 의로 여기셨다(창 15:1-6). 마침내 아브라함과 사라 사이에서 하나님이 약속하신 아들이 태어났고, 그 이름을 이삭이라 하였다(창 21:1-3).

어느 날 하나님께서 아브라함을 시험(test)하셨다. 약속으로 얻은 아들 이삭을 모리아 땅으로 데려가, 일러 주신 산에서 번제물로 드리라는 명령이었다. 아브라함은 아침 일찍 일어나 이삭을 데리고 하나님께서 말씀하신 곳으로 길을 떠났다. 사흘 만에 그곳에 도착한 아브라함은 두 종에게 이렇게 말했다. "내가 이 아이와 저쪽으로 가서 예배를 드린 후, 아이와 함께 돌아올 것이다. 그동안 너희는 나귀와 함께 여기에서 기다려라." (창 22:1-5)

아브라함은 번제에 쓸 장작을 아들 이삭에게 지우고, 자신은 불과 칼을 챙겼다. 그런 다음 두 사람은 함께 길을 걸었다. 이삭은 그의 아버지 아브라함에게 물었다. "불과 장작은 여기 있는데, 번제물로 바칠 어린 양은 어디에 있습니까?" 아브라함이 대답했다. "애야, 번제물로 바칠 어린 양은 하나님께서 친히 마련하실 것이다." 두 사람은 계속 함께 걸어갔다(창 22:6-8).

내가 아브라함의 입장이라면 이런 상황에서 어떻게 행동했을까? 아브라함은 이 시험을 받으며 무슨 생각을 했을까? 비록 아들을 번제물로 바쳐야 했지만, 아브라함은 순종하기 위해 망설임 없이 아침 일찍 출발했던 것일까? 이삭을 번제로 바치기 위해 걸었던 3일간의 여정은 아브라함에게는 고민과 번뇌의 괴로운 시간이었을 것이다. 성경에는 그의 고통과 슬픔에 대한 기록은 없다. 아들 이삭을 번제물로 바쳐야 하는 상황에서, 왜 아브라함은 자신의 감정을 드러내지 않았을까?

아브라함은 종들에게 제사를 드린 후 이삭과 함께 다시 돌아오겠다고 말했다. 번제물이 된 이삭은 죽을 운명이었는데, 아브라함은 왜 이삭과 함께 돌아오겠다고 말했을까? 아브라함은 겉으로는 순종하는 척하면서도 사실 이삭을 번제물로 바칠 마음이 없었던 것일까? 아니면 이삭이 번제물로 드려져도 하나님께서 그를 다시 살리실 것이라고 믿었던 것일까?

아브라함이 하나님께서 번제물로 바칠 어린 양을 친히 준비하실 것이라고 말한 것을 보면, 그가 이삭을 제물로 바칠 생각이 없었다고 추측할 수도 있다. 아니면 그의 마음 깊은 곳에는 이삭 대신 어린 양이 번제물로 준비될 것이라는 믿음이 있었던 것일까?

아버지로서 아들을 번제물로 바치라는 명령에 순종하면 비정한 아버지가 되는 것이고, 번제물로 드리지 않으면 하나님의 명령에 불순종하는 것이 된다. 이처럼 복잡하고 미묘한 상황에서 아브라함은 어떤 생각을 하고 있었을까? 여기에 대한 해답은 히브리서 11장에서 찾아볼 수 있다.

하나님은 이삭에게서 아브라함의 자손이라 불릴 자들이 태어날 것이라고 이미 약속하셨다. 그럼에도 아브라함은 시험(test)을 받을 때 약속으로 얻은 아들 이삭을 믿음으로 바쳤다. 아브라함은 이삭을 번제물로 바친다 해도, 하나님께서 이삭을 죽은 사람들 가운데서 살리실 것이라고 생각했다. 비유하자면, 아브라함은 마음속으로 이삭을 하나님께 번제물로 드렸고, 죽었던 이삭을 다시 되찾은 셈이다(히 11:17-19). 이론적으로 보면, 아브라함은 이삭이 죽고 다시 살아날 것이라고 믿었으며, 이것이 곧 부활이었다.

하나님은 99세의 아브라함과 출산 능력을 잃은 사라에게 자녀를 약속하셨다. 아브라함은 바랄 수 없는 불가능한 상황에서도 하나님의 약속을 굳게 믿었고, 하나님은 이러한 아브라함의 믿음을 의로 여기셨다(롬 4:18-22). 인간이 보기에는 불가능한 약속이었지만, 하나님은 자신의 약속을 스스로 이루셨다. 이삭은 하나님께서 아브라함과 하신 약속의 성취이며, 이 과정을 통해 아브라함은 없는 것을 있게 하시는 하나님을 경험했다. 아브라함은 하나님께서 행하신 일들을 통해 그분을 점점 더 알아가며, 결국 아브라함은 죽은 자를 살리시고 없는 것을 불러내어 있게 하시는 하나님을 믿게 되었다(롬 4:17). 아브라함은 비록 부활을 직접 경험하지는 못했지만, 하나님에 의해 죽은 자를 살리시는 부활의 능력을 믿었다. 하나님은 아브라함의 부활 신앙을 확인하셨고, 그를 믿음의 조상이 되게 하셨다.

하나님께서 믿음으로 의롭다고 여기신 것은 아브라함만을 위한 것이 아니라, 믿음으로 의롭다고 여겨질 모든 그리스도인을 위한 것이기도 하다. 아브라함처럼, 믿음의 후손인 그리스도인은 주 예수를 죽은 자들 가운데서 살리신 하나님을 믿는 자들이다(롬 4:24). 하나님은 아브라함의 생애 말미에 그의 부활 신앙을 확인하셨으며, 말세에는 믿음의 후손들에게도 부활 신앙을 검증하실 것이다. 왜냐하면 부활의 소망이 있어야 마지막 때에 예정된 죽음의 고난을 인내할 수 있기 때문이다.

아브라함에게 이삭을 제물로 바치라고 하셨던 주님께서는 그리스도인들에게 자신의 몸을 거룩한 산 제물로 드리라고 명하신다(롬 12:1). 부활을 믿는 그리스도인은 세상에서 잘 살고 성공하는 것보다, 자신을 하나님께서 기쁘게 받으실 산 제물로 드리는 것을 삶의 목적으로 삼아야 한다. 부활 신앙을 가진 성도는 죽음을 초월하며, 마지막 때에 죽음을 맞이할 정도의 심한 고난을 겪어도 두려워하지 않고 현실과 타협하지 않으며, 담대하게 인내할 수 있을 것이다.

다음 글은 〔마지막 날을 준비하는 그리스도인〕(한기돈 저, 호산나 출판사)에서 부활에 관한 내용을 일부 발췌한 것이다.

예수 그리스도께서 모든 사람을 대신하여 죽으신 이유는 그리스도인들로 하여금 자기 자신을 위해 살지 않고, 우리를 위하여 죽었다가 살아나신 예수님을 위해 주님과 함께 살아가게 하려는 것이다(고후 5:15, 살전 5:10, 딤후 2:11). 우리가 그리스도와 함께 죽으면, 그와 함께 살아날 것이다(롬 6:8). 예수께서 죽으신 죽음은 죄에 대해 단번에 죽으신 것이며, 그분이 사시는 삶은 하나님을 위해 사시는 것이다(롬6:10). 이러므로 우리도 죄에 대해 죽은 자로서, 하나님을 위해 그리스도 예수 안에서 살아야 하는 사람이다(롬 6:11, 벧전 2:24). 그리스도인은 고난을 피하는 것이 아니라, 죽음에 이르는 고난도 부활의 소망을 품고 인내로 극복하는 자들이다

우리는 이미 예수님께 사랑의 빚을 진 사람들이다. 우리를 위해 죽음을 받아들이신 예수를 위해, 이제는 우리가 기쁘게 주님께서 가셨던 고난의 길을 따라가야 할 때가 되었다. 우리는 예수 안에서 자기 몸을 죽음에까지 내어 맡겨야 하며, 이렇게 할 때 예수님의 생명이 우리 죽은 육신에 나타나게 될 것이다(고후 4:11). 우리가 참고 견디면 우리는 그분과 함께 왕 노릇하며 다스릴 것이지만, 만약 우리가 그분을 부인하면, 그분도 우리를 부인하실 것이다(딤후 2:12).

예수와 함께 죽은 사람들에게는 예수와 함께 다시 살아날 소망이 있다. 예수께서는 자신과 함께 죽은 자들에게 약속하셨다. 아들을 보고 믿는 자들에게 영생을 주시겠다고 하셨으며, 마지막 날에 그리스도께서 그들을 다시 살리실 것이다(요 6:39,40,44,54)는 것이다. 이러므로 그리스도인은 죽음을 두려워하지 말고, 기꺼이 자신의 몸

을 희생 제물로 바치며, 예수께서 약속하신 마지막 날의 부활을 맞이할 준비를 해야 한다.

  부활 신앙은 왜 중요한 의미를 가지는가? 만일 죽은 자의 부활이 없다면, 예수 그리스도께서도 다시 살아나지 못했을 것이다(고전 15:12,13), 그리스도의 부활이 없다면 복음을 전하는 것도 헛되며 믿음 또한 헛될 것이다(고전15:14). 부활이 정말로 없다면, 하나님께서 그리스도를 다시 살리지 아니하셨을 것이므로, 우리가 증언하는 부활은 거짓으로 드러날 것이다(고전 15:15). 그리스도의 부활이 없다면, 우리의 믿음도 헛되어서, 우리가 여전히 죄 가운데 있을 것이다(고전15:17). 그뿐 아니라, 그리스도 안에서 잠든 자들도 멸망했을 것이다. 만일 그리스도 안에서 우리가 바라는 것이 이 세상에만 해당되는 것이라면, 우리는 모든 사람 가운데 가장 불쌍한 사람일 것이다(고전 15:19).

  부활 신앙과 대립하는 것은 기복 신앙(祈福信仰, faith for blessing)이다. 기복 신앙은 하나님이 복 주시기를 원하시므로, 그리스도인은 당연히 복을 받아야 한다는 믿음에 기반한다. 따라서 이들은 성경에서 복을 받는 구절만 선택하며, 복을 받는 신앙을 강조한다. 이들의 입장에서 보면, 아무 잘못 없이 받는 고난은 저주라고 여긴다. 예수께서 자신의 이름으로 인해 모든 민족에게 미움을 받을 것(마 24:9,

눅 21:17)이라고 하셨지만, 이들은 이러한 내용을 말하지 않을 것이다. 회중을 사랑한다는 이유로 고난에 대해 말하지 않고, 괴로움이 아닌 평화를 주려는 것이라고 핑계를 댄다. 오직 복을 받는 성경구절만을 전하면서, 성도들에게 평화를 주는 사랑의 교회를 만들고자 한다.

사탄은 욥이 기복 신앙의 대표적인 예라고 하나님께 고발한다. 하나님과 천사들이 함께 있을 때 땅을 두루 다닌 사탄이 하나님 앞에 나아왔다. 그러자 하나님께서는 사탄에게 말씀하셨다. "너는 내 종 욥을 잘 살펴보았느냐? 이 세상에는 그 사람만큼 흠 없고 정직하며, 하나님을 경외하고 악을 멀리하는 사람은 없다." 그러자 사탄은 하나님께서 욥의 집과 모든 소유물을 보호하여 주셔서 부유하고 풍족하게 되었으므로, 그가 하나님을 따르는 것이라고 대답했다. 결국 사탄은 욥의 믿음을 폄하하며 그는 기복 신앙을 가진 것이라고 비난했다. 하나님께서는 사탄에게 욥을 내주어, 그의 신앙을 확인할 것을 허락하셨다(욥 1:6-12). 마지막 때의 그리스도인이 받게 된 고난은 욥처럼 기복 신앙 여부를 확인하는 검증의 과정이 될 것이다.

그리스도인은 이 세상에서의 복이 아니라, 하나님의 약속인 영생과 천국을 바라보며, 미래에 누릴 영광을 위해 고난을 견디고 소망 가운데 살아야 한다. 그리스도인은 죽음을 두려워하는 자가 아니라, 죽음조차 뛰어넘어 죽음 이후의 부활을 믿으며, 주어진 삶 속에서 하나님의 명령에 순종하고 겸손히 하나님과 동행하는 신앙을 가져야 한다.

　육신을 입으신 예수님은 죽음의 고난을 받으심으로써 영광과 존귀의 관을 쓰셨다. 예수께서 모든 사람을 위해 죽음의 고통을 겪으신 것은 하나님의 은혜에 의한 것이었다. 하나님은 만물을 창조하신 분이며, 만물은 그분을 위해 존재한다. 하나님께서는 자신의 많은 자녀들이 영광에 참여할 수 있도록, 그들의 구원의 창시자이신 예수님을 육신을 가진 사람으로 이 세상에 보내시어 죽음의 고난을 겪게 하여 완전하게 하셨다(히 2:9,10).

　예수 그리스도께서는 우리의 죄 때문에 죽으셨고, 우리를 의롭게 하시기 위해 살아나셨다(롬 4:25). 그러므로 그리스도인은 십자가에서 자신의 죄를 못 박고, 다시 살아나신 예수 그리스도와 함께 의인으로 살아가야 한다. 그리스도와 함께 십자가에 못박힌 그리스도인은 예수님께 속한 사람이며, 이들은 정욕과 욕망과 함께 자신의 육체를 십자가에 못박았다(갈 5:24). 그리스도인은 예수 그리스도와 연합하여 함께 죽었고, 이제는 부활하신 주님께서 그들 안에 사신다. 그러므로 그리스도인들은 비록 육체를 가지고 살고 있지만, 그들을 사랑하셔서 그들을 위해 자기 몸을 내어주신 하나님의 아들을 믿는 믿음 안에서 살아간다(갈 2:20).

그리스도 예수와 하나가 된 우리는 세례를 받을 때 그와 함께 죽었다. 우리는 세례를 받을 때 예수님의 죽음과 함께 장사되었으며 죽은 사람들 가운데서 죽은 자들 가운데서, 또한 하나님 아버지의 영광으로 인해 그리스도께서 죽은 사람들 가운데서 살아나신 것처럼, 우리도 새 생명을 얻어 살아가게 되었다. 우리가 그리스도의 죽으심과 같은 죽음으로 연합한 자가 되었으면, 우리는 부활에서도 그와 연합하는 자가 될 것이다. 우리의 옛 자아가 예수와 함께 십자가에 달려 죽은 것은, 죄의 몸을 멸하여 우리가 다시는 죄의 노예가 되지 않게 하려는 것이다. 사람은 죽을 때 죄에서 해방된다. 우리가 그리스도와 함께 죽었으면, 그와 함께 우리도 살아날 것이다(롬 6:1-8).

그러므로 죄가 우리를 지배하지 않도록 육체의 욕망에 굴복하지 말아야 한다. 우리의 지체를 죄에 내맡겨 악의 도구가 되지 않게 해야 한다. 대신, 죽은 자들 가운데서 살아난 사람답게, 자신을 하나님께 바치고, 우리의 지체를 의의 도구로 하나님께 드려야 한다. 이렇게 하면 우리는 율법의 지배를 받는 것이 아니라, 은혜 아래 있으므로 죄가 우리를 지배하지 못할 것이다(롬 6:12-14). 만약 죄를 용서받았다고 해서 죄를 지어도 된다고 말한다면, 이는 우리를 위해 죽으신 예수님을 다시 십자가에 못 박는 반역 행위와 같다.

누구든지 자기 자신을 종으로 내주어 누구에게 복종하면, 그가 복종하는 자의 종이 된다. 죄의 종이 되어 사망에 이르지만, 순종의 종이 되면 의(義)에 이르게 된다. 우리는 본래 죄의 종이었지만, 전해 받은 교훈의 본을 마음으로 순종하여 죄에서 해방되어 의의 종이 되었다. 죄의 종이었을 때에는 의에 얽매이지 않았으며, 아무 열매도 맺지 못했다. 그 일을 부끄러워해야 하니, 그 끝은 사망이기 때문이다. 그러나 이제 우리는 죄에서 해방을 받고, 하나님의 종이 되어 거룩함에 이르는 삶의 열매를 맺고 있는데, 그 마지막은 영생이다. 죄의 대가는 죽음이지만, 하나님의 선물은 우리 주 예수 그리스도 안에서 주어지는 영생이다(롬 6:15-23).

　기독교 신앙 생활은 죄에서 구원을 받는 것에 그치지 않고, 더 나아가 죄에 순종하지 않으며 예수 그리스도의 명령에 순종하여 하나님의 종으로 살아가야 한다. 이렇게 하는 것이 영생으로 나아가는 길이다. 성경은 이 세상에서 복을 누리고 잘 사는 법을 알려 주려는 것이 아니라, 오직 하나님의 명령에 대한 순종과 불순종에 따라 생명과 사망이 있음을 알려 준다(신 30:15, 잠 11:19, 12:18, 14:27, 렘 21:8). 그러므로 예수 그리스도의 말씀을 듣고, 그를 보내신 분을 믿는 사람은 영생을 얻었고, 정죄를 받지 않으며(not be condemned), 사망에서 생명으로 옮겨졌다(요 5:24). 그리스도 예수 안에서 생명을 누리게 하는 성령의 법이 우리를 죄와 죽음의 법에서 해방했기 때문이다(롬 8:2).

이처럼 그리스도인은 죄에 대해 죽은 자이며, 의에 대해 살아 있는 자이다. '죽는다'는 표현이 긍정적으로 들리지는 않을 수 있지만, 이 죽음은 자신의 죄악과 정욕, 그리고 욕망에 대한 것이다. 영적으로 볼 때, 부활하신 주님께서 우리와 함께하시므로, 그리스도인은 죄악과는 상관없는 부활의 삶을 살아야 한다. 그러나 부활을 단순히 영적인 의미로만 해석하는 것은 잘못이다. 예수님의 부활이 실제로 있었던 것처럼 예수께서 재림하실 때 예수 안에서 잠든 자들도 함께 부활할 것이며(살전 4:13,14), 이것이 그리스도인의 부활이다.

예수께서 세상에 계실 때에 목자와 양에 대한 비유를 말씀하셨다. 예수님은 목자이시다. 목자가 양 우리의 문으로 들어가면, 양들은 그의 음성을 알아듣고 따라가지만, 다른 사람의 음성은 알지 못하므로 따르지 않고 도망친다(요 10:1-5). 예수님은 양의 문이시다. 예수보다 먼저 온 사람은 도둑이고 강도이므로 양들이 그들의 말을 듣지 않았다. 양의 문이신 예수님을 통해 들어가면 구원을 얻고, 드나들면서 꼴을 얻을 것이다. 도둑은 다만 훔치고 죽이며 파괴하려고 오지만, 예수님은 양들이 생명을 얻고 더 풍성히 누리게 하려고 오셨다(요 10:7-13).

예수님은 선한 목자이시며, 양들을 위해 목숨을 버리신다. 그리고 예수님은 자신의 양을 아시고, 양도 목자를 안다. 우리에 속하지 않은 다른 양들이 있는데, 예수님은 그 양들도 이끌어 와야 한다고 말씀하셨다. 그들도 목자의 음성을 들을 것이며, 한 목자 아래서 한 무리 양떼가 될 것이다. 예수께서 자기 목숨을 다시 얻으시기 위해 기꺼이 버리셨기에, 하나님 아버지께서 예수를 사랑하신다. 아무도 예수님의 목숨을 빼앗을 수 없으며, 자기 스스로 원해서 자신의 목숨을 버리신다. 예수는 자신의 목숨을 버릴 권세도, 다시 얻을 권세도 있으며, 이것은 이는 하나님 아버지께로부터 받은 명령이다(요 10:11-18).

예수께서는 자신을 따르는 자들을 양이라 하시며, 자신을 선한 목자라고 말씀하셨다. 양들은 목자의 음성을 알아듣고 그 목자를 따른다. 그러나 목자의 음성을 따르지 않고 자신의 생각과 뜻대로 사는 자들은 목자의 양이 아니다. 예수님을 구세주로 영접한 그리스도인이 예수의 명령을 듣고 순종하면 진정한 예수의 양이 되지만, 만일 그 명령을 거부하고 따르지 않는다면 주님의 양이 될 수 없다. 그러므로 예수를 믿음으로 영접했다면, 반드시 예수님의 명령에 절대적으로 순종해야 한다.

예수께서는 양들을 위해 스스로 목숨을 버리셨으며, 우리를 위해 희생하신 예수님을 믿는 사람은 죄에서 구원을 받는다. 예수는 자기 목숨을 다시 얻기 위해 스스로 자기 목숨을 버리셨다. 이는 죽음에 머무르지 않고 부활을 통해 죽음을 이기고 다시 생명을 얻으실 것을 의미한다.

성전 봉헌절에 예수께서는 성전 안 솔로몬 행각에서 거닐고 계셨다. 유대인들은 예수님을 에워싸고 물었다. "당신은 언제까지 우리의 마음을 졸이게 합니까? 당신이 그리스도라면 그렇다고 분명히 말씀해 주십시오." 예수님은 그들에게 대답하셨다. "내가 너희에게 이미 말하였는데도, 너희가 믿지 않는다. 내가 내 아버지의 이름으로 행하는 일들이 곧 나를 증언한다. 그런데 너희가 믿지 않는 것은, 너희가 내 양이 아니기 때문이다. 내 양들은 내 목소리를 알아듣는다. 나는 내 양들을 알고, 내 양들은 나를 따른다. 나는 그들에게 영생을 준다. 그들은 영원히 멸망하지 않을 것이며, 아무도 그들을 내 손에서 빼앗을 수 없다. 그들을 나에게 주신 내 아버지는 만유보다도 더 크시다. 아무도 아버지의 손에서 그들을 빼앗아 가지 못한다. 나와 아버지는 하나이다." (요 10:22-30)

예수께서는 이미 자신이 그리스도라고 말씀하셨지만 많은 유대인들은 그 말씀을 믿지 않았다. 그들은 예수님의 양이 아니었기 때문에 그분의 말씀을 듣고도 믿지 않았다. 예수님의 양은 목자인 예수님의 음성을 알아듣고, 예수께서는 그들을 알며, 그들은 예수님의 명령을 순종하며 따른다. 예수는 자신의 양들에게 영생을 주어, 그들이 영원히 멸망하지 않게 하신다. 양들이 목자의 음성을 알고 따르는 것은 마지막 때에 있을 부활과 연관된다. 이에 대해서는 차후에 더 살펴보도록 하자.

목자와 양의 비유는 죽음과 부활, 생명, 그리고 영생과 깊이 연관되어 있다. 양들의 생명을 위해 선한 목자이신 예수께서는 기꺼이 자신의 목숨을 버리셨고, 부활을 통해 자신의 목숨을 되찾으심으로써 양들도 생명을 다시 얻을 수 있게 하셨다. 한 사람의 죄로 인해 모든 사람이 죄인이 되었지만, 한 사람의 의로운 행위를 통해 모든 사람이 의인이 될 수 있는 길을 열어 주셨다.

자기 평가 및 결심

1. 하나님께서는 아브라함에게서 부활 신앙을 확인하신 후에, 그를 믿음의 조상으로 세우셨다. 믿음의 후손들도 아브라함과 같이 부활 신앙을 가져야 한다. 부활 신앙은 마지막 때를 준비하는 성도들에게 필수적이다. 평소에 부활 신앙에 대하여 심각하게 생각해 보았는가?

*예수께서 부활하셨음을 믿는 것만으로 부활 신앙이라고 생각했습니다. 그렇지만 그 부활이 우리에게 실제로 일어날 것이라는 점을 깊이 생각하지 못했습니다. 또한 마지막 때 예수

님의 이름으로 고난을 받는 성도들은 부활 신앙을 가지고 있는지를 시험받게 될 것이며, 이는 아브라함이 말년에 받았던 시험(test)과 같을 것입니다.

2. 예수께서는 우리에게 죽음의 고난을 피하지 않으시고, 오히려 부활을 통해 죽음을 이기시는 모습을 보여주셨다. 주님께서 죽음의 고난을 받으셨으니, 그리스도인은 더 이상 고난이 없다고 보아야 하는가? 아니면 그리스도의 고난에 동참하며 주님을 위해 수치를 받아야 한다고 생각해야 하는가?

*그리스도의 고난에 동참하며, 그리스도를 위해 수치를 받는 것이 복이라 하셨습니다. 고난을 피하려는 것이 아니라, 오히려 예정된 고난을 인내하며 극복하도록 준비해야 합니다. 죽음을 이기는 유일한 길은 부활입니다. 죽음과 부활의 본을 보여주신 주님을 따르기를 원합니다. 예수 그리스도와 함께 죽을 때, 재림하시는 주님께서 오실 때 부활의 기쁨을 누리게 될 것입니다. 죄에서 해방된 우리는 하나님의 종으로서 거룩함에 이르는 열매를 맺으며, 그리스도 안에서 영생을 얻게 하옵소서.

3. 예수께서는 선한 목자이시며, 양들의 문이시기도 하다. 양들은 목자의 음성을 듣고 그를 따른다. 마지막 때에 예수께서 세상에 다시

오실 때 목자의 음성을 듣고 아는 양들은 예수님 안에서 잠자다가 부활할 것이다. 그렇다면 나는 세상에서 선한 목자인 예수님의 명령을 듣고 순종하며 살아가고 있는가?

*목자의 음성을 듣고도 순종하지 않는 자들은 목자의 양이 아닙니다. 예수께서 우리에게 주신 '서로 사랑하라'는 새 계명을 따르지 않는 자들은 예수님의 양이 될 수 없습니다. 예수 그리스도의 진정한 양답게 목자의 음성에 순종하며 살아갈 때, 우리는 주님의 음성을 듣고 부활에 참여하게 될 것입니다. 단순히 예수를 믿는다고 해서 양이라고 할 수 없음을 깨달았습니다. 주님의 명령에 순종하며 살아가기를 결심합니다.

30
죽음의 고난을 이기는 부활 2
Resurrection overcoming the suffering of death 2

훈련 목표

　그리스도인은 세상과 구별되어 하나님의 명령을 순종하는 거룩한 하나님의 자녀다. 그리스도인에게 죽음은 영원한 종말이 아니라, 예수 안에서 잠자는 것이다. 죽음이 잠자는 것이라면, 죽음을 두려워할 필요가 없다. 예수께서 강림하실 때, 잠자는 자들은 다시 살아날 것이다. 첫째 부활과 둘째 부활이 있으며, 첫째 사망과 둘째 사망이 있다. 첫째 부활에 참여하는 사람은 순교자와 신앙의 지조를 지키다 죽은 이들로, 이들은 둘째 사망을 겪지 않는다. 둘째 부활에 참여하는 사람들은 모두 심판대 앞에서 자신이 행한 행위에 따른 심판을 받게 된다. 우리는 첫째 부활에 참여하든지, 아니면 살아 있는 동안 자비를 행하며 영생의 길로 나아가야 한다.

기도문

살아 계신 하나님의 자녀로 이 땅에 보내주신 하나님, 감사합니다. 예수님을 믿는 신앙의 연륜이 중요한 것이 아니라, 남은 삶 동안 진리 안에서 자유를 어떻게 누리며 살아갈지에 대한 방향을 정하기를 원합니다. 이를 통해 하나님께서 우리에게 주신 명령에 순종하며, 이 땅에 보내진 자로서 사명을 감당하도록 성령 하나님께서 이끌어 주옵소서. 또한 주님의 나라가 임할 때까지 부활의 소망을 잃지 않도록 도와주시길 바랍니다.

NEWper 훈련

그리스도인은 이 세상에서의 성공을 위해 사는 사람이 아니라, 하나님의 자녀로서 그분의 명령에 따라 순종하며 살아야 한다. 세상에 있는 모든 것, 곧 육체의 욕망, 눈의 욕망, 그리고 세상 살림에 대한 자랑은 하늘 아버지에게서 온 것이 아니라 세상에서 온 것이다(요일 2:16). 그리스도인은 어둠의 행실을 벗어버리고, 빛의 갑옷을 입어 낮에 행동하듯 단정하게 살아야 한다. 호사한 연회와 술 취함, 음행과 방탕, 싸움과 시기에 빠지지 말아야 한다. 주 예수 그리스도로 옷을 입고, 육체의 정욕을 만족시키려는 생각을 버려야 한다(롬 13:12-14).

그리스도인은 세상의 더러움에서 자신을 구별하여 거룩하게 살아가는 사람이다. 하나님 보시기에 거룩한 삶을 사는 것은 세상 사람들에게 인정을 받는 것보다 더 중요하다. <u>하나님의 명령을 지켜 그 길로 행하는 사람이 하나님께 대하여 거룩한 백성(성민)이며</u>(신 7:6, 14:2, 21, 26:19, 28:9), 부활의 소망이 없는 세상 사람들은 오직 현재의 삶만을 생각하며, 현생에서 많은 것을 소유하고 누리려고 한다. 그러므로 세상 사람들은 자신들과 다른 삶을 사는 자들을 이상하게 여기거나 배타적으로 대할 수 있다.

만일 죽은 자들이 살아나지 않는다면, 죽은 자들을 대신하여 세례를 받는 사람들은 무엇 때문에 그런 일을 하는가? 죽은 사람이 정말로 살아나지 않는다면, 무엇 때문에 그들은 죽은 사람들을 대신하여 세례를 받는가? 만일 현생의 삶이 전부라면 우리는 무엇 때문에 매 순간 위험을 감수하며 살아가는가? 바울은 부활 신앙을 가진 고린도 성도들을 자랑하면서, 매일 죽음의 위험을 겪고 있다고 말했다(고전 15:29-31).

부활을 확신하는 바울은 비록 에베소에서 맹수와 싸우는 위험을 겪었다 하더라도, 그것이 인간적인 동기에서 한 것이라면 아무 유익이 없다고 말했다. 만일 죽은 자가 살아나지 못한다면 "내일이면 죽을 테니 먹고 마시자!"라고 말할 것이다. 이처럼 <u>부활을 부인하는 사</u>

람들은 그리스도인들을 속이고, 선한 행실을 더럽히며 폄하한다. 부활은 분명히 있으므로 현세에 집중한 삶이 아니라 죽음 이후에 있을 일을 준비하며 정신을 똑바로 차리고 죄를 짓지 말아야 한다(고전 15:32-34).

아담이 죄를 지은 후에, 하나님께서는 흙으로 창조된 육체가 흙으로 돌아가게 하셨다(창 3:19). 살과 피로 이루어진 육체를 가진 사람이 한 번 죽는 것은 운명이다(히 9:27). 택함을 받은 하나님의 자녀일지라도 육체를 가지고 있으므로 죽음을 피할 수는 없다. 그러나 하나님께서는 예수님을 자녀들과 같은 모양으로 혈과 육을 함께 지니게 하셨고, 죽음을 이기고 부활하심으로 사망의 세력을 잡은 자, 곧 마귀를 멸하시며, 죽음의 공포 속에서 살던 모든 자들을 해방시켜 주셨다. 이렇게 하신 것은 천사들을 돕는 것이 아니라, 아브라함의 자손을 도와주려는 것이다. 예수께서 모든 점에서 형제자매들과 같아져야 했는데, 이는 예수께서 하나님 앞에 자비롭고 성실한 대제사장으로서 백성의 죄를 대신 갚으시기 위함이다. 예수님은 친히 유혹을 받으시고 고난을 당하셨기 때문에 유혹을 받는 모든 사람을 도와줄 수 있다(히 2:14-18).

대부분의 사람들은 죽음을 두려워하며, 현생의 삶에서 부와 명예를 누리는 것을 복으로 여긴다. 그러나 죽음을 이기신 예수님을 따르는 그리스도인은 죽음의 공포에서 벗어나, 주님께서 하나님의 자녀를 돕고 계심을 확신해야 한다. 마지막 때에 예수님의 이름으로 고난받는 것은 피할 수 없음을 기억하면서, 죽음의 고난이라 할지라도 불평하지 않고, 부활 신앙으로 인내해야 한다. 이러한 고난을 맞이하는 사람은 그리스도의 고난에 참여하는 것이므로, 그리스도인으로서 고난받을 자격이 있음을 기뻐하며 즐거워해야 한다(벧전 4:13,14,16).

마지막 때에 있을 성도들의 부활은 예수 그리스도로부터 시작되었다. 주님께서는 죽은 자들 가운데서 살아나셔서, 잠자는 자들의 첫 열매가 되셨다(고전 15:20). 죽음과 잠자는 것은 그 의미가 다르다. 심장과 호흡이 멈춘 사람은 죽었으며, 생명이 사라진 상태다. 그러나 잠자는 것은 눈을 감고 육체가 정상적인 활동을 멈출 뿐, 생명은 여전히 존재한다. 세상 사람들은 생명이 떠난 것을 죽음이라 부르지만, 그리스도인은 예수 안에서 생명을 지닌 채 잠자는 것이며, 잠에서 깨어나는 사건이 바로 부활이다.

사망이 아담 한 사람으로 말미암아 온 것처럼, 죽은 자의 부활도 예수 한 분으로 말미암아 일어난다. 아담으로 인해 모든 사람이 죽는 것과 같이, 그리스도로 말미암아 모든 사람이 살아나게 될 것이다(고전 15:21,22). 이러한 부활은 예수 그리스도로부터 시작된 것이며, 예수님은 죽으신 후 부활을 통해 죽음의 권세를 무너뜨리셨다.

하나님께서 예수님을 세상에 다시 보내실 때에는 예수 안에서 잠자는 자들을 함께 데리고 오신다. 부활의 소망이 없는 사람들에게 죽음은 생명의 끝이므로 슬픔만 남는다. 그러나 예수께서 죽었다가 다시 살아나신 부활을 믿는 사람은 슬픔에 잠겨 있지 않아야 한다. 하나님께서 예수님을 세상에 다시 보내실 때, 예수님 안에서 잠자는 자들을 함께 데리고 오시기 때문이다(살전 4:13,14). 그러므로 그리스도인은 사별의 슬픔으로 괴로워하기보다, 예수께서 다시 오실 때 사랑했던 가족을 다시 만날 것임을 알고 슬픔 대신 부활의 소망으로 주님의 재림을 사모해야 한다.

요 5:24 내가 진실로 진실로 너희에게 이르노니 내 말을 듣고 또 나 보내신 이를 믿는 자는 영생을 얻었고 심판에 이르지 아니하나니 사망에서 생명으로 옮겼느니라

NIV Jn 5:24 ο"I tell you the truth, whoever hears my word and believes him who sent me has eternal life and will not be condemned; he has crossed over from death to life.

KJV Jn 5:24 Verily, verily, I say unto you, He that heareth my word, and believeth on him that sent me, hath everlasting life, and shall not come into condemnation; but is passed from death unto life.

흠정역 요 5:24 진실로 진실로 내가 너희에게 이르노니, 내 말을 듣고 또 나를 보내신 분을 믿는 자는 영존하는 생명이 있고 또 정죄에 이르지 아니하리니 사망에서 생명으로 옮겨졌느니라.

예수님의 말씀을 듣고, 예수님을 보내신 하나님을 믿는 사람은 영생을 소유하며, 심판에 이르지 않는다고 하셨다. (난외주에는 '심판'을 '정죄'로 기록한다.) 그러나 '심판'이라는 번역은 '정죄'를 의미하는데, 흠정역에서는 '정죄에 이르지 아니하리니'로 번역하였다. 이는 예수님을 믿는 사람에게 마지막 심판(judgment)이 없다는 뜻이 아니라, 더 이상 죄인으로 간주되지 않는다는 것이다. 이들은 믿음으로 사망에서 생명으로 옮겨져 무죄 판결을 받았으며, 이후에는 죽은 자가 부활하여 그들의 행위에 따른 심판(judgment)을 받게 된다.

요 5:25 진실로 진실로 너희에게 이르노니 죽은 자들이 하나님의 아들의 음성을 들을 때가 오나니 곧 이 때라 듣는 자는 살아나리라

<u>마지막 날에 잠자던 예수님의 양들은 목자 예수님의 음성을 듣고, 그것이 목자의 음성임을 알아 따라가게 되는데, 이것이 부활이다</u>(요 10:2-6). 이처럼 무덤 속에 있는 사람들이 예수님의 음성을 들을 때가 오며(요 5:28), 목자의 음성을 알고 있는 자는 들을 때 살아날 것이다.

주님의 재림 날에는 부활의 첫 열매가 되신 예수님을 따라 주 안에서 잠든 그리스도인들이 부활하게 될 것이다. 예수님의 음성을 듣고 죽은 나사로가 다시 살아난 것은, 마지막 때 목자 예수님의 음성을 듣고 그의 양들이 다시 살아나는 부활의 예표이다.

예수께서는 마르다와 그녀의 동생 마리아, 그리고 나사로를 사랑하셨다. 나사로가 병들어 죽게 된 소식을 들은 예수와 그의 제자들이 도착했을 때, 나사로가 죽어서 무덤에 있은 지 4일이나 지난 상태였다. 예수께서는 기도하신 후 무덤 안에 있는 나사로에게 '나사로야, 나오너라'라고 큰 소리로 외치셨다. 그러자 죽었던 나사로가 무덤에서 살아 나왔다(요 11:1-44). 예수께서 죽은 나사로의 이름을 부르셨고, 그 음성을 들은 나사로는 다시 살아났다.

아담 안에서 모든 사람이 죽는 것처럼, 그리스도 안에서 믿는 자들은 모두 살아날 것이다. 이는 차례대로 이루어지는데, 첫째는 첫 열매가 되신 그리스도이시며, 그다음은 그리스도께서 재림하실 때 그리스도께 속한 사람들이다(고전 15:22,23). 하나님께서 죽은 자들을 일으켜 살리시는 것처럼, 예수께서도 자신이 원하시는 사람들을 살리신다(요 5:21).

그날이 되면 큰소리의 명령과 천사장의 음성, 하나님의 나팔 소리가 울리면서 예수께서 친히 하늘로부터 강림하신다. 이때 그리스도 안에서 죽은 자들이 먼저 일어나고(고전 15:23, 살전 4:14,16), 그다음에 살아남아 있는 우리가 그들과 함께 구름 속으로 이끌려 올라가, 공중에서 주님을 영접하게 될 것이다. 이후 우리는 항상 주님과 함께 있게 될 것이다(살전 4:17). 가장 먼저 일어나는 부활은 그리스도 안에서 잠자는 자들이며, 이것이 첫째 부활이라고 할 수 있다(계 20:4-6).

계 22:4 또 내가 보좌들을 보니 거기에 앉은 자들이 있어 심판하는 권세를 받았더라 또 내가 보니 예수를 증언함과 하나님의 말씀 때문에 목 베임을 당한 자들의 영혼들(souls)과 또 짐승과 그의 우상에게 경배하지 아니하고 그들의 이마와 손에 그의 표를 받지 아니한 자들이 살아서 그리스도와 더불어 천 년 동안 왕 노릇 하니
5 (그 나머지 죽은 자들은 그 천 년이 차기까지 살지 못하더라) 이는 첫째 부활이라
6 이 첫째 부활에 참여하는 자들은 복이 있고 거룩하도다 둘째 사망이 그들을 다스리는 권세가 없고 도리어 그들이 하나님과 그리스도의 제사장이 되어 천 년 동안 그리스도와 더불어 왕 노릇 하리라

첫째 부활은 영적인 비유가 아니라 실제로 일어나는 사건이다. 만약 예수님의 재림과 성도의 부활을 비유로 해석한다면, 예수께서 마지막 날에 자기를 믿는 자들을 다시 살리시겠다고 하신 약속(요

6:39,40,44,54)을 비현실적인 것으로 만들어 성경의 진리를 부정하게 될 것이다. 요한계시록 20장에서 언급되는 첫째 부활과 둘째 사망을 통해 이를 합리적으로 이해할 수 있다.

 첫째 부활이 있는 것처럼 둘째 부활도 있다. 세상이 불로 멸망하여 하늘과 땅이 사라진 후 재림하신 예수께서 심판대에 앉으셨을 때에 첫째 부활에 참여하지 못한 사람들이 부활하게 되며, 이것이 둘째 부활이다. 심판대 앞에는 죽은 사람들이, 큰 자나 작은 자나 할 것 없이, 각 사람의 행위를 기록한 생명책에 따라 심판을 받는다(계 20:11-12). 마지막 심판에서는 영원한 천국과 영원한 불못으로 나뉘게 된다. 천국에서는 영생을 누리게 되며, 불못에 들어가는 자는 둘째 사망에 처하게 된다.

 둘째 사망이 있는 것처럼 첫째 사망도 있다. 첫째 사망은 세상이 불로 멸망하여 완전히 없어지기 전에 죽는 것을 의미한다. 주님께서 강림하실 때 첫째 부활이 있으며, 이때 죽지 않고 하늘로 들려 올라가는 사람은 죽음을 보지 않고 천국에 들어가게 될 것이다. 죽음을 보지 않고 하늘로 올라간 대표적인 인물은 하나님과 동행하며 하나님을 기쁘시게 한 에녹(창 5:24, 히 11:5)과, 회오리바람으로 하늘로 올라간 엘리야 선지자이다(왕하 2:11). 예수께서 '내 말을 지키는 자는 영원히 죽음을 보지 않을 것이다'라고 하신 말씀이 성취될 것이다(요

8:51). 그러나 주님의 명령을 지키지 않은 사람은 영원한 죽음이 있을 것이며, 이것이 바로 둘째 사망이다.

　죽을 수밖에 없는 혈과 육은 하나님 나라를 유산으로 받을 수 없기에, 하나님께서는 영생을 위해 사람의 몸을 죽지 않는 몸으로 변화시키는 계획을 세워 놓으셨다. 마지막 나팔 소리가 날 때 예수님 안에서 잠자던 자들이 부활할 것이며, 그때 죽은 자들의 몸은 홀연히 썩지 않을 불멸의 몸으로 살아나고, 살아남은 자들도 변화할 것이다. 그날에는 썩을 몸이 썩지 않을 것을 입고, 죽을 몸이 죽지 않을 것을 입어야 하기 때문이다(고전 15:50-53). 예수 그리스도께서는 세상에 다시 오실 때, 썩어질 비천한 우리 몸을 변화시켜서 자신의 영광스러운 몸과 같은 모습으로 변하게 하실 것이다(빌 3:20).

　태초에 하나님의 생기(영)가 첫 사람 아담의 몸에 들어가 그를 살아 있는 혼(a living soul)으로 만드셨다(창 2:7), 개역개정에서는 이를 '생령'으로 번역하여 정확하지 않다. 마지막 아담이신 예수님은 살려주는 영(a quickening spirit)이 되셨다(히 12:9). 육으로 난 것은 육이지만, 영(성령, the Spirit)으로 난 것은 영이다(요 3:6). 아담은 신령한 사람이 아니라 육의 사람이었지만 둘째 사람 예수는 신령한 사람이었다. 첫 사람 아담은 땅에서 났으니 흙에 속한 사람이었고, 둘째 사람 예수님은 하늘에서 나셨다. 흙에 속한 사람은 흙에 속한 자와 같고,

하늘에 속한 사람은 하늘에 속한 그분과 같다. 우리는 흙으로 빚어진 아담의 형상을 입고 있지만, 또한 하늘에 속한 그분의 형상을 입게 될 것이다(고전 15:45-49).

그때에는 '사망을 삼키고 이기리라'는 성경 말씀(사 25:8)이 이루어질 것이다. "죽음아, 너의 승리가 어디에 있느냐? 죽음아, 너의 독침이 어디에 있느냐?"(호 13:14) 사망의 독침은 죄이며, 죄의 권세는 율법이다. 그러나 하나님께서는 우리 주 예수 그리스도를 통하여 우리에게 승리를 주셨으니, 우리는 감사해야 한다. 그러므로 굳게 서서 흔들리지 말고, 주님의 일을 더욱 많이 해야 한다. 주님을 위해 하는 수고는 헛되지 않기 때문이다(고전 15:53-58).

예수님 안에서 잠자는 자들은 예수님의 재림 때 부활하여 함께 오게 될 것이다. 이것이 첫째 부활이며, 이들은 두 부류로 나뉘는데, 하나는 순교자들이고 다른 하나는 신앙을 지키다가 죽은 사람들이다. 이와 관련하여 한글 성경에는 '영혼들'이라고 번역되었지만, 영어 성경(KJV)에는 'souls'로 기록되어 있다.

'영혼'이라고 번역하면 첫째 부활이 영적인 부활로 오해될 수 있다. 그러나 혼들(souls)"은 육체를 가진 사람을 의미한다. 죽은 자들이 부활할 때 그들의 몸은 죽지 않는 몸으로 변화되기 때문에, 첫째 부활은 죽지 않는 몸으로 변화된 사람들의 부활임을 알 수 있다. 첫째 부활에 참여한 사람은 심판하는 권세와 천 년 동안 왕 노릇하는 권세를 받았으며, 이들은 둘째 사망의 권세 아래 있지 않다. 둘째 사망은 마지막 심판 이후에 결정되지만, 첫째 부활에 참여한 자들은 이미 심판을 통과했기에 바로 영생과 천국에 들어갈 것이다.

<u>세상이 불에 타버리는 멸망이 일어나면 하늘과 땅도 사라질 것이다. 이러한 마지막 날의 종말 이전에 죽는 것이 첫째 사망이다.</u> 하늘과 땅이 사라진 후 예수께서 지상에 강림하시어 크고 흰 보좌에 앉아 심판하실 것이다. 이때 죽은 자들이 부활하여 심판을 받기 위해 보좌 앞에 서게 되며, 이러한 부활이 둘째 부활이다. 이들은 생전에 행한 행위에 따라 심판을 받게 되는데, 선을 행한 사람들은 생명의 부활에 이르고, 악을 행한 사람들은 심판(정죄, damnation, be condemned)의 부활을 맞이하게 된다(요 5:29).

예수님을 믿는 자들은 부활하겠지만, 각 사람은 첫째 부활 또는 둘째 부활에 참여할 것이다. 복음을 전하다가 순교한 자들이나 짐승과 그의 우상에게 경배하지 않고 이마와 손에 그의 표를 받지 않은 자들만이 첫째 부활에 참여할 것이며, 이들은 마지막 심판을 통과하였기에 둘째 사망의 권세가 미치지 않을 것이다.

그러나 둘째 부활에 참여하는 자들은 흰 보좌 앞에서 심판대에 나아가 그들의 행위에 따라 심판을 받게 된다(계 20:11-13). 예수께서는 이에 대해 이미 제자들에게 말씀하셨다. 마지막 날에 예수님을 '주여, 주여'라고 부르는 자가 모두 천국에 들어가는 것이 아니라, 하나님 아버지의 뜻대로 행한 자라야 천국에 들어갈 것이다. 이들이 행한 업적만으로는 천국에 들어갈 수 없고, 오직 예수님의 명령에 순종했는지가 중요한 심판의 기준이 될 것이다(마 7:22-27).

마지막 날에 예수께서 하늘의 모든 천사와 함께 세상에 강림하셔서, 흰 보좌 앞에서 모든 민족을 모아 놓고 마치 양과 염소를 가르듯 심판하실 것이다. 이때 예수님의 명령에 순종하여 사랑의 행위, 곧 자비(mercy)를 행한 사람들은 마지막 심판을 이기므로 영생을 얻겠지만, 자비를 행하지 않은 사람은 영벌을 받으며 무자비한 심판에 처하게 된다(마 25:31-46, 약 2:13). 또한, 사망과 음부(지옥)도 불바다에 던져지는데, 이 불바다가 바로 둘째 사망이다(계 20:11-15).

그리스도인은 예수님의 음성을 듣고 부활하게 될 것인데, 부활한다고 해서 모든 사람이 천국에 들어가는 것은 아니다. 그러므로 첫째 부활에 참여하는 것을 목표로 삼아야 한다. 예수를 증언하고 복음을 전하다가 죽게 된다면, 이는 첫째 부활에 참여하는 말할 수 없는 영광이 될 것이다. 이런 영광을 위해서는 부활 신앙이 반드시 필요하며, 이 신앙이 있어야만 죽음을 두려워하지 않고 복음을 증거할 수 있을 것이다. <u>마지막 때에 있을 고난은 부활을 소망하는 사람에게 첫째 부활에 참여할 기회를 주는 순간이 될 것이다.</u>

눅 21:10 또 이르시되 민족이 민족을, 나라가 나라를 대적하여 일어나겠고
11 곳곳에 큰 지진과 기근과 전염병이 있겠고 또 무서운 일과 하늘로부터 큰 징조들이 있으리라
12 <u>이 모든 일 전에 내 이름으로 말미암아 너희에게 손을 대어 박해하며 회당과 옥에 넘겨주며 임금들과 집권자들 앞에 끌어 가려니와</u>
13 이 일이 도리어 너희에게 증거가 되리라
14 그러므로 너희는 변명할 것을 미리 궁리하지 않도록 명심하라
15 내가 너희의 모든 대적이 능히 대항하거나 변박할 수 없는 구변과 지혜를 너희에게 주리라
16 심지어 부모와 형제와 친척과 벗이 너희를 넘겨주어 너희 중의 몇을 죽이게 하겠고
17 또 너희가 내 이름으로 말미암아 모든 사람에게 미움을 받을 것이나
18 너희 머리털 하나도 상하지 아니하리라
19 너희의 인내로 너희 영혼을 얻으리라

예수께서는 마지막 때 그리스도인들이 겪을 고난이 있기 전, 예수

의 이름으로 인해 박해를 받고, 권력자들의 탄압을 받을 것을 말씀하셨다. 이미 초대 교회 시기에는 로마의 박해로 인해 짐승에게 잡아먹히는 고난이 있었다. 그 당시 부모, 형제, 친척, 그리고 친구들이 그리스도인을 권력자들에게 넘겨주어 죽게 하였다. 이러한 박해는 오늘날에도 여전히 이어지고 있다.

마지막 때, 바다에서 올라온 짐승은 일곱 머리가 있는데, 그중 하나의 머리가 심하게 상하여 거의 죽게 되었으나 회복되었다 사람들은 놀라며 그 짐승을 따른다. 용이 그 짐승에게 권세를 주었고, 사람들은 용에게 경배하고, 그 짐승에게 경배하였다. 땅에서 또 다른 짐승이 올라왔는데, 그는 먼저 나온 짐승이 가진 모든 권세를 첫째 짐승을 대신하여 행사하였다. 이 짐승은 땅 위의 모든 사람들로 하여금 첫째 짐승에게 절하게 하였다. 둘째 짐승은 이적을 행하였고, 사람들 앞에서 하늘에서 불을 땅에 내리게 하였다. 그 짐승은 땅 위에 사는 사람들에게 첫째 짐승을 위하여 우상을 만들라고 하였고, 그 우상에 생기를 넣어 말을 하게 하였으며, 우상에게 경배하지 않는 사람들은 모두 죽이기도 하였다. 그는 작은 자나 큰 자나, 부자나 가난한 자나, 자유인이나 종이나 할 것 없이, 오른손이나 이마에 표를 받게 하였다. 이 표는 짐승의 이름이나, 그 이름을 나타내는 숫자 '666'이며, 이 표를 받지 않은 사람은 아무도 팔거나 살 수 없게 하였다(계 13:1-18).

땅에서 나온 짐승은 사람들로 하여금 우상을 만들게 하고, 그 우상에 생기를 불어넣어 말하게 하였다. 또한, 경제적 권력을 행사할 수 있는 능력을 부여하였다. 사람이 만든 우상이 말도 하면서 경제적인 영향을 미칠 수 있는 것은 현대적 관점에서 볼 때 인공지능(AI, Artificial Intelligence)과 연관될 가능성이 높다. 그러나 이것이 인공지능을 폐기해야 한다는 의미는 아니다. 오히려 하나님 나라를 증거하고 복음을 전파하기 위해 인공지능을 사용해야 할 것이다.

요한계시록 13장의 말씀을 보면, 짐승과 그의 우상에게 경배하지 않으며, 그들의 이마와 손에 표를 받지 않는 사람은 견딜 수 없는 상황에 처해 죽음을 맞이할 것이라고 짐작할 수 있다. 올바른 신앙을 포기하지 않고, 죽음으로 내몰리는 상황에서도 짐승과 우상에게 경배하지 않는 것은 인간의 힘으로는 감당하기 어렵다. 또한 표를 받지 않으면 경제 활동이 불가능해져 비참한 최후를 맞게 될 것이므로 많은 이들이 죽음을 피하려 타협을 선택할 가능성이 높다. 이러한 고난만을 생각하면 상황에 적응하면서 생명을 유지하는 것이 나을 것이라고 여겨 타협하려고 할 것이다. 그렇지만 그리스도인은 현세의 삶만을 위해 사는 자들이 아니며, 죽음이 모든 것의 끝이 아님을 알기에, 죽음 너머의 영광을 바라보는 자들이다. 신앙의 지조를 지킨 사람은 죽음을 맞더라도 첫째 부활에 참여하는 영광을 누릴 것이다.

욥의 삶을 보면, 그는 모든 소유를 잃었고, 자녀들이 죽었으며, 아내는 욥을 저주하며 그를 떠났다. 처음에는 욥의 친구들이 함께 울며 그의 고통을 애도했지만, 이후에는 세상의 도덕적 논리에 따라 욥이 죄인이기에 고난을 받는 것이라며 비난했다. 마지막 때에 그리스도인들이 고난에 직면하게 된다면, 욥의 신앙을 본받아 인내하며, 죽음의 고난을 이기는 부활 신앙으로 무장해야 한다.

둘째 부활에 참여하는 자들은 그들이 살아 있는 동안 행한 행위에 따라 심판을 받게 된다. 자비를 베푸는 자는 복이 있으며, 하나님께서 그들에게 자비를 베푸실 것이다(마 5:7). 자비를 행한 자들은 그들의 자비로운 행위로 마지막 심판을 이기고 영생에 들어간다(약 2:13). 따라서 그리스도인은 첫째 부활에 참여하지 못할 가능성도 있으므로, 살아가는 동안에 가장 작은 자에게 사랑의 실천, 곧 자비를 베풀어야 한다. 이것이 마지막 심판을 준비하는 지혜이다.

예수께서 강림하실 때가 마지막인데, 그때 그리스도께서는 모든 통치와 권위와 권력을 폐하시고, 그 나라를 하나님 아버지께 넘겨드리실 것이다. 하나님께서 모든 원수를 그리스도의 발 아래 두실 때까지 그리스도께서 다스리시며(시 8:6), 사망을 폐하실 것이다(딤후 1:10). 맨 마지막으로 멸망받을 원수는 사망이다. 하나님께서 모든 것을 그의 발 아래에 두신다고 하셨으므로, 모든 것을 그리스도 아래 두신 하나님은 만물에 포함되지 않는 것이 분명하다. 만물이 하나님께 복종하게 될 때, 아들조차도 모든 것을 자기에게 복종하게 하신 하나님께 복종하게 될 것이다. 그리하여 하나님께서 만유의 주님이 되실 것이다(고전 15:23-28).

자기 평가 및 결심

부활에 대해 살펴보며 기억해야 할 사항들을 정리하였다. 부활 신앙에 대해 깊이 묵상하고, 자신에게 부활 신앙이 있는지, 죽음을 두려워하지 않으며 부활에 참여하기 위해 준비하고 있는지 점검해 보라.

1. 아브라함은 부활 신앙을 가지고 있었으며, 믿음의 후손도 반드시 그 신앙을 가져야 한다.
2. 한 사람(아담)의 불순종으로 인해 사망이 들어왔고, 한 사람(예수)의 순종으로 생명을 얻었다.
3. 하나님께서는 아들을 육신을 가진 사람의 모습으로 이 세상에 보내시어 세상 죄를 대신 짊어지고 죽게 하시고, 다시 살아나게 하셨다.
4. 그리스도인은 예수와 함께 죽은 자이며, 또한 예수와 함께 다시 살아날 자들이다.

5. 그리스도인은 선한 목자이신 예수의 양이며, 그의 음성을 듣고 따라가는 자이다. 예수의 명령에 순종하는 자가 예수께 속한 양이고, 이들은 마지막 날에 예수의 음성을 듣고 다시 살아날 것이다.

6. 부활은 과거에도 있었으며, 부활이 없는 신앙은 아무것도 아니다.

7. 예수께서는 죽음을 통해 죽음의 권세를 가진 마귀를 멸하시고, 죽음의 고난을 통해 완전하게 되셨다.

8. 부활의 주님으로 인해 그리스도인은 죽음의 공포에서 해방되었다.

9. 예수께서는 잠자는 자들의 첫 열매이시며, 예수로부터 그리스도인의 부활이 시작되었다.

10. 사람에게서 생명이 떠나면 죽은 자이지만, 예수 안에서는 생명을 잃은 것이 아니라 잠자는 자로 여겨진다. 잠에서 깨어나는 것이 부활이다.

11. 예수께서 재림하실 때 그의 음성을 듣는 자들은 다시 살아날 것이다.

12. 부활한 자의 몸은 변화하여 썩지 않는 불멸의 몸을 가지게 된다.

13. 첫째 부활과 둘째 부활, 그리고 첫째 사망과 둘째 사망이 있다.

14. 첫째 부활에 참여하는 사람은 둘째 사망의 영향을 받지 않으며, 이미 마지막 심판을 통과한 것이다.

15. 세상이 완전히 멸망하기 전에 죽는 것을 첫째 사망이라 하며, 마지막 심판 후에 불못에 던져지는 것을 둘째 사망이라 한다.

16. 첫째 부활에 참여한 사람은 순교자와 신앙의 지조를 지키다가 죽은 자들이다.

17. 죽음의 고난을 맞이하는 자는 영광스러운 순교자가 될 기회를 얻은 것이다.

18. 짐승과 우상에게 경배하지 않고 그들의 표를 받지 않는 것은 죽음을 선택하는 것이지만, 동시에 첫째 부활에 참여할 자격을 얻게 되는 것이다.

19. 그리스도인이라면 누구나 첫째 부활에 참여하는 자가 되기를 간절히 소망해야 한다.

20. 첫째 부활에 참여하지 못한 그리스도인은 둘째 부활에 참여하게 될 것이다.

21. 둘째 부활에 참여한 사람들은 모두 흰 보좌 앞에서 자신들이 행한 행위에 따라 심판을 받는다. 이때 사랑의 행위, 곧 자비를 실천한 여부에 따라 영생과 영벌로 나뉘게 된다.

22. 마지막에는 사망과 음부도 불못에 던져지며, 이로써 둘째 사망이 이루어진다.

23. 하나님께서는 만물을 그리스도의 발 아래 두셨으며, 만물이 하나님께 복종하게 될 때에는 예수님도 하나님 아버지께 복종하실 것이다.

… 31
신앙의 육상경기
Athletics of faith

훈련 목표

사도 바울은 신앙의 여정을 운동장에서 달음박질하는 경주에 비유하였다. 육상경기를 통해 기독교 신앙을 점검하고, 현재 우리 교회와 내가 어떤 위치에 있는지 확인해 보라. 비유는 성경적인 관점에서 진리를 쉽게 이해하도록 돕고, 이를 실제적으로 적용하는 데 유용한 통찰을 제공한다.

기도문

알파와 오메가이시며 살아 계신 하나님의 자녀로 살아가게 하심에 감사합니다. 이 훈련을 통해 섬김의 본을 보이신 예수님을 따라 신앙 생활을 점검하는 계기가 되게 하시고, 마지막 결승선을 통과할 때까지 유종의 미를 거두도록 성령 하나님께서 인도하여 주옵소서.

NEWper 훈련

사도 바울은 고린도 교회에 보낸 편지에서, 예수 그리스도의 사도로서 자신이 행한 사역의 결과가 고린도 교회 성도들이라고 밝히며, 사도로서 당연히 받을 권리를 주장하지 않았다. 신령한 하나님의 말씀을 전함으로써 당연히 받아야 할 보수를 요구하지도 않았다. 주님께서 복음을 전하는 사람들은 복음을 전하는 일로 먹을 것을 받는 것이 합당하다고 하셨지만(마 10:10), 바울은 그리스도의 복음을 전하는 데 방해가 되지 않도록, 권리를 행사하지 않고 모든 것을 참았다. 바울은 복음을 전한다고 해서 그것이 자랑거리가 될 수 없음을 알았다. 그것은 바울이 해야 할 사명이었기 때문에, 오히려 복음을 전하지 않으면 화가 미칠 것이라고 여겼다. 그는 복음을 전하기 위해 더 많은 사람을 얻으려고 스스로 모든 사람에게 종이 되었다. 복음의 사명자로서 모든 사람과 함께 복음의 축복에 동참하고자 했다(고전 9:1-23).

바울은 기독교 신앙을 경기장에서 달리기하는 사람에 비유해서 말했는데, 이 이 비유를 통해 신앙의 진리를 이해하도록 돕고자 했다. 운동장에서 달리기를 할 때 오직 한 사람이 상을 받는 것처럼, 성도들도 상을 받기 위해 힘껏 달려야 한다. 사람들은 경기를 이기기 위해 모든 일에 절제를 하지만, 결국 썩어 없어질 월계관을 얻으려고 애쓴다. 그러나 그리스도인은 썩지 않을 월계관을 얻기 위해 경주해야 한다. 경기를 하며 목표 없이 달리지 않고, 허공을 치듯이 권투하지 않는다. 성도는 썩을 것이 아닌 불멸의 상을 바라야 한다. 바울이 자신의 몸을 단련하며 경주에 임한 이유는, 하나님의 복음을 전하는 일을 하고 나서도 버림받는 가련한 신세가 되지 않으려는 것이었다(고전 9:24-27).

다음 그림은 신앙의 육상경기에 대한 것으로, 성경의 내용을 달리기 경기에 적용하여 이해를 돕기 위해 상황에 따라 ❶번에서 ❿번까지 번호를 붙였다. 경기를 시작하면서 부정 출발하는 ❶불순종과, 달리는 도중에 다른 트랙으로 넘어가는 ❷불순종의 상황을 구별하여 번호를 매겼다. 구원에 대해서도 <u>믿음으로 얻는 ①구원</u>(엡 2:8-9)과, <u>순종으로 이르는 말세에 예비된 ②구원</u>(빌 2:12, 벧전 1:5)을 다른 번호로 구분하였다. 이 그림은 비유적인 내용을 시각화한 것이므로, 모든 상황이 실제와 일치하지 않을 수 있다. 그러나 운동 경기를 하는 사람은 규칙대로 하지 않으면 월계관을 얻을 수 없으므로(딤후 2:5), 육상경기의 일반적인 규칙과 성경적인 교훈을 통해 기독교 신앙을 돌아보고 검토해 볼 가치가 있다고 생각한다.

하나님께서는 자신의 형상과 모양을 닮은 사람을 창조하시고, 영원 전부터 약속하신 영생(딛 1:2)을 위해 생명 나무의 열매를 먹게 하셨다(창 3:22). 그러나 에덴 동산 가운데 있는 선악을 알게 하는 나무의 열매는 먹지 말라고 명령하셨다. 아담은 선악과를 먹음으로써 하나님의 명령에 불순종하는 죄를 저질렀고, 하나님은 그를 에덴 동산에서 쫓아내셨다(창 3:22-24). 그 결과 최초의 인간 아담에게 있었던 영생은 사라지고, 대신 사망이 들어왔다. 아담의 죄로 인해 사망이 세상에 들어왔고, 모든 사람은 죄인이 되었으며, 사망이 모든 사람에게 이르게 되었다(롬 5:12).

아담의 죄는 불순종이었으며, 이는 마치 육상경기에서 출발 신호를 따르지 않은 부정 출발과 같았다(그림❶). 아담에게 있었던 영생은 사라지고 사망이 들어왔지만, 하나님께서는 영생의 약속을 없애지 않으시고 이를 회복할 계획을 세우셨다. 예수를 영접하여 죄로부터 구원을 받은 자는 사망에서 생명을 얻게 되고(요 20:31), 이후 예수의 명령에 순종함으로 생명에서 영생으로 나아가야 한다(요일 5:13). 신앙의 육상 경기에서 승리한 자가 받을 월계관은 바로 '영생'이다.

하나님께서는 불순종(❶)의 죄를 지은 인류의 대표자 아담에게 유죄 판결을 내리셨고, 이로 인해 그 결과 아담의 모든 후손은 죄인이 되어 영생 대신 사망을 맞이하는 탈락자(the losers)가 되었다(그림 ❷). 아담의 불순종으로 인해 모든 인간은 원죄로 인해 영생의 약속에서 멀어지게 되었다.

육상경기를 진행하면서, 최종 승리자를 선언하는 사람은 심판(the judge)이다. 하나님은 의로우신 재판장(the righteous Judge)으로서 규칙에 따라 공정하게 심판하신다(시 7:11), 그러나 부정 출발한 자들을 구원하기 위해, 하나님께서는 아들 예수께 그들의 죄를 대신 짊어지게 하셨다. 예수를 믿음으로 영접한 자들에게는 다시 출발할 기회를 주셨다.

믿음에 의한 구원(①)은 죄에서의 구원(마 1:21)을 의미하며, 이는 오직 하나님의 은혜로 믿음을 통해 받는 것이다(엡 2:8). 부정 출발이라는 반칙을 저지른 선수는 스스로 자신의 잘못을 돌이켜 경기를 다시 시작할 수 없으며, 오직 심판(the Judge)만이 이를 구제할 권한이 있다. 의로우신 재판장이신 하나님은 믿음으로 구원받은 사람에게 다시 경기에 참여할 기회를 주신 것이다.

하나님께서 아들을 세상에 보내신 목적은 세상을 심판(난외주 '정

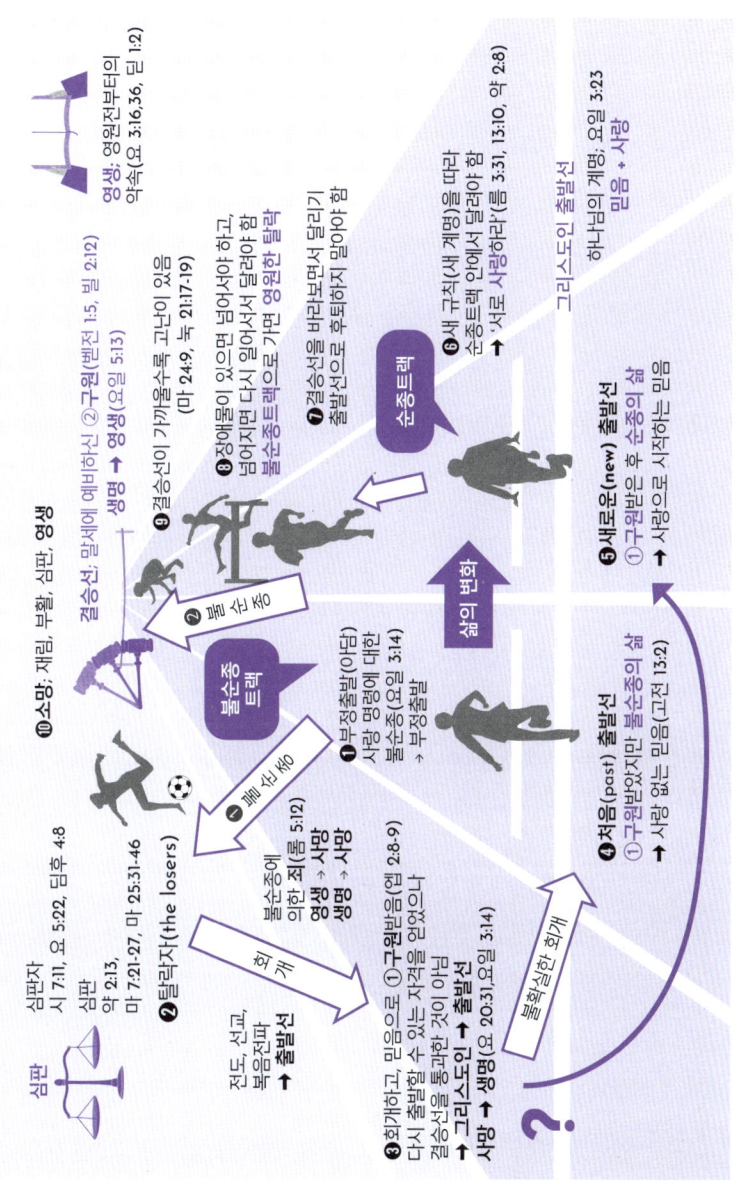

31. 신앙의 육상경기 Athletics of faith

죄')하려는 것이 아니라, 아들을 통해 세상을 구원하려는 것이었다 (요 3:17). 그러나 이 구절에서의 '심판'은 영어에서 'condemnation(정죄)'이며, 이는 정죄를 '심판'(judgment)으로 한글 번역에서 오역된 것이다. 아들을 통하여 세상을 구원하려는 것이었다(요 3:17). 예수께서 십자가에서 죽으시면서 '다 이루었다'고 하신 것은(요 19:30) 하나님께서 그를 통해 계획하신 죄로부터의 구원을 완성하셨기 때문이다(요 17:4). 기독교 신앙의 시작은 믿음이며, 죄에서 구원받은 이후에는 예수께서 우리에게 주신 명령에 따라 살아야 한다. 예수를 믿는 자들에게는 영생이 주어지지만, 예수께 순종하지 않는 자들은 영생을 보지 못하고 오히려 하나님의 진노를 받을 것이다(요 3:36). 아담의 불순종으로 사망이 들어왔던 것처럼, 예수께서 주신 사랑의 명령에 불순종하는 자들은 영원한 사망에 이를 것이다(살후 1:8,9).

예수께서는 주기도문을 통해 악에서 구원받는 것을 가르치셨다. 어떤 사본에는 '악한 자에게서도'라고 기록되어 있는데, 이는 마귀(사탄)를 뜻한다. 그리스도인은 믿음에 굳게 서서 마귀를 대적해야 하며(벧전 5:9), 하나님께 복종할 때 마귀는 도망간다(약 4:7). 하나님께서는 순종하는 자에게 이러한 구원(②)을 말세에 나타내기로 예비하셨다(벧전 1:5). 예수께서는 하나님의 아들이시지만, 고난을 당하심으로 순종을 배우시고 완전하게 되셨으며, 자기에게 순종하는 모든 사람에게 영원한 구원(②)의 근원이 되셨다(히 5:8,9). 마지막 심판에서 고소자는 사탄이며(계 12:9,10), 우리는 고소를 받는 피고인이다. 그리고 재림의 주님은 재판장으로서(딤후 4:8) 사랑의 명령에 대한 순종 여부에 따라 심판하신다.

'순종을 통해 말세의 구원(②)에 이르는 것'을 사람이 이룬 공로로 생각하면, 이는 하나님의 구원의 영역을 침범하는 것이라는 잘못된 결론에 이를 수 있다. 그러나 그리스도인이 진리를 순종하는 것은 인간의 의지에서 비롯된 것이 아니라 성령의 역사로 이루어지는 것이다(벧전 1:22, 흠정역, KJV).

> 개정 벧전 1:22 너희가 진리를 순종함으로 너희 영혼을 깨끗하게 하여 거짓이 없이 형제를 사랑하기에 이르렀으니 마음으로 뜨겁게 서로 사랑하라
> 흠정역 벧전 1:22 너희가 성령을 통해 진리에 순종함으로 너희 혼을 깨끗하게 하여 거짓 없이 형제들을 사랑하기에 이르렀으니 순수한 마음으로 뜨겁게 서로 사랑하라
> KJV 1 P 1:22 Seeing ye have purified your souls in obeying the truth through the Spirit unto unfeigned love of the brethren, see that ye love one another with a pure heart fervently:

비록 사람이 진리를 순종했더라도, 그것은 성령에 의한 것이므로

자랑할 것이 없다. 예수께서는 순종한 사람이 가져야 할 자세를 가르쳐 주셨다. 종이 주인의 명령을 다 행했다고 해서 주인은 종에게 감사하지 않는다. 그러나 종들은 명령을 받은 대로 모두 행하고 나서, '우리는 쓸모없는 종입니다. 우리는 마땅히 해야 할 일을 하였을 뿐입니다'라고 해야 한다(눅 17:9,10). 순종은 당연히 해야 할 의무이며 공로가 될 수 없다. 도리어 순종하지 않는 사람은 주님의 명령을 거역하는 죄를 범하는 것이다.

믿음을 가진 사람은 하나님의 안식에 들어가도록 힘써야 한다. 그러나, 명령에 불순종하는 사람은 하나님의 영원한 안식에 들어가지 못한다(히 3:16, 4:11). 그러므로 우리는 하나님께 항상 순종하며, 두렵고 떨리는 마음으로 자신의 구원(②)을 이루어 나가야 한다(빌 2:12). 이 구원은 말세에 나타나도록 예비하신 구원(②)이다.

<u>믿음으로 얻게 되는 구원(①)(엡 2:8.9)과 순종하여 이르게 될 구원(②)(빌 2:12, 벧전 1:5)</u>의 차이를 보여주는 성경구절이 있다.

롬 13:11 또한 너희가 이 시기를 알거니와 자다가 깰 때가 벌써 되었으니 이는 이제 우리의 구원이 처음 믿을 때보다 가까웠음이라

예수를 믿어서 받는 구원(①)은 즉각적이다. 그러나 '처음 믿을 때

보다 우리의 구원(②)이 가까웠다'고 하는 구원은 믿음으로 받는 구원(①)과는 다르다. 시간이 지나면서 가까워지는 구원(②)은 예수께서 알려 주신 길을 따라 순종하며 나아갈 때, 마지막 때에 만나게 된다. 예수께서는 자기에게 순종하는 모든 자에게 영원한 구원(②)을 주시지만(히 5:9), 순종하지 않는 자는 영생을 얻지 못한다(요 3:36).

믿음으로 구원(①)받은 자들은 영적 여정의 출발선에 선 것일 뿐, 아직 결승선을 통과한 것이 아니다. 그러나 예수를 믿으면 바로 천국에 들어간 것이라는 왜곡된 신앙 이론이 퍼져 있는 것 같다. 예수께서 말씀하시기를 "나더러 주여 주여 하는 자마다 다 천국에 들어갈 것이 아니요, 다만 하늘에 계신 내 아버지의 뜻대로 행하는 자라야 들어가리라"(마 7:21)고 하셨다. 또한, 예수님의 말씀을 듣고 순종하여 행하는 자만이 천국에 들어갈 것이라고 하셨다. 이 말씀에 근거한다면, 믿음으로 구원받은 자는 천국에 들어갈 기회를 받은 것에 불과하다는 사실을 깨달아야 한다.

우리 그리스도인이 서게 될 신앙의 출발선은 두 가지가 있다. 하나는 구원을 받았으나, 예수께서 명하신 사랑의 순종의 길을 걷지 않고, 오직 믿음으로만 출발하는 것이다(그림❹). 다른 하나는 믿음으로 구원을 받은 뒤, 예수의 명령인 사랑을 실천하며 신앙 생활을 시작하는 것이다(엡 2:8-10, 그림❺). 전자는 아담이 보여준 불순종의 예처럼 하나님께 대한 불순종에 머무는 '불순종 트랙'이며, 후자는 믿음의 삶을 사랑의 실천으로 이어가며 예수의 명령에 순종하는 '순종 트랙'이다.

사랑 없는 믿음으로 출발하면(그림④), 아담의 불순종을 따라가는 부정 출발이 된다. 믿음만을 강조하며 믿음으로 모든 신앙을 이룰 수 있다고 주장하지만, 이는 성경적이지 않다. 산을 옮길 만한 믿음이 있어도 사랑이 없으면 그 믿음은 무의미하며, 내가 가진 모든 것으로 구제하거나 내 몸을 불사르게 내줄지라도 사랑이 없으면 아무 유익도 없다(고전 13:2,3). 사랑의 명령을 무시하고 믿음의 구원(①)에만 머물러서는 안 된다.

이를테면 '믿음'은 신앙의 육상경기에 참가하는 사람이 받은 등록번호와 같다. 믿음으로 경기를 시작한 사람은 '사랑하라'는 계명을 실천하며 순종 트랙을 따라 소망의 결승선을 향해 전력 질주해야 한다. '믿음'을 가지고 '소망'을 목표로 삼아, '사랑'의 행위로 달려가야 한다, 이 세 가지 중에서 '사랑'을 실천하는 순종이야말로 그리스도인에게 가장 중요하다(고전 13:13).

구세주로 오신 예수께서는 '서로 사랑하라'는 새 계명을 주시면서, 신앙의 여정을 위한 새로운 규칙을 제시하셨다. 기독교 신앙은 믿음에서 출발하여 사랑을 실천하며 나아가야 한다. 만일 믿음에만 머물러 있는 자가 있다면, 이들은 근시안이거나 앞을 보지 못하는 사람이며, 자신의 옛 죄가 깨끗해진 것을 잊어버린 자들이다(벧후 1:5-9).

하나님을 사랑하는 사람은 하나님의 명령을 지키며(신 11:1,22, 19:9, 30:16,20, 수 22:5), 형제를 사랑해야 한다(요일 4:20,21). 예수께서는 아버지께서 명령하신 대로 행하시어 하나님을 사랑하는 본보기를 보여주셨다(요 14:31). 주님의 명령을 지키지 않으면서 주님을 사랑한다고 말하는 자는 거짓말쟁이이다.

하나님의 계명은 그 아들 예수 그리스도의 이름을 믿고, 예수께서 우리에게 주신 계명대로 서로 사랑하는 것이다(요일 3:23). 다시 말하자면, 믿음과 사랑을 실천하는 것이다. 그러므로 그리스도인은 하나님과 예수의 새 계명인 믿음과 사랑을 따르며 새로운 신앙의 출발선에서 시작해야 한다(그림❺). 예수를 믿고 구원을 받은 후, 서로 사랑하라는 명령을 따르지 않으면 그것은 불순종(❶)이다.

세상에는 예수를 모르는 사람들이 있고, 또는 예수를 믿다가 신앙을 포기한 탈락자들(그림❷)도 있다. 이들을 다시 신앙의 길로 이끌기 위해 전도와 선교 그리고 복음 전파가 반드시 필요하다. 이로써 탈락자들은 신앙의 육상경기 출발선에 다시 설 수 있게 된다. 그러나 사랑 없는 믿음으로 처음 출발선(그림❹)에 선다면, 예수께서 주신 새 규칙을 따르지 않는 것이므로 '불순종 트랙'에서 출발하는 것이다. 따라서 신앙의 출발부터 믿음과 사랑을 겸비하여 새 규칙을 따라 결승선을 향해 달려가야 한다. 이렇게 해야만 신앙의 여정을 올바르게 시작할 수 있으며, 결승선을 향해 바른 길로 나아갈 수 있다.

진정한 그리스도인은 입술로만 회개하는 것이 아니라, 불순종에서 순종의 삶으로 변화해야 한다. 만약 삶의 변화가 없다면, 이는 진정한 회개가 아니라 불성실한 회개이다. 성경에서 호세아서는 이러한 예를 보여준다.

> 호 6:1 오라 우리가 여호와께로 돌아가자 여호와께서 우리를 찢으셨으나 도로 낫게 하실 것이요 우리를 치셨으나 싸매어 주실 것임이라
> 2 여호와께서 이틀 후에 우리를 살리시며 셋째 날에 우리를 일으키시리니 우리가 그의 앞에서 살리라
> 3 그러므로 우리가 여호와를 알자 힘써 여호와를 알자 그의 나타나심은 새벽 빛 같이 어김없나니 비와 같이, 땅을 적시는 늦은 비와 같이 우리에게 임하시리라 하니라

그 당시 이스라엘 백성은 '하나님께 돌아가자'고 외치며, '하나님께서 우리를 다시 회복시켜 주실 것'이라는 희망을 가졌다. '하나님께

서 이틀 후와 셋째 날에 우리를 다시 일으켜 세우실 것이며, 우리가 그분 앞에서 살게 될 것이다'라고 확신했다. 그들은 '하나님을 알자, 힘써 알자'며 구호를 외치고, '하나님께서 우리에게 다시 나타나셔서 은혜를 베푸실 것'이라고 믿었다. 그러나 이들의 태도는 죄에 대한 고백도 없이 상투적인 말만 되풀이하며, 삶의 변화를 동반하지 않은 채 단순히 회복만을 기대하는 모습이었다. 이처럼 진정한 회개 없이도 구원에 이를 것이라 생각했던 것이다.

그러자 하나님께서 말씀하셨다. "내가 너희를 어떻게 하랴. 나를 사랑한다는 너희의 마음은 아침 안개와 같고 덧없이 사라지는 이슬과 같구나. 그래서 내가 예언자들을 보내어 너희를 산산조각내었으며, 나의 입에서 나오는 말로 너희를 책망했고, 나의 심판은 번개처럼 너희 위에 빛났다. 내가 바라는 것은 변함없는 사랑이지 제사가 아니다. 불살라 바치는 제사보다 너희가 하나님을 아는 것을 더 바란다." (호 6:4-6)

새로운 출발선에서 뛰어야 할 '순종 트랙'에서는 예수께서 주신 사랑의 계명이 육상경기의 새 규칙이 되었다(그림❻). 사랑은 율법의 완성(롬 13:10)이며, 최고의 법(약 2:8)이다. 믿음은 율법을 폐하는 것이 아니라, 오히려 사랑을 통해 율법을 완성하는 것이다(롬 3:31). 그러므로 믿음과 사랑을 연합하여 '순종 트랙'을 달려야 한다.

육상경기를 시작할 때 올바른 결승선을 미리 알려 주어야 한다. 결승선에는 예수의 재림, 잠자는 자들의 부활, 심판, 그리고 심판과 영생이 있다(그림❿). 이것이 그리스도인의 소망이 되어야 한다. 결승선을 정확히 알고 출발해야 목표를 향해 흔들림 없이 달릴 수 있다(고전 9:26). 그러나 미혹하는 자들은 재림, 부활, 심판을 언급하는 사람들을 '종말론자'로 매도하여, 목표를 올바르게 제시하지 못하게 한다. 이단들은 마지막 때를 왜곡하였고, 교회는 마지막 때에 대한 교육을 소홀히 하여, 결국 올바른 종말에 대한 지식이 부족하게 되었다.

선수는 자신이 올바르게 뛰고 있는지 '순종 트랙'을 확인하며, 벗어나지 않아야 한다. 우리는 주님의 명령인 서로 사랑하라는 자비의 행위를 실천해야 한다. 사랑의 명령을 순종하며 나아갈 때 그 길 끝에서 결승선을 만나게 될 것이다(그림❻). 오늘날 행함을 강조하면 마치 율법주의자로 여기는 경향이 있다. 그러나 믿음으로 그리스도인이 된 사람이 믿음에만 머물러 있다면 이는 출발선에 가만히 서 있는 것이다. 이는 마치 무빙워크(moving walk) 위에 서 있으면 저절로 결승에 도달할 것이라고 믿는 것과 같다. 그리스도인은 최선을 다해 사랑의 실천인 자비를 베푸는 행위로 달려야 한다. 사랑의 행위로 인해 믿음은 완전(perfect)하게 될 것이며(약 2:22), 그가 베푼 사랑, 즉 자비로 인해 마지막 심판에서 승리자가 될 것이다(약 2:13).

아무리 달리기 속도가 세계 신기록일지라도, 결승선이 아닌 다른 방향으로 가고 있다면 그는 실격이다. 하나님께서 결승선 너머에 예비하신 것이 그리스도인의 소망이며, 그것이 신앙의 방향이 되어야 한다. 그리고 우리는 자신의 욕망을 절제하며 훈련을 통해, 영원한 월계관을 얻기 위해 달려가야 한다(고전 9:25).

육상경기를 하기 위해서는 먼저 기초 체력을 쌓고, 예상치 못한 장애물을 넘는 훈련도 해야 한다. 넘어지더라도 다시 일어나 끝까지 경기를 완주해야 한다. 그러나 순종 트랙을 벗어나 다른 트랙으로 들어가면 실격이다(그림❽). 출발선에서 불순종(❶)할 경우 다시 출발할 기회가 주어질 수 있지만, 달리는 도중 불순종(❷) 트랙으로 넘어가면 마지막 심판에서 영원히 탈락하게 된다. 그러므로 우리는 순종 트랙을 벗어나지 않도록 항상 주의해야 한다.

지금까지 잘 달려왔더라도, 진리를 따르지 못하게 미혹하여 불순종(❷)하게 만드는 자가 있음을 알아야 한다(갈 5:7). 순종하지 않는 자는 더 이상 하나님의 자녀가 아니며, 사탄의 자녀이다(엡 2:2). 사탄은 아담을 미혹하여 불순종(❶)하게 함으로써 영생 대신 사망을 주었다. 또한 그는 또한 믿음으로 영생을 향해 나아가는 자들마저 불순종하게 만들어 자신의 자녀로 삼으려 한다. 이로 인해 사람들은 오직 믿음만으로 저절로 사랑하게 될 것이라는 착각에 빠진다. 그러나 성경은 믿음이 행함과 함께 일하며, 사랑의 행함으로 믿음이 완전해진다고 가르친다(약 2:22).

신앙 생활에서 할례나 무할례와 같은 외적인 조건은 별다른 의미가 없지만, 그리스도 예수 안에서는 사랑으로 나타나는 믿음이 가장 중요하다(갈 5:6). 그러므로 모든 그리스도인은 믿음에서 시작하여, 믿음에 덕을 더하고, 덕에 지식을, 지식에 절제를, 절제에 인내를, 인내에 경건을, 경건에 형제 우애를, 형제 우애에 사랑을 더하며 모든 노력을 기울여야 한다(벧후 1:5-11). 하나님의 신성한 성품에 참여하게 되며(벧후 1:4), 영원한 나라에 들어갈 충분한 자격을 얻게 될 것이다(벧후 1:11).

예수를 믿고 진리를 깨달았다고 해도 일부러 죄를 지으면, 죄를 용서받기 위한 제사가 더 이상 남아 있지 않다(히 10:26). 한 번 빛을 받고 하늘의 은사를 맛보며, 성령을 받고, 하나님의 선한 말씀과 장차 올 세상의 권능을 맛본 사람들이 타락하면, 그들을 새롭게 하여 회개에 이르게 할 기회가 없다. 이는 그들이 하나님의 아들을 다시 십자가에 못 박고 공개적으로 욕되게 하기 때문이다(히 6:4-6). 그러므로 의의 길을 알고도 받은 거룩한 계명을 저버린다면, 차라리 그 길을 알지 못했던 편이 더 나았을 것이다(벧후 2:21). 이러기에 달음박질하는 그리스도인은 자신을 돌아보아 순종 트랙을 달리고 있는지 수

시로 점검해야 하며, 결코 불순종 트랙에 들어가지 않도록 주의해야 한다.

처음에는 하나님께서 직접 심판하셨지만, 마지막 날의 모든 심판은 아들에게 맡기셨다(요 5:22). 따라서 의로우신 심판장이신 예수께서 마지막 때에 심판을 행하실 것이다(딤후 4:8). 주님께서는 새 계명을 따라 신앙 생활을 충실히 행한 자에게 의의 면류관을 주실 것이다.

달리기를 시작할 때에는 큰 어려움이 없지만, 결승선에 가까워질수록 지치고 힘들어 포기하고 싶어질 수 있다. 이럴 때는 결승선이 얼마 남지 않았음을 기억하며, 남은 힘을 다해 달려야 한다(그림❾). 말세에는 예수의 이름 때문에 모든 민족에게 미움을 받을 것이며(마 24:9, 눅 21:17-19). 예수께서는 이러한 고난을 복이라고 말씀하셨고(마 5:10-12), 성도는 그리스도의 고난에 참여함으로써 기뻐해야 하며, 그리스도의 이름으로 치욕을 당하는 사람은 복 있는 자이다(벧전 4:13,14).

마지막 때에 그리스도인으로서 받는 박해는 하나님께서 허락하신 복된 고난이다. 고난을 받는 사람은 신실한 그리스도인으로서 고난을 받을 자격을 갖춘 것이다. 그러나 마지막 때에 고난이 없는 그리스도인이 있다면, 그의 신앙의 신실성을 다시 점검해 보아야 할 것이다.

사랑의 계명을 순종하여 새 규칙대로 경기를 하면 결국 영원한 구원에 이르게 될 것이다(빌 2:12). 이것이 말세에 나타내기로 예비된 구원(②)이다(벧전 1:5). 믿음으로 구원(①)을 받은 그리스도인은 사망에서 벗어나 생명을 얻은 것이며(요 20:31), 영생의 약속을 다시 받은 자들이다(요 3:16). 그러므로 구원(①)받은 이후에는 사랑의 계명에 순종하여 영생의 길로 나아가야 한다(요 3:36, 요일 5:13).

예수를 믿음으로 사망에서 생명으로 옮겨갔으며, 또한 믿음과 함께 형제자매를 사랑하는 것도 사망에서 생명으로 들어가는 길이다. 만일 사랑하지 않으면 생명에 들어가지 못하고 사망에 머무르게 된다. 형제를 사랑하지 않고 미워하는 사람은 살인하는 자이며, 살인하는 사람에게는 영생이 없다. 예수께서 우리를 위해 목숨을 버리셨던 것처럼, 우리도 형제들을 위하여 목숨을 버리는 사랑을 실천해야 한다. 자비를 진실하게 행함으로 진리에 속한 자가 될 수 있다(요일 3:14-18). 믿음과 사랑의 연합은 사망에서 생명으로, 생명에서 영생으로 나아가는 데 필수불가결한 요소임이 분명하다.

부활에 대하여, 예수를 증언하고 하나님의 말씀을 전파하다 순교한 자는 첫째 부활에 참여하게 된다(계 20:4). 부활을 믿는 그리스도인에게 죽음은 끝이 아니며, 죽음 이후에는 부활의 영광이 기다리고 있다. 이러므로 그리스도인이 마지막 때에 받게 될 죽음의 고난은 저주가 아니라 복임이 확실하다.

결승점에 도달한 이후에는 재림과 부활, 심판이 있다(그림❿). 재림의 시기는 아무도 알 수 없으나, 주님께서는 속히 오시리라고 말씀하셨다(계 22:7,12,20). 재림의 때가 10년 후일지, 50년 후일지는 알 수 없으나, 그리스도인은 반드시 '오늘'이라는 시간에 재림의 주님을 맞이할 준비를 해야 한다. 따라서 매 순간을 주님께서 오실 날로 여기며 깨어 살아야 한다.

주님의 재림 때에 예수 안에서 잠자는 자들이 부활하여 함께 오게 될 것이다. 그들은 죽기 전에 행한 선과 악에 따라 각각 다른 부활을 맞이한다. 선을 행한 사람은 생명의 부활로, 악을 행한 사람은 정죄의 부활로 나오게 될 것이다(요 5:23). 한글 성경에는 '악한 일을 행한 사람은 심판의 부활로 나올 것'이라고 기록되어 있으나, NIV에서는 'be condemned'(정죄)로, KJV에서는 'the resurrection of damnation'(지옥의 부활)로 기록하고 있다. 결국 각 사람은 부활 이후 자신이 행한 행위에 따라 심판(judgment)을 받게 된다.

자비는 심판을 이긴다(약 2:13). 따라서 예수를 구세주로 영접한 것만으로 천국에 들어갈 수 있는 것이 아니라, 주님의 명령에 따라 자비를 행해야 한다(마 7:21-27). 마지막 때에 예수께서는 하늘의 모든 천사들과 함께 세상에 오셔서 모든 민족을 모아 양과 염소로 나누시는 심판을 하신다. 자비를 행한 여부에 따라 영생과 영벌로 구분하신다(마 25:31-46).

또한 죽음을 두려워하지 않고 예수를 증언하며 복음을 전파하다가 순교한 자들은 첫째 부활에 참여하며, 마지막 심판을 받지 않고, 둘째 사망의 지배를 받지 않을 것이다. 첫째 부활에 참여하기를 원한다면, 죽음을 두려워하지 말고 담대히 온 세상에 복음을 전파해야 한다.

신앙의 육상경기를 통해서 각자는 현재 자신이 어떤 위치에 있는지 돌아봐야 한다. 믿음에 의한 구원만을 강조하며 출발선에 머물러 있는 어리석음에서 벗어나야 한다. 예수 그리스도의 계명에 순종하며 새로운 출발선에서 결승선을 향해 나아가야 한다. 비록 넘어지더라도 순종 트랙에서 벗어나지 말고, 목표를 향해 끝까지 달려야 한다.

사도 바울은 달려갈 길을 다 달리며, 주 예수께 받은 사명인 하나님의 은혜의 복음을 증언하는 일을 마칠 때까지 자신의 목숨을 조금도 아끼지 않는다고 말했다(행 20:24). 우리도 선한 싸움을 싸우고, 달려갈 길을 끝까지 달리며 믿음을 지키고 사랑의 계명에 순종해야 한다(딤후 4:7).

사도 바울은 자신의 몸을 절제하며 굴복시켜 신앙의 육상경기를 했다. 탈락자들에게 전도와 선교, 복음을 전한 후, 자신이 믿음과 사랑의 행함으로 달려야 할 '순종 트랙'에서 벗어나면 주님께 버림받아 영원한 실격자가 될 것을 알고 있었다. 그러므로 그는 달음박질하며 중도에 탈락하지 않도록 자신의 몸을 쳐 복종시켜 끝까지 신앙의 육상경기를 완주하려는 의지를 드러냈다(고전 9:27).

하나님의 약속에서 멀어진 자들에 대한 전도와 선교, 복음 전파를 통해, 믿음에 의한 구원의 진리를 받아들이도록 하는 것은 매우 중요하다. 동시에 주님께서 명령하신 사랑을 실천하는 사람이 천국에 들어간다는 것을 가르쳐야 한다(마 7:21-27). 순종 트랙을 따라 달려가면 결승선에 도달하게 될 것이며, 그곳에서 마지막 때에 나타나기로 예비하신 구원(②)을 만나 영원전부터 약속된 영생이 회복될 것이다.

바울은 육상경기에 참여하는 선수에 비유하여, 마지막 때에 의로우신 재판장이신 주님께서 썩지 않을 면류관을 주실 것을 내다보았다. 우리는 보이는 것이 아니라 보이지 않는 것을 바라보아야 한다. 보이는 것은 잠깐이지만, 보이지 않는 것은 영원하기 때문이다(고후 4:18). 하나님께서 약속하신 영생의 소망을 품고, 각자가 가야 할 신앙의 여정을 성실히 달려가기를 바란다.

자기 평가 및 결심

1. 육상경기에서 부정 출발한 선수는 새로운 출발의 기회를 받을 수 있지만, 경기를 진행하다가 규칙을 어기면 다시 시작할 기회 없이 탈락하게 된다. 기독교 신앙에서도 이 원리를 적용할 수 있다.

> *첫 사람 아담은 하나님의 명령에 어겼고, 의로우신 재판장이신 하나님께서는(시 7:11) 영생을 소유했던 아담에게 사형 선고를 내리셨으며, 그가 생명 나무의 열매를 먹지 못하도록 막으셨다. 그러나 예수 그리스도를 영접하면 새로운 출발의 기회를 주셨고, 사망에서 생명으로 옮기게 하셨다. 하지만 예수를 영접한 후에도 타락한 사람은 하나님의 아들을 다시 십자가에 못 박아 욕되게 한 것이므로, 더 이상 속죄함을 받을 수 없다(히 10:26-29, 히 6:4-8). 하나님께서는 심판을 아들에게 맡기셨으므로(요 5:22), 마지막 심판을 주관하시는 분은 의로우신 재판장이신 예수이시다(딤후 4:8). 그리고 주님께서는 자신의 명령에 대한 순종 여부에 따라 사람들에게 영생과 영벌을 주실 것이다(약 2:13, 마 7:21-27, 마 25:31-46).

2. 운동 경기를 하는 사람은 규칙을 지키지 않으면 월계관을 받을 수 없으며(딤후 2:5), 순종 트랙을 달리는 사람은 경기에서 승리하기 위해 무엇을 해야 하는가?

*사랑 없이 믿음만으로 신앙생활을 하는 것은 잘못이다.

*그리스도인들은 삶 속에서 사랑을 행동으로 실천하며, 이를 신앙생활의 원칙으로 삼아야 한다.

*그리스도인들이 달려가야 할 트랙은 예수께서 주신 새 계명인 사랑이며, 이 사랑은 율법의 완성이다.

*재림, 부활, 심판, 영생의 진리를 말씀에 근거해 알고 있어야 하며, 이는 우리의 소망이자 신앙 고백이다.

*믿음으로 시작하여 결승선을 향해 사랑의 행위를 하며 달려가는 선수들이 출발선으로 후퇴하지 않도록 하고, 믿음에 의한 구원에만 머물지 않도록 해야 한다.

*믿음으로 시작한 달리기 선수가 사랑을 실천하도록 격려하고 응원해야 한다.

*신앙의 여정에는 장애물이 있을 수 있지만, 실망하지 말고 극복해야 한다.

*누구나 달리다가 넘어질 수 있지만, 그럴 때는 다시 일어나 결승선을 바라보며 달려가야 한다.

*사랑을 실천하는 순종 트랙 안에서만 결승선에 도달할 수 있다.

*사랑의 트랙을 벗어나 불순종 트랙에 들어가면, 결국 마지막에 실격 처리된다.

*결승선에 가까워질수록 전력 질주로 인해 탈진할 수 있다. 마

지막 때에는 예수의 이름으로 인해 받을 고난이 예비되어 있다. 극심한 고난이 다가오면 결승선이 가까워진 것이므로, 인내하며 계속 나아가야 한다.

*사랑의 명령에 순종하여 결승선에 도달하면 말세에 나타내기로 예비된 구원을 맞이하게 될 것이다(벧전 1:5). 죄에서의 구원은 믿음으로 얻는 것이며, 신앙의 여정에서 우리를 탈락시키려는 악의 유혹으로부터의 구원은 순종하여 나아가는 자에게 주어질 것이다.

3. 하나님을 알지 못하며, 하나님의 언약과는 무관한 사람들을 위해 전도와 선교, 복음 전파는 반드시 필요하다. 사도 바울은 다음과 같이 말했다. "나는 내 몸을 쳐서 굴복시킵니다. 그것은 내가, 남에게 복음을 전하고 나서 도리어 나 스스로는 버림을 받는, 가련한 신세가 되지 않으려는 것입니다." (새번역, 고전 9:27) 바울이 이렇게 말한 이유는 무엇일까?

*현재 기독교 신앙의 육상경기에는 두 가지 축이 있다. 하나는 그림에서 왼쪽에 있는 것으로서, 불순종의 죄로 인해 탈락한 사람들이 믿음을 통해 신앙의 출발선에 서게 하는 것이다. 이 축의 목적은 예수를 믿고 영접함으로써 사망에서 생명으로 옮기고, 그리스도인으로서 새롭게 출발하도록 돕는 것이다.

*신앙의 육상경기에서 다른 축은 그림 오른쪽에 있는 순종 트

랙에서의 경기를 의미한다. 믿음을 가진 성도들이 사랑을 실천하며, 결승선에서 말세에 나타나기로 예비된 구원에 도달하는 것을 목표로 한다.

*바울은 복음을 전하는 사역에 헌신했음에도 불구하고, 자신을 주님의 명령에 복종시켜 사랑의 명령인 자비를 실천하는 데 최선을 다할 것을 다짐했다. 하나님의 일을 행한 사람일지라도 순종 트랙에서 벗어나면 실격자가 될 수 있기 때문이다.

지금, 모든 장소의 예배자(NEWper)
Now & Everywhere Worshipper

코로나를 지나며 생각해 본 신앙생활

저자 | 한기돈
초판발행 | 2025년 1월 13일
발행처 | 국민일보
등록 | 제1995-000005호
주소 | 서울 영등포구 여의공원로 101
전화 | 02-781-9870
홈페이지 | www.kmib.co.kr

ISBN: 978-89-7154-367-2(03230)